실크로드^{絲綢之路} 문명교류사^{文明交流史} 서설^{序說}

II

사막로
沙漠路

대한문화재연구원 **엮음**
박천수朴天秀 **지음**

진인진

협력기관과 연구자

한국
경남문화재연구원, 국립경주문화재연구소, 국립경주박물관, 국립문화재연구소
국립중앙박물관, 대성동고분박물관, 영남대학교박물관

정수일, 권영필, 문명대, 전인평, 이희수, 전홍철, 이영훈, 김용선, 김유식, 신대곤, 신영수, 강상훈, 조상기, 권오영, 김병준, 윤용구, 윤동진, 이용현, 이주헌, 오세윤, 최종택, 강희정, 김경호, 장은정, 장준희, 정석배, 박진호, 정재훈, 윤형원, 김종일, 이영철, 이동희, 김남일, 이은석, 이재열, 조윤재, 정인성, 김혜원, 양은경, 강인욱, 양시은, 김현희, 정 일, 윤온식, 우병철, 이인숙, 김대욱, 이우섭, 김규운, 김준식, 권준현, 김도영, 김성미, 손재현, 이수정, 박준영, 임영재, 박정현, 김성실, 최정범, 장주탁, 정 진, 정승복, 류진아, 정효은, 이지향, 이정희, 한대흠, 김현지, 김현섭, 정선운, 전은영, 박지민, 김세민, 김슬애, 조지현, 배노찬, 김동균, 이지윤, 김라희, 신동호, 신현우, 김희근, 윤주일

日本
東京國立博物館, 奈良國立博物館, 奈良縣立橿原考古學研究所, 堺市博物館

加藤九祚, 加藤貞子, 近藤義郎, 由水常雄, 穴澤咊光, 鄭禧昇, 菅谷文則, 都出比呂志, 永島暉臣愼, 岡内三真, 林俊雄, 村越稔, 菊地誠一, 斎藤清秀, 柳本照男, 石川日出志, 黒田慶一, 福永伸哉, 高野學, 古谷毅, 山崎建三, 大庭重信, 桃崎祐輔, 持田大輔, 吉澤悟, 河野一隆, 海邊博史, 笹田朋孝, 井上主悦, 高田貫太, 向井佑介, 中村大介, 岩越陽平, 大谷育惠, 林佳美

中國
陝西省歷史博物館, 和田博物館

齊東方, 張建林, 冉萬里, 拜根興, 李雨生, 劉斌, 包永超, 章灵

Kazakhstan
The State Historical-Cultural Museum-Reserve Issyk
Ahkan Onggaruly

Mongolia
Gelegdori Eregzen, Ishtseren Lochin

Russia
Hermitage Museum

Bulgaria
Rositsa Hristova Hristova

Vetnam
Ban Quan ly Di tich Van hoa Oc Eo
Bao tang An Giang
Ha Matac, Kim Chi Ha

Pakistan
Mahmood Shah

United Staes of America
Metropolitan Museum of Art
Zeinab Al-Hassan

실크로드(絲綢之路) 문명교류사(文明交流史) 서설(序說) Ⅱ
사막로(沙漠路)

초판 1쇄 발행 | 2021년 11월 5일

엮　　음 | 대한문화재연구원
저　　자 | 박천수
편　　집 | 배원일, 김민경
발행인 | 김태진
발행처 | 진인진
등　　록 | 제25100-2005-000003호
주　　소 | 경기도 과천시 별양상가 1로 18 614호(별양동 과천오피스텔)
전　　화 | 02-507-3077-8
팩　　스 | 02-507-3079
홈페이지 | http://www.zininzin.co.kr
이메일 | pub@zininzin.co.kr

ⓒ 진인진 2021
ISBN 978-89-6347-487-8 94900
ISBN 978-89-6347-485-4 94900(세트)

목차

Ⅲ. 유라시아歐亞 사막로沙漠路의 유적遺蹟과 유물遺物   12

1. 사막로沙漠路 개관槪觀   13
2. 터키Turkey의 유적遺蹟과 유물遺物   20
    1) 보아즈쾨이유적Bogazkoy site   20
3. 시리아Siria의 유적遺蹟과 유물遺物   26
    1) 팔미라유적Palmyra site   26
4. 이라크Iraq의 유적遺蹟과 유물遺物   33
    1) 바빌론유적Babylon site   33
5. 이란Iran의 유적遺蹟과 유물遺物   38
    1) 파사르가다에유적Pasargadae site   38
    2) 페르세폴리스유적Persepolis site   43
    3) 나크슈에로스탐유적Naqsh-i Rustam site   48
    4) 비슈툰유적Bistun site   51
    5) 타크이부스탄유적Taq-i Bustan site   55
    6) 칼레톡타르Qaleh Dukhtar, 피루자버드Firuzabad, 비샤프르유적Bishapur site   61
    7) 이스파한Ispahan   68
6. 투르크메니스탄Turkmenistan의 유적遺蹟과 유물遺物   71
    1) 고노르데페유적Gonur depe site   71
7. 아프카니스탄Afghanistan의 유적遺蹟과 유물遺物   77
    1) 테페 푸롤유적Tepe Fullol site   77
    2) 샤리상광산Sar-i Sang mine   81
    3) 아이하눔유적Ai Khanoum site   85
    4) 베그람유적Begram site   94
    5) 틸리야테페유적Tilla Tepe site   104
    6) 바미안석굴Bamiyan cave   114

8. 우즈베키스탄Uzbekistan의 유적遺蹟과 유물遺物 120
   1) 테르메즈Termez 120
   2) 카라테파유적Kara-tepa site 127
   3) 달베르진테파유적Dalverzin tepa site 136
   4) 사마르칸트Samarkand 141
   5) 아프라시압유적Afrasiab site 146

9. 타지키스탄Tajikistan의 유적遺蹟과 유물遺物 150
   1) 펜지켄트유적Pendzhikent site 150

10. 파키스탄Pakistan의 유적遺蹟과 유물遺物 156
    1) 탁실라유적Taxira site 156

11. 중국中國, China의 유적遺蹟과 유물遺物 163
    1) 우르무치烏魯木齊, Uromuchi 163
    2) 우차교장유적烏恰窖藏遺蹟, Wuqia cellar site 169
    3) 카슈카르喀什, Kasukar 171
    4) 지르잔칼고분군吉爾贊喀勒古墳群, Jirzankal tombs 177
    5) 호탄和田, Hotan 182
    6) 니야유적尼雅遺蹟, Niya site 186
    7) 쿠처庫車, Kuche 193
    8) 키질석굴克孜爾石窟, Kizil cave 202
    9) 투루판吐魯番, Turupan 214
    10) 교하고성交河故城, Jiaohe casle 220
    11) 고창고성高昌古城, Gaochang casle 226
    12) 아스타나고분군阿斯塔那古墳群, China Astana tombs 232
    13) 잉판유적營盤遺蹟, Yingpan site 238
    14) 자룬루커고분군扎滾魯克古墳群, Zaghunluq tombs 243
    15) 누란유적樓蘭遺蹟, Roran site 248
    16) 돈황敦煌, China Dunhuang 254
    17) 은천銀川, China Inchan 264
    18) 이현묘李賢墓, Lixien tomb 272
    19) 법문사法門寺, Pamensu temple 277

20) 당 황제릉唐皇帝陵, Tang emperor tombs … 283

21) 서안西安, Xian … 295

22) 사군묘史君墓, Shijun tomb … 303

23) 안가묘安伽墓, Aanzia tomb … 315

24) 하가촌교장유적河家村窖藏遺蹟, Hejiachun cellar site … 323

25) 청선사탑淸禪寺塔, Cheongchan Temple pagoda … 329

26) 경산사탑慶山寺塔, Chingzansu temple pagoda … 332

27) 홍교사興敎寺, Chingziasu temple … 337

28) 대동大同, Tatung … 339

29) 운강석굴雲岡石窟, China Yunkang cave … 346

30) 우홍묘虞弘墓, Yuhong tomb … 352

31) 낙양洛陽, Luyang … 359

32) 용문석굴龍門石窟, Lungmen cave … 365

33) 북송황제릉北宋皇帝陵, Beisong emperor tombs … 372

34) 화탑華塔, Hua pagodas … 378

12. 한국韓國, Korea의 유적遺蹟과 유물遺物 … 381

1) 능사陵寺, Neungsa, 백제금동대향로百濟金銅大香爐 … 381

2) 식리총飾履塚, Sikri tomb … 389

3) 연주사자공작문석連珠獅子孔雀文石, Relief of Pearl-Roundel, Tree-of-Life, Peacocks, and Lion … 393

4) 통일신라왕릉統一新羅王陵, Unified Silla king tombs … 396

5) 석굴암石窟庵, Seokguram temple … 405

6) 북지리불상北枝里佛像, Bukjiri Statue of Buddha … 410

7) 송림사탑松林寺塔, Songlin temple pagoda … 414

13. 일본日本, Japan의 유적遺蹟과 유물遺物 … 418

1) 쿄류사廣隆寺, Kouryu temple … 418

2) 카미가모신사上賀茂神社, Kamigamo-jinja temple … 421

3) 후지노키고분藤ノ木古墳, Hujinoki tomb … 423

4) 호류사法隆寺, Houryu temple … 427

5) 에이후쿠사叡福寺, Eihuku temple … 430

도판목록

| 그림. | 고대(古代) 중세(中世) 유라시아Eurasia 실크로드Silk Road | 10 |

| 그림 Ⅲ-a. | 유라시아 사막(중국 신장) | 14 |

그림 Ⅲ-1.	터키Turkey 보아즈쾨이유적(遺蹟)Bogazkoy site	22
그림 Ⅲ-2.	시리아Siria 팔미라유적Palmyra site	30
그림 Ⅲ-3.	이라크Iraq 바빌론유적Babylon site	37
그림 Ⅲ-4.	이란Iran 파사르가다에Pasargadae site	41
그림 Ⅲ-5.	이란Iran 페르세폴리스Persepolis site	45
그림 Ⅲ-6.	이란Iran 나크슈에로스탐Naqsh_i Rustam	49
그림 Ⅲ-7.	이란Iran 비슈툰유적Bistun site	52
그림 Ⅲ-8.	이란Iran 타크이부스탄유적Taq_i Bustan site	58
그림 Ⅲ-9.	이란Iran 칼레톡타르Qaleh Dukhtar, 피루자버드Firuzabad, 비샤프르유적(遺蹟)Bishapur site	63
그림 Ⅲ-10.	이란Iran 이스파한Ispahan	69
그림 Ⅲ-11.	투르크메니스탄Turkmenistan 고노르데페유적Gonur depe site	74
그림 Ⅲ-12.	아프카니스탄Afghanistan 테페 푸롤유적Tepe Fullol site	79
그림 Ⅲ-13.	아프카니스탄Afghanistan 샤리상광산Sar_i Sang mine	84
그림 Ⅲ-14.	아프카니스탄Afghanistan 아이하눔유적Ai Khanoum site	89
그림 Ⅲ-15.	아프카니스탄Afghanistan 베그람유적Begram site	99
그림 Ⅲ-16.	아프카니스탄Afghanistan 틸리야 테페유적Tilla Tepe site	107
그림 Ⅲ-17.	아프카니스탄Afghanistan 바미안석굴Bamiyan cave	117
그림 Ⅲ-18.	우즈베키스탄Uzbekistan 테르메즈Termez	123
그림 Ⅲ-19.	우즈베키스탄Uzbekistan 카라테파유적Kara_tepa site	131
그림 Ⅲ-20.	우즈베키스탄Uzbekistan 달베르진테파유적Dalverzin tepa site	138
그림 Ⅲ-21.	우즈베키스탄Uzbekistan 사마르칸트Samarkand	145
그림 Ⅲ-22.	우즈베키스탄Uzbekistan 아프라시압유적Afrasiab site	149
그림 Ⅲ-23.	타지키스탄Tajikistan 펜지켄트유적Pendzhikent site	152
그림 Ⅲ-24.	파키스탄Pakistan 탁실라유적Taxira site	159

그림 Ⅲ-25.	중국(中國)China 우르무치(烏魯木齊)Urmuch	165
그림 Ⅲ-26.	중국(中國)China 우차교장유적(烏恰窖藏遺蹟)Wuqia cellar site	170
그림 Ⅲ-27.	중국(中國)China 카슈카르(喀什)Kasukar	175
그림 Ⅲ-28.	중국(中國)China 지르잔칼고분군(吉爾贊喀勒古墳群)Jirzankal tombs	178
그림 Ⅲ-29.	중국(中國)China 호탄(和田)Hotan	185
그림 Ⅲ-30.	중국(中國)China 니야유적(尼雅遺蹟)Niya site	189
그림 Ⅲ-31.	중국(中國)China 쿠처(庫車)Kuche	197
그림 Ⅲ-32.	중국(中國)China 키질석굴(克孜爾石窟)Kizil cave	205
그림 Ⅲ-33.	중국(中國)China 투루판(吐魯番)Turupan	216
그림 Ⅲ-34.	중국(中國)China 교하고성(交河故城)Jiaohe castle	223
그림 Ⅲ-35.	중국(中國)China 고창고성(高昌故城)Gaochang castle	228
그림 Ⅲ-36.	중국(中國)China 아스타나고분군(阿斯塔那古墳群)Astana tombs	234
그림 Ⅲ-37.	중국(中國)China 잉판고분군(營盤古墳群)Yingban tombs	241
그림 Ⅲ-38.	중국(中國)China 자룬루커고분군(扎滾魯克古墳群)Zaghunluq tombs	245
그림 Ⅲ-39.	중국(中國)China 누란유적(樓蘭遺蹟)Roran site	251
그림 Ⅲ-40.	중국(中國)China 돈황(敦煌)Dunhuang	257
그림 Ⅲ-41.	중국(中國)China 은천(銀川)Inchan	267
그림 Ⅲ-42.	중국(中國)China 이현묘(李賢墓)Lixien tomb	275
그림 Ⅲ-43.	중국(中國)China 법문사(法門寺)Pamensu temple	279
그림 Ⅲ-44.	중국(中國)China 당 황제릉(唐皇帝陵)Tang emperor tombs	286
그림 Ⅲ-45.	중국(中國)China 서안(西安)Xian	299
그림 Ⅲ-46.	중국(中國)China 사군묘(史君墓)hijun tomb	308
그림 Ⅲ-47.	중국(中國)China 안가묘(安伽墓)Aanzia tomb	318
그림 Ⅲ-48.	중국(中國)China 하가촌교장유적(河家村窖藏遺蹟) Hejiachun cellar site	325
그림 Ⅲ-49.	중국(中國)China 청선사탑(淸禪寺塔)Cheongchansu Temple pagoda	331
그림 Ⅲ-50.	중국(中國)China 경산사탑(慶山寺塔)Chingzansu temple pagoda	334
그림 Ⅲ-51.	중국(中國)China 흥교사(興敎寺)Chingziasu temple	338
그림 Ⅲ-52.	중국(中國)China 대동(大同)Tatung	342
그림 Ⅲ-53.	중국(中國)China 운강석굴(雲岡石窟)Yunkang cave	349
그림 Ⅲ-54.	중국(中國)China 우홍묘(虞弘墓)Yuhong tomb	357
그림 Ⅲ-55.	중국(中國)China 낙양(洛陽)Luyang	363
그림 Ⅲ-56.	중국(中國)China 용문석굴(龍門石窟)Lungmen caves	368

그림 Ⅲ-57.	중국(中國)China 북송황제릉(北宋皇帝陵)Beisong emperor tombs	374
그림 Ⅲ-58.	중국(中國)China 화탑(華塔)Huata pagoda	379
그림 Ⅲ-59.	한국(韓國)Korea 능사(陵寺)Neungsa	384
그림 Ⅲ-60.	한국(韓國)Korea 식리총(飾履塚)Sikri tomb	391
그림 Ⅲ-61.	한국(韓國)Korea 연주사자공작문석(連珠獅子孔雀文石) Relief of Pearl_Roundel, Tree_of_Life, Peacocks, and Lion	394
그림 Ⅲ-62.	한국(韓國)Korea 통일신라왕릉(統一新羅王陵)United Sinra king tombs	400
그림 Ⅲ-63.	한국(韓國)Korea 석굴암(石窟庵)Seokguram temple	407
그림 Ⅲ-64.	한국(韓國)Korea 북지리불상(北枝里佛像)Bukjiri Statue of Buddha	413
그림 Ⅲ-65.	한국(韓國)Korea 송림사탑(松林寺塔)Songlin temple pagoda	416
그림 Ⅲ-66.	일본(日本)Japan 쿄류사(廣隆寺)Kouryuji temple	419
그림 Ⅲ-67.	일본(日本)Japan 카미카모신사(上賀茂神社)Kamigamojinja shine	422
그림 Ⅲ-68.	일본(日本)Japan 후지노키고분(藤ノ木古墳)Hujinoki tomb	425
그림 Ⅲ-69.	일본(日本)Japan 호류사(法隆寺)Houryuji temple	428
그림 Ⅲ-70.	일본(日本)Japan 에이후쿠사(叡福寺)Eihukuji temple	432

실크로드 絲綢之路
문명교류사 文明交流史 서설 序說

Introduction to Research History of Civilizational Exchanges on Silk Road

草原路　　1. [Germany] Bingerbruck, Cologne　2. [Ukraine] Ust-Alma tomb　3. Kertch　4. [Russia] No
　　　　12. Noyon uul tombs No.5, No.20　13. [中國] 遼寧 北票 北燕 馮素弗墓　14. [韓國] 慶州 新羅

沙漠路　　1. [Turkey] Bogazkoy　2. [Syria] Palmyra　3. [Iran] Ctesiphon　4. Nishapur　5. [Uzbekistan]
　　　　17. 新疆 尉犁　18. 新疆　19. 寧夏 固原 北周 李賢墓　20. 寧夏 固原　21. 陝西 寶鷄 法門寺, 西安

海　路　　1. [Denmark]　2. [England] Yorkshie Acklam　3. Kent Faversham, Cambridge　4. [Italy] Rom
　　　　18. [Thai] Khao Sam Kaeo　19. Nakhon Si Thammarat　20. [Indonesia] Belitung shipreck　2
　　　　32. [韓國] 平壤 石岩里 9號墳, 貞柏里 138號墳　33. 開城　34. 軍威 麟角寺, 慶州　35. [日本] 福

그림. 고대(古代) 중세(中世) 유라시아 Eurasia 실크로드 Silk Road

Ⅲ 유라시아 欧亞 사막로의 유적과 유물
沙漠路 遺蹟 遺物

Introduction to Research History of Civilizational Exchanges on Silk Road

1. 사막로沙漠路 개관槪觀

사막로는 유라시아 대륙의 사막에 연한 오아시스를 동서로 연결하는 길이다. 오아시스란 사막을 비롯한 건조지대 가운데 항상 물이 괴어 있어 초목이 자라고 인간이 생활할 수 있는 곳을 말한다.

사막로의 주변에는 파미르(Pamir)고원, 천산산맥(天山山脈), 카라코룸(Kharakorum)산맥, 곤륜산맥(崑崙山脈)의 연봉(連峯)에 둘러싸고 있으며, 사막을 따라 열을 지어 오아시스가 형성되어 있다.

오아시스는 사막인들의 생활의 터전이었을 뿐만 아니라 교역의 중심지로서, 문물이 집산(集散)되고 교통이 발달했으며 도시가 형성되었다.

사막로는 유라시아 대륙의 북위 40도 부근에 동쪽에서부터 서쪽으로 몽골의 고비사막, 중국의 타클라마칸(Takla Makan)사막, 남러시아의 키질룸(Kizilkum)사막과 카라콤(kara-kum)사막이 잇달아 있고, 서아시아에서 좀 남하하여 루트(Lut)사막과 이란의 카비르(Kavir)사막이 시리아(Syria)사막으로 이어져 지중해 동안에까지 이른다(정수일 2001).

이 길에는 그 중앙에 세계의 지붕이라 불리는 험준한 파미르고원이 자리 잡고 있다. 파미르고원의 북부를 횡단하는 길은 우즈베키스탄의 페르가나(Fergana)분지를 거쳐 사마르칸트(Samarkand)에 도달한다. 파미르고원의 남부를 횡단하는 길은 도중에 북인도로 남하하는 길과 서쪽으로 나아가 아프카니스탄에 도달하는 길로 나뉜다.

실크로드라는 명칭이 사막로에서 시작된 점으로 볼 때, 이 길이 실크로드의 여러 갈래 간선(幹線)과 지선(支線) 가운데서 가장 중요한 역할을 해온 것을 알 수 있다. 사막로는 시대의 변화에 따라 용도에서나 여러 차례 기복을 겪은 초원로나 해로와는 달리, 고대부터 근대에 이르기까지 큰 변동 없이 줄곧 이용되어왔다. 또한 초원로나 해로에 비해 연도(沿道)의 포괄 범위가 매우 넓으며, 그 넓은 연변에서 아케메네스(Achaemenes), 파르티아(Parthia), 박트리아(Bactria), 사산(Sassanian), 이슬람(Islam), 에프탈(Ephtals), 카라한(Karakhan), 카라키타이(Qara Qitay) 등 수많은 왕조와 민족이 흥망성쇠를 거듭하였다.

사막로는 그 중앙에 파미르고원이 막고 있어 그것을 횡단하는 일은 어려웠다. 먼저 파미르 이서(以西)의 길이 정비되었다. BC 9세기부터 BC 6세기에 메소포타미아를 중심으로 서아시아를 통일한 아시리아(Assyria)는 이란 동부에서 이집트까지를 지배하고 시리아를 중심으로 서아시아의 교통을 활성화하였다.

III. 유라시아歐亞 사막로沙漠路의 유적遺蹟과 유물遺物

그림 III-a. 유라시아 사막(중국 신장)

　　BC 550년 키루스 2세(Cyrus II)는 메디아(Media) 왕국을 멸망시키고 아케메네스조 페르시아제국을 건국하였다. 다리우스 1세(Darius I)는 동북은 서투르키스탄, 남서는 이집트, 동은 인더스강 유역에서 서로는 발칸반도에 이르는 대제국을 수립하였으며, 그 내에는 다양한 민족 문화를 포함하였다. 그리고 이민족의 다양한 제도, 문물, 기술을 섭취 통합하여 새로운 다민족 사회, 새로운 국제적 문명을 창조하여 중앙집권제하에 통합 국가의 형성을 지향하였다.

　　페르시아제국은 전국을 주(州)로 나누어 중앙 정부가 임명한 태수가 각 주를 통치하였다. 각 주는 왕의 눈과 귀로 감찰사를 보내 태수를 감시하여 강력한 중앙집권국가를 건국하였다. 또한 금은화를 주조하고 세제를 확립하여 국가 경제의 기초를 다지고 각 지역을 아시리아의 역전제(驛傳制)와 같은 국도 즉 수사(Susa)에서 아나톨리아(Anatolia)를 연결하는 왕의 길을 통하여 세계의 정세를 파악하였다.

　　한편 정복한 민족에 대해서는 관대한 태도로서 제 민족의 고유법을 승인하였다. 그리고 종교의 자유를 허용하고 신관 계급의 특권을 보호하여 그들의 힘을 빌려 제 민족의 지배를 강화하였다. 문화에 대해서도 각 민족의 독자성, 지방색을 존중하여 다양한 문화를 통합하는 것에 의해 한층 고도의 국제성이 풍부한 문명을 구축하였다. 그래서 페르시아제국은 국제주의, 민족주의, 중앙집권주의가 모순 없이 실현되었다.

1. 사막로沙漠路 개관槪觀

　　페르시아에서는 국민이 통과하는 장소에는 페르시아어, 엘람어, 바빌로니아어의 3개국의 비문을 설치하였으며, 공통어, 상업어는 셈계의 아람어가 통용되었다. 페르세폴리스의 궁전에 부조된 제국 내의 조공사를 알현하는 아스타나의 기단에는 고유의 복장을 한 23개국의 사람들의 각 열 앞에 관리, 군인이 인도하는 장면이 벽면의 대부조(大浮彫)에 사실적으로 묘사되어 있다. 그런데 페르시아인 외에 일찍이 점령당한 메디아인이 페르시아인과 동등한 관리와 군인으로 표현되어 있으며 양자는 각각의 페르시아와 메디아 고유의 복장을 착용하고 무기를 소지하고 있는 점이 주목된다. 이렇게 페르세폴리스의 궁전 부조에서도 페르시아제국 내의 민족문화의 존중과 국민통합의 실현이 표출되어있다.

　　아케메네스조 페르시아제국의 문명은 국제성, 민족성, 통합성을 지향하여 고대 오리엔트와 주변 제 문명을 융합하여 그 외곽의 인도, 발칸, 남러시아에 큰 영향을 미쳤다.

　　고대 오리엔트를 중심으로 한 대제국의 성립은 그 국내의 번영뿐만 아니라 주변의 경제적 발전 문화적 교류를 촉진하는 원동력이 되어 유라시아 대륙을 관통하는 대간선 즉 실크로드의 형성을 촉진시켰다(江上波夫 1985: 196-197).

　　이란 비슈툰(Bistun)의 비문 및 다리우스(Darius)대왕의 비문에 의하면 왕은 제국(帝國)을 23주로 나누고 각지에 태수를 두어 매년 조공을 받고 교통로도 잘 정비하였던 것을 알 수 있다.

헤로도토스의 『역사』 5권 52장에는, 수사(Susa)에서 사르디스(Sardis)에 이르는 왕의 길에 관하여 자세한 서술이 있는데, 그것에 의하면 왕의 길은 도착하는 곳에 왕실숙소(王室宿所)나 훌륭한 여숙(旅宿)이 있고, 길은 언제나 인가(人家)가 있는 안전한 장소를 지났으며, 총 길이 약 2,500km에 111개의 숙장(宿場)이 있고, 여러 곳에 주둔지를 만들며, 거대한 하천에는 주운(舟運)을 이용하였고, 왕의 급사(急使)는 수사(Susa)-사르디스(Sardis) 사이를 10일 전후에 주파하였다고 한다. BC 334년에 시작된 알랙산더대왕의 동정(東征)이 극히 빠른 속도로 이루어졌던 것도 페르시아의 교통로가 발달하였기 때문이다.

동방에 한(漢)제국이 서방에 로마제국이 성립하여 큰 시장이 출현하고 교역이 활발해졌다. 『사기史記』 대완(大宛)전에는 장건이 몸소 방문했던 곳은 대완(大宛), 대월지(大月氏), 대하(大夏), 강거(康居) 등이었고, 또한 그 주변 5-6개의 큰 나라에 관해서도 다음과 같이 기술하였다.

> "대완(大宛)은 흉노의 서남쪽, 한(漢)의 서쪽에 위치하며, 대략 만리의 거리에 있다. 그 북쪽에는 강거, 서쪽에는 대월지, 서남쪽에는 대하, 동북쪽에는 오손(烏孫), 동쪽에는 우미(扞采)와 우전(于寘)이 있다. 우전의 서쪽에서 강물은 모두 서쪽으로 흘러 서해(西海)로 주입되며, 그 동쪽에서 강물은 모두 동쪽으로 흘러 염택(鹽澤)으로 주입된다."
> "오손(烏孫)은 대완(大宛)의 동북쪽으로 대략 2천리 떨어진 곳에 있다."
> "강거(康居)는 대완의 서북쪽으로 대략 2천리 떨어진 곳에 있다."
> "엄채(奄蔡)는 강거의 서북쪽으로 대략 2천리 떨어진 곳에 있다. 대택(大澤)에 임해 있는데, 끝이 없으며 북해(北海)라고 부른다."
> "대월지(大月氏)는 대완(大宛)의 서쪽으로 대략 2-3천리 떨어진 곳에 있으며, 규수(嬀水)의 북쪽에 거주하고 있다. 그 남쪽은 곧 대하(大夏)이며, 서쪽은 곧 안식(安息)으로, 북쪽은 곧 강거이다."
> "안식(安息)은 대월지의 서쪽으로 대략 수천리 떨어진 곳에 있다. 그 땅은 둘레가 수천 리이어서 가장 큰 나라이다. 규수에 임해 있고 시장이 있으며, 사람들이 장사를 할 때 수레와 배를 이용하여 이웃 나라로 가는데, 수천리를 간다. 은으로 화폐를 만들며 화폐는 그 왕의 얼굴을 본따서 만든다. 그 서쪽은 곧 조지(條支)이고, 북쪽은 곧 엄채와 여헌(黎軒)이다."
> "조지(條支)는 안식의 서쪽으로 수천 리 떨어진 곳에 있으며 서해(西海)에 임해 있다."
> "대하(大夏)는 대완의 서남쪽으로 2천여 리 떨어진 곳에 있으며 규수의 남쪽에 있다. 그 동남

쪽에는 신독국(身毒國)이 있다."

　　장건의 '착공(鑿空)'은 전인미답의 경지를 개통(開通)한다는 것으로 '착(鑿)은 개(開)의 뜻이고, 공(空)은 통(通)한다는 의미이다. 이는 장건이 서역도(西域道)를 착공(鑿空)하여 그것을 소통케 한 것으로 보았다.

　　이와 같이 중국과 서아시아 지방의 공적인 교통은 전한(前漢)의 무제(武帝)가 파견한 장건에 의해 BC 126년에 개통되었으며, 무제는 먼저 흉노를 구축하고 서역경영에 나섰으며, 이어서 하서회랑(河西四郡)을 두어 타림(Tarim)분지 지배에 성공하고, 활발하게 서방과 무역을 행하였다. 그 최성기에는 100여 명 내지는 수백 명으로 이루어진 사절단이 매년 많게는 10회, 적은 해에도 5, 6회는 서아시아의 각지로 향해 갔다고 한다.

　　사막로는 도상(途上)에 있는 서역제국의 중계 교역도 상당히 왕성하여, 이러한 제국의 상인은 중국에 들어오면 조공무역의 형태를 취했다. 한대(漢代)의 사막로는 크게 남도와 북도로 구분된다.

　　남도(南道)는 돈황(敦煌)에서 누란(樓蘭)을 거쳐 사차(莎車 Yarkant)강을 따라서 서쪽으로 가면 야르칸드(Yarkant 莎車), 타쉬쿠르칸(塔什庫爾干 Tashkurgan), 아프카니스탄 와칸(wakhan)에 이르고, 그곳에서 길은 두 갈래로 나뉜다. 하나는 아프카니스탄 발흐(Balkh), 투루크메니스탄 메르브(Merv), 이란 하마단(Hamadan)에 위치했던 엑바타나(Ecbatana)를 경유하여 이라크의 크테시폰(Ctesiphon)에 이르며, 그곳에서부터 아케메네스 왕조가 건설한 도로를 통해 북메소포타미아를 경유하여 시리아의 안티오키아(Antakya)에 이르는 길이다. 와칸(Wakhan)에서 남쪽으로의 길은 길기트(Gilgit), 카슈미르(Kashmir)를 지나 간다라(Gandhara)에 이르고, 인더스강 하구 및 바리가자(Barygaza)에서 끝났다.

　　북도(北道)는 옥문(玉門)을 출발하여 로프노르(Lop-nor) 호수를 경유하여 언기(焉耆, Kharashahr)로 나와, 그곳에서 천산(天山)과 타림(Tarim)강을 따라 서쪽으로 향해 카슈카르(Kashgar, 疏勒)에 이르고, 천산를 넘어서 페르가나(Fergana, 大宛), 강거(康居, 중앙아시아의 아무다리야와 시르다리야의 하간지대河間地帶), 엄채(奄蔡, 볼가(Volga)강 하구)를 경유, 흑해 북안의 그리스인 거류지에 이르렀다. 이 길들은 내륙 아시아의 정치 정세의 변화나 기후적 요인의 영향에 의해 변하였다.

　　후한(後漢 25-220년)에 와서 서역과의 관계가 확대됨에 따라 기존 오아시스로의 이용이 더욱 빈번해졌을 뿐만 아니라, 새로운 노선이 개척되기도 하였다. 영평(永平) 16년(73)에 한

(漢)이 이오(伊吾, 하미哈密)를 공략하고 그곳에 선화도위(宣禾都尉)를 설치한 것을 계기로 돈황(敦煌)에서 북상하여 이오(伊吾)를 거쳐 서북향의 고창(高昌)에 이르는 '신도(新道)'가 개척되었다. 그 결과 서역으로 가는 데는 남도(南道), 중도(中道), 북도(北道)의 세 길이 생기게 되었다. 즉 남도는 전한대의 오아시스로 남도이고, 중도는 그 북도이며, 북도는 새로 개척된 돈황-고창도이다.

남북조(南北朝)부터 수대(隋代)의 사막로에 대해서는 배구(裵矩, 557-627년)가 쓴 『서역도기西域圖記』의 서문에 자세하게 기록되어 있다. 이 책은 3권이었던 것이 없어졌으나, 그 서문이 『수서隋書』권67, 『북사北史』권38, 『신당서新唐書』권100의 「배구전裵矩傳」에 인용되어 남아 있다. 이에 의하면 서역 교통로의 대간선(大幹線)으로서 북(北), 중(中), 남(南)의 간선(幹線)과 지선(支線)이 있었다.

북도(北道)는 돈황(敦煌) → 하미(哈密) → 투르판(吐魯蕃) → 텐산북록(天山北麓) → 카자흐스탄 바르클(Barkol)호수 → 키르기스스탄 이식쿨(Issyk-Kul)호수 → 시르다리야(SyrDarya) → 비잔틴 → 지중해에 도달한다.

중도(中道)는 돈황(敦煌) → 투르판(吐魯蕃) → 쿠처(庫車) → 텐산남록(天山南麓) → 카슈카르(喀什 Kashgar) → 파미르(Pamir)고원 → 우즈베키스탄 페르가나(Fergana) → 우즈베키스탄 사마르칸트(Samarkand) → 우즈베키스탄 부하라(Bukhara) → 투루크메니스탄 메르브(Merv) → 이란(Iran)에 이른다.

남도(南道)는 돈황(敦煌) → 누란(樓蘭) → 호탄(和田) → 타쉬쿠루칸(塔什庫爾干 Tashkurgan) → 파미르(Pamir)고원 → 아프카니스탄 와칸(Wakhan) → 아프카니스탄 쿤두즈(Kunduz) → 아프카니스탄 바미안(Bamyan) → 파키스탄 간다라(Gandhara)에 이르는 길이다.

사막로의 전역에서 출토되는 것은 사산조 페르시아의 은화와 유리기이다.

페르시아은화는 메르브, 부하라, 사마르칸트, 두산베, 타시켄트, 테르메즈 등 중앙아시아 전역과 신장(新疆) 우차현교장(烏恰縣窖藏), 투루판(吐魯番) 고창고성(高昌古城), 섬서성(陝西省) 하가촌교장(何家村窖藏), 영하회족자치구(寧夏回族自治區) 수(隋) 사물묘(史勿墓), 하북성(河北省) 정현(定縣) 탑기사리함(塔基舍利函) 등에서 출토되었다.

페르시아 유리기는 중앙아시아와 신장(新疆)의 심심석굴(森木賽姆石窟), 잉판(營盤墓地)M9호묘, 영하회족자치구(寧夏回族自治區) 고원현(固原縣) 이현묘(李賢墓), 섬서성(陝西省) 서안(西安) 청선사사리탑(清禪寺舍利塔), 산서성(山西省) 대동남교(大同南郊北魏)M107호묘, 북경(北京) 화방묘(華芳墓) 그리고 경주(慶州) 황남대총북분(皇南大塚北墳)에서 출토되었다.

참고문헌

岡崎敬, 1973, 『東西交涉の考古學』, 平凡社.

정수일, 2001, 『씰크로드학』, 창작과 비평사.

加藤九祚(著)·朴天秀·丁眞(역), 2015, 「머나먼 실크로드」, 『실크로드와 신라-유리의 길-』, 경북대학교박물관.

Herodotos(저)·박광순(역), 2018, 『역사HISTORIAI』, 범우사.

2. 터키Turkey의 유적遺蹟과 유물遺物

1) 보아즈쾨이유적Bogazkoy site

보아즈쾨이유적은 흑해와 에게해, 지중해에 둘러싸여 있는 소아시아 반도 아나톨리아 지방의 북동부 초룸(Çorum)주에 있으며 앙카라 동남방 180km 떨어진 보아즈칼레(Boğazkale)에 위치한다. 1,000m가 넘는 고원 지대여서 높은 곳은 4-5월까지도 눈이 녹지 않는다.

아나톨리아 지방에는 일찍부터 강력한 히타이트제국이 존재했다. 이집트, 바빌로니아와 어깨를 나란히 했던 강대국으로, 고대 오리엔트의 역사를 화려하게 수놓았던 철의 제국이다. 남러시아 평원에 기원을 둔 히타이트인들은 흑해 주변을 거쳐 BC 2,000년경에 아나톨리아 고원지대에 정착했다. 그 후 히타이트는 현재의 보아즈쾨이, 즉 하투샤(Hattusha)로 수도를 옮기고 마침내 아나톨리아 일대를 지배하는 대제국으로 성장했다. 원래 하투샤는 아시리아인들이 건설한 도시로, BC 18세기 초에 히타이트의 아니타스왕에 의해 파괴되었다. BC 1,600년경에는 주변 왕국들을 통일한 나바르나스1세가 하투샤를 재건하고, BC 1,650년경에는 하투실리스 1세(Hattusili I)가 이 지역을 히타이트의 수도로 정했다.

히타이트가 아나톨리아지방을 평정하고 대제국을 건설할 수 있었던 원동력은 제철 기술이다. 당시 히타이트 이외의 지역에서도 철을 만들 수 있었지만, 히타이트의 제련 기술을 따라갈 수 없었다. 한편 우수한 제철 기술을 보유하고 있었던 히타이트인들은 자신들이 직접 만들어낸 철제 무기와 전차를 끄는 마차를 이용해 주변 제국을 지배할 수 있었다.

히타이트제국에 대한 연구는 1822년 요한 루드비히 부르크하르트(Johann Ludwig Burckhardt)가 쓴 『시리아와 팔레스타인 여행Travels in Syria and the Holy Land』이라는 책에 기술한 시리아 서부 마하트(mahat)라는 도시에서 현무암에 새겨진 문자의 발견에서 비롯된다. 1887년 이집트 텔엘아마르나(Tell Amarna)에서 같은 문자로 기록된 문서가 발견되었다. 이 문서가 '아르자와의 왕'이라 불리는 사람에게 보낸 편지의 사본이라는 것이 밝혀져 아르자와어라로 불리게 되었지만 완전한 해독까지는 이루어지지 않았다.

보아즈쾨이유적은 1834년 프랑스 고고학자 샤를 텍시에(Charles Texier)에 의해 처음으로 발견되었다. 1905년 아르자와어로 기록된 다량의 점토판이 보아즈쾨이에서 발견되어 히타이트제국이 실체가 드러났다. 1907년 이래 독일고고학연구소가 발굴을 실시하여왔다.

하투샤는 동서 약 1.3km, 남북 약 2.3km의 면적에 지형에 따라 폭 8m, 높이 6m 규모의 2중 성벽이 둘러싼 성채 도시이다. 6km의 성벽에는 약 20m 간격으로 출입문을 포함한 탑이 세워졌다. 도시는 남북으로 구분되며 북구에는 중앙에 대신전이 있다. 그 북쪽에 BC 2,000년기의 아시리아 상인들의 거주지가 있으며, 남쪽에는 왕궁과 점토판이 발굴된 문서고가 있다. 남구에는 네 개의 신전이 있으며, 천후신(天候神)인 테슈프와 태양의 여신 헤파트를 중심으로 많은 신들을 숭배하는 곳이었다. 남구의 성벽에는 서쪽에 부조가 새겨진 사자문, 남쪽에 스핑크스문, 동쪽에 왕의 문이 있다.

성벽 밖으로 약 2km 북동쪽에는 히타이트 신왕국(BC 1400-1190) 시대에 조영된 '문자가 새겨진 바위'라는 뜻의 야질리카야(Yazılıkaya) 신전이 있다. 야질리카야는 바위 사이의 빈 공간을 이용해 만든 크고 작은 두 개의 회랑과 그 바위 앞에 있는 제사용 건물로 이루어져 있다. 회랑의 바위 표면에는 신들의 형상을 표현한 66개의 부조가 새겨져 있다. 부조 중에서는 낫을 들고 있는 히타이트 12신, 신왕국의 마지막 왕인 투드할리야 4세(Tudhaliya Ⅳ)와 칼의 신이 새겨졌다.

문서고에서 발견된 설형문자로 작성된 20,000여 점의 히타이트어 문서 중 당시의 교역 장부, 편지, 종교 문서, 계약서 등 다양한 형태의 문서가 포함되어 있었다. 그 중에서 특히 이집트와 맺은 평화조약에 관한 문서는 당시 히타이트가 이집트와 대적할 만큼 강력한 국가였다는 사실을 보여준다.

히타이트와 이집트는 시리아 지역을 서로 차지하기 위해 자주 충돌을 일으켰다. 초기에는 이집트가 우세했다. 하지만 BC 1275년, 카텍시에서 이집트의 람세스 2세(Ramses II)와 히타이트의 무와탈리스(Muwatallis)왕이 이끄는 군대가 격렬하게 전투를 벌인 결과 평화조약이 체결되었다. 람세스 2세는 무와탈리스왕의 동생으로 히타이트의 왕권을 계승한 하투실리스 3세와도 계속해서 평화조약을 맺었으며, 그의 맏딸을 아내로 받아들이기도 했다.

강력한 이집트와 대등한 힘을 가졌던 히타이트 왕국은 BC 1,200년경에 멸망했으며, 원인은 아직 밝혀지지 않았다. 히타이트 멸망은 오리엔트 지역의 군사적 균형을 무너뜨리는 결과를 가져왔으며, 다시 군웅할거(群雄割據) 시대로 접어들게 되었다.

참고문헌

增田精一, 1993, 『世界の大遺跡4 メソポタミアとペルシア』, 講談社.
森野たくみ・松代守弘, 1998, 『古代遺跡』, 新紀元社.
이희수, 2015, 『터키 박물관 산책』, 푸른숲.

Ⅲ. 유라시아歐亞 사막로沙漠路의 유적遺蹟과 유물遺物

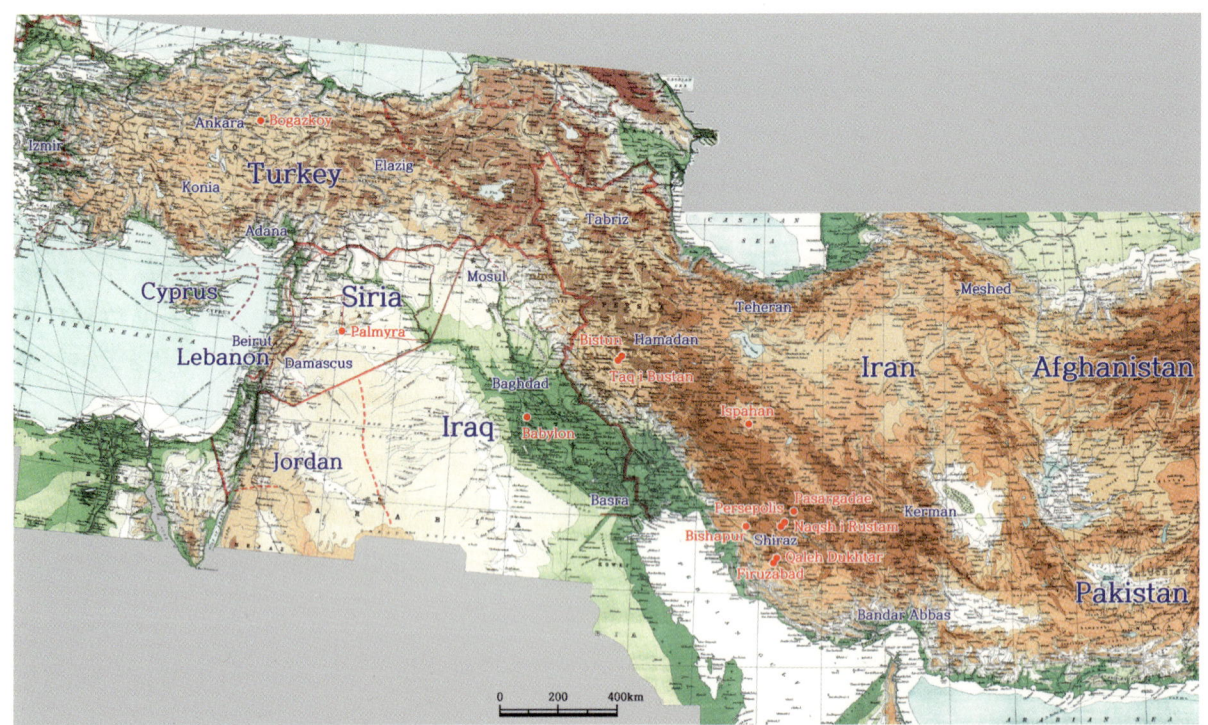

그림 Ⅲ-1. 터키Turkey 보아즈쾨이유적(遺蹟)Bogazkoy site

1. 터키, 시리아, 이라크, 이란 유적(遺蹟) 분포도(分布圖)
2. 보아즈쾨이(Bogazkoy)유적(遺蹟) 위치(位置)
3. 보아즈쾨이(Bogazkoy)유적(遺蹟) 원경(遠景)
4. 보아즈쾨이(Bogazkoy)유적(遺蹟) 분포도(分布圖)

| 1 | 3 |
| 2 | 4 |

2. 터키Turkey의 유적遺蹟과 유물遺物

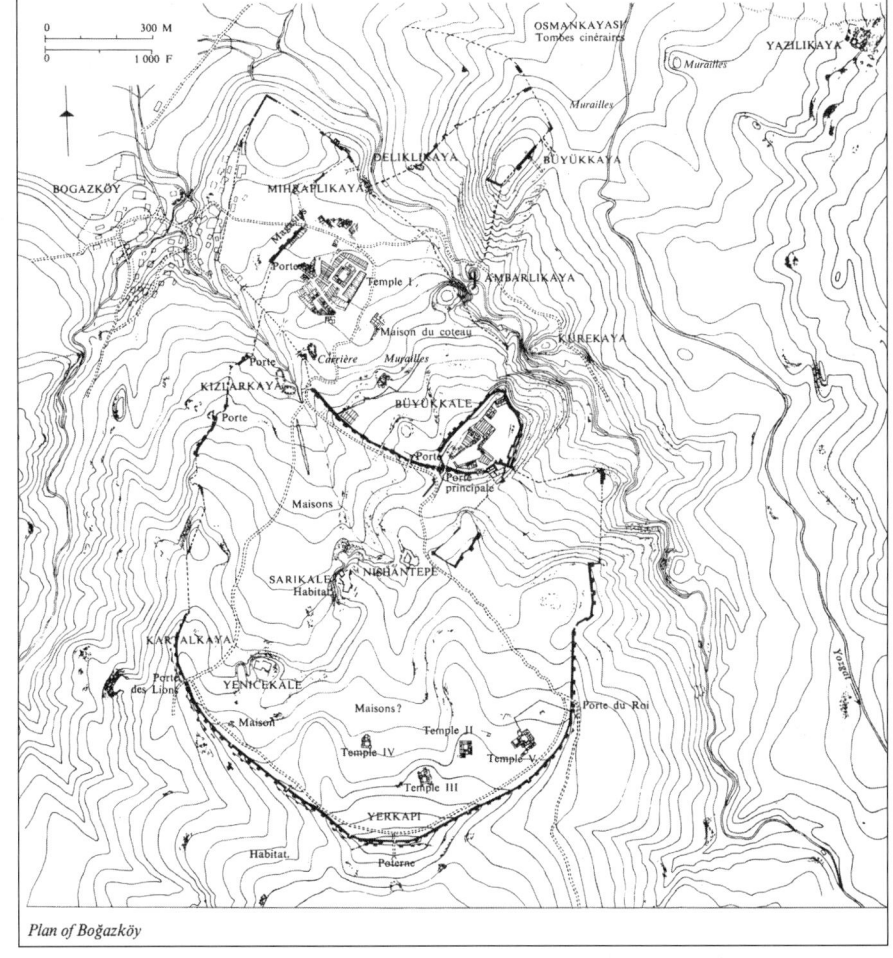

Plan of Boğazköy

5~7. 보아즈쾨이(Bogazkoy)유적(遺蹟)
8. 보아즈쾨이(Bogazkoy)유적(遺蹟) 사자문(獅子門)
9~10. 야질리카야(Yazılıkaya) 신전(神殿)
11~12. 야질리카야(Yazılıkaya) 신전(神殿) 부조(浮彫)

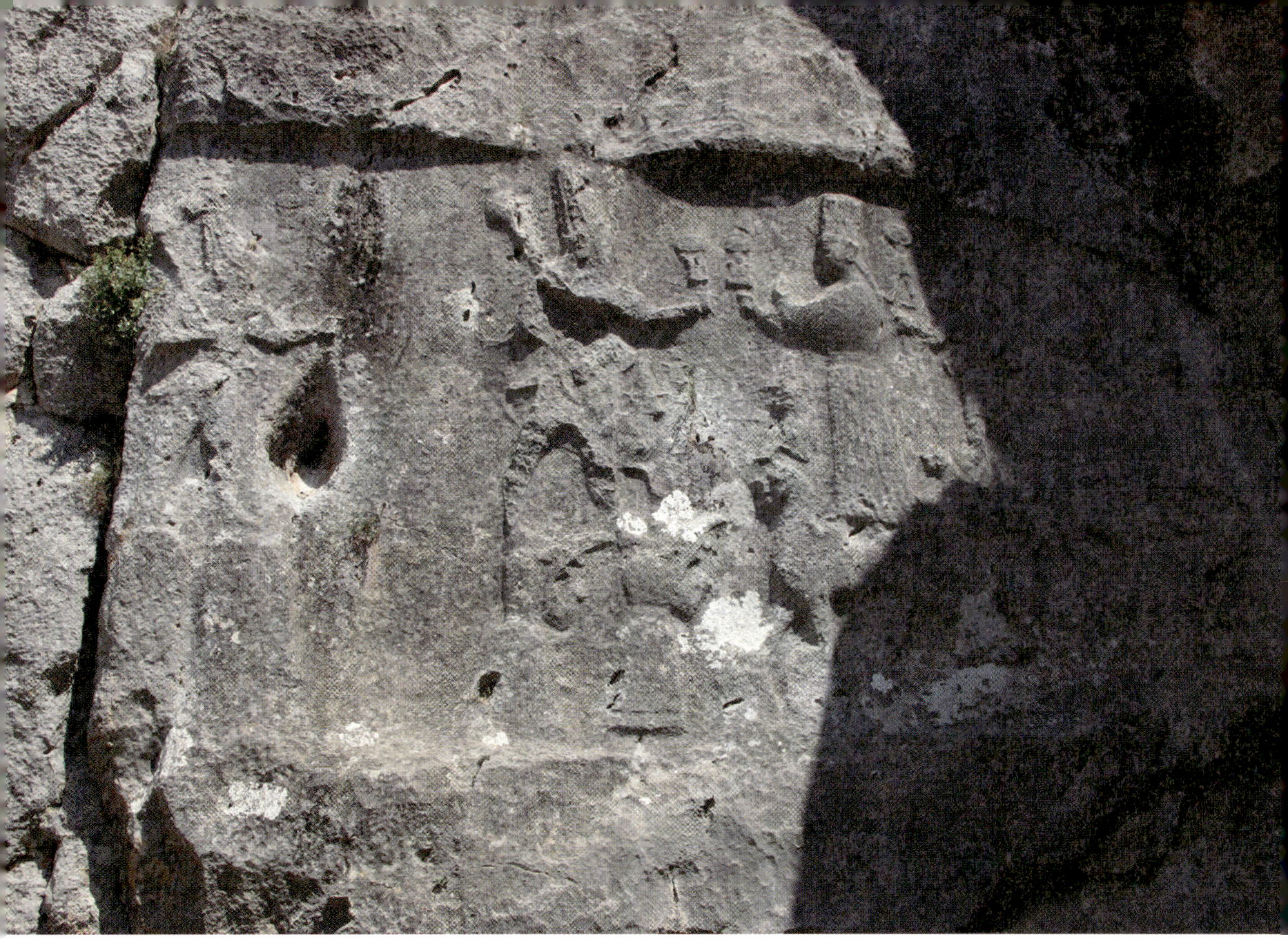

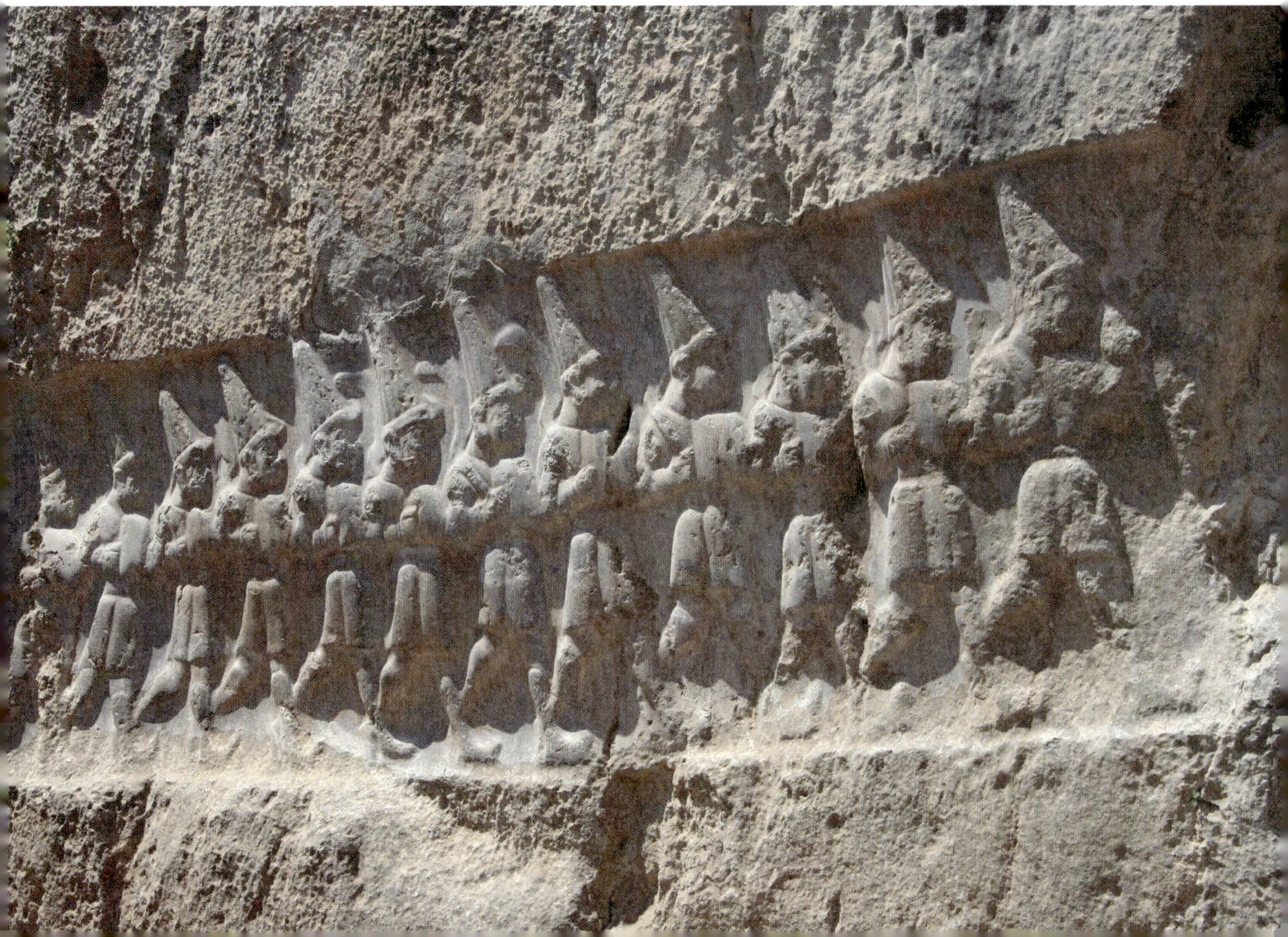

Ⅲ. 유라시아歐亞 사막로沙漠路의 유적遺蹟과 유물遺物

3. 시리아Siria의 유적遺蹟과 유물遺物

1) 팔미라유적Palmyra site

팔미라유적은 시리아의 수도 다마스쿠스(Damascus)에서 동쪽으로 약 230km 떨어진 홈스(Homs)주 팔미라(Palmyra)지역의 중심지이다. 시리아 사막의 중앙부 서쪽에 위치한 라시드 산맥의 남쪽 산기슭에 위치하며, 유프라테스(Euphrates)강의 서쪽으로 200km 가량 떨어져 있다.

아람어로는 타드므르투(Tadmrtu), 아라비아어 정식 명칭은 타드무르(Tadmur), 로마시대에 붙여진 지명으로는 팔미라(Palmyra) 등의 이름이 있으나, 이는 대추 야자(palm)마을의 의미이다. 현지에서는 타드몰(Tadmor)이라고 불리며 고대 아랍어로서 대추야자를 의미하는 말에서 파생하였다. 또 이 지역은, 성서의 기록에 나오는 솔로몬 왕이 건설한 "타마르(Tamar)"라는 설도 있다.

팔미라에서는 현재도 수십만 그루의 대추야자, 올리브, 석류나무의 나무들이 무성해, 사막과 초록의 대비가 눈에 빛난다. 실크로드의 상인들은 그 아름다움에 감탄하여 「장미의 거리」라고 칭송했다.

지하수가 풍부하게 솟아 나오고 있어 카나트와 수도교 등의 인공수로로 도시를 확대시켜 갔다. 또 유황온천이 있고, 주변에는 석회암이나 대리석의 채굴장, 염전, 목초지가 있었다. 자연이나 자원이 풍족하기 때문에 서아시아의 중심적인 대상도시(隊商都市)로서 번창하여 많은 사람들이 모였던 것이다.

팔미라 주변의 잘흐 아주라, 다와라 동굴, 와스니야 바이다유적에서는, 구석기 시대부터 인류가 거주해 온 흔적이 발견되고 있다. 마리에서 출토된 BC 18세기의 점토판 사료에도 이 지역에 대한 기록이 있고, 그 뒤 3세기 후반까지 교역로상의 거점 도시로서 번영했다. 이 동안에 거대한 도시와 함께 이 지역 부유층의 묘지가 조영되었다.

중국과 유럽을 연결하는 실크로드의 교역도시로 번영을 누렸던 팔미라는 서쪽의 로마제국과 동쪽의 페르시아 제국 사이에서 태어난 완충국가(緩衝國家)였다.

BC 3세기경 팔미라는 셀레우코스(Seleucid)조에 속한 독립국이었다. 그러나 BC 1세기 로마에 정복당하고, 이후 이 지역은 로마풍의 건축물과 신앙이 전파되었다. 팔미라의 역사에서 특징적인 인물은 여왕 제노비아(Zenobia)일 것이다. 클레오파트라 7세(Cleopatra Ⅶ)의 먼

후손임을 자칭한 지(知)와 무(武)를 겸비한 아름다운 여왕이었다고 한다. 여왕은 아들을 왕으로 세우고 섭정하여 실권을 잡았다. 이후 268년에는 이집트를 공략하였으며, 유프라테스강에서 나일강까지 영토를 확장하였다. 그러나 5년 후 273년에 로마제국의 공격을 받아 파괴되며 번영의 시대는 끝이 났다. 제노비아는 쇠사슬에 묶여 로마로 끌려갔다고 한다.

팔미라유적은 총면적이 600만km를 넘으며 주위 11km를 낮은 성벽이 반원형으로 둘러싼다. 그중에 석회암으로 만든 다수의 원주와 건축물이 세워져 있다.

성내의 동남부에 벨신전(Temple of Bel)이 있고 북서에 기념문, 열주도로(列柱道路), 네보신전(Temple of Nebo), 목욕탕, 야외극장, 원로원, 아고라, (agora), 사면문(四面門), 바알샤민신전(Temple of Baalshamin), 주택가, 디오클레티아누스(Diocletianus)의 군영 등이 있다. 성벽밖에는 묘지가 있으며 남부에는 대추 야자 등의 과수원이 퍼져 있고, 남서에는 온천이 솟는 에프카(Efqa)의 샘이 있다.

고분은 서(西)쪽의 곡부(谷部), 서남묘지(西南墓地), 북묘지(北墓地), 동남묘지(東南墓地)에 분포하며 유력 개인 일족의 묘, 조선 숭배를 위한 기념물 등이 있다. 형식은 탑묘(塔墓), 가옥묘(家屋墓), 지하묘(地下墓), 암굴묘(岩窟墓)묘 구분된다.

17세기 이후에 유적을 탐방하거나 유적 출토 비문에 대한 연구가 개시되었다. 1925년 이래 프랑스를 비롯한 외국조사대가 시리아고고국과 유적을 발굴하고 있다. 1950년대 벨신전(Temple of Bel) 남쪽 1.5km 부근에 위치하며 남북 1km, 동서 1.5km에 걸쳐 분포하는 동남묘지(東南墓地)가 시리아 정부의 송유관 건설에 동반하여 10여 기가 발굴조사되었다. 그 가운데 타아이(Taai)묘세서는 다수의 흉상(胸像)이 확인되어 주목되었다.

1991년 이래 일본 나라(奈良)의 실크로드학연구센터(シルクロード學研究センター)도 동남묘지(東南墓地)에서 조사를 실시하여 다수의 지하묘를 발굴하였다. 그 가운데 A, C, F호묘가 조사되었다. A호묘는 가옥묘(家屋墓)의 석화암제 기초만 남아있었으며, 16개체의 인골과 유리기, 토제 램프가 출토되었다. C호묘는 동서방향의 지하묘(地下墓)이며 석회암을 사용한 묘도 계단, 전정부, 문, 주실, 좌측실 구조의 미 도굴묘였다. 이 묘는 주실 남벽에 수립된 비문에 의해 109년 4월에 축조된 것이 밝혀졌다. 주실의 후벽에는 아치형의 공간안에 3각형으로 배치된 3인의 남성 흉상이 있으며, 원환 속의 상위 남성을 승리의 여신 니케가 좌우에서 천공으로 인도하는 장면이 조각되어 있다. 이 고분에서는 남 20, 여 13, 성별불명 13체의 인골과 7점의 흉상, 유리기, 동경 등이 출토되었다. F호묘는 석회암을 사용한 묘도 계단, 전정부, 문, 주실, 좌우 측실의 구조이다. 계단은 폭 2.6m, 길이 8m의 22단이며, 묘실은 폭 2.6m, 길

이 17.8m로서 4구역으로 구획되었다. 문은 폭 2m, 높이 3.4m, 석제 문짝(扉)이 있으며, 상위에는 비문이 있다. F호묘는 비문에 의해 128년 11월에 축조된 것이 밝혀졌다. 동서측실 입구에는 메두사상, 현실에서 조상비문(造像碑文), 가족향연상(家族饗宴像) 2관(棺), 해방노예의 횡와상(橫臥像) 3관(棺), 유리기, 동전(銅錢) 등이 출토되었다. F호묘는 가옥과 같은 형태의 귀족묘로서 실크로드 무역을 통하여 축적한 부를 바탕으로 한 팔미라인들의 화려한 생활을 엿볼수 있다.

팔미라유적에서 가장 눈길을 끄는 것은 도시 남동부에 있는 32년에 건립된 이 유적 최대 규모의 벨신전(Temple of Bel)이다. 이곳에서는 바빌로니아인들이 섬겼던 벨신에게 제사를 지냈다. 신전 경내에는 동서 210m, 남북 205m에 이르는 넓은 공간이 있으며, 그 서쪽에 있는 폭 35m의 계단을 통해 안쪽으로 올라갈 수 있었다. 계단 앞에는 여덟 개의 석주가 떠받치고 있는 문이 있으며, 기둥들이 줄지어 서 있다.

신전의 본전은 중앙 정원의 한가운데 있으며, 포도나무 문양으로 장식된 현관문이 있다. 본전은 중앙석 단상에 있고, 북쪽의 사당에 주신(主神)인 벨(Bel), 시신(侍神)인 야르히볼(Yarhibol), 아그리볼(Aglibol)의 3신상이 안치되었다.

기념문과 열주도로(列柱道路)는 중앙과 양측의 3개의 통로로 구성되며 조상을 실은 대좌에는 대추야자인 아칸서스(akanthos)·포도 당초·진주 등의 화려한 문양이 베풀어졌다. 중심도로는 길이 1,200m, 약 80개의 기둥이 있다. 도로의 양측으로 다양한 건조물이 세워졌다.

네보신전(Temple of Nebo)의 네보(Nebo)는 바빌로니아의 신인 마르둑(Marduk)의 아들로 팔미라에서는 아폴로(Apollo)로 비정되고 있다. 6개로 된 기둥의 문을 들어가면 열주회랑(列柱回廊)이 있고 성역을 중심으로 신전이 있었다. 북변은 열주도로에 의해 비스듬하게 구분되고 있다.

팔미라는 교역 도시였기 때문에 아랍 계열의 신과 시리아의 토착신, 페니키아의 신 등 여러 지역에서 들어온 신들을 숭배했다. 당시 팔미라의 종교관은 아직까지 명확하게 밝혀져 있지 않지만, 다종교 사회였던 것은 확실하다

그 이후에도 로마군의 주둔지와 비잔틴 시대의 교회가 건설되었으며, 17세기에 도시를 한눈에 바라볼 수 있는 산 정상에 파할웃딘성이 축조되었다. 페르시아 세력과 대치하기 위해 정치, 군사적으로 중요했던 로마시대의 상황과 비교해 보면, 아랍 이슬람 세력에 의해 정복된 이후 이 지역의 중요성은 저하되었다.

팔미라는 메소포타미아, 지중해, 터키, 이집트를 연결하는 고대 교통로의 중심부에 축조

되었으며, BC 1세기부터 3세기까지, 실크로드의 대상 도시로서 발전하였다.

2015년 이 유적은 IS에 의해 우상 숭배라는 이유로 절반 이상이 파괴되어, 특히 벨 신전은 두기의 기둥만을 남았다. 현재 복구가 진행되고 있다.

참고문헌

樋口隆康(編), 1998, 『シルクロード學硏究5 Study for Southeast Necropolis in Palmira 隊商都市パルミラ東南墓地の調査と研究』, シルクロード學硏究センター.

樋口隆康(編), 2001, 『TOMB F-Tomb of BWLH and BWRP-Southeast Necropolis Palmira, Syria シリアパルミラ遺跡』, シルクロード學硏究センター.

岡內三眞(編)·박천수(역), 2016, 『실크로드의 고고학』, 진인진.

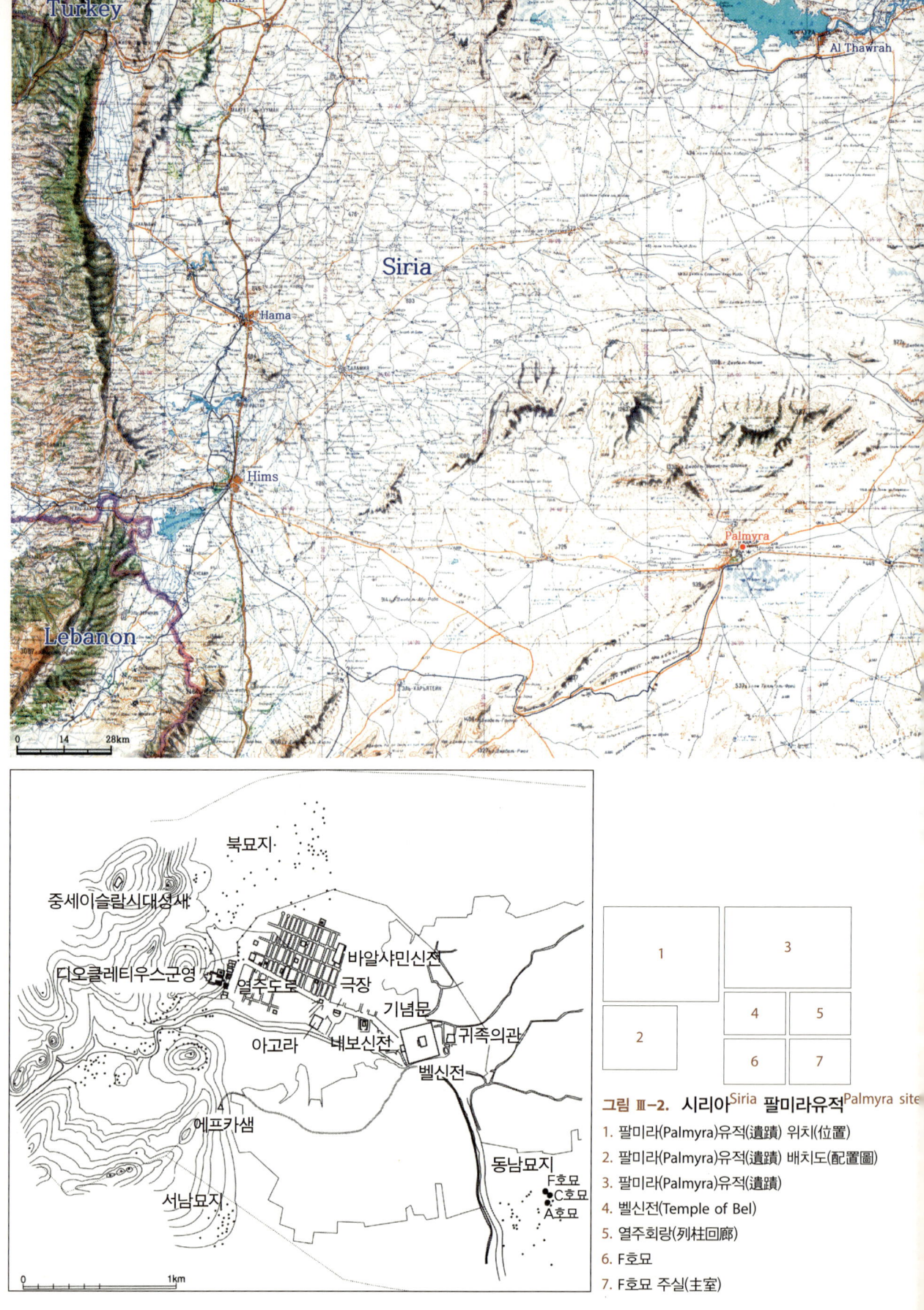

그림 Ⅲ-2. 시리아Siria 팔미라유적Palmyra site
1. 팔미라(Palmyra)유적(遺蹟) 위치(位置)
2. 팔미라(Palmyra)유적(遺蹟) 배치도(配置圖)
3. 팔미라(Palmyra)유적(遺蹟)
4. 벨신전(Temple of Bel)
5. 열주회랑(列柱回廊)
6. F호묘
7. F호묘 주실(主室)

8. F호묘 부조(浮彫)
9~10. C호묘 로마(Rome) 압형유리리톤(鴨形琉璃rhyton)과 주자(注子)
11. 팔미라(Palmyra)유적(遺蹟) 견직물(絹織物)

8	9
10	11

4. 이라크Iraq의 유적遺蹟과 유물遺物

1) 바빌론유적Babylon site

바빌론유적은 바그다드 남쪽 약 110km 지점 유프라테스강 연안에 위치한다. 고(古) 바빌로니아 및 신(新) 바빌로니아의 수도로서 번영했던 고대도시이다. 이 지역은 메소포타미아의 오래된 신역(神域)이었다. 바빌론에 대한 기록은 아카드(Akkad)조 샤르칼리샤리왕(Shar-Kali-Sharri, BC 2300년경) 시절까지 거슬러 올라간다. 바빌로니아라는 명칭은 통상 BC 1894년부터 BC 1595년에 존재했던 고(古) 바빌로니아 왕조, BC 625년부터 BC 539년에 존재했던 신(新) 바빌로니아왕조, 그리고 그 수도였던 바빌론을 가리키는 말이다.

바빌론에 대해서는 구약성서, 신약성서, 고전고대시대의 저술에 여러 가지 전승과 기술(記述)을 전하고 있다. 구약성서에서는 이른바 바벨탑(지구라트), 바빌로니아에 의한 유대 왕국의 정복, 바빌론 유수(BC 597-586)와 바빌론으로부터의 귀환, 바빌론의 몰락 등이 기록되어 있다. 특히 바빌론(신바빌로니아)의 폭정에 분노하여, 그 멸망을 예언한 예레미야서, 포로생활의 고통을 노래한 시편 제137편 등이 널리 알려져 있다. 근대가 되어 함무라비 법전이나 바빌론의 신년 축제문서, 다수의 연대기 등의 쐐기문자로부터 바빌론을 둘러싼 역사, 종교, 사회 등이 상당히 밝혀졌다.

바빌론은 관개농업을 실시하였으며, 교역이 일찍부터 발달하였다. 교역이 발달한 이유는 유프라테스강을 끼고 있으며, 아시아에서 지중해로 가는 길목과 페르시아만에서 내륙으로 가는 길목의 결절점에 위치하였기 때문이었다. 잉여생산물이 증가하자 자연스럽게 교역이 증대되었으며, 이를 위해 기호와 문자가 발달하였다.

바빌론이 가장 번영했던 시기는 바빌론 제1왕조, 특히 영주(英主) 제6대 함무라비왕(재위 BC 1792-1750년, 혹은 BC 1728-1686년)시대였다. 함무라비왕은 바빌로니아를 크게 확장하였고, 이라크 남부의 메소포타미아 지방을 통일하고 수메르 및 아카드왕의 지위를 얻었다. 그리고 함무라비왕은 바빌론 근처 지역에 대규모 관개 시설을 건축하였다. 고(古) 바빌로니아 왕조는 히타이트의 침략으로 멸망하였다. 바빌론 제9왕조를 이은 신(新) 바빌로니아(칼데아왕조 BC 625-539년)의 2대왕 네부카드네자르(Nebuchadnezzar II, 재위 BC 605-562년)의 치하에서 바빌론은 새롭게 건축되었으나, BC 539년에 아케메네스조 페르시아의 공격을 받아 멸망하였다. 그 후 이 땅을 점령한 마케도니아의 알렉산더대왕이 이곳에서 병사한 후, 셀레우코스(Seleucid)

조의 치하에서 가까운 곳에 셀레우키아(Seleukeia)가 건설되어 바빌론은 쇠퇴했다.

　　그리스 역사가 헤르도토스는 바빌론에 대하여 성벽의 규모가 18×72km이며, 높이 14m의 3중의 성벽, 해자, 아스팔트(asphalt)를 칠한 도로, 황금제단의 신전과 지구라트, 호수, 운하 등을 기록하였다. 이러한 전성기도 약 1세기를 넘기지 못하고 BC 528년 아케메네스조 페르시아에 의해 멸망하나, 제국의 중심지 역할을 하며 수학과 천문학이 발달한다. 페르시아 이후 마케도니아(Macedonia), 셀레우코스(Seleucid), 파르티아(Parthia), 사산조(Sassanian)를 거치면서 점차 파괴당하고, 쇠퇴하였다. 특히 BC 275년 셀레우코스조 점령 시기의 바빌론을 파괴하고 주민들을 강제이주 시키면서 정체성을 잃었다. 20세기 초 발굴 전까지 문헌상에 있는 전설 속의 도시로 남게 되었다.

　　독일의 고고학자 로베르트 콜데바이(Robert Koldewey)는 1899년부터 1919년까지 바빌론을 발굴했으며, 수백 점의 점토판과 이슈타르문(Ischtar Gate), 바벨탑 등을 발견하는 성과를 얻었다. 이슈타르문은 바빌론에 진입하는 가장 큰 문이며, 이 문에 새겨진 사자는 전쟁의 신 이슈타르를 상징한다는 것을 밝혀냈다. 그리고 행렬도(行列道)인 중앙의 도로에는 천연 아스팔트를 이용하여 포장한 고도의 기술이 사용된 것을 알 수 있다. 다음으로 이슈타르문, 행렬도로와 더불어 주목되는 것은 왕이 사신을 접견하는 알현실로, 알현실은 섭씨 1,450도 이상의 고온에서 번조(燔造)하는 청색벽돌(靑色塼)로 쌓아 올렸다.

　　바빌론은 지리적 특성상 나무와 돌이 귀하기 때문에 진흙과 흙을 이용하여 벽돌을 만드는 기술이 발달하였다. 벽돌을 쌓을 때 벽돌사이의 접착력을 높이기 위해 갈대와 역청(瀝靑)을 깔았다. 이러한 것을 증명하는 것이 이라크 북부의 아카르 쿠프에서 발견되었다. 이곳의 지구라트에서는 사이 사이에 진흙과 아스팔트를 넣었으며, 외면에 석회를 바른 흔적이 현재까지 잔존한다. 도시에 운하를 구축하고, 배수와 하수시설을 만들었다. 운하를 이용하기 위해 다리를 건설하였다. 각목(角木), 벽돌(塼) 등을 사용하였는데, 각목(角木) 등의 목재(木材)는 레바논(Lebanon)에서 운반한 삼나무(杉木)이다.

　　청색벽돌(靑色塼)의 원료인 라피스 라줄리(Lapis Lazuli)는 아프가니스탄 등을 원산지로 하며, 바빌론에서는 신성한 보석으로 취급했다고 한다. 이를 이용하여 청색벽돌(靑色塼)을 만들어 주요 건물에 신성함을 나타내기도 하였다.

　　바빌론의 조사를 통해 신화 속에 존재하던 바벨탑, 공중정원 등이 밝혀지게 되었다. 건축물에 사용된 아프카니스탄산 청금석(靑金石 라피스 라줄리, Lapis Lazuli), 레바논(Lebanon)산 삼나무(杉木), 인도산 홍옥수(紅玉髓), 향신료(香辛料), 상아(象牙) 등의 이입 문물은 바빌론이 유프라테스강을 끼고 있는 지리적 이점을 이용하여, 동·서 교역의 주역을 담당하였음을 의미한다.

유적은 현재 이라크의 바빌시에 있으며 2019년 유네스코 세계유산에 등재되었다. 독일 베를린의 페르가몬 박물관에 반출된 이슈타르문(Ischtar Gate)이 전시되어 있다.

참고문헌

下中邦彦(外), 1979, 『世界考古學事典』, 平凡社.

增田精一, 1993, 『世界の大遺跡4 メソポタミアとペルシア』, 講談社.

정진국, 1999, 『메소포타미아를 찾아서』, 혜안.

이석우, 2013, 『서아시아 고대도시 발달 특성에 관한 연구: 메소포타미아지역을 중심으로』, 한양대학교 도시대학원 박사논문.

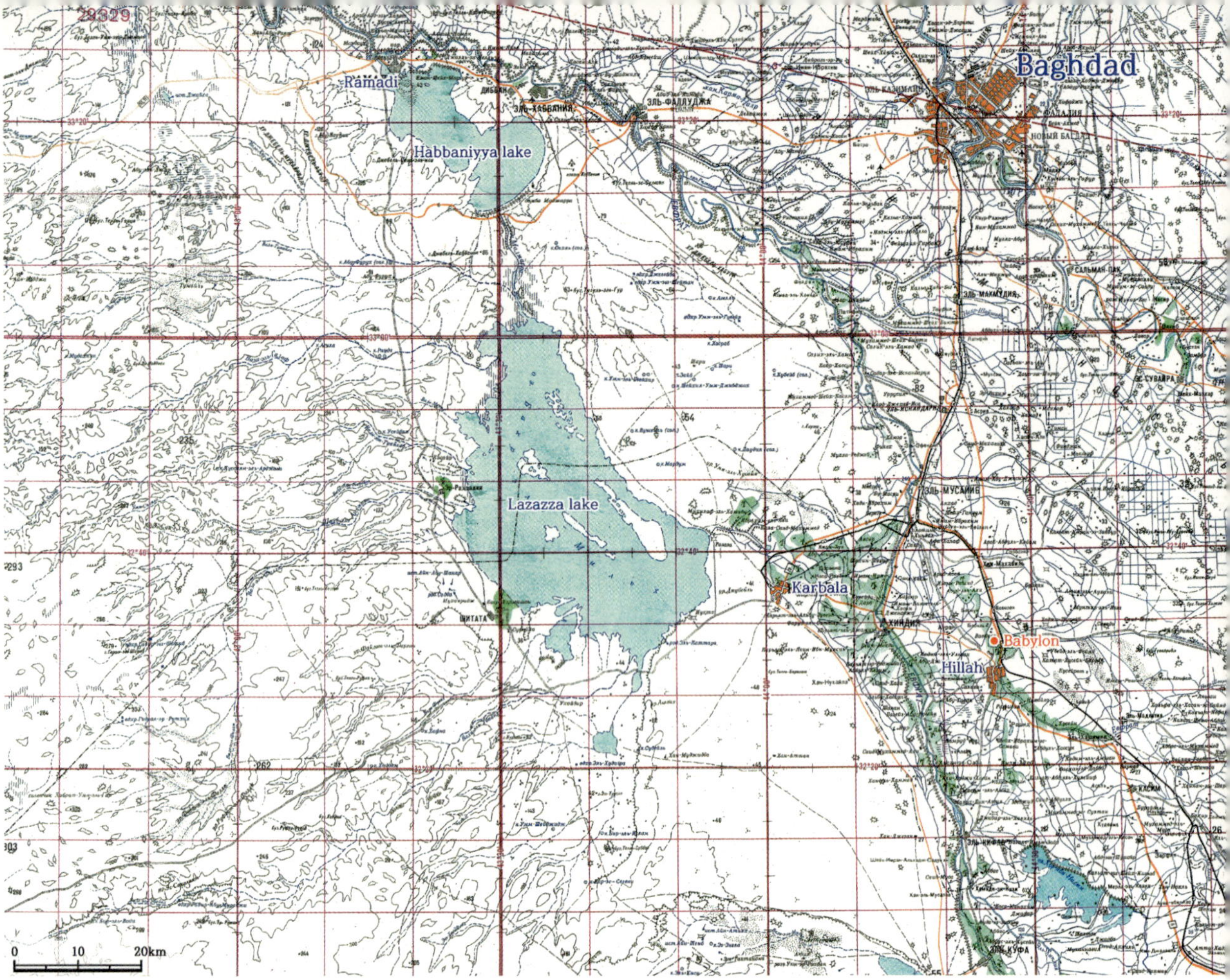
Ramadi
Habbaniyya lake
Baghdad
Lazazza lake
Karbala
Babylon
Hillah
0
10
20km

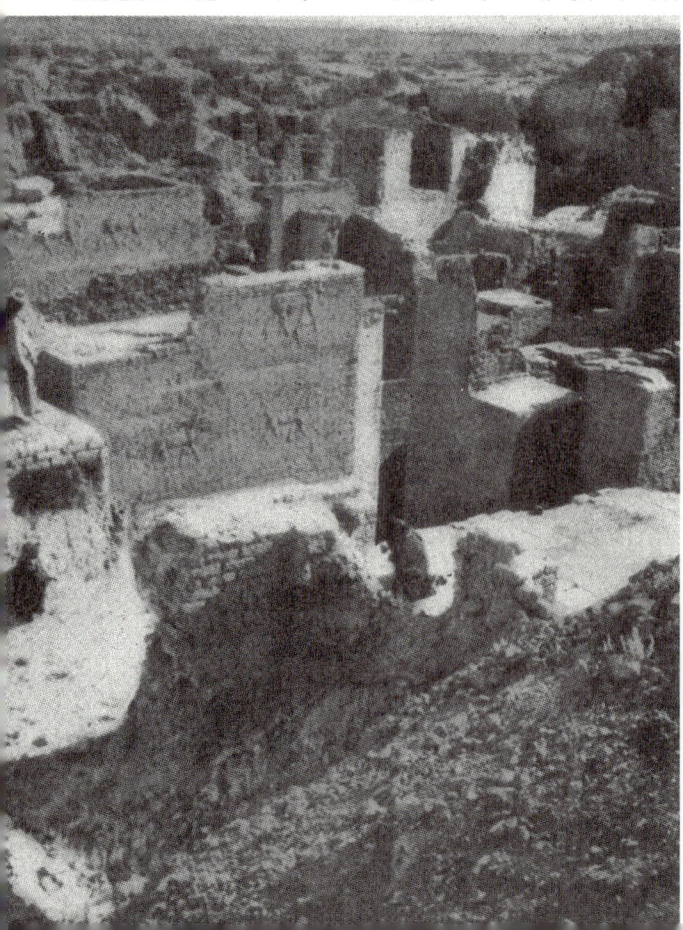

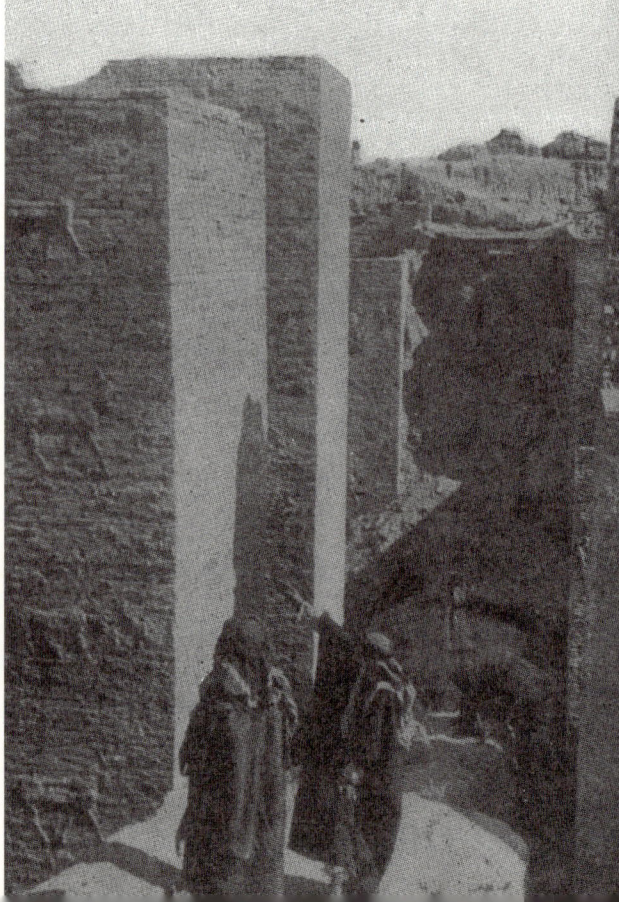

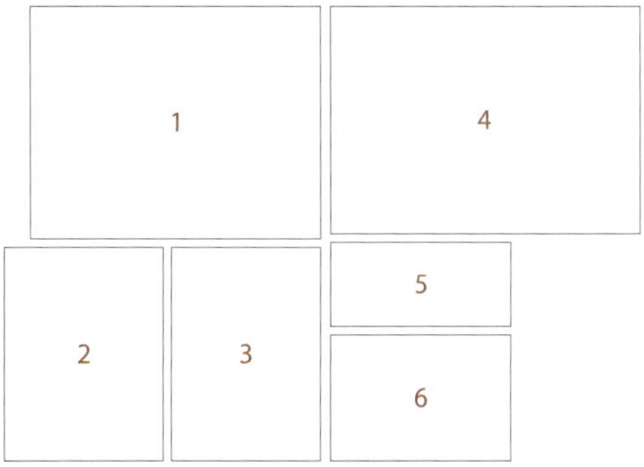

그림 Ⅲ-3. 이라크^{Iraq} 바빌론유적$^{Babylon\ site}$

1. 바빌론(Babylon)유적(遺蹟) 위치(位置)
2~3. 바빌론(Babylon)유적(遺蹟)
4. 바빌론(Babylon) 이스타르문(Ischtar Gate)
5. 이스타르문(Ischtar Gate) 사자(獅子) 부조(浮彫)
6. 이스타르문(Ischtar Gate) 황소(牡牛) 부조(浮彫)

5. 이란Iran의 유적遺蹟과 유물遺物

1) 파사르가다에유적Pasargadae site

파사르가다에유적은 이란 남서부의 파르스주 중북부 페르세폴리스 북동쪽에 있다. BC 559-550년 페르시아의 키루스(Cyrus)왕이 건설했고 다리우스 1세(Darius I)가 페르세폴리스(Persepolis)로 천도할 때까지 수도였다. 왕궁과 정원, 키루스왕묘는 아케메네스 왕조의 예술과 초기 건축을 대표한다. 당시 지중해 동쪽 지역과 이집트에서 인더스강 연안까지 걸쳐 있던 페르시아는 여러 민족들의 다양한 문화를 존중한 최초의 제국이라 할 수 있다.

BC 530년 키루스왕은 이 도시가 완성되는 것을 보지 못하고 동방원정에서 사망하자 이곳에서 장례를 치루었다. 키루스왕묘는 6층의 기단 위에 세워진 직사각형모양의 석실이다. 길이 3.17m, 폭 2.11m, 높이 2.11m이고 길고 좁은 입구가 있다. 알렉산더가 페르시아를 정복하고 페르세폴리스를 폐허로 만든 뒤 이곳을 방문했을 때 석실에는 비문, 황금으로 장식한 관(棺)과 부장품이 있었다고 전한다.

파사르가다에유적의 왕궁은 왕의 거처로 사용된 궁전, 왕실 정원, 공식적인 업무를 보는 궁전, 출입 및 대기용 궁전으로 이루어져 있다. 정원은 수로와 초목으로 이루어져 있다. 외전은 왕이 신하와 외국의 사신을 알현 또는 접견하는 공간이다. 메인 홀 북쪽 주랑(柱廊)은 두 줄로 12개씩 기둥이 있어 외부와 연결하는 공간으로 활용되었다. 남쪽 주랑(柱廊)에는 두 줄로 20개씩 기둥이 있다.

정원은 장방형(長方形)이며 네 부분으로 나누어진다. 사방과 가운데로 물이 흐르는 수로를 만들고, 수로 양쪽으로 길을 냈다. 수로는 바닥의 돌들이 그대로 남아 있으며 폭은 25cm 깊이는 16cm 정도이다. 13-14m 간격으로 수조를 만들어 이들 물을 활용할 수 있도록 했다. 수조는 가로·세로 폭이 87cm인 정사각형이고 깊이가 52cm이다.

파사르가다에 왕실 정원은 이란에서 가장 오래된 것이다. 왕실 정원의 모서리에는 누정의 4각 기둥 일부가 잔존한다. 4각 기둥의 벽면에서 '나는 아케네메스 제국의 키루스왕이다'라는 설형문자(楔形文字)를 확인할 수 있다.

이 누정(樓亭)에서 남쪽으로 가면 알현궁전이 있다. 알현궁은 주거궁과 비슷하면서도 다른 구조를 가지고 있다. 궁의 구조는 8개의 기둥으로 이루어진 2층의 메인 홀을 중심으로 사방에 주랑이 둘러싸고 있는 형태이다. 알현궁에는 남쪽과 북쪽에 2줄로 8개씩 기둥이 세워진 주랑이 있다. 이곳에 주 출입문이 있었을 것으로 여겨진다.

동쪽과 서쪽 주랑은 남쪽과 북쪽 주랑보다 길어 기둥 숫자가 더 많았다. 이곳은 관리와 친위대의 근무 공간으로 사용되었을 것이다. 알현궁에는 문의 안쪽 벽에 새겨진 부조가 있으며 하체만 잔존한다. 우측의 반은 인간의 다리이고 반은 물고기의 몸뚱이와 꼬리이다. 좌측은 황소의 뒷다리이며 수컷으로 고환과 꼬리가 분명하게 표현되어 있다. 땅 위의 동물인 황소와 물속의 동물인 물고기로 땅과 물을 대표하는 성격을 가진 것으로 보인다. 조로아스터교에서는 땅과 물 그리고 불을 신성시한다. 주거궁인 내전의 안쪽 벽면에 새겨진 부조에는 양쪽으로 두 인물의 하체가 표현되어 있다. 키루스왕과 뒤를 따라가는 것이 왕세자 또는 시종으로 추정한다.

알현궁에서 남동쪽으로 200m쯤 가면 왕궁의 정문이 나온다. 이 왕궁문은 페르세폴리스의 만국의 문이 연상된다. 가로세로 26.4×22.6m의 장방형(長方形) 구조로, 안쪽에 8개의 기둥(4개씩 2줄)이 있는 형태이다. 이들 기둥의 높이가 16m나 되었을 것이라고 한다.

문은 사방으로 나 있으며 하나는 알현궁으로, 다른 하나는 주거궁으로 가는 문이다. 문은 석벽으로 안쪽에 인물 조각상이 새겨져 있는데, 4개의 날개를 가지고 머리에는 특이한 관을 쓰고 있다.

날개는 수호신을 상징하는 아시리아 전통을 받아들인 것이고, 머리에 쓴 관은 이집트 파라오의 권위를 상징하는 모자의 변형으로 보이며, 의복은 엘람(Elam) 양식이라고 한다. 이 부조에는 시리아 양식, 바빌로니아 양식, 이오니야 양식 등이 보이며, 정복한 지역의 전통을 받아들여 통합의 이미지를 만들려고 했다.

그래서 이 인물이 누군지에 대해서는 의견이 많다. 하나는 다민족 국가로 통일을 이룬 키루스왕이라는 설이다. 통일 제국의 모든 국민들에게 자비를 베푸는 모습이라고 한다. 또 다른 하나는 종교적인 수호신을 상징하여, 조로아스터교의 창조신 아후라마즈다라는 설이 있다.

그리고 이곳에는 나크슈에 로스탐(Naqsh-e Rostam)의 조로아스터교(Zoroastrianism) 신전(神殿)과 같은 석조유구가 있다. 이 외에 나크슈에 로스탐에 비해 파괴가 심하지만, 원형을 파악할 수 있는 부분이 계단과 연결되는 벽과 문이다.

이곳에서 1km 지점의 구릉 위에는 치석(治石)한 돌을 연결금구로 결구하여 견고하게 쌓은 장방형(長方形)의 구조물인 탈레 탁흐트가 있는데, 파사르가다에를 수호하는 망루의 역할을 했다.

파사르가다에는 페르시아제국 최초의 수도이다. 그리고 이곳에 남아 있는 왕궁, 정원, 영묘 등이 아케메네스시대 건축과 예술, 문명의 흔적을 잘 보여주기 때문에 2004년 유네스코 세계유산으로 등재되었다. 페르시아제국은 역사상 최초의 다문화 국가였다. 서쪽으로는 지중해 동쪽, 남쪽으로는 이집트, 동쪽으로는 인더스강에 이르는 대제국을 이룩했다. 이것은 문화의 통합과 종합이라는 측면에서 의미가 있다.

파사르가다에유적은 아케메네스시대 최초 왕실 건축의 특징을 잘 보여주며, 다민족의 결합으로 이루어진 페르시아제국의 건축과 예술의 발전상을 보여준다.

참고문헌

和田新, 1945, 『イーラーン藝術遺蹟』, 美術書院.

ギルシュマン ロマン(著)·岡谷公二(譯), 1966, 『古代イランの美術Ⅱ』, (人類の美術), 新潮社.

이상기, 2017, 「이란 역사문화기행」, 『오마이뉴스』.

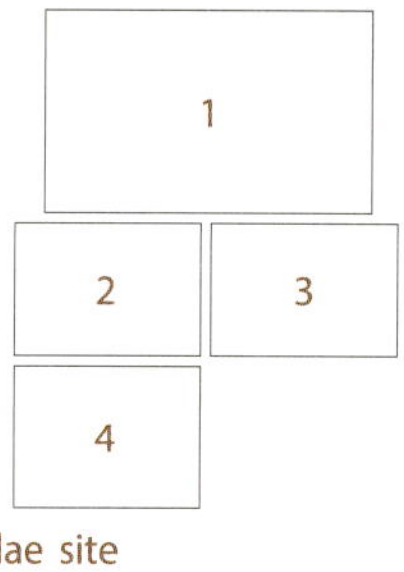

5. 이란Iran의 유적과 유물

1	
2	3
4	

그림 Ⅲ-4. 이란Iran 파사르가다에Pasargadae site

1. 파사르가다에(Pasargadae)유적(遺蹟) 원경(遠景)
2. 파사르가다에(Pasargadae) 왕궁(王宮)
3. 조로아스터교(Zoroastrianism) 신전(神殿)
4. 왕궁(王宮) 부조(浮彫)

5. 키루스(Cyrus) 왕묘(王墓)
6. 키루스(Cyrus) 왕묘(王墓)
7. 탈레 탁흐트(Taii-e Takht)

2) 페르세폴리스유적 Persepolis site

페르세폴리스는 수도 테헤란에서 남쪽으로 650km, 남부의 시라즈(Shirāz)에서 북동으로 60km 지점에 위치한다. 아케메네스조 페르시아(Achaemenid Persia)의 수도이다.

페르세폴리스의 왕궁은 자그로스산맥(Zagros Mountains)의 동남부 쿠이라마트(Kuh-i-Rahmat)을 배후에 두고 서쪽에 마르브다슈트(Marc Dasht) 평야에 면하여 축조되었다.

페르세폴리스는 그리스어로 '페르시아의 도시'라는 뜻으로 그리스인들이 붙인 것인데, 이란인들은 페르시아어로 '타흐트 잠쉬드(Takht-e-Jamshid)'라고 불러왔다. '타흐트'는 '왕좌'란 뜻이고 '잠쉬드'는 페르시아 전설 속의 왕 이름이다.

BC 522년에 다리우스1세(Darius I)가 페르시아를 통일하고, 이란 고원에서 시리아, 이집트를 포함한 대제국을 건설했다. 여름의 수도 에크타바나(Ecbatana)는 현 하마단(Hamedan), 겨울 수도는 수사(Susa), 유프라테스(Euphrates)강에 면하는 고도인 바빌론(babylon)이다.

페르세폴리스는 BC 520년경에 건설이 시작되어 다리우스(Darius), 크세르크세스(Xerxes), 아르타크세르크세스(Artaxerxes)의 제왕이 축조하여 아케메네스조 페르시아를 대표하는 대궁전이 되었다. 즉 BC 518년에 시작해 BC 469년경에 완성되었으며, 총면적은 12만 8,000m²이다. 쿠이 라흐마트산(Kuh-e Rahmat)의 경사면을 깎아 낮은 땅을 매립하여 암반을 평평하게 하고 바깥에 절석(切石)을 쌓아 기단의 벽을 만들었다. 페르세폴리스는 불규칙하고 바위투성이인 산의 사면을 잘라내어 거대한 기단을 만들었다. 이렇게 완만한 경사지에 대지를 만들어 계단식 건물을 짓는 것은 바빌로니아식 건축법이다. 산을 배경으로 한 반 인공, 반 천연의 거대한 석조 기단으로 구성되었다.

1802년에 독일의 그로테푼트가 페르세폴리스 출토 설형문자에서 왕명을 해독하여 이 유적이 아케메네스조 페르시아의 궁전인 것을 입증했다. 시카고대학교 동양학연구소의 후원으로, 에른스트 헤르츠펠트(Ernst Herzfeld)에 의해 1931-1934년, 그리고 에리히 슈미트(Erich F. Schmidt)에 의해 1934-1939년 페르세폴리스가 발굴조사되었다. 이후 이란 고고국 주관하에 발굴과 보존, 복원이 행해지고 있다.

장방형(長方形)의 기단은 동서 약 300m, 남북 450m, 높이 14m이다. 그 위에 건물을 조영했다. 서쪽에서 높이 12m의 111개의 계단을 밟고 올라가면 거대한 만국(萬國)의 문(門)이 나오는데, 높이 10m 가량의 원주만 남은 문 양편에 돌로 만든 목우상(牧牛像)과 사람의 얼굴에 날개 돋친 짐승의 몸을 한 유익인면수신상(有翼人面獸身像)이 특징적이다. 남쪽으로 방향을 틀어 정원을 지나 알현전인 아파다나(Apadāna)가 나온다. 동쪽으로 나아가면 정무를 본 회의장, 게다가 정원을 사이에 둔 백주전(百柱殿)·옥좌(玉座)의 사이로 나아간다. 아파다나의 남쪽에는 다리우스(Darius)의 궁전, 중앙 궁전, 크세르크세스(Xerxes)의 궁전이 있으며, 그 남쪽에는 후궁의 작은 방이 늘어서 있다. 동남 구석에는 보물을 저장한 보고(寶庫)가 위치한다. 기단의 주변에는 문서고, 병사, 호위대 근무소, 마구간 외 아르타크세르크세스2세(Artaxerxes II), 다리우스 3세(Darius III) 등의 암굴묘(岩窟墓)가 조영되었다.

알현전인 아파다나(Apadāna)의 북측, 동측 출입문에는 조공자행렬도(朝貢者行列圖)와 동물투쟁도가 있다. 조공자행렬도는 각자의 복장이 각양각색이고 조공품이 다른 것을 표현했다. 그곳에는 조공하는 기마 유목민 사카(Saka)의 부조가 있다. 사카는 머리에 뾰족한 모자를 쓰고 콧수염을 기른 모습으로 그려져 있다. 그리고 승마복을 입고 아키나케스(akinakes) 단검을 허리띠에 착장하고 있다.

사카족는 현재의 카자흐스탄 일대를 중심으로 활동하고 있었다. 카자흐스탄의 동부 이식(Issyk)고분의 발굴에서 페르세폴리스의 부조상과 닮은 모자를 쓴 사카족의 왕자가 발견되었다.

페르세폴리스 왕궁의 주연 일대에는 행정의 거리인 마테치스지구, 왕족, 귀족의 저택이 있는 피르지지구, 군마 관리 거점의 락칸지구, 역인(役人)의 저택이 있는 지구 등으로 구성된다. 주변을 포함한 페르세폴리스의 인구는 4만 5,000명 정도로 추측되고 있다.

마케도니아(Macedonia)의 대왕인 알렉산더 3세(Alexander III)는 BC 331년에 가우가멜라(Gaugamela)의 회전(會戰)에서 다리우스 3세(Darius III)가 인솔하는 페르시아군을 물리치고, 다음 해에는 페르세폴리스를 수중에 넣었다. 페르세폴리스의 건설과 관련된 이오니아(Ionian)와 그리스(Greeks) 공인을 아테네에 데리고 가서 파르테논(Parthenon) 신전의 석주와 부조를 제작했다. 페르세폴리스는 아케메네스 왕조의 상징이었기 때문에 BC 330년 5월 알렉산드로스의 방화에 의해 페허로 변했다.

참고문헌

和田新, 1945, 『イーラーン藝術遺蹟』, 美術書院.

ギルシュマン ロマン(著)·岡谷公二(譯), 1966, 『古代イランの美術』, (人類の美術), 新潮社.

Schmitt, H.H. 1953-1970, *Persepolis* I II III, Chicago, University of Chicago Press.

國立中央博物館, 2008, 『황금의 제국 페르시아』.

岡內三眞(편)·박천수(역), 2016, 『실크로드의 고고학』, 진인진.

5. 이란Iran의 유적과 유물

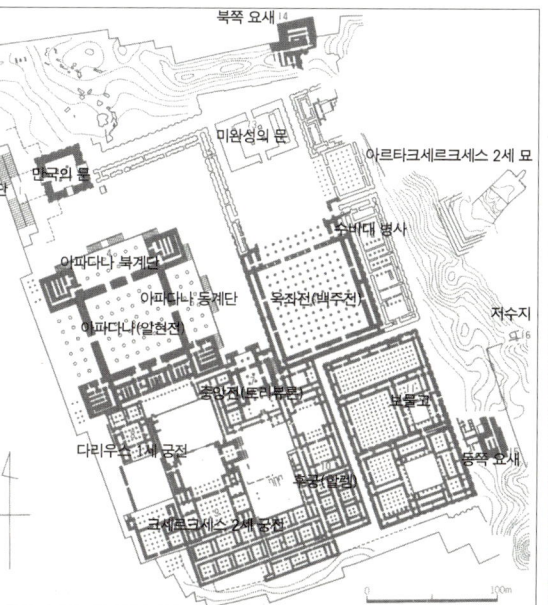

그림 Ⅲ-5. 이란Iran 페르세폴리스Persepolis site
1. 페르세폴리스(Persepolis) 배치도(配置圖)
2~3. 페르세폴리스(Persepolis)

4. 만국의 문(Gate of All Nations)
5~6. 아파다나(Apadāna)
7. 아파다나(Apadāna) 조공도(朝貢圖)
8. 아파다나(Apadāna) 동물투쟁도(動物鬪爭圖)
9. 보고(寶庫)
10. 다리우스3세묘(Darius Ⅲ 世墓)
11. 아르타크세르크세스2세묘(Artaxerxes Ⅱ 世墓)
12. 아케메네스조 페르시아 금제(金製) 공예품(하마단 Hamedan 출토품)
13. 페르세폴리스 전(塼)
14. 페르세폴리스(Persepolis) 청금석(靑金石) 인물상
15. 페르세폴리스폴리스 금제(金製) 명문판(銘文板)

3) 나크슈에로스탐유적 Naqsh-i Rustam site

나크슈에로스탐은 이란 남부 파르스(Fars)지방, 페르세폴리스의 북방 약 9km의 마르부다슈트평원에 있는 아카메네스조와 사산조시대의 유적이다. 암벽에는 아카메네스조 4왕의 마애묘(磨崖墓)가 있다. 비문에 의해 왕명이 명확한 왕묘는 좌단에서 세 번째의 다리우스1세(Darius I) 왕묘이며 다른 것은 제1, 2, 4 왕묘 순으로 다리우스2세(Darius II, 재위 BC 423-BC 404), 아르타크세르크세스1세(Artaxerxes I), 크세르크세스1세(Xerxes I)의 묘로 추정되고 있다. 모두 십자형의 파사드(façade)를 상중하로 삼분해서 밑에서부터 기단부, 궁전건축 정면, 피정복민족과 제왕서임식도(帝王叙任式圖, investiturescene)를 표현하는 부조부분으로 구성되어 있다.

마애묘(磨崖墓)의 하부에는 아르다시르1세(Ardashir I)의 서임식도(叙任式圖), 샤푸르1세(Shapur I)의 로마의 필리푸스아라브스제와 발레리아누스제에 대한 전승도 등 사산조시대의 부조가 조각되었다.

마애묘의 정면에는 카바 자루두스트(Kaaba Zardusht)라는 절석(切石)한 석재로 쌓은 직사각형의 입방체형 구조물이 있다. 카바 자루두스트의 구조는 중앙에 계단이 있으며 창(窓)이 있다. 조로아스터교(Zoroastrianism)의 신전(神殿)으로 보고 있다. 아카메네스조의 왕들은 예언자 조로아스터를 높이 숭상했다. 왕묘를 절벽에 단애에 축조한 이유 또한 조로아스터교에서는 죽은 자를 땅에 묻어서도 안되고, 화장(火葬), 수장(水葬)해서도 안된다는 교리와 관련된 것으로 추정한다.

나크슈에로스탐의 하위 일곱 개의 부조들은 사산조의 통치자들이 조로아스터교 선(善)의 전령(傳令) 아후라마즈다(Ahura Mazda)에게 왕의 징표를 받는 장면을 나타낸다. 이는 사산조 페르시아가 아케메네스조를 계승한다는 정통성을 과시하기 위한 것이다.

참고문헌

和田新, 1945, 『イーラーン藝術遺蹟』, 美術書院.
ギルシュマン ロマン(著)・岡谷公二(譯), 1966, 『古代イランの美術 I』, (人類の美術), 新潮社.
리처드 카벤디쉬, 코이치로 마츠무라(저), 김희진(역), 2009, 『죽기 전에 꼭 봐야 할 세계 역사 유적 1001』, 마로니에북스.
한국사전연구사편집부, 1998, 「나크시-에 로스탐[Naqsh-e Rostam]」, 『미술대사전(용어편)』.

5. 이란Iran의 유적과 유물

그림 Ⅲ-6. 이란Iran 나크슈에로스탐Naqsh_i Rustam

1. 나크슈에로스탐(Naqsh-i Rustam)유적(遺蹟) 원경(遠景)
2~3. 나크슈에로스탐(Naqsh-i Rustam)유적(遺蹟)

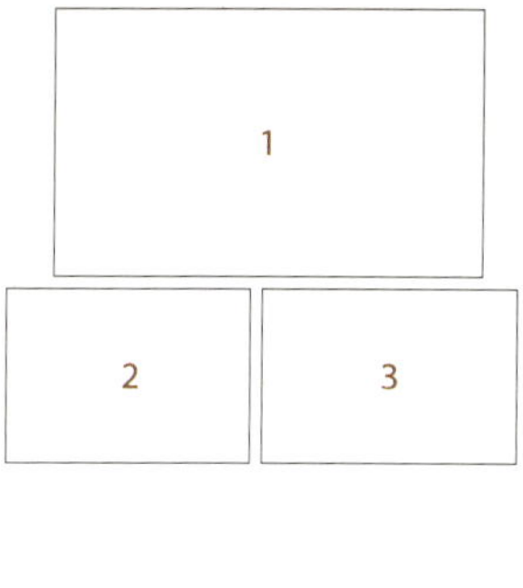

Ⅲ. 유라시아歐亞 사막로沙漠路의 유적遺蹟과 유물遺物

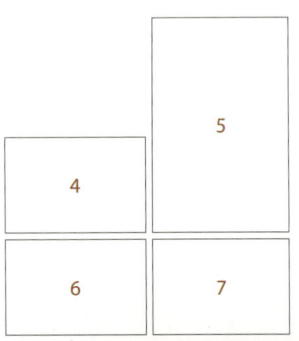

4. 다리우스1세묘(DariusⅠ世墓)
5. 아르타크세르크세스1세묘(ArtaxerxesⅠ世墓)
6. 다리우스1세묘(DariusⅠ世墓) 하(下) 바흐람2세(BahramⅡ世) 부조(浮彫)
7. 조로아스터교(Zoroastrianism) 신전(神殿)

4) 비슈툰유적 Bistun site

비슈툰유적은 이란의 서부에 위치한 케르만샤(Kermansha)주의 주도인 케르만샤의 동쪽 약 40km에 있는 작은 마을의 비슈툰(Behistun)산 단애에 위치한다. 케르만샤는 자그로스(Zagros)산맥에서 발원하여 이란 서부를 관류하여 티그리스(Tigris)강에 합류하는 카르케흐(Karkheh)강의 상류역에 입지하며 이란과 메소포타미아를 연결하는 실크로드의 요충(要衝)이다. 이 지역은 산지가 북서-동남 방향으로 배열되어 있으며, 그 사이에 평원과 계곡이 위치하여 초지와 농경지대가 펼쳐져 있다. 민족 구성으로는 쿠르드(Kurd)인들이 다수를 점한 가운데 루르인들이 거주한다.

비슈툰(Behistun)은 고대 페르시아어로는 '신의 땅'이라는 의미의 바가스타나(Bagastana)로 불렸다. 2006년에 유네스코 세계유산으로 지정된 비슈툰 비문은 높이 100m 이상의 석회암 절벽에 새겨져 있다. 높이 15m, 넓이 25m의 크기로 새겨진 비문은 양각된 부조와 설형문자(楔形文字)로 구성되어 있으며, 같은 내용의 비문이 고대 페르시아어, 엘람어, 바빌로니아어로 쓰여있다.

비슈툰 비문은 1835년 영국 동인도회사에 소속되어 있던 영국의 군인인 헨리 롤린슨(Henry Creswicke Rawlinson)에 의해 발견된 후 해독이 진행되었다.

다리우스1세(Darius I)는 BC 521년에 산의 암벽 사면에 그의 공적에 대한 저부조(低浮彫)와 비문을 새겨 넣게 했다. 중앙의 부조는 다리우스 대왕이 엎드린 남자의 등을 밟고 서서 왕권을 상징하는 활과, 정복지 포로들을 묶은 밧줄을 잡은 모습을 묘사하고 있다. 포로 가운데 가장 오른쪽 끝의 뾰족한 모자를 쓴 사람은 사카(saka) 족으로 보고 있다. 전승에 따르면 엎드린 남자는 다리우스대왕이 권력을 잡기 전 그를 암살하고자 했던 메디아 점성술사 가우마타(Gaumata)라고 한다. 왕의 왼손은 안으로 구부러져 있고, 오른손은 공중의 수호신인 아후라마즈다(Ahura Mazda)를 가리키고 있다. 그리고 수호신은 왕권의 상징인 잔을 손에 들고 그에게 건네주려는 모습을 하고 있다. 부조 주위에는 약 1,200줄에 달하는 비문이 새겨져 있으며, 그중 고대 페르시아어 비문은 5개 단에 414줄, 엘람어는 8개 단에 593줄, 바빌로니어어는 1개 단에 112줄로 되어 있다. 비문의 내용은 BC 521년에 페르시아제국을 통치했던 다리우스대왕의 계도(系圖), 왕위 찬탈자 가우타마에 대한 응징, 여러 번에 걸쳐 일어났던 반란의 진압 등 업적과 아후라마즈다 신(神)에 대한 감사로 구성되어 있다.

비문의 주변에 사자 가죽 조각에 기대어 있는 곱슬머리에 수염이 난 헤라클레스상이 있다. 이 조각상의 길이는 147cm다. 이 조각상의 뒤에는 고대 라틴어 또는 그리스어 문자로 된 비문이 새겨져 있다.

비슈툰(Bisitun)은 고대의 주요 교역로이자 바빌로니아와 메디아를 이어주던 길목이었다.

참고문헌

和田新, 1945, 『イーラーン藝術遺蹟』, 美術書院.

ギルシュマン ロマン(著)・岡谷公二(譯), 1966, 『古代イランの美術I』, (人類の美術), 新潮社.

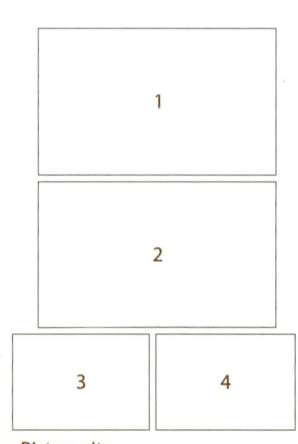

그림 Ⅲ-7. 이란^{Iran} 비슈툰유적^{Bistun site}
1. 비슈툰(Bistun)과 타크이부스탄(Taq-i Busta)유적(遺蹟) 위치(位置)
2. 비슈툰(Bistun) 원경(遠景)
3~4. 비슈툰(Bistun)

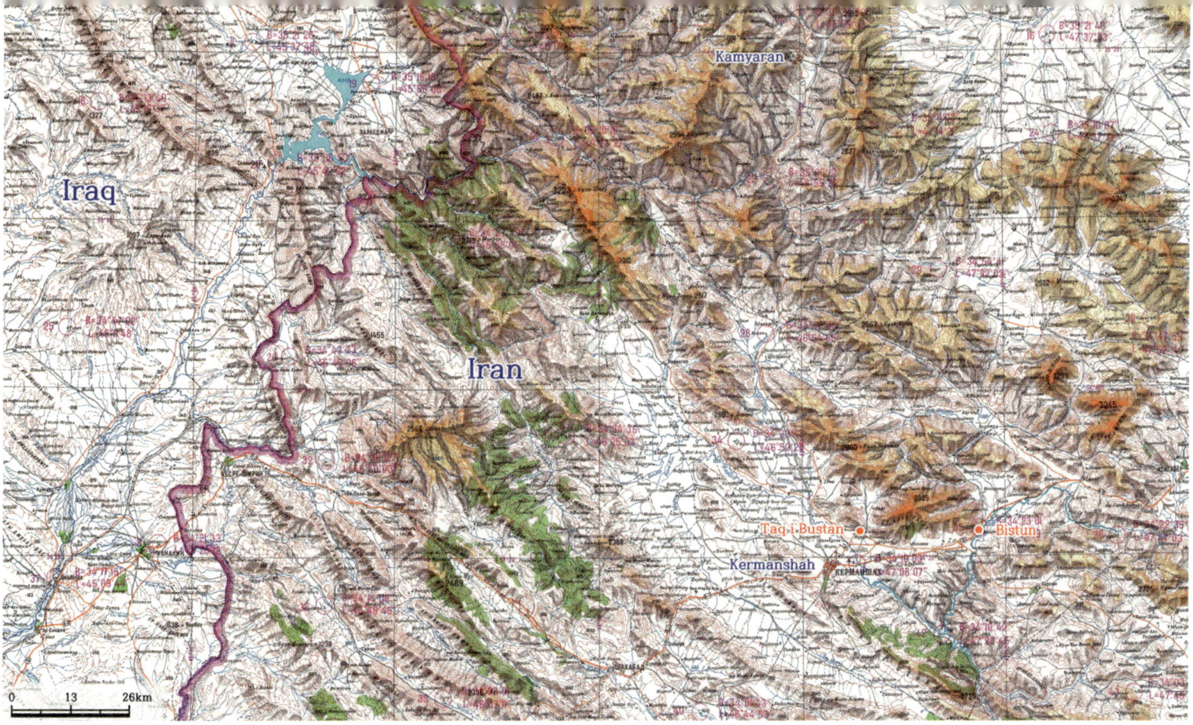
Iraq
Iran
Kamyaran
Taq-i Bustan
Bistun
Kermanshah
0 13 26km

N
0 150 300m

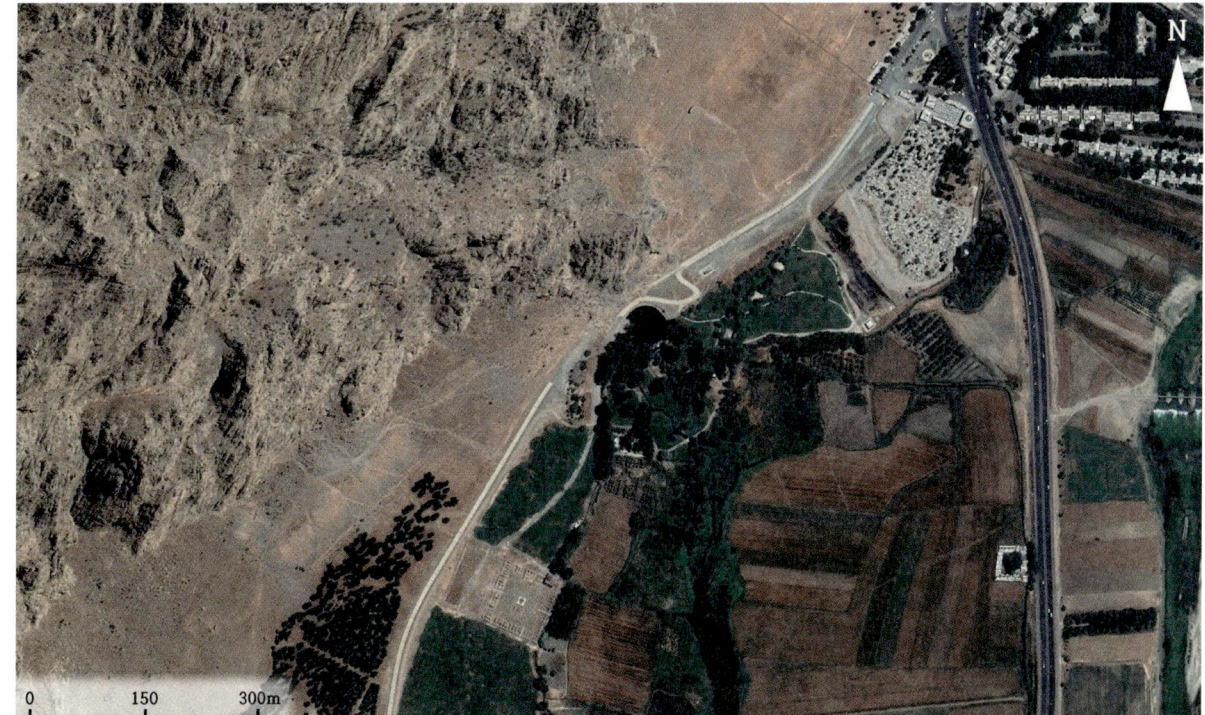

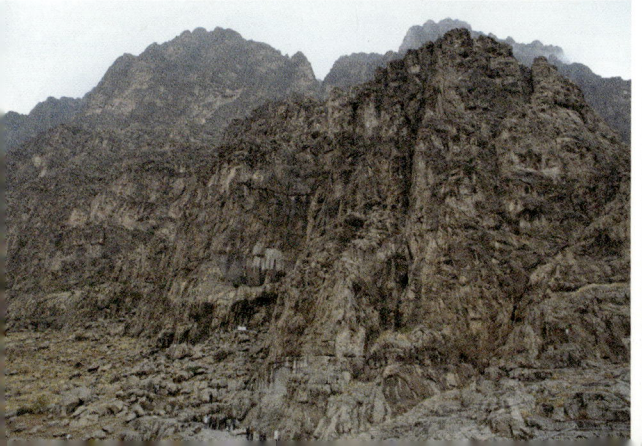

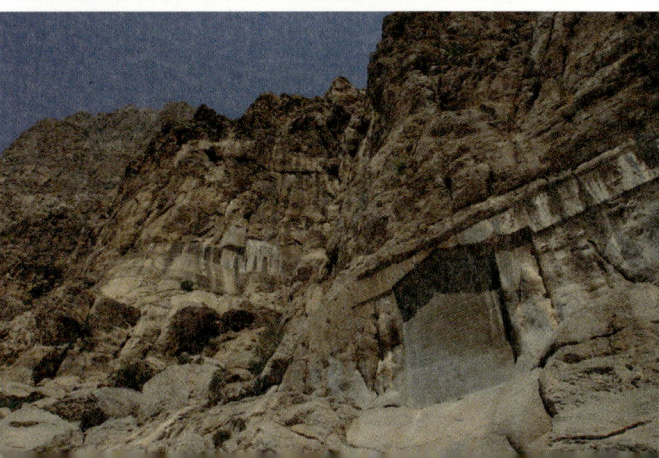

5~6. 비슈툰(Bistun)비문(碑文)과 세부(細部)
7. 비슈툰(Bistun) 왕의 길

5) 타크이부스탄유적 Taq-i Bustan site

타크이부스탄유적은 자그로스(Zagros)산맥의 중심부에 위치하는 이란 서부 산악지대인 케르만샤(Kermanshah)의 도심에서 5km 떨어진 곳에 위치한다. 이 유적의 배후에는 암산이 있고 정면에는 연지(蓮池)가 있다.

사산조 페르시아시대에 암산(巖山) 단애(斷崖)의 2곳에 석굴을 조성하고 그 동쪽에 또 하나의 개방된 부조(浮彫)를 조각한 유적이다. 좌측에 대석굴(大石窟), 중간에 소석굴(小石窟), 우측에 개방부조(開方浮彫)가 있다. 석굴은 천장이 아치(Arch)를 이루며 한 면이 개방되고 세면은 아치(Arch)로 둘러싸인 사산조페르시아의 특징적인 건축양식인 이완(Iwan)형식이다.

좌측의 대석굴(大石窟)은 높이(高) 9.2m, 입구폭(入口幅) 7.5m, 후벽폭(後壁幅) 6.6m이며, 이완(Iwan)형식으로 6-7세기 호스로2세(Khosrau II)에 의해 조영(造營)되었다. 부조(浮彫)는 외측(外側)의 아치(Arch) 주변과 내측(內側)의 후벽(後壁)과 좌우벽(左右壁)에 있다. 내측(內側)의 후벽(後壁)은 고부조(高浮彫)이며, 외측(外側)과 내측(內側)의 좌우벽(左右壁)은 저부조(低浮彫)이다.

외측(外側)은 아치(Arch) 상단에 성벽(城壁)의 여장(女墻)을 연상하게 하는 4단의 피라미드형 장식을 5개를 세우고, 그 하단에는 중앙의 초승달(三日月)을 중심으로 오른손(右手)에 조로아스터교(Zoroastrianism) 신화에 나오는 2열의 연주문(連珠文)으로 구성된 광륜(光輪)을 들고 왼손(左手)에 은기(銀器)를 들고 있는 날개 달린 유익천사(有翼天使)가 대칭으로 부조되어 있다. 승리의 여신 니케(Nike)를 표현한 것으로 보고 있다. 아치(Arch) 상단 주연에는 5판의 튤립문양대로 장식하였다. 그 하단의 기둥(柱)을 표현한 직사각형내에는 공상(空想)의 식물문양(植物文樣)으로 장식하였다.

내측(內側) 후벽(後壁)에는 좌우 하단에 주두(柱頭) 장식이 있는 기둥(柱)을 세우고 중간에 지붕과 같은 선반을 만들어 상하로 구분하여 상단(上段)에 호스로2세의 제왕(帝王) 서임식부조(叙任式浮彫), 하단(下段)에 제왕기마상(帝王騎馬像), 좌우벽(左右壁)에는 하단에 각각 수렵도(狩獵圖)를 조각하였다.

후벽 상단 우측에 성벽관을 쓰고 있는 조로아스터교의 신(神)인 아후라마즈다(Ahura-Mazda), 중앙에는 왼손(左手)로 검(劍)을 잡고 있는 호스로2세(Khosrau II), 좌측은 아나히타여신(Anahita 女神)이 부조되어 있다. 아후라마즈다는 두 손(兩手)에는 조로아스터교의 성지(聖枝)를 들고 있었으나 결손되었다. 아나히타는 왼손(左手)에 주자(注子)를 들고 있으며 그 주구(注口)로부터 성수(聖水)가 흐르고 있다. 두 신(兩神)은 각각 리본이 있는 고리(環)를 왕에게 수여(授與)하고 있다. 왕(王)은 다수의 대형 진주로 장식한 화려한 복식으로 왼손(左手)로 검을 쥐고 있다. 오른손(右手)은 아후라마즈다로부터 리본이 있는 환을 받고 있다. 왕이 쓰고 있는 성벽관(城壁冠)은 정면에 초승달(三日月)을 중심으로 그 좌우에 조익(鳥翼)을 붙이고 그 위에는 구체(球體)로 장식하였다. 이러한 관(冠)의 형식은 호스로2세(Khosrau II)와 아르다시르2세(Ardashir II 379-383)의 것과 유사하다.

후벽(後壁) 하단(下段)의 기마상(騎馬像)은 찰갑(札甲)의 갑주(甲冑)를 입은 전사(戰士)가 오른손(右手)에 장창(長槍), 왼손(左手)에 원형방패(圓形盾)을 잡고 마갑(馬甲)과 마주(馬冑)을 착장(着裝)한 말위(馬上)에 앉아 있는 형상으로 페르시아의 중장기병(重裝騎兵)을 표현한 것이다. 기마상(騎馬像)은 두부(頭部)를 원형의 광배와 리본으로 장식하고 있고 찰갑 밑에 보이는 그리핀과 화려한 문양이 새겨진 복식으로 볼 때 왕 즉 호스로2세를 표현한 것이다.

내측벽(內側壁)의 하단(下段)에는 좌벽(左壁)에 멧돼지수렵도(猪狩獵圖), 우벽(右壁)에 사슴수렵도(鹿狩獵圖)가 있다.

좌벽(左壁)에는 세로(縱) 4.3m, 가로(橫) 6m 범위에 부조(浮彫)가 있다. 수렵도(狩獵圖)는 물고기와 갈대가 있는 습지(濕地)에 종(縱)방향과 사(斜)방향의 지지목(支持木)을 세운 장방형(長方形)의 장막(帳幕)을 돌리고 그 안에서 멧돼지(猪)를 사냥하는 장면을 묘사하였다. 중앙에 선상(船上)의 왕(王)이 두 마리(二頭)의 멧돼지(猪)를 향해 활을 쏘고 있다. 우측(右側)에는 역시 선상(船上)의 원형 두광(頭光)이 비치는 왕비(王妃)가 활과 화살을 들고 왕(王)을 맞이하고 있다. 좌측(左側)에는 인도 코끼리(印度象)에 탄 몰이꾼이 멧돼지를 왕(王)이 있는 곳으로 몰고 있다. 왕의 좌우(左右)에는 악사(樂士)들이 2척의 배(船)에 타고 하프를 연주하고 있다. 왕의 좌측(左側) 상단(上段)에는 배(船)에 탄 신하(臣下)들이 양손(兩手)를 들며 노래를 부르고 있다. 우측(右側)의 장막(帳幕)의 바깥(外)에는 사냥한 멧돼지를 종자(從者)가 코끼리 등에 올려서 운반하는 장면이 묘사되어 있다. 이 부조에는 봄(春)의 풍요기원제(豐饒祈願祭)에 왕(王)이 농민의 적인 멧돼지를 친히 사냥하는 의식을 거행함으로써 그 권위를 높이려는 의도가 표현되었다. 그리핀과 화려한 문양으로 장식한 복식의 왕(王)과 왕비(王妃)는 신하(臣下)와 종자(從者)에 비해 3배에 가까운 크기로 묘사되어 있다.

우벽(右壁)에는 세로(縱) 4.3m, 가로(橫) 5.9m 범위에 부조(浮彫)가 있다. 수렵도(狩獵圖)는 육지(陸地)에 철망(鐵網)이 있는 장방형(長方形)의 장막(帳幕)을 돌리고, 그 안에서 사슴(鹿)을 사냥하는 장면을 묘사하였다. 말을 탄 왕이 사냥하는 장면이 묘사되어 있으며, 3장면으로 구성되어 있다. 상위(上位)는 말을 탄 왕이 단상(壇上)의 여악사(女樂士)들의 연주를 들으며 일산(日傘)을 든 시종과 함께 사냥터로 가는 장면이다. 중위(中位)는 말을 탄 왕이 질주하면서 사슴무리를 활로 사냥하는 장면이다. 하위(下位)는 수렵을 끝낸 왕이 좌측(左側) 하단(下端)의 장막문(帳幕門)을 향하여 귀환(歸還)하는 장면이다. 좌측(左側) 장막(帳幕)의 바깥에는 코끼리를 탄 몰이꾼들이 사슴을 수렵장인 장막안으로 몰아넣고 있는 장면으로, 중간에 있는 장막문(帳幕門)을 두사람(二人)이 열어주자 사슴들이 그 안으로 들어가고 있다. 우측(右側) 장막(帳幕)의 바깥에는 수렵(狩獵)한 사슴(鹿)을 종자(從者)가 낙타(駱駝) 등에 올려서 운반하는 장면이 묘사되어 있다.

중간의 소석굴(小石窟)은 샤푸르3세(Shapur Ⅲ 383-388)가 조영한 것으로, 후벽의 우측 11대 샤푸르2세, 좌측 12대 샤푸르3세의 부조와 각 왕의 측면에는 페르시아어 비문이 있다.

우측의 개방된 부조는 세로(縱) 3.44m 가로(橫) 4.6m이며, 중앙에 아르다시르2세(Ardashir Ⅱ 379-383), 좌우에 조로아스터교의 신인 아후라마즈다(Ahura-Mazda)와 미트라(Mithra)가 묘사되어 있다. 우측의 아후라마즈신은 왕의 모습을 하고 있으며 성벽관(城壁冠)은 샤프르2세의 관과 유사하다. 좌측의 미트라신은 연화좌(蓮花座)위에 서 있으며 태양광선이 사방으로 방사하는 두광으로 장엄되었다. 양손(兩手)에는 조로아스터교의 성지(聖枝)를 들고 있다. 아르다시르2세와 아후라마즈다신의 발밑에는 샤프르2세와의 전쟁에서 전사한 로마황제 율리아누스2세(Julianus Ⅱ, 360-363)의 시신이 있다. 이는 로마와의 전쟁의 승리와 아르다시르2세로의 왕위선양을 기념한 것으로, 아르다시르2세가 신(神)으로부터 왕권(王權)을 수여(授与)받는 서임식을 의미한다.

타크이부스탄은 왕권신수사상(王權神授思想)과 왕권(王權)과 관련된 의례(儀禮)를 표현한 유적이다. 사산조페르시아에서 수렵(狩獵)은 봄에 수확물을 해치는 멧돼지(猪)와 성수(聖獸)인 사슴(鹿)을 사냥하여 왕권의 권위를 보여주는 의례(儀禮)이며, 은기(銀器)에도 사자(獅子), 산양(山羊), 사슴(鹿)을 사냥하는 장면이 다수 묘사되어 있다.

특히 사슴(鹿)은 지상(地上)과 천상(天上)을 연결(連結)하는 영적(靈的)인 동물(動物)이며 사산조페르시아 왕과 고구려 백제왕들의 사슴수렵(鹿狩獵)에서 알 수 있듯이 왕권을 상징하는 성수(聖獸)로서, 그 뿔(角)은 생명(生命)의 소생(蘇生)을 상징(象徵)하는 것으로 보기도 한다. 수렵도는 집안(集安) 무용총(舞踊塚)에 보이는 고구려(高句麗) 벽화(壁畵)와 동일(同一) 계열(系列)로 볼 수 있다. 주악도(奏樂圖)에 보이는 악기(樂器)는 사막로를 따라 전파되어 동아시아로 이입된다. 부여(扶餘) 능사(陵寺) 출토 백제(百濟) 금동대향로(金銅大香爐)에도 페르시아 악기

(樂器)가 보여 주목된다. 소그드(Sogd)인을 통하여 북조(北朝)에 전래된 악기(樂器)가 백제(百濟)에 이입(移入)된 것을 알 수 있다.

　　타크이부스탄 부조의 여러 장면을 상하로 배치하는 화면구성과 수렵도 등은 북조에서 축조된 소그드인들의 묘실에 보이는 조각과 벽화와 매우 유사하여 그 원형이 페르시아에 있음을 알 수 있다.

　　타크이부스탄부조는 사산조페르시아의 예술의 걸작일 뿐만 아니라 장대한 유라시아 실크로드의 문화교류를 보여주는 유적이다.

참고문헌

和田新, 1945, 『イーラーン藝術遺蹟』, 美術書院.

ギルシュマン ロマン(著)・岡谷公二(譯), 1966, 『古代イランの美術Ⅱ』, (人類の美術), 新潮社.

深井晋司(編), 1969, 『TAQ-Ⅰ BUSTAN ターク・イ・ブスターンⅠ 圖板』, (東京大學イラク・イラン遺跡調査團報告書10), 東京大學東洋文化研究所.

深井晋司(編), 1972, 『TAQ-Ⅰ BUSTAN ターク・イ・ブスターンⅡ 圖板』, (東京大學イラク・イラン遺跡調査團報告書13), 東京大學東洋文化研究所.

深井晋司(編), 1983, 『TAQ-Ⅰ BUSTAN ターク・イ・ブスターンⅢ 實測圖集成』, 東京大學東洋文化研究所.

深井晋司(編), 1984, 『TAQ-Ⅰ BUSTAN ターク・イ・ブスターンⅣ 本文編』, 東京大學東洋文化研究所.

田辺勝美・松島英子(編), 2000, 『世界美術大全集東洋編16西アジア』, 小學館.

| 1 |
| 2 |
| 3 |

그림 Ⅲ-8. 이란Iran 타크이부스탄유적Taq_i Bustan site
1. 타크이부스탄(Taq-i Bustan) 원경(遠景)
2. 타크이부스탄(Taq-i Bustan) 근경(近景)
3. 타크이부스탄(Taq-i Bustan) 대동(大洞)

4. 대동(大洞) 좌벽(左壁) 부조(浮彫)
5. 대동(大洞) 좌벽(左壁) 부조(浮彫) 세부(細部)
6. 대동(大洞) 우벽(右壁) 부조(浮彫)
7. 타그이버스탄(Taq-i Bustan) 노출(露出) 부조(浮彫)
8. 대동(大洞) 문주(門柱) 부조(浮彫)
9. 대동(小洞) 부조(浮彫)

6) 칼레톡타르Qaleh Dukhtar, 피루자버드Firuzabad, 비샤프르유적Bishapur site

칼레톡타르(Qaleh Dukhtar), 피루자버드(Firuzabad), 비샤프르(Bishapur)는 이란 남부에 위치하는 사산조 페르시아시대의 유적이다. 사산조페르시아 왕조는 파르티아 왕조를 타도하고 226년부터 651년까지 이란을 중심으로 동쪽으로는 아프카니스탄, 파키스탄, 우즈베키스탄, 서쪽으로는 아르메니아와 메소포타미아를 포함하는 광대한 영역의 대제국이었다.

피루자버드(Firuzabad)는 이란 고원 남서부의 파르스주의 중심도시인 시라즈(Shiraz)에서 남쪽으로 약 100Km 떨어진 곳에 위치한다. 피루자버드에는 사산조페르시아의 건국자인 아르다시르 1세(224-241재위)가 축조한 산상궁전, 궁전, 도시가 있다.

칼레독타르(Qaleh-i Dukhtar)이라 불리는 산상의 궁전은 강에 면한 도로변의 협곡 정상부에 입지하는 요새와 같은 구조물이다. 이 궁전은 3단으로 구성되었으며 각 단마다 벽으로 둘러싸인 건물이 있다. 마지막에 돔으로 천장을 올린 중심 건물이 있다.

이 산상 궁전은 중심도시인 피루자버드로 가는 교통로를 방어하는 기능과 함께 왕궁의 피난성으로 사용된 것이다. 고구려의 오녀산성을 방불하게 하는 입지와 구조이다.

피루자버드는 파르티아의 도시를 모방한 원형의 해자와 토성을 돌린 구조이며 그 중앙에 조로아스트교의 신전이 있다.

궁전은 절석을 모르타르로 쌓아 올리고 표면을 석고 등을 섞어 만든 스투코로 장식한 직사각형의 건물이다. 중앙 입구는 약 100m에 달하는 아치로 만들었으며 각방은 돔으로 천장을 올렸다. 공간은 공용과 주거 부분으로 분리되었으며, 후자에 중정(中庭)이 있다.

비사프르(Bishapur)에는 사산조페르시아의 제2대왕인 샤푸르1세(241-272재위)가 축조한 도시가 있다.

이 도시유적은 북쪽과 동쪽의 샤푸르강에 면한 곳은 자연 해자로 이용하였으며, 그 외는 직선으로 인공 해자를 파고 토성을 쌓았다. 북동쪽 모서리에는 방어와 피난을 위한 보루가 있다. 그 내부는 격자로 구획하였으며, 궁전, 모자이크 홀, 조로아스터교 신전, 감옥 등이 있다. 궁전의 중앙은 한 변이 22m이며 그 위에 높이 25m의 돔 천장이 있었다. 궁전의 벽과 바닥은 벽화와 모자이크로 장식하였다. 궁전의 동쪽에는 조로아스터교의 아나히타(Anahita) 신전이 있다. 그 주변에 로마 황제 발레리아누스가 유폐되었다는 감옥이 있다.

이 도시와 인접한 샤푸르강의 남쪽과 북쪽에는 6기의 마애 부조가 있다. 남쪽에는 샤푸르1세의 서임도와 전승도가 있으며, 북쪽에는 샤푸르1세 전승도 등 4기의 부조가 있다.

샤푸르1세의 전승도에는 로마 황제인 고르디아누스3세(Gordianus III)와 필리푸스(Philippus)가 샤푸르1세의 말 아래 각각 짓밟히고, 무릎을 꿇고 있는 장면이 묘사되어있다.

사산조페르시아 왕조는 사막로와 해로를 통하여 중국 전역에 이입된 은화(銀貨)와 유리기(琉璃器)로 볼 때 동아시아와 밀접한 관계가 있으며, 그 영향은 한반도에서도 확인된다. 즉 고구려 무용총 벽화에 보이는 수렵도의 페르시아식 사법(射法), 신라의 황남대총 북분의 절자문완(切子文碗)과 칠곡군 송림사 전탑의 원환문배(圓環文杯)가 페르시아산이며, 황남대총 북분의 은기(銀器)도 페르시아의 영향을 받은 것이다.

나아가 사산조페르시아의 초기 왕성인 칼레독타르는 고구려 오녀산성과 입지와 구조가 유사한 점도 주목된다. 비샤프르에도 왕궁과 연결된 피난성이 있으며, 이는 아케메네스조의 초기 수도인 파사르가다에(Pasargadae)에도 보이는 구조이다. 중국과 다른 삼국시대의 도성 구조의 비교 연구에 참고가 된다. 실크로드를 통한 고대 페르시아와의 장대한 문명교류사의 연구가 기대된다.

참고문헌

岡谷公二(譯), 1966, 『古代イランの美術Ⅱ』, 新潮社.
Chris Scarre(ed), 2003, *Past Worlds of Archaeology*, Times Books.
송대범(역), 2008, 『페르시아-고대 문명의 역사와 보물-』, 생각의 나무.
이상기, 2017, 「이란 역사문화기행」, 『오마이뉴스』.

5. 이란Iran의 유적과 유물

그림 Ⅲ-9. 이란Iran 칼레톡타르Qaleh Dukhtar, 피루자버드Firuzabad, 비샤프르유적(遺蹟)Bishapur site
1. 칼레톡타르(Qaleh Dukhta) 원경(遠景)
2. 칼레톡타르(Qaleh Dukhta)
3. 칼레톡타르(Qaleh Dukhta) 궁전(宮殿)

Ⅲ. 유라시아歐亞 사막로沙漠路의 유적遺蹟과 유물遺物

4. 피루자버드 원경(遠景)
5. 피루자버드(Firuzabad) 성벽(城壁)
6. 피루자버드(Firuzabad) 조로아스터교(Zoroastrianism) 신전(神殿)
7. 아르다시르(Ardashir) 궁전(宮殿) 원경(遠景)
8. 아르다시르(Ardashir) 궁전(宮殿)
9. 아르다시르(Ardashir) 궁전(宮殿) 이완(Iwan)
10. 아르다시르(Ardashir) 궁전(宮殿)
11. 아르다시르(Ardashir) 궁전(宮殿) 천장(天障)

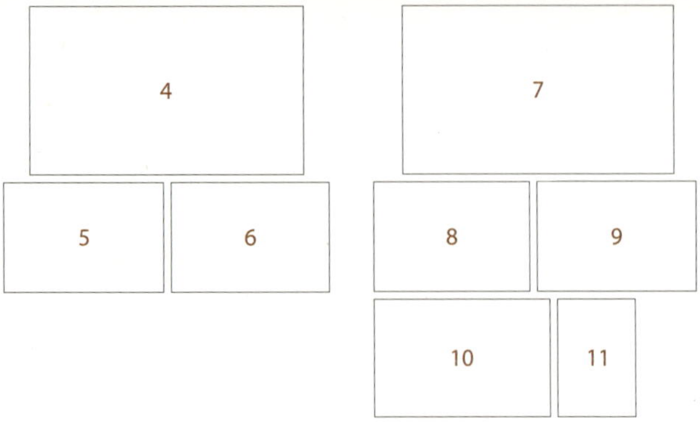

5. 이란Iran의 유적과 유물

Ⅲ. 유라시아歐亞 사막로沙漠路의 유적遺蹟과 유물遺物

5. 이란Iran의 유적과 유물

12. 비샤프르(Bishapur)유적(遺蹟) 원경(遠景)
13. 비샤프르(Bishapur)유적(遺蹟)
14. 비샤프르(Bishapur) 궁전(宮殿)
15. 비샤프르(Bishapur) 아나히타(Anahita) 신전(神殿)
16. 비샤프르(Bishapur) 샤푸르1세(ShapurⅠ世) 승전도(勝戰圖)
17. 비샤프르(Bishapur) 바흐람1세(BahramⅠ世) 서임도(敍任圖)

7) 이스파한 Ispahan

이스파한은 오랜 역사를 지닌 페르시아 도시 중에 하나로, 현재 이란의 중부에 위치한 이스파한 주의 주도이다. 이스파한과 그 부근의 자연환경은 매우 다양하여, 초원과 고원, 오아시스 농경지대, 강과 평원, 그리고 사막까지 존재하고 있다. 예부터 이곳은 비옥함과 다양한 곡물 생산으로 유명하였다.

역사는 엘람(Elam)시기로 거슬러 올라가며, 메디아 시기에는 상업적 거점이었다. 사산조 시기 7명의 이란인 귀족들에 의해 통치되었으며, 이들과 사산조 군주에 의해 도시의 발달과 수공업이 발달하였었다. 이스파한은 640년, 그리고 644년에 두 차례 이슬람군의 침공을 받았다. 이후 우마이야조와 압바스조에 속했으며, 부이조에서도 이곳에 관리를 파견하였다. 이후 지방 세력들의 반란과 중앙군의 탈환이 이어졌으며, 이 혼란 속에 가즈나(Ghaznavid)조 마흐무드(Mahmud)가 이곳을 차지하기도 하였다.

1040년 셀주크투르크의 토그릴 베그(Toghril Beg)가 딘딘칸 전투를 통해 이스파한을 차지하였고, 레이로부터 수도를 이전하여 이곳을 주요 거주지로 삼았다. 말릭샤와 그의 재상인 니잠 알 물크는 이스파한에 여러 건축물을 지으며 이곳의 번영을 촉진하였으며, 그 이후로도 줄곧 셀주크 투르크의 중심지로 남았다. 그러나 12세기 초 산자르 시기에 중심지가 후라산으로 이전하면서 이곳에는 이라크의 셀주크 및 그의 아타벡들이 남았으며, 1194년 호레즘 샤가 이곳을 차지하였다. 1240년 몽골이 이곳을 차지하였고, 일칸국의 쇠퇴와 함께 이스파한은 추반, 인주, 무자파르를 거쳐 티무르에게 함락되었다.

1452년 이스파한은 카라 코윤루의 자한샤를 거쳐 아크 코윤루의 우준 하산에게 넘어갔고, 1502년 사이 사파비가 이곳을 차지하여 드디어 번영의 시기를 맞이하게 되었다. 사파비 시기 이스파한은 "세계의 절반"이라는 별명이 붙을 정도로 크게 번성하였으며 이 시기에 지어진 이맘광장과 체헬소툰궁전, 모스크, 바자르 등은 지금도 이스파한의 상징이다. 이스파한을 대표하는 건축물인 이맘광장은 길이 510m, 폭은 163m의 직사각형이다. 남쪽에 이맘모스크가 있으며, 서쪽에는 알리카독궁전이 있다. 이스파한의 교외에는 조로아스트교 신전인 마르빈유적이 있다.

참고문헌

朝日新聞社, 2006, 『シルクロード紀行No19 イスファハーン』, 朝日新聞社.
윤병모, 2017, 『이란 페르시아 문화기행』, 학연문화사.

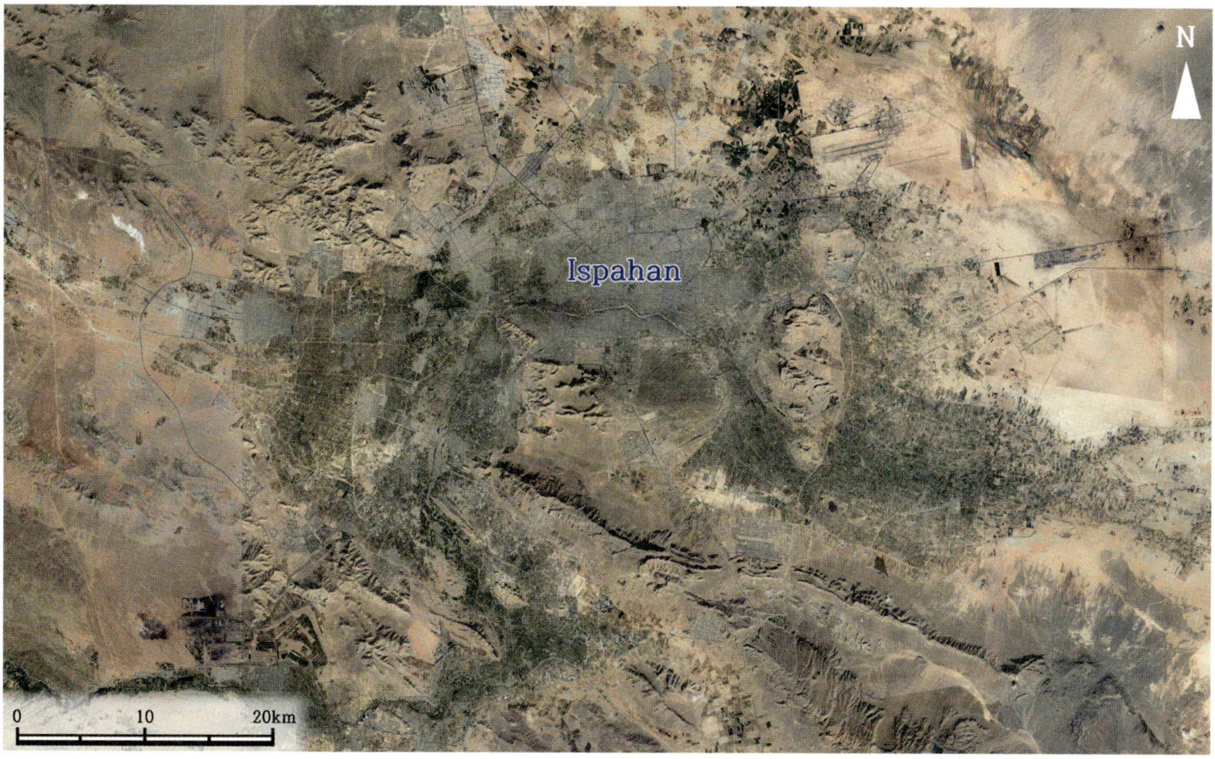

5. 이란Iran의 유적과 유물

그림 Ⅲ-10. 이란Iran 이스파한Ispahan

1. 이스파한(Ispahan) 원경(遠景)
2. 이스파한(Ispahan) 이맘(Emam) 광장(廣場)
3. 이맘(Emam) 광장(廣場)

4. 이맘(Emam) 광장(廣場) 모스크(Mosque)
5~6. 이맘(Emam) 광장(廣場) 모스크(Mosque) 모자이크(Mosaic)
7. 이스파한(Ispahan) 조로아스터교(Zoroastrianism) 신전(神殿)
8. 조로아스터교(Zoroastrianism) 신전(神殿)
9. 체헬소툰(Chehel Sotun) 궁전(宮殿)

6. 투르크메니스탄Turkmenistan의 유적遺蹟과 유물遺物

1) 고노르데페유적Gonur depe site

고노르데페는 고대 메르브(Merv)인 마리(Mary)에서 북쪽으로 약 60km 지점에 위치한 유적이다. BC 2400년부터 1600년까지의 박트리아-마르기아 고고학 복합문화(Bactria – Margiana Archaeological Complex) 즉 BMAC의 주요 유적이다

1970년이래 러시아의 고고학자 빅토르 사리아니디(Viktor Sarianidi)에 의해 궁전, 조로아스터교 신전, 요새를 발굴되었다.

고노르데페(Gonurdepe)의 총 면적은 약 55ha이다. 북쪽에 위치하는 중심 성채는 BC 2400년부터 1900년까지 고노르 노스(Gonur North)라는 330×460m 면적의 타원형 구역으로, 여기에는 궁전과 부속 건물, 의례구역, 신전, 왕릉과 집수지로 구성된다. 궁전은 약 150×140m이며 중앙에 있었으며, 두 개의 큰 뜰과 장축 방향 복도와 함께, 대형 물품 퇴적장, 그리고 왕좌의 방과 객실을 구획하는 이중벽으로 둘러싸여 있었다. 궁전 입구 근처에는 방문객들의 정수의례를 위한 토관(土管)으로 연결된 집수지가 있었다. 왕릉과 왕족묘인 지하묘 8기에서는 금제 장식품과 용기, 청금석과 홍옥수제 경식, 석상, 신화적 형상을 조각한 인장, 상아제품 등의 부장품이 출토되었다.

고노르 노스(Gonur North)에서 서쪽으로 약 200m 떨어진 10ha의 면적에 3,000기 이상으로 구성된 고분군이 있다. 이 고분군에는 어른과 8세 이상의 젊은이들만 묻혔고, 유아는 집 근처나 버려진 건물에 매장되었다.

이 유적은 5기로 구성되며 1기(BC 2500-2000년) 궁전 건설을 위한 부지의 기초 작업, 2기(BC 2000-1900년) 지속적인 궁전의 건축, 3기(BC 1900-1700년) 궁전의 복구, 4기(BC 1700-1600년) 지배자들의 이주와 일반 구성원에 의한 사용, 5기(BC 1600-1500년) 궁전의 쇠퇴와 폐기로 구분된다.

고대 옥수스강 문화(박트리아-마르기아나)는 코펫-다그(Kopet-Dag)산맥의 북쪽 경사면에 있는 아나우(Anau)와 같은 유적에서 기원했을 것으로 보고 있다. 아나우(Anau)는 BC 6500년으로 거슬러 올라간다. 고노르와 같은 후대의 정착촌은 기후 변화 때문에 코펫-다그(Kopet-Dag)지역에서 이주한 사람들에 의해 형성된 것으로 보고 있다.

유적의 남쪽에 위치하는 토고로크(Togolok)21호는 대표적인 신전유적이다. 이 유적은

주위의 지면보다 약 1m 정도 높은 장소를 차지하며 종횡 60×50m의 장방형(長方形)으로, 그 주위는 이중의 방벽(防壁)이 설치되었다. 방벽의 두께는 장소에 따라 5m에 달하는 요새와 같은 신전이었다. 방벽은 다른 여러 취락과 마찬가지로 44×24×2cm의 건조 벽돌로 쌓았다.

이 유적은 처음에 사각형의 장벽, 이후 방을 구획하는 벽이 만들어졌다. 4곳의 모서리에 원형 탑, 좌우 외벽에 반원형 탑이 세워졌다. 입구는 북쪽에 있고 양쪽으로 견고한 탑문이 있었다. 요새 안쪽은 많은 방에 칸막이가 있으며, 중앙부는 의례의 공간과 부수적인 방으로 나뉘었다. 의례 공간의 벽이나 바닥은 모두 두껍게 석회가 칠해져 있었다. 동물의 희생을 바치는 공간이 있었다.

BC 6800년에서 6500년 사이 이 유적에서는 안드로노보(Andronovo)문화의 유목민의 이주가 보인다. 람볼-칼로프스키(Lamberg-Karlovsky)는 이 유적에 유라시아 초원문화의 특징적인 말이 그려진 안드로노보(Andronovo) 토기가 존재한다는 것은 말이 BMAC에 전해진 것으로 주장한다. 한편 사리아니디(Sarianidi)는 BMAC에 말이 있다는 이유로 초원문화와 연결시키는 것을 부정한다.

고노르데페에서는 금과 청금석으로 만들어진 경식, 금과 홍옥수로 만들어진 경식이 출토되었다. 금과 청금석으로 만들어진 경식은 메소포타미아의 우르(Ur)의 왕묘에서 출토되었다. 청금석은 근동지역에서 가장 선호되었던 구슬 재료이다. 고대 청금석은 아프카니스탄 바다흐샨(Badakhshan)에서만 채굴되었다. 채굴된 청금석은 구슬로 세공되어 수출되기도 하고 원재료 그대로 근동지역으로 수출되기도 하였다. 청금석은 근동지역과 인도 사이의 가장 중요한 교역품이었다. 마르구시문명(박트리아-마르기아나 고고학 복합지역)은 청금석 무역의 교차로이다. 이 지역에서 생산한 청금석이 근동지역 이외에 이집트까지 교역되었다.

BC 3000년 경 청금석은 메소포타미아 지역과 서아시아에서 이미 사치품, 권력과 부의 상징으로 간주되었다. 이집트에서도 청금석은 사치품과 권력, 부의 상징으로 간주되었다. 청금석 로드는 근동지역의 국가가 형성되는 시점에 출현했으며 국가를 형성하는 과정에서 일부 영향을 주었다.

BC 1000년 이후 중심은 고 메르브(Merv)일대로 이동하였으며, 아케메네스조의 지배하에 들어갔다. 이후 알렉산더대왕의 원정 이후 가우르 칼라(Gyaur kala)에 마르기아나(Margiana) 알렉산드리아가 건설되었으며, 그레코 박트리아왕국, 사산조 페르시아를 거쳐 651년 아랍에 의해 정복되었다.

참고문헌

Sarianidi W.2002. *Marguş Türkmenistan: Murgap derýasynyň köne hanasynyň aýagyndaky gadymy gündogar şalygy*. Aşgabat: Türkmendöwlethabarlary.

Joan Aruz, Ronald Wallenfels, 2003, *Art of The First Cities*, New York.

Rtveladze Edvard(著)・加藤九祚(訳), 2011, 『考古學が語るシルクロード史-中央アジアの文明・國家・文化-』, 東京, 平凡社.

加藤九祚, 2013, 『シルクロードの古代都市-アムダリヤ遺跡の旅』, (岩波新書1444), 岩波書店.

Sergey Lapteff, 2015, Bead Culture in South-East Asia and the Role of Central Asia, 『구슬의 유통에 나타난 동아시아의 교섭』, 국립나주문화재연구소 대한문화재연구원

Nadezhda A. Dubova. *Bronze Age Center of Oriental Civilization in the Karakum Desert (Turkmenistan) and its Connections with Mediterranean World*

그림 Ⅲ-11. 투르크메니스탄 Turkmenistan 고노르데페유적 Gonur depe site

1. 투르크메니스탄, 우즈베키스탄, 타지키스탄유적(遺蹟) 분포도(分布圖)
2. 고노르데페(Gonur depe)유적(遺蹟) 분포도(分布圖)
3. 고노르데페(Gonur depe)유적(遺蹟)
4. 고노르데페(Gonur depe) 궁전(宮殿)과 신전(神殿) 배치도(配置圖)
5. 21호신전(神殿)
6~7. 건물지(建物址)
8. 궁전(宮殿) 금제품(金製品)
9. 궁전(宮殿) 석제(石製) 용기(容器)

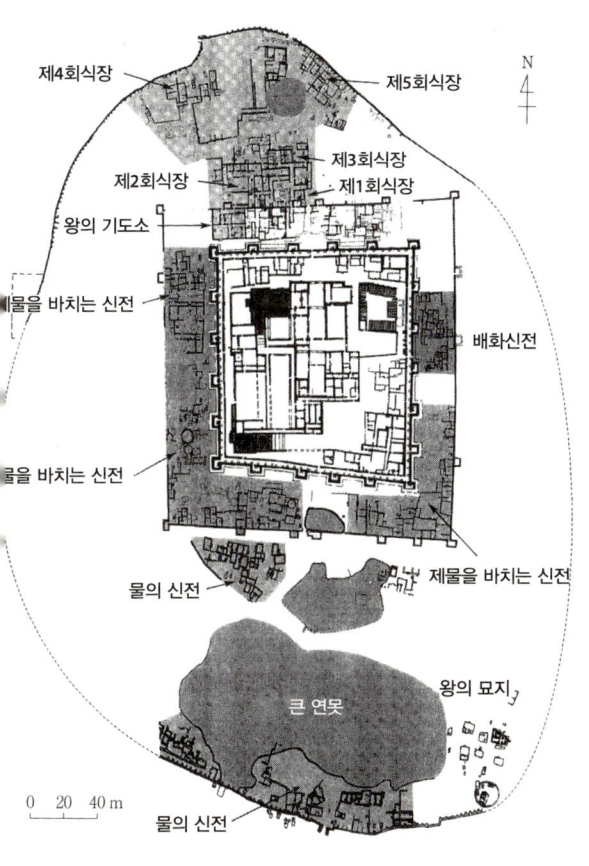
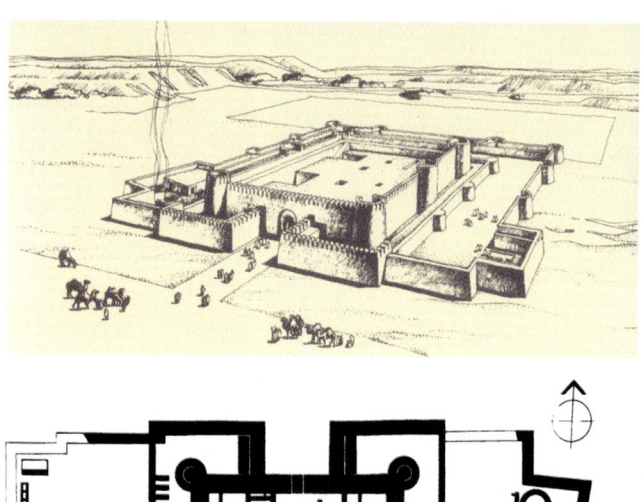
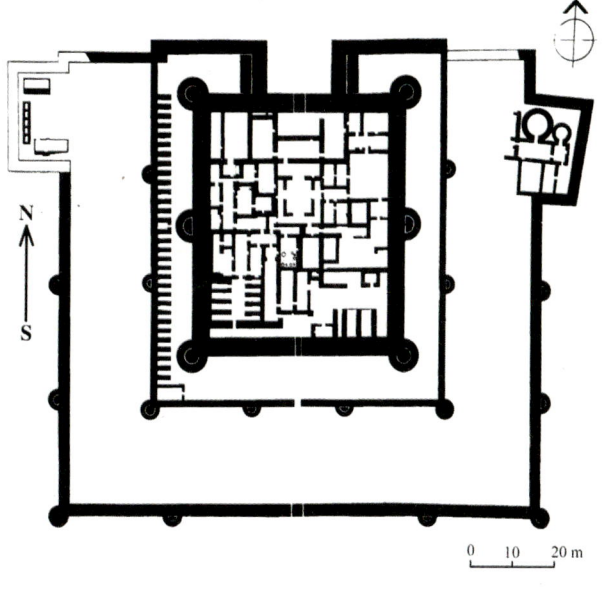

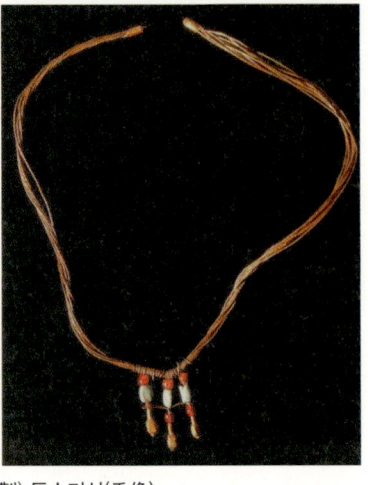

10. 궁전(宮殿) 금제(金製) 용기(容器)
11. 궁전(宮殿) 여성상(女性像)
12. 제570호묘 여성상(女性像)
13~14. 제55호묘 출토 은제(銀製) 독수리상(禿像)
15. 고노르데페(Gonur depe) 청금석(靑金石), 홍옥수(紅玉髓), 금제(金製) 경식(頸飾)
16. 고노르데페(Gonur depe) 금제(金製) 경식(頸飾)

7. 아프카니스탄Afghanistan의 유적遺蹟과 유물遺物

1) 테페 푸롤유적Tepe Fullol site

　　유적은 아프카니스탄 수도 카블(Kabul)의 북쪽으로 약 300km 떨어진 테페 푸롤(Tepe Fullol)촌에 위치한다. 1966년 이곳의 남쪽 산길에서 농민들에 의해 15점의 금은기가 발견되었다. 이 유적은 발견 지점에 대한 발굴조사 결과 인골이 출토되어 고분으로 판명되었다.

　　아프가니스탄에서는 이 유적과 비교할 수 있는 대상으로 칸다하르(Kandahar) 북서쪽에 위치한 문디가크(Mundigak)유적이 있다. 이 유적은 BC 4000년경의 소규모 주거지를 시작으로 거대한 방어벽과 건축물들이 들어선 도시이다. 이 거대한 도시유적이 등장하고 성장해 나가는 것은 주변 지역의 메소포타미아 문명과 인더스 문명과의 교류를 보여준다. 그 근거가 된 것이 BC 3000경부터 메소포타미아에서 사용된 바다흐샨(Badakhshan)지방산 청금석(青金石 lapis-lazuli)이다. 바다흐샨은 푸롤에서 북동쪽으로 이어진 교통로를 이용하면 약 200km 떨어진 지점에 위치하고 있다. 그리고 문화적으로 문디가크(Mundigak)유적의 전성기인 BC 3000에서 2500년까지의 시기와 밀접한 관련이 있는 유적이 이탈리아 고고학자에 의해 조사된 이란 시스탄(Sistan)지방 헬만드(Helmand)강 삼각지 유역에 위치하는 샤흐르이소흐타(Shahr-i Sokhta)유적이다. 이곳에서도 청금석이 출토되어 당시에 활발한 교역이 이루졌음을 짐작할 수 있다.

　　이 교역의 이동로, 즉 바다흐샨에서 다른 지역으로 청금석을 운반할 때 이용하였던 길을 추정해 보면 서쪽으로 난 좁은 통로를 빼고는 높은 산들로 둘러싸여 있어 이동이 쉽지 않았음을 짐작할 수 있다. 그 서쪽에 바로 테페 푸롤이 위치하고있다. 테페 푸롤은 서쪽으로는 약 1,000m, 동쪽으로는 약 3,000m가 넘는 산들이 늘어선 사이의 평지에 위치한다. 이 지역은 주변의 험준한 산들로 인해 다른 지역과의 연결로는 계곡처럼 남북으로 길게 뻗어 있으며, 지금도 넓은 경작지가 펼쳐져 있어 바다흐샨산 청금석을 거래하기에 충분한 조건을 가지고 있었음을 짐작할 수 있다.

　　테페 푸롤유적에서는 금은기(金銀器)와 함께 청금석 편이 출토되었으며, 특히 금은기(金銀器)에 새겨진 턱수염이 있는 수소 문양이 이라크의 우르(Ur) PG789호 왕묘 출토 현악기인 리라(Lyre)의 수소 문양과 유사한 점에서 양자 간 교류를 알 수 있다.

　　테페 푸롤유적의 연대를 알 수 있는 단서는 금은기와 여기에 새겨진 문양이다. 금은기에 새겨진 뿔 달린 소 문양이 고대 메소포타미아에서 BC 3000년 경 말기에서 2000년 경 초기에 보이는 문양과 유사하고, '×'자와 '철(凸)'자형의 기하학적 문양은 아프가니스탄을 비롯한 지금의 우즈베키스탄과 투르크메니스탄 등지에서 BC 5000년 경부터 등장해 이후 제사에 사용된 토기의 문양과 흡사하다는 점에 있다. 그래서 테페 푸롤유적은 BC 2000년을 전후한 시기에 형성된 것으로 보고 있다.

테페 푸롤유적은 바다흐샨산 청금석의 채석과 유통을 장악으로 축적한 부와 이를 토대로 한 메소포타미아와의 교류를 알 수 있게 한다.

참고문헌

川又正智, 2006,『漢代以前のシルクロード』, (ユーラシア考古學選書), 雄山閣.
國立中央博物館, 2016,『아프카니스탄의 황금문화』, 國立中央博物館.

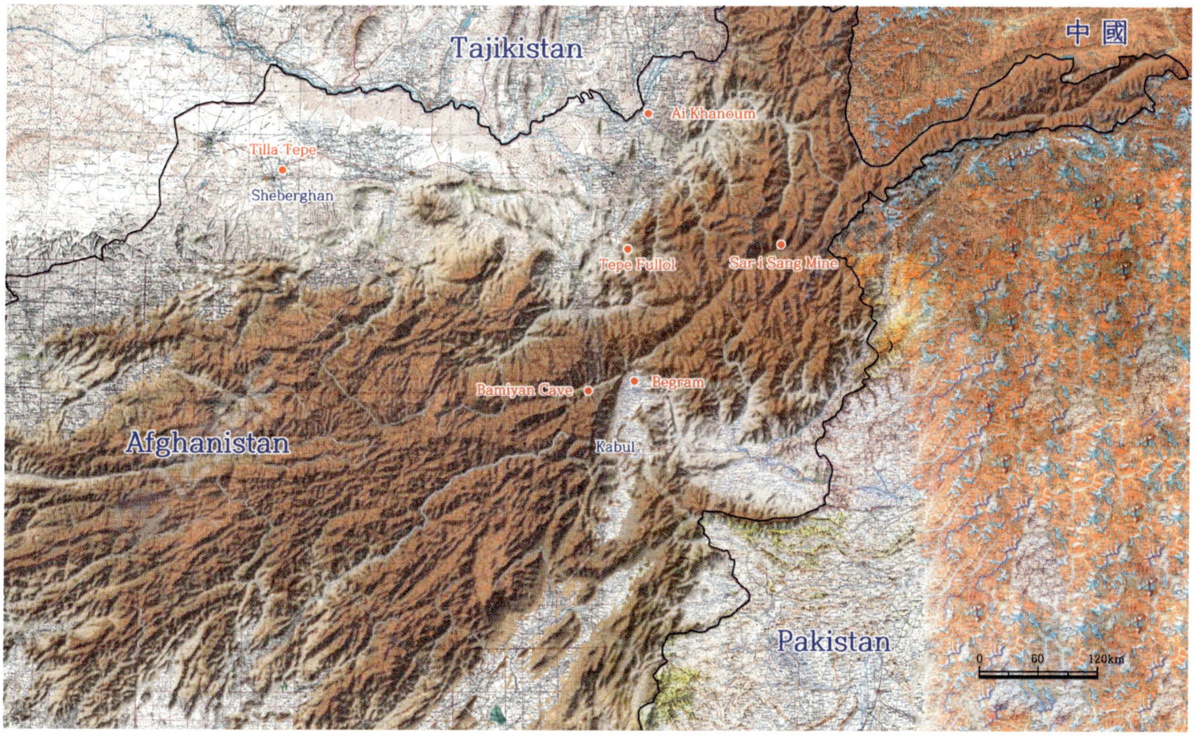

7. 아프카니스탄Afghanistan의 유적遺蹟과 유물遺物

그림 Ⅲ-12. 아프카니스탄Afghanistan 테페 푸롤유적Tepe Fullol site
1. 아프카니스탄유적(遺蹟) 분포도(分布圖)
2. 테페 푸롤(Tepe Fullol) 위치

3~5. 테페 푸롤(Tepe Fullol) 금제(金製) 용기(容器)

2) 샤리상광산 Sar-i Sang mine

샤리상광산은 아프가니스탄 공화국과 타지키스탄 공화국에 걸친 바다흐샨(Badakhshan) 지방에 있으며 청금석(靑金石) 즉 라피스 라줄리(Lapis Lazuli)의 산지이다. 이곳은 파미르고원의 서부, 아무 강 상류 양안에 걸친 산악 지대이다. 타지키스탄의 바다흐샨 자치주와 아프가니스탄의 바다흐샨주에 걸쳐 있다.

바다흐샨(Badakhshan)은 『위서魏書』와 『북사北史』에 불적사(弗敵沙), 『신당서新唐書』에 발특산(拔特山), 『속고승전續高僧傳』에서 파다차나(波多叉拏), 『서역기西域記』에 발탁창나(鉢鐸創那), 『자은사전慈恩寺傳』에 발창나(鉢創那), 『책부원귀冊府元龜』에 발특산(勃特山), 『왕오천축국전往五天竺國傳』에 포지산(蒲持山), 『원사元史』에 파달합상(巴達哈傷), 파달산(巴達山), 『원조비사元朝祕史』에 파척객선(巴惕客先), 『명사明史』에 팔답흑상(八答黑商)이라고 표기되었다.

아프가니스탄 쿠란와문잔(Kuran wa Munjan)지구에 위치한 샤리상광산(Sar-i Sang mine)은 아무다리야(Amu Darya)의 지류인 콕차(Kokcha)강의 오른쪽 힌두쿠시(Hindu Kush)산맥에 있다. 이곳은 초목이 없으며 일 년 내내 눈으로 덮여 있을 뿐 아니라 가파른 산비탈에 위치해 있기 때문에 접근하기 어려운 지역이기도 하다.

라피스 라줄리(Lapis Lazuli)는 홍옥수(紅玉髓), 마노(瑪瑙), 녹송석(綠松石), 석류석(石榴石) 등과 같은 준보석(準寶石)이며, 청색의 바탕에 금색의 분말이 포함되어 어두운 밤의 별과 같이 반짝이는 것에서 이름 지어졌다. 청금석은 라틴어로 돌이라는 의미의 '라피스'와 페르시아어로 푸른색(靑色)이라는 의미의 '라줄리'가 결합된 명칭이다. 청금석(靑金石)의 금분처럼 빛나는 부분은 황철광으로 아프가니스탄산의 특징이다.

라피스 라줄리(Lapis Lazuli)는 짙은 청색(Neeli), 하늘색(Asmani) 및 청록색(Suvsi)의 세 가지 주요 등급으로 분류되는데 그중 아프가니스탄의 샤리상광산에서 채취된 라피스 라줄리는 가장 고급의 청색인 청금석이다.

라피스 라줄리가 채굴되는 곳은 그 외 시베리아 바이칼호 인근, 미안마, 이탈리아 등에서 소규모 광산이 확인되나 모두 최근에 개발된 광산이다. 이는 X선형광분석에 의하면 바다흐샨에서 채굴된 광석에는 황철석이 풍부하나, 투휘석과 규회석이 없다는 것이 밝혀졌다. 즉 그 외 광산에서 채굴된 원석과는 동위원소의 비율이 다르다는 것이 확인되어, 고대에는 이곳에서만 채굴된 것으로 판명되었다.

라피스 라줄리(Lapis Lazuli)는 해발 1,800m에서 5,100m의 험준한 샤리상광산의 노천 또는 갱에서 불로 달구어진 바위에 냉수를 뿌려 깬 다음 그 틈에서 광맥을 찾아 채굴하였다.

라피스 라줄리는 아프가니스탄에서 채굴되어 BC 7000년대부터 아프가니스탄과 인더스 계곡 사이의 고대 무역로를 따라 지중해 세계와 메소포타미아, 이집트로 수출되었다. 유라시아 서부에서 고대 문명형성기에 라피스 라줄리가 출토된 유적은 70여 곳으로, 박트리아-마르기니야문명, 인더스문명, 엘람문명, 메소포타미아문명, 에게문명 등을 들 수 있다. 특히 메소포타미아문명권에서는 35,000점 이상이 출토되어 가장 많은 수량이 반입된 것을 알 수 있다. 시리아의 BC 2350-2250년으로 편년되는 에블라(Ebla, Tell Mardikh)궁전유적에서는 22kg 이상의 원석이 출토되었다. 이 원석은 350km 지점의 아프카니스탄에서 메소포타미아로 이입되는 경로상의 도시인 마리(Mari)로부터 입수한 것으로 보고 있다.

이후 라피스 라줄리(Lapis Lazuli)는 유라시아 동부로 이입되어 중국의 키질(克孜爾)석굴 제38굴 등 벽화의 안료로 사용되었다. 돈황 막고굴 제53-55굴 앞 유구에서 라피스 라줄리 안료 덩어리가 출토되었다. 또한 중국 흑룡강성(黑龍江省) 영안시(寧安市) 발해진(渤海鎭) 토대자촌(土臺子村) 출토 발해(渤海) 사리함에서 라피스 라줄리(Lapis Lazuli)가 출토되었으며, 8세기 일본 쇼소인(正倉院)에 청금석(青金石)제 과대(銙帶)가 소장되어 있다.

참고문헌

Aruz, Joan. 2003. *Art of the First Cities: The Third Millennium BC from the Mediterranean to the Indus*. Metropolitan Museum of Art Series. New York, Metropolitan Museum of Art.

사리아디니(저)·민병훈(역), 2016, 『박트리아의 황금비보 Bactrian Gold』, 통천문화사.

Steiniger, Daniel. 2019. *Lapis Lazuli-raw material sources, provenance studies and Prehistoric distribution in Eurasia-an overview*. 『中村大介(編), 「青銅器時代匈奴時代遊牧社會長距離交易」, 『社會変化とユーラシア東西交易－考古學と分析科學からのアプローチ－』, 科學研究費補助金基盤研究(B)2018-2020年度.

박성진, 2020, 「라피스 라줄리로드: 실크로드 이전의 실크로드」, 『고대 문명의 교역과 교류』, (제50회 동양학연구원국제학술회의), 단국대학교 동양학연구원.

7. 아프카니스탄Afghanistan의 유적遺蹟과 유물遺物

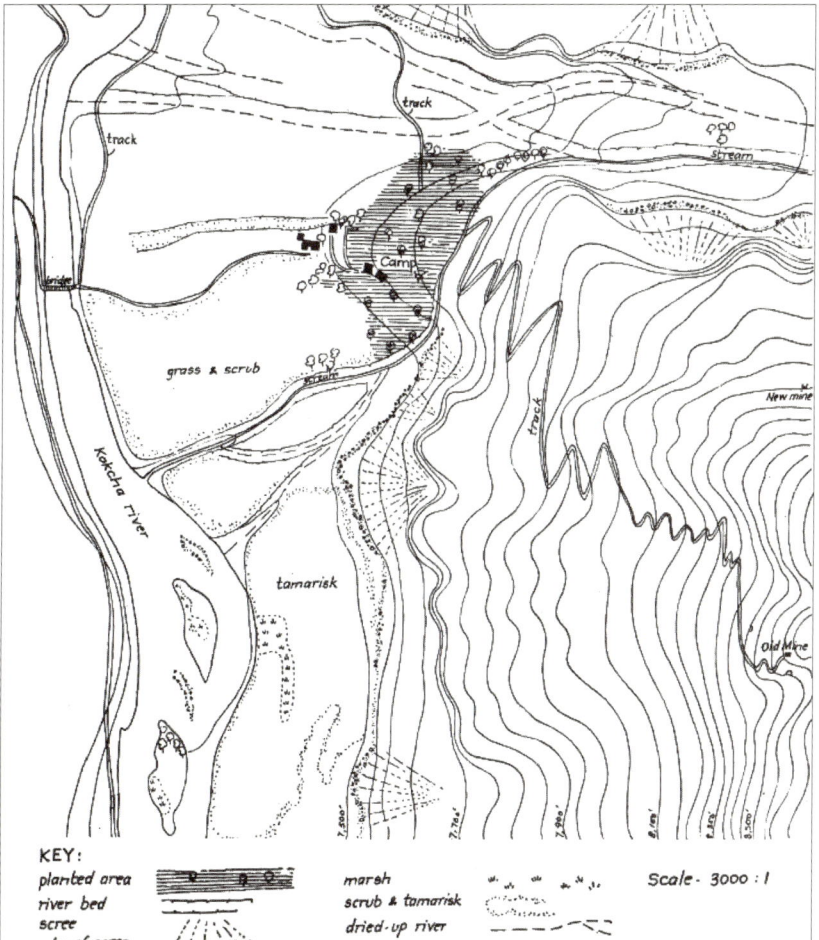

그림 Ⅲ-13. 아프카니스탄Afghanistan 샤리상광산Sar_i Sang mine

1. 샤리상광산(Sar-i Sang mine) 위치(位置)
2. 샤리상광산(Sar-i Sang mine) 위치(位置) 세부(細部)

Ⅲ. 유라시아歐亞 사막로沙漠路의 유적遺蹟과 유물遺物

3. 샤리상광산(Sar-i Sang mine) 원경(遠景)
4. 샤리상광산(Sar-i Sang mine)
5. 샤리상광산(Sar-i Sang mine) 청금석(靑金石)
6. 시리아(Syria) 에블라(Ebla Tell Mardikh) 궁전(宮殿)
   샤리상광산(Sar-i Sang mine) 청금석(靑金石)
7. 중국(中國) 돈황(燉煌) 막고굴(莫高窟) 청금석(靑金石) 안료(顔料)

3) 아이하눔유적Ai Khanoum site

아이하눔유적은 아무다리야(Amudarya)유역의 콕챠(Kowkcheh)강이 합류하는 단구상에 위치한다.

1961년 아프가니스탄왕 무함마드 자히르샤(Mohammed Zahir Shah; 1914-2007)에 의해 발견되어, 1965년부터 폴 베르나르(Paul Bernard; 1929-2015)가 이끄는 발굴단이 소련군이 진입하는 1979년까지 약 14년간 발굴을 진행하였으며, 아이하눔 도시의 규모와 옛 모습이 밝혀지게 되었다.

발굴 결과 이 도시는 BC 4세기 말-3세기 전반부터 BC 100년까지 존속했다. 이 시기는 알렉산더대왕에 이어 아시아를 통치한 셀레우코스왕조 지배기로서, 박트리아지방에서 그리스인이 활동하던 시기와도 일치한다.

박트리아지방은 옥수스강 즉 아무다리야와 힌두쿠시산맥에 둘러싸여 방어면에서 매우 유리한 지형이었을 뿐만 아니라, 비옥한 경작지대와 청금석(lapis lazuli) 등의 자원이 풍부하다. 아이하눔은 북방 유목민족 등으로부터 박트리아를 방어하고 주변의 경작지와 청금석 채굴지인 바다흐산을 통치하기 위한 거점 도시로 건설되었다. 아이하눔은 현재의 지명이며, 우즈베키스탄어로 '달의 여인'이라는 뜻이다.

박트리아 동쪽 국경에 건설된 이 도시는 동서 1.5km, 남북 2km의 규모로 그리스의 도시 델포이(Delphi)와 비슷한 크기이다. 아크로폴리스와 시가지, 궁전, 아고라, 경기장, 신전, 극장 등 그리스의 주요 도시의 요소들을 모두 가지고 있다.

아히하눔은 아무다리야(Amudaryo)와 콕차(Kokcha)강의 합류 지점을 정점으로 부근의 깎아지른 듯한 바위산을 빗변으로 하는 직각삼각형과 같은 자연 지형을 이용하여 건설되었다. 이 천연의 방어 요새는 햇빛에 잘 말린 벽돌로 쌓은 견고한 성벽과 아크로폴리스 남동쪽으로 콕차강 위로 돌출된 성채로 보강하였다.

공공 건축물이 늘어선 도시의 중추 시설은 옥수스(Oxus) 강변 '아랫마을', 즉 더 낮은 땅에 위치하였고, 바위산 위에 위치한 '윗마을'에는 요새가 구축되어 수비병이 주둔하고 있었다.

궁전의 금고를 감독하는 고위 관리 혹은 중급 관리들은 이름으로 보았을 때, 주로 그리스인, 마케도니아인으로 구성되었던 듯하다. 재정을 관리하는 하급 직책은 전형적인 이란식 이름을 가진 현지 출신 관리들이 맡았다.

북쪽 성벽 문에서부터 이어지는 큰 길이 바위산의 기슭을 따라 북동쪽에서 남서쪽으로 뻗어 있다. 거주 구역은 큰길과 함께 구획되었으며, 히포다모스(hippodamus)식이라고 불리는 바둑판 모양의 도시 구획을 보인다. 도시의 안팎에는 관개(灌漑) 시스템과 연동된 수로가 있었던 것으로 보인다. 서쪽 성벽과 옥수스강 사이에는 용수(用水)를 모아두는 시설이 있었고, 독특한 출수관이 원래의 상태로 발굴되었다.

궁전은 넓이가 9만m²에 달하며 도시 규모에 비해 매우 크며, 아이하눔은 박트리아의 수도급 대도시였던 것으로 보인다. 궁전은 그리스인의 건축 전통보다는 오히려 신(新)바빌로니아와 아케메네스 등 오리엔트 궁전에서 영향을 받았다. 이곳에서는 그리스식 건축의 주재료인 대리석을 구하기 힘든 만큼 근방의 석회암으로 한정된 수의 기둥을 제작하였으며, 그 외 건물 대부분은 햇볕에 잘 말린 벽돌을 쌓아 축조하였다.

중정과 건물들은 거주, 행정, 경제적 기능에 따라 구역이 나뉘었고, 수많은 회랑들이 교차하여 밀집된 구조를 이루고 있다. 궁전의 정문인 북쪽 문으로 들어가면 118개의 코린트식 기둥으로 둘러싸인 넓이 137×108m의 커다란 뜰이 나온다. 회랑(回廊)으로 둘러싸인 이러한 뜰은 전형적인 그리스의 헬레니즘 건축양식으로, 돌을 연결할 때도 그리스식으로 못, 꺾쇠, 녹인 납을 사용한 것이 특징이다. 또한 지붕은 오리엔트식 건축 기법으로 납작하지만, 가장자리의 식물 모티프의 장식 기와는 전형적인 그리스식 장식의 테라코타(terra-cotta) 판이다.

안뜰 남쪽 중앙에 설치되어있는 '철(凸)'자형 공간이 궁전의 입구인 현관이며, 궁전 안쪽에는 응접용 홀, 집무실, 주거공간, 보물 창고 등이 발견되었다. '십(十)'자형의 복도에 의해 네 구역으로 나누어진 사각형의 건물에는 동쪽에 두 개의 응접실, 서쪽에 두 개의 집무실이 있던 것으로 보인다. 서쪽에는 왕의 주거공간이 있었으며, 작은 안뜰과 그와 연결된 여러 개의 방을 하나의 독채로 구성하여 사용하였다. 이곳 욕실의 바닥에 새겨진 모자이크장식은 전통적인 그리스 양식이었다.

궁전의 부속시설도 발굴되었는데, 긴 사각형 방이 몇 개 배치된 '보물창고'가 있었다. 여기에서는 궁전 직속의 공방에 공급하기 위한 원료인 홍옥수(紅玉髓), 석류석(石榴石), 수정, 청금석, 장식품, 올리브 기름, 상아, 동전 등이 다수 발견되었다. 물품들은 모두 그릇에 담겨 있었다. 그릇의 표면에는 품명 및 관리자의 이름이 적혀있어, 도시의 경제와 행정 시스템의 일단을 전하는 귀중한 자료가 되었다. 보물 창고는 서고(書庫)로도 쓰인 것으로 추정되는데, 이곳에서 출토된 파피루스 문서 가운데에는 아리스토텔레스 철학 문헌과 그리스어 시(詩)의 일부가 적혀있다.

극장은 북쪽문에서 남쪽으로 내려가는 길의 왼쪽에 있었으며, 벽돌 건축물로 '윗 마을'

의 경사면을 이용하여 건설되었다. 반경이 42m, 높이 17m의 반원형으로 그리스 양식을 보여준다. 좌석은 35단으로 5,000명의 관객을 수용할 수 있었다.

경기장은 극장 건너편에 있으며, 안뜰과 야외 수영장을 갖추고 있다. 이곳에서 발견된 그리스풍 헤르메스(Hermes)상의 주상이 놓인 높은 받침대에서는 전통적인 경기장의 수호신인 헤르메스와 헤라클레스(Heraculas)에게 바쳐진 그리스어 명문이 발견되었다.

왼쪽으로 극장을 보면서 거리를 남쪽으로 내려가면 오른쪽에 코린트식 기둥과 그리스 양식의 마구리 장식 기와로 꾸민 열주문(列柱門)이 있다. 이 문을 빠져나가면 궁전으로 이어지는 도로가 있고 그 옆에 키네아스(Kineas)묘(廟)가 있다. 시민을 위한 묘역(墓域)이 성벽 밖에 있던 것을 생각하면, 도시의 중심구역에 건립된 묘(廟)의 주인인 키네아스는 아마도 도시를 창건한 인물 중 한 명이었다고 생각된다. 키네아스에게 바쳐진 비석 조각과 받침도 출토되었다. 비석에는 델포이의 아폴로(Apollo) 신전에 걸려 있던 격언이 새겨져 있었다고 추측되는데, 그중 하나인 인생훈(人生訓)이 받침대에 남아 있다. 석비를 세운 인물은 아리스토텔레스(Aristoteles)의 제자이기도 한 키프로스 출신의 철학자 클레아르코스(Clearchos)로 보고있다.

아이하눔에서는 신전도 발굴되어 시민들의 신앙과 종교에 대해 엿볼 수 있다. 한 변이 20m의 정방형 기단 위에 세워진 이 신전은 아래 3개의 기단이 있으며, 벽돌로 지어졌다. 바깥벽에는 연속되는 형태의 벽감(壁龕)이 남아 있다. 신전 내부 중앙에는 거대한 신상(神像)이 있던 것으로 추정된다. 신상을 안치한 돌로 쌓은 기단과 샌들을 신은 왼발의 앞부분과 손 조각으로 대리석으로 만들어졌으며, 특히 왼발 부분만 28cm가 넘는다. 4m 이상의 거대한 신상이었을 것이다. 샌들에 달린 번개 문양으로 볼 때 신전의 주신은 그리스의 최고신 제우스(Zeus)로 추정되지만, 제우스 신과 미트라(Mitrá)신이 합쳐진 동방의 다른 신이었을 가능성도 제기되고 있다.

아이하눔에서 발굴된 궁전은 BC 2세기에 재건(再建)된 것이다. 규모와 시설 면에서 아이하눔은 수도 박트라(현재의 발호(Balkh))와 버금가는 왕도급의 도시였던 것으로 추정된다.

BC 2세기 후반, 박트리아는 대내외적으로 전란에 휩싸인다. 특히 북방에서 사카(Saka)족이 침입해 왔으며, 흉노의 압력으로 서쪽으로 이주한 대월지(大月氏)가 박트리아에 도달하면서, 약탈은 절정에 달하게 된다. BC 145년경 아이 하눔의 그리스인들은 도시를 떠났고, 궁전과 신전은 모두 유목민족의 침입으로 약탈당하고 방화(放火)되었다고 한다.

아이하눔의 종말이 헬레니즘 문화의 종말을 의미하는 것은 아니다. 그리스 문명을 이어받은 사회들은 이슬람에 정복되기 직전까지 오랫동안 그들의 유산에 계속 의지하였다. 쿠샨

왕조에서 그리스 알파벳을 사용했던 것, 왕실 조폐국의 기능, 코린트 양식의 기둥머리나 아칸서스(akanthos)잎 장식 등 건축 요소, 테라코타와 석고를 이용한 조각상 등 그리스 영향을 받은 수많은 요소가 여전히 남아 있었기 때문이다.

    아이하눔은 중앙아시아에 정착한 그리스의 식민도시 모습을 알려주며, 그리스-박트리아 왕국의 실태를 보여주는 유적으로 많은 주목을 받고 있다.

참고문헌

Guillaume, Olivier. 1983. *Fouilles d'Aï Khanoum II: Les propylées de la rue principale*. Paris: Diffusion de Boccard

Francfort, Henri-Paul. 1984. *Fouilles d'Aï Khanoum III. Le sanctuaire du temple à redans. 2. Les trouvailles*.

Francfort, Henri-Paul. 1985. *Fouilles d'Aï Khanoum IV. Les monnaies hors trésors. Questions d'histoire grécobactrienne*. Diffusion de Boccard.

Leriche, Pierre. 1986. *Fouilles d'Aï Khanoum V. Les remparts et les monuments associés*.

Veuve, Serge. 1987. *Fouilles d'Aï Khanoum VI. Le gymnase. Architecture, céramique, sculpture,*

Guillaume, Olivier and Axelle Rougeulle. 1987. *Fouilles d'Aï Khanoum VII. Les petits objets*.

Rapin, Claude. 1992. *Fouilles d'Aï Khanoum VIII. La trésorerie du palais hellénistique d'Aï Khanoum. L'apogée et la chute du royaume grec de Bactriane*. Paris.

加藤九祚, 2013, 『シルクロードの古代都市－アムダリヤ遺跡の旅』, (岩波新書1444), 岩波書店.

國立中央博物館, 2016, 『아프카니스탄의 황금문화』, 國立中央博物館.

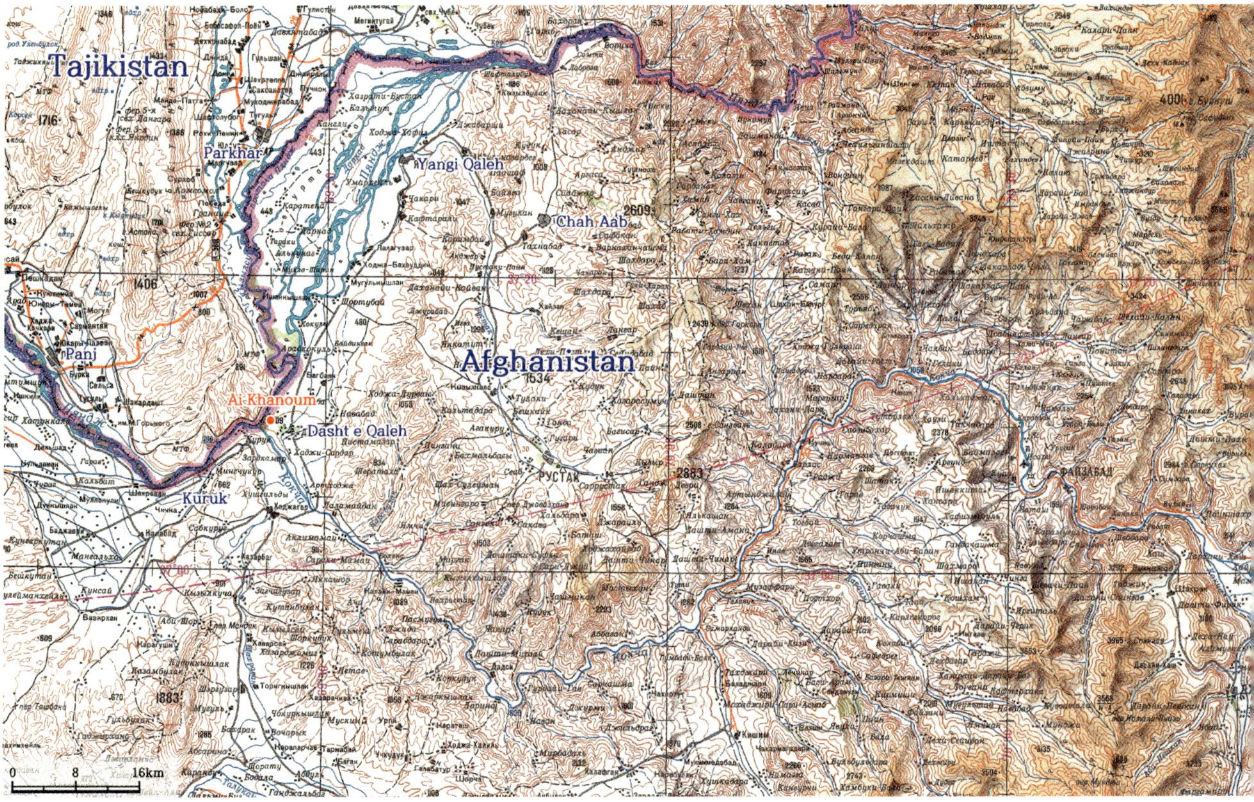

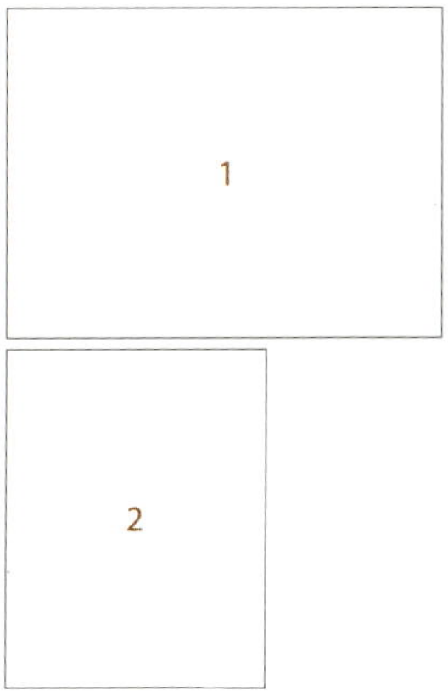

7. 아프카니스탄Afghanistan의 유적遺蹟과 유물遺物

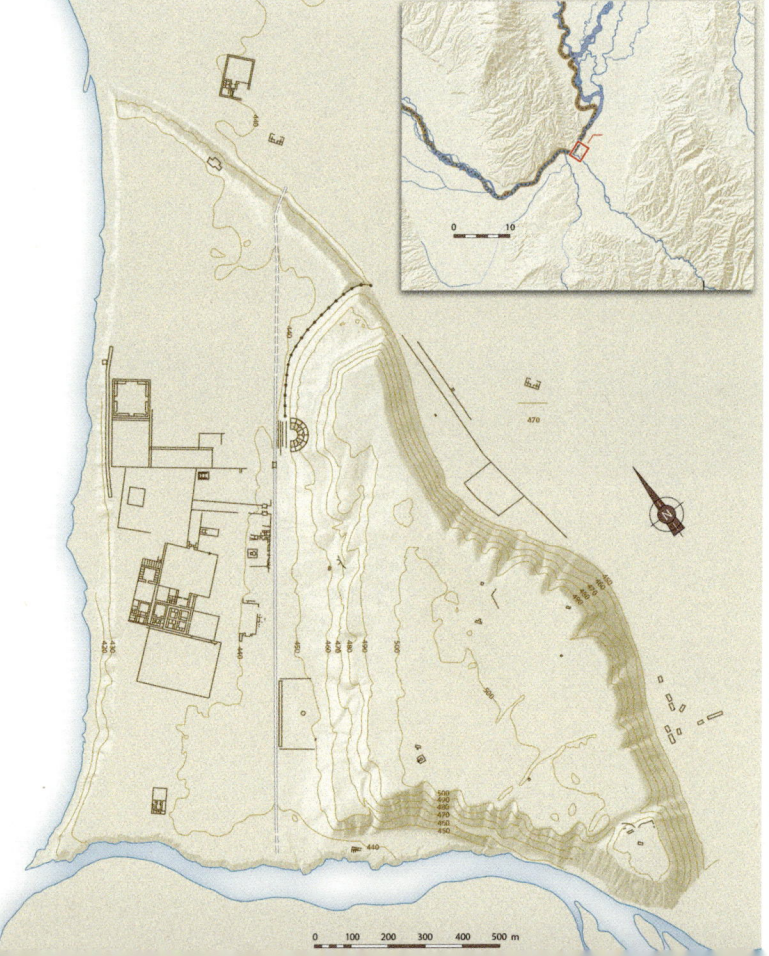

그림 Ⅲ-14. 아프카니스탄Afghanistan
아이하눔유적Ai Khanoum site
1. 아히하눔(Ai Khanoum)유적(遺蹟) 위치(位置)
2. 아히하눔(Ai Khanoum) 배치도(配置圖)

89

3. 아히하눔(Ai Khanoum)과 아무달리야(Amu Darya)
4. 아히하눔(Ai Khanoum)
5. 궁전(宮殿) 입구(入口)
6. 궁전(宮殿) 접견실(接見室)
7. 경기장(競技場)
8. 궁전(宮殿) 보고(寶庫) 상감(象嵌) 장식판(裝飾板)
9. 궁전(宮殿) 명문(銘文) 토기(土器)
10. 궁전(宮殿) 보고(寶庫) 금정(金鋌)
11. 궁전(宮殿) 당초문(唐草文) 와당(瓦當)

12. 신전(神殿) 헤라클레스상(Hercules像)
13. 신전(神殿) 소조(燒造) 인물두부상(人物頭部)
14. 신전(神殿) 은도금(銀鍍金) 키벨레(Kybele) 여신(女神) 부조판(浮彫板)
15. 경기장(競技場) 헤르메스(Hermes) 주상(柱像)
16. 경기장(競技場) 해시계(日時計)
17. 성채(城砦) 코린트양식(Corinthian order) 주두(柱頭)
18. 아히하눔(Ai Khanoum)
19. 아히하눔(Ai Khanoum)
20. 아히하눔(Ai Khanoum)과 가토 규조(加藤九祚)

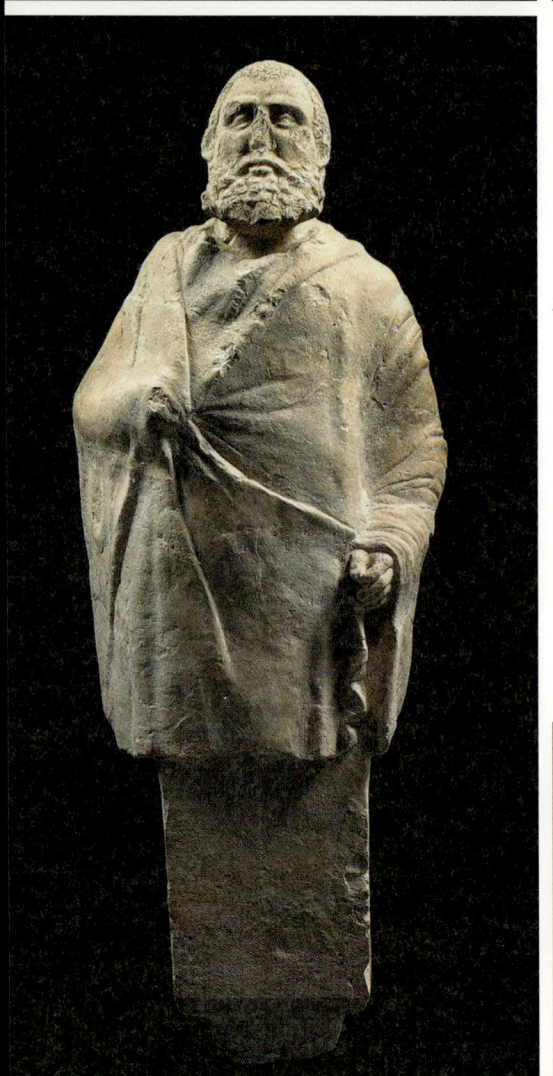

4) 베그람유적 Begram site

베그람유적은 아프가니스탄의 수도 카불(Kabul)로부터 북쪽으로 약 60km 떨어진 곳에 위치한다. 힌두쿠시(Hindu Kush)산맥 남쪽 기슭에 자리한 이 지역은 인더스(Indus)강의 최상류인 고르반드(Gorband)강과 판즈시르(Panjshi)강이 합류하는 지점에 있으며, 아프가니스탄과 파키스탄의 중요한 교통로에 위치하고 있다.

베그람유적은 BC 4세기 알렉산더대왕이 건설한 군사 기지인 알렉산드리아 앗 코카숨(Alexandria ad Caucasum)이며, 북방의 중앙아시아와 동방의 인도 경영의 거점 지역이다. 그 후 마우리아왕조가 아프가니스탄의 동쪽 절반을 획득하게 되어 인도의 지배하에 놓이게 되었다. BC 2세기부터 1세기까지 북서 인도의 그리스인이 세운 인도-그리스왕조는 북인도까지 지배하였다. 그 후 베그람은 박트리아에서 남하한 유목민 왕조인 쿠샨의 지배하에 놓이게 되었다.

쿠샨왕조의 최전성기이던 카니슈카(Kanishka)왕의 시기에 베그람은 여름 수도로 번영했다. 시기는 다르지만 759년부터 764년에 걸쳐 카시미르(Kashmir)와 간다라(Gandhara)에 거류하고, 그 여행기를 남긴 오공(悟空)의 『오공행기悟空行記』에는, 「간다라국은 계빈국의 동쪽 도성이다. 왕자는 겨울이 되면 어느 나라에 거주하고, 여름에는 계빈에서 더위를 피한다」라고 계빈국이 여름의 도시였다고 기록하고 있다.

쿠샨왕조는 241년 사산조페르시아 샤푸르1세의 침략으로 쇠퇴하기 시작했고, 이후 5세기 후반에 이르러 유목민 에프탈의 지배하에 들어가게 되었다.

7세기 전반 불교의 가르침과 경전을 구하기 위해 중국에서 인도로 떠난 승려 현장(玄奘)이 베그람을 방문하였다. 현장은 『대당서역기大唐西域記』에서 당시 '카피시국(Kapisi, 迦畢試國)'의 도읍이었던 베그람에 대해 서술하면서 다른 곳의 기이한 재화들이 이 나라에서 많이 모인다고 하였다.

동아시아의 구법승들은 베그람을 지나 북인도로 향하는 혹은 그 반대로 돌아오는 루트를 주로 이용했던 것으로 보인다. 신라 출신 구법승 혜초(惠超) 역시 인도에서 중국으로 돌아올 때 베그람을 거쳐 갔다.

1936년부터 1946년까지 조제프 악켕(Joseph Hackin)을 비롯한 프랑스 고고학 조사단은 강에서 떨어진 남측의 궁전터를 중심으로 본격적인 발굴을 시작하였다. 강변의 궁전터는 아케메네스 왕조 시대부터 만들어져 '구(舊) 도성유적'이라고 불렸는데, 프랑스 조사단은 이와 구별하기 위해 자신들이 발굴한 시장(市場)지구를 '신(新) 도성유적'이라 이름 붙였다. 구 도성의 규모는 동서 200m, 남북 100m이며, 신 도성은 동서 450m, 남북 150m의 규모를 가지고 있다.

1936년 신도성 서쪽의 시장 지구 조사를 시작으로, 1937년에는 신도성 동쪽에 있는 궁전 지구의 발굴을 마쳤다. 그리고 그해 프랑스 발굴단은 10호로 이름 붙여진 방에서 큰 성과를 거두었다. 이 방은 북동쪽과 동남쪽으로 2개의 출입문이 있는 방이었으나, 문들은 모두 건조 벽돌로 막혀 있었다. 내부에는 상아, 청동, 유리 등으로 만들어진 다양한 물품들이 대량으로 남아 있었다. 1939년에는 10호방의 북쪽에서 가까운 곳에서 13호방이 발견되었다. 그 안에서 10호방과 마찬가지로 다양한 물품들이 다수 출토되었다. 물품들은 소재나 종류별로 분류되어 정연하게 놓인 상태였는데, 아마도 원래 생활하던 모습 그대로 급하게 폐쇄되었던 것으로 추정하고 있다.

성벽 바깥에 대한 조사도 이루어져 여러 기의 고분이 발견할 수 있었다. 궁전터에서 불교와 관련된 유구가 거의 발견되지 않는 대신 베그람 주변의 쇼토락(Shotorak) 등지에서는 불교 사원터가 발견되고 있다.

발굴에 참여했던 기르슈망은 출토 화폐와 건축물의 선후관계 등에 의거하여 3기의 문화층으로 구분하였다. 제1기는 인도-그리스 시대에서 쿠샨 왕조 시대 초기(BC 2세기-기원후 1세기)로 성벽은 아직 조성되지 않은 시기이다. 제2기는 쿠샨조의 번성기부터 멸망까지(1세기경-241년)로 이때 성벽이 축성되었으며, 10호방과 13호방의 보물이 은닉된 시기라고 보았다. 사산조페르시아의 침략에 의해 베그람이 위기를 맞이하는 시기이다. 제3기는 250-350년경으로 쇠퇴기이다.

1937년과 1939년의 발굴조사에서 10, 13호방에서는 인도의 상아, 이집트의 석고, 로마의 유리기, 그리스의 청동기, 중국의 칠기 등이 발견되었다. 인도산 상아제품은 마카라(Makara) 위에 서 있는 여신, 상상의 동물을 탄 인물 받침대, 여성이 새겨진 장식판, 발받침 장식판 등이 있다. 본래는 나무의자의 등받이나 사각형 발받침 등을 장식했던 부재로 보인다. 아이 하눔이나 틸리야 테페 등지에서도 인도의 상아 출토품이 발견되고 있어, 고대부터 중앙아시아와 인도 사이의 교역이 활발했음을 알 수 있다.

한편 베그람에서 발견된 상아 장식판은 대부분 여성이 주가 되고 남성의 모습은 거의 보이지 않는 것이 특징이다. 육감적이며 생명력 넘치게 표현한 여성의 모습은 고대 인도 미술로부터 영향받은 것으로 보인다. 이외 이야기의 한 장면을 묘사한 듯한 장식판이 2점 확인된다. 이들 장식판은 부처의 전생 이야기인 본생담(Jataka)을 표현한 것으로 판단된다.

베그람에서는 약 120점의 로마 유리기가 출토되었으며, 에나멜(enamel)로 채색한 유리기가 포함된 것이 특징이다. 이집트의 알렉산드리아는 에나멜 기법 유리의 주요 생산지이며, 베그람에서 출토된 에나멜 유리기도 그곳에서 만들어진 것이다. 이는 알렉산드리아의 파로스(Pharos) 등대를 묘사한 유리기가 출토된 점에서 더욱 가능성이 크다. 에나멜 채색은 분말 형태의 색유리와 유성의 촉매제를 혼합하여 그림을 그린 후, 저온에서 유리 표면을 굽는 기술이다. 이 기법을 통해 유리기 표면에 색이 선명하고 아름다운 회화적 표현이 가능해졌으며, 또한 열을 가해 유리면에 그림이 부착되기 때문에 내구성도 높아지게 되었다. 이외에도 물고기 모양 유리병이나, 유리배, 밀레피오리(Millefiori) 접시 등은 다양한 기법으로 제작되었다.

베그람의 청동제품은 주로 지중해 연안에서 이입된 것으로 추정되며, 아테나, 에로스, 머큐리, 실레누스 등 그리스-로마 신의 모습을 볼 수 있다. 이외에도 대접이나 항아리, 물병 등의 각종 용기, 추 등 약 140여 점이 출토되었다.

흥미로운 예로는 메두사·물고기가 있는 둥근 판이 있다. 이것은 원형의 바다 가운데에 바다의 신 포세이돈의 연인 고르곤(Gorgon)을 표현한 것이다. 주변에 돌고래나 물고기를 배치한 것으로 내륙에 위치한 베그람 사람들의 바다에 대한 동경을 엿볼 수 있다.

베그람유적에서는 그리스·로마 신화의 장면이나 포도 덩굴같은 다산, 풍요의 상징 등을 부조로 표현한 메달리온이 다수 발견되었다. 13호방에서만 50개 이상이 출토되었으며, 크기는 20cm를 넘는 것 등 다양하다. 단순한 장식용 메달리온도 있지만, 금은기 등의 금속 용기를 만들 때 중앙에 자리한 장식으로 이런 문양이 표현되는 경우가 많다. 유사한 것들이 크림반도의 고대 그리스의 식민지 케르소네소스(Chersonesos)에서도 출토된 바 있다.

1939년의 조사에서 발견된 한(漢)의 칠기는 한 무제가 적대시했던 흉노를 견제하기 위해 대월지와의 동맹을 맺고, 장건을 서역으로 파견하는 등 서역(西域)으로의 진출을 실제로 입증해주는 자료로 보고 있다. 틸리야 테페유적에서 발견되는 한(漢)의 칠기(漆器), 청동경(青銅鏡)은 한 무제의 서역 진출 시기 이후에 제작된 것이다.

쿠산왕조의 도성인 이 유적에서는 아테네 등의 그리스 신상, 로마 유리기, 인도산 상아제 신상 등의 세공품, 중국의 칠기가 출토되었다. 지중해 연안, 인도, 중국 등을 원산지로 하는 다양한 출토품은 베그람이 동서와 남북을 연결하는 십자로이었음을 알 수 있다.

특히 베그람유적 출토 알렉산드리아의 파로스(Pharos) 등대를 묘사한 유리기와 그리스 신화를 그린 채색 유리기는 알렉산드리아에서 제작된 것으로 주목된다.

참고문헌

Hackin, J. 1954. *Nouvelles recherches archéologiques à Begram (ancienne Kapici) 1939-1940*. Paris, Imprimerie nationale.

加藤九祚, 2013,「シルクロードの古代都市 – アムダリヤ遺跡の旅』, (岩波新書1444), 岩波書店.

國立中央博物館, 2016『아프카니스탄의 황금문화』, 國立中央博物館.

前田耕作, 2019,『バクトリア王國の興亡』, ちくま學芸文庫.

Ⅲ. 유라시아歐亞 사막로沙漠路의 유적遺蹟과 유물遺物

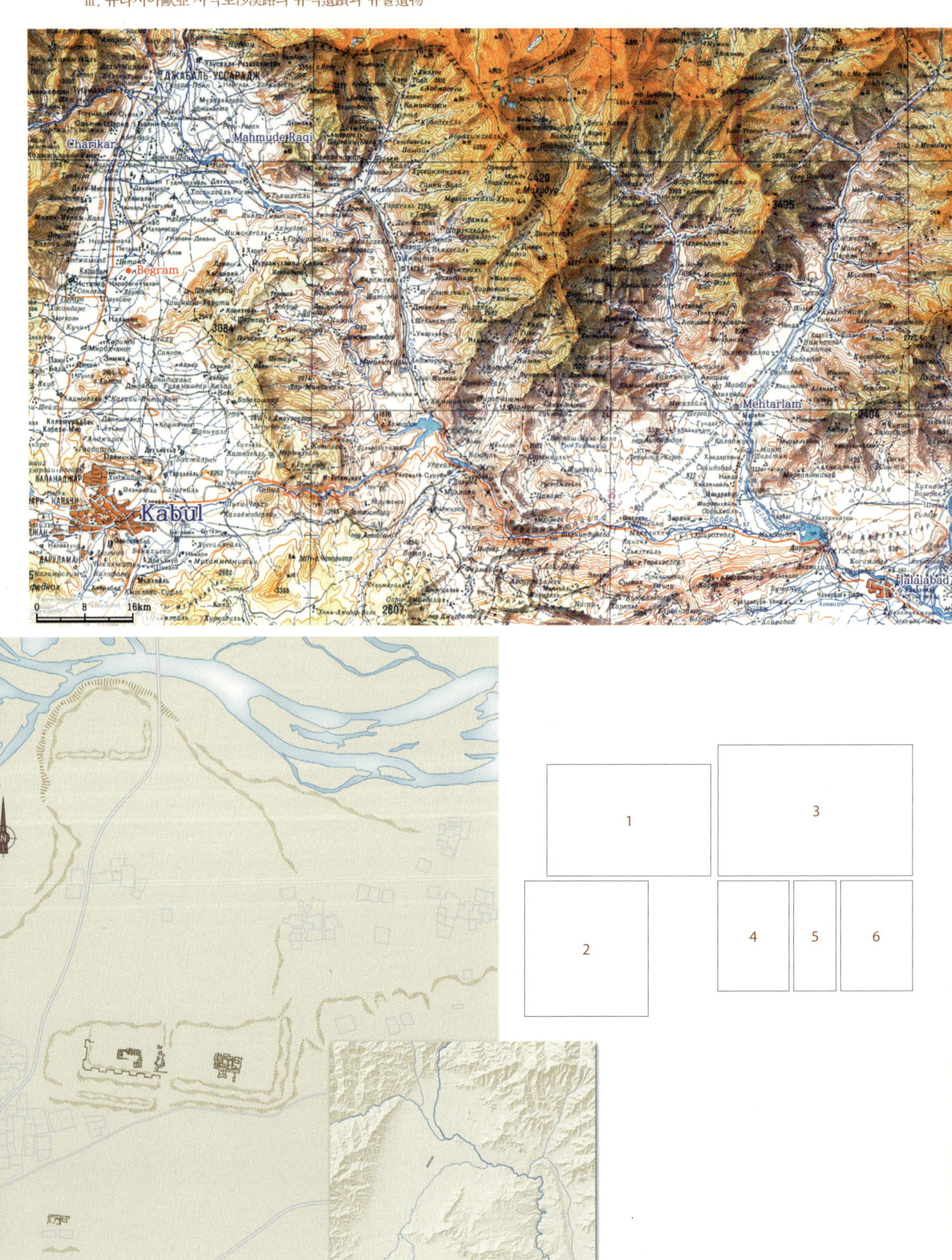

그림 Ⅲ-15. 아프카니스탄 Afghanistan **베그람유적**Begram site

1. 베그람(Begram)유적(遺蹟) 위치(位置)
2. 베그람(Begram) 배치도(配置圖)
3. 베그람(Begram)
4. 제10호방(房) 유물(遺物) 출토상태(出土狀態)
5. 제10호방(房) 상아(象牙) 여신상(女神像)
6. 제10호방(房) 코끼리 상아(象牙) 가구장식(家具裝飾)

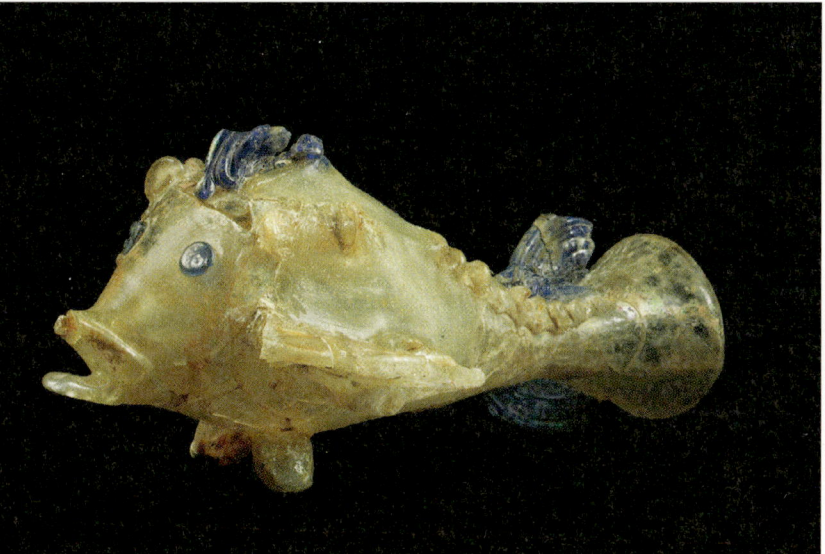

7. 제10호방(房) 첩부문유리병(貼附文琉璃瓶)
8. 제10호방(房) 사슴 장식 유리리톤(琉璃rhyton)
9. 제10호방(房) 알렉산드리아(Alexandria產) 채색유리배(彩色琉璃杯)
10. 제10호방(房) 파로스 등대(Light House of Pharos) 장식 알렉산드리아
    (Alexandria產) 절자문유리배(切子文琉璃杯)
11. 제10호방(房) 밀레피오리유리명(Millefiori琉璃皿)
12. 제10호방(房) 종릉문유리명(縱稜文琉璃皿)
13. 제10호방(房) 물고기모양(漁形) 유리기(琉璃器)
14. 제10호방(房) 절자문유리배(切子文琉璃杯)

| 7 | 8 | 11 | 12 |
| 9 | 10 | 13 | 14 |

III. 유라시아歐亞 사막로沙漠路의 유적遺蹟과 유물遺物

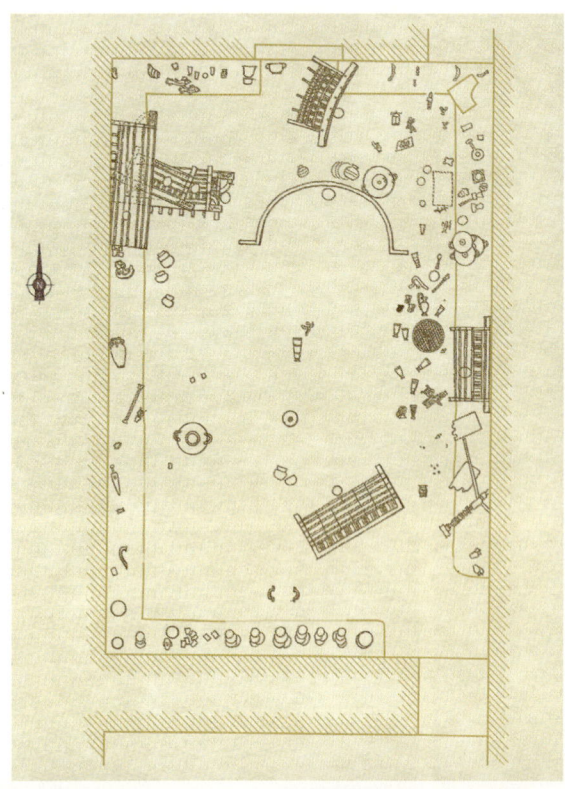

7. 아프카니스탄Afghanistan의 유적遺蹟과 유물遺物

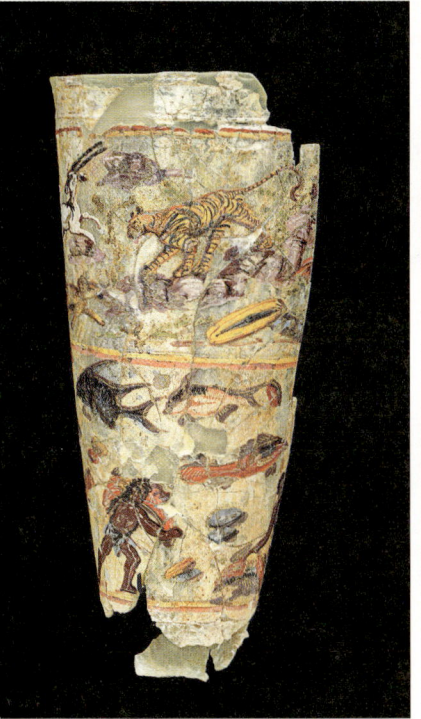

15. 제13호방(房) 유물(遺物) 출토상태(出土狀態)
16. 제13호방(房) 헤라클레스상(Hercules像)
17. 제13호방(房) 인물상(人物像)
18. 여성이 새겨진 상아(象牙) 장식판(裝飾板)
19~20. 제13호방(房) 출토 본생담(本生譚) 묘사 상아(象牙) 장식판(裝飾板)
21~22. 제13호방(房) 알렉산드리아(Alexandria産) 채색유리배(彩色琉璃杯)
23. 제13호방(房) 알렉산드리아산(Alexandria産) 채색유리주자(彩色琉璃注子)

Ⅲ. 유라시아歐亞 사막로沙漠路의 유적遺蹟과 유물遺物

5) 틸리야테페유적Tilla Tepe site

틸리야 테페유적은 아프가니스탄 북부 발흐(Balkh) 서쪽 150km 지점, 시바르간(Shibarghan)에서 북쪽으로 5km 지점에 위치한다. 이 지명은 '황금의 언덕'을 의미를 가지고 있다. 1978년 아프카니스탄 소련연합발굴단에 의한 배화교 신전의 서쪽 구역 발굴조사 결과 6기의 고분이 확인되었다.

1호묘는 배화교 신전의 서벽 바깥 부근에 위치하며, 장방형 묘광 내의 목관은 길이 2.5m, 폭 1.3m, 높이 2m로서 뚜껑 없이 직물로 덮여 있었다. 피장자는 158cm가량의 20-30대 여성이며 돌고래를 짊어진 인물을 타출기법으로 표현한 꾸미개 장식을 포함한 다양한 장식 등이 출토되었다. 또한 흑해 북쪽에서 발견되는 곤돌라형 드럼과 누금세공기법이 가미된 장식품과 녹송석, 진주, 석류석을 상감하고 누금세공한 장식 등도 확인된다.

2호묘는 배화교 신전 밖 서북쪽에 위치한다. 길이 3m, 폭 1.6m의 장방형 묘광 내에 길이 2.2m, 폭 0.65m의 목관을 안치하였으며, 관 주위에 금은제 원형 판을 매단 천으로 덮었다. 피장자는 30-40대 여성이며 머리에 펠트 또는 가죽으로 만든 고깔 모양 모자를 쓰고 있는데 이는 초원지대 유목민들이 즐겨 사용하던 것으로 투바의 아르잔(Arzhan)유적 출토품과 비슷하다. 모자 표면에 금제(金製) 장식을 전면에 부착하고 아래쪽에 용과 인물을 표현한 수식을 관자놀이 양쪽으로 드리워 장식하였다. 이 외에도 이 여성은 금제(金製) 경식(頸飾), 완륜(腕輪), 지륜(指輪) 등 다양한 장신구를 착용하였다. 피장자 가슴에는 지름 17.5cm 전한경(前漢鏡)이 부장되었다.

3호묘는 배화교 신전 내부의 벽체에 조성되었다. 길이 3m, 폭 1.6m의 장방형 묘광 내 길이 2m, 폭 0.65m, 높이 0.4-0.5m의 목관이 안치된 구조이며, 목관 상면에 금제 녹송석이 감입된 장식을 부착한 가죽이나 옷을 덮었던 것으로 추정된다. 피장자는 여성이며 머리 아래에 금장식이 부착된 직물 모자를 쓰고 있었다. 머리 장식에는 녹송석과 라피스 라줄리가 감입된 장식 등이 있으며 금제(金製) 완륜(腕輪), 지륜(指輪) 등 다양한 장신구가 확인된다. 피장자 가슴 부근에는 2호묘 출토품과 유사한 전한경(前漢鏡)이 놓여있으며 허리 부근에 파르티아 은화 등이 발견된다. 이 외에도 관 밖의 공간에서 부장품들도 확인된다. 남서쪽에는 상아 손잡이가 달린 거울과 함께 그리스어가 적힌 용기, 티베리우스 황제 금화도 발견되었다.

4호묘는 배화교 신전서벽 중앙부에 조성되었으며 묘광의 크기는 길이 2.7m, 폭 1.3m, 깊이 1.8m이다. 목관 상면에 말의 머리와 다리뼈가 발견되었으며 길이 2.2m, 폭0.7m, 높이 0.75m 크기의 목관이 금제장식을 매단 붉은 가죽으로 덮여 있었다. 피장자는 키가 170-185cm의 남성이며 머리에 가죽이나 천으로 만든 모자를 썼으며 모자 꼭대기에는 금제장식이 있던 것으로 추정된다. 허리에 금제 허리띠를 둘렀으며 이에 연결하여 좌우에 아키나케스(Akinakes)형 단검을 착장하였다.

단검은 철검의 자루(柄部)와 칼집(鞘部)를 각각 나무로 만든 후 고부조(高浮彫)의 금판을 붙여 장식하였다. 자루(柄部)의 전면(前面)은 녹송석(綠松石)으로 연주문(連珠文)으로 외연을 따라 장식하였다. 측면에는 덩굴문(蔓文)으로 장식하였다. 그 상단에는 곡옥형 녹송석(綠松石)으로 주연을 원형으로 구획하고 내부에 포도 줄기를 입에 물고 있는 곰을 표현하였으며, 자루(柄部)에는 뒤를 돌아보는 유익수(有翼獸)의 엉덩이를 물고 있는 날개와 뿔을 가진 사자 그리핀이 있다. 그 후면(後面)은 팔메트문과 녹송석(綠松石)으로 된 심엽문으로 장식하였다. 심(鐔)은 세장방형이다.

칼집(鞘部)은 상단과 하위에 4개의 돌출부가 있으며 덩굴문(蔓文)과 녹송석(綠松石)으로 외연을 구획하고 중앙에 5마리의 유익수를 연속으로 배치하였다. 상단에는 뒤를 돌아보는 호랑이와 같은 동물의 엉덩이를 예리한 송곳니와 갈기를 가진 동물이 물고 있다. 두 번째 동물의 엉덩이를 물고 있는 세 번째 동물은 뿔을 가진 사자 그리핀이다. 네 번째는 악어와 같이 큰 입을 가지고 뱀과 같이 긴 몸체를 가진 것으로 용과 유사하다. 다섯 번째는 두 번째 동물과 유사하다.

5호묘는 언덕의 북쪽 사면에 발견되었으며, 길이 2.1m, 폭 0.8m 크기의 묘광이 조성되어 있었다. 판재를 사용한 다른 고분과 달리 단단한 목재를 깎아내어 만든 구유형 목관에 피장자를 매장한 것으로, 이는 알타이지역의 매장관습과 유사하다. 원형의 장식판이 관의 위쪽과 아래쪽에서 발견되는 것으로 보아 이러한 장식이 부착된 천이 여러 번 관을 감았던 것으로 추정된다. 피장자는 20세 이하의 젊은 여성으로 유적 내에서 가장 간소한 옷차림과 부장품을 가지고 있다.

6호묘는 배화교 신전을 둘러싼 회랑의 서쪽에서 발견되었으며 길이 3m, 폭 2.5m 방형에 가까운 크기의 묘광을 굴착한 후 바닥에 말린 벽돌을 깔고 그 위에 길이 2m, 폭 0.5m, 높이 0.4m의 목관을 안치하였다. 관의 뚜껑 없이 금과 은제 장식판을 부착한 천을 덮었으며 피장자는 키 1.5m에 20세 정도의 젊은 여성이다. 머리에 나무모양을 세우고, 화려하게 장식된 금관(金冠)을 쓰고 있으며 금제(金製) 완륜(腕輪), 지륜(指輪) 등 다양한 장신구가 확인된다. 왼손에 고타르제스1세(Gotarzes I) 주화를 모방한 금화가 있으며 가슴 위에 중국 전한경(前漢

鏡)이 올려놓았다.

　　6호묘의 금관은 두부를 돌리는 관대(冠帶)와 수지(樹枝)형의 5개의 입식(立飾), 원형의 보요(步搖)로 장식하였다. 관대(冠帶)는 20개의 6엽의 로제트(rosette)형 장식을 부착하였다. 로제형 장식의 중앙에는 녹송석(綠松石)을 감입(嵌入)하고 주연은 누금(鏤金)으로 장식하였다. 나무줄기의 좌우에 대칭으로 2개의 가지를 만들고 그 끝에 꽃봉오리로 장식한 1점의 입식을 대(對)의 중앙에 장식하였다. 그 좌우에는 같은 구도이나 하위에는 소형 꽃봉오리, 상위에는 대형 꽃봉오리로 장식하고, 중앙에는 투조로 초승달(三日月)형 경계로 상하에 심엽형(心葉形), 상위의 꽃봉오리의 좌우에는 날개를 펴고 있는 2마리의 새를 마주 보게 장식한 동일 형태의 4점의 입식을 배치하였다. 대와 입식은 각각 장치한 수직의 관(管)에 의해 접합하였다. 관대(冠帶)와 입식은 각각에 장치한 수직의 관에 의해 접합하였다.

　　틸리야 테페유적에서 4호묘를 제외하고는 10대에서 40대에 이르는 여성들이었다. 고분의 배치가 여성묘들이 배화교 신전 서벽 위 조성되어 가장 높은 곳에 위치하는 남성의 묘인 4호묘를 에워싸고 있다. 4호묘의 남성이 틸리야 테페 유적의 중심인물이며 부장품 성격 등으로 보아 그 사회에서 최상위층에 속하는 신분이었던 것으로 보인다. 또한 다른 5인의 여성들에게서 보이는 장신구의 구성과 착장 방식 등으로 볼 때 출자(出自) 차이 또는 사회적 위계에서 비롯된 것으로 이해된다.

　　틸리야 테페유적은 그 출토품에 초원기마민족의 황금문화와 그리스 로마 문화, 중국 문화가 혼합된 점에서 박트리아가 문명의 십자로(十字路)이었음을 보여준다. 6호묘 출토 금관은 수지형(樹枝形) 입식을 새로 장식한 신라 금관과 공통하는 의장을 지닌 점이 주목된다. 이는 북방유목문화의 영향에 의해 같은 형식의 관이 제작된 것으로 판단된다.

참고문헌

田辺勝美·前田耕作(編), 2000, 『世界美術大全集東洋編15中央アジア』, 小學館.

加藤九祚, 2013, 「シルクロードの古代都市-アムダリヤ遺跡の旅」, (岩波新書1444), 岩波書店.

九州國立博物館(外), 2016 『黃金のアフカニスン』, 産經新聞社.

國立中央博物館, 2016 『아프카니스탄의 황금문화』, 國立中央博物館.

사리아디니(저)·민병훈(역), 2016, 『박트리아의 황금비보 Bactrian Gold』, 통천문화사.

前田耕作, 2019, 『バクトリア王國の興亡』, ちくま學芸文庫.

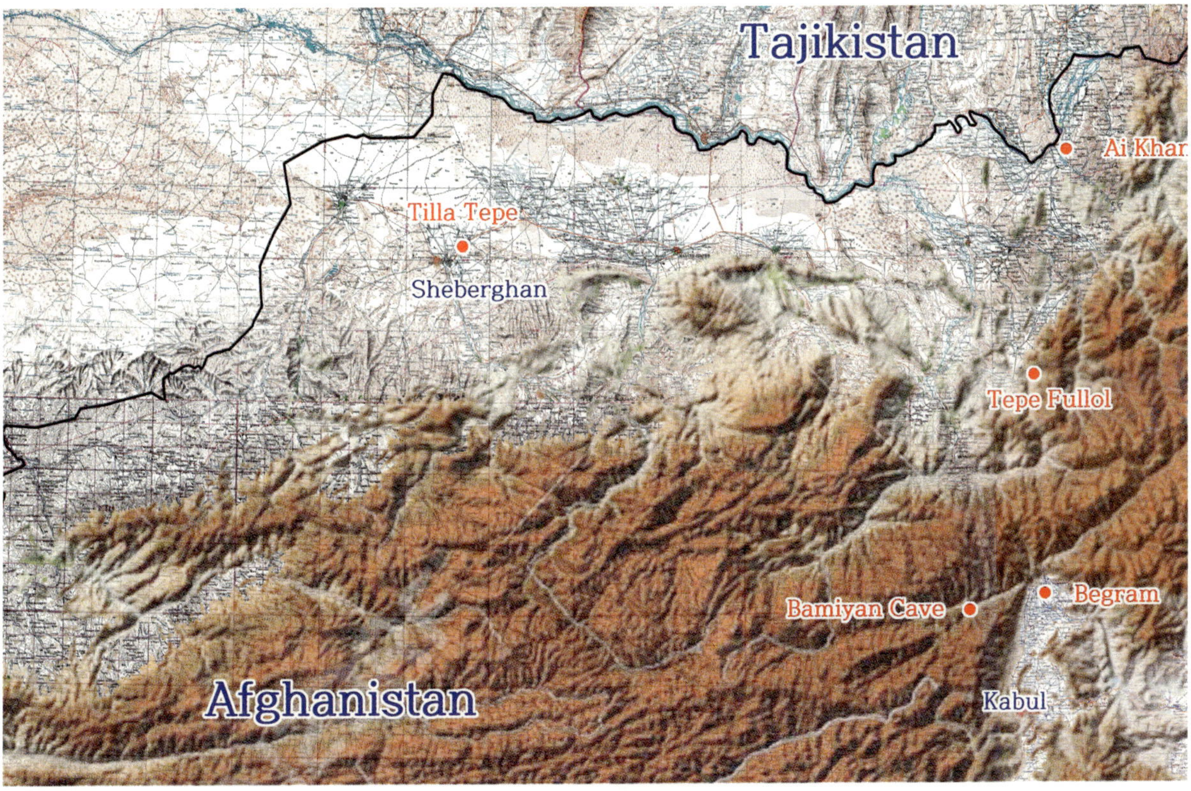

7. 아프카니스탄Afghanistan의 유적遺蹟과 유물遺物

그림 Ⅲ-16. 아프카니스탄^{Afghanistan} 틸리야 테페유적^{Tilla Tepe site}

1. 틸리야 테페(Tilla Tepe)유적(遺蹟) 위치(位置)
2. 틸리야 테페(Tilla Tepe) 원경(遠景)

1
2

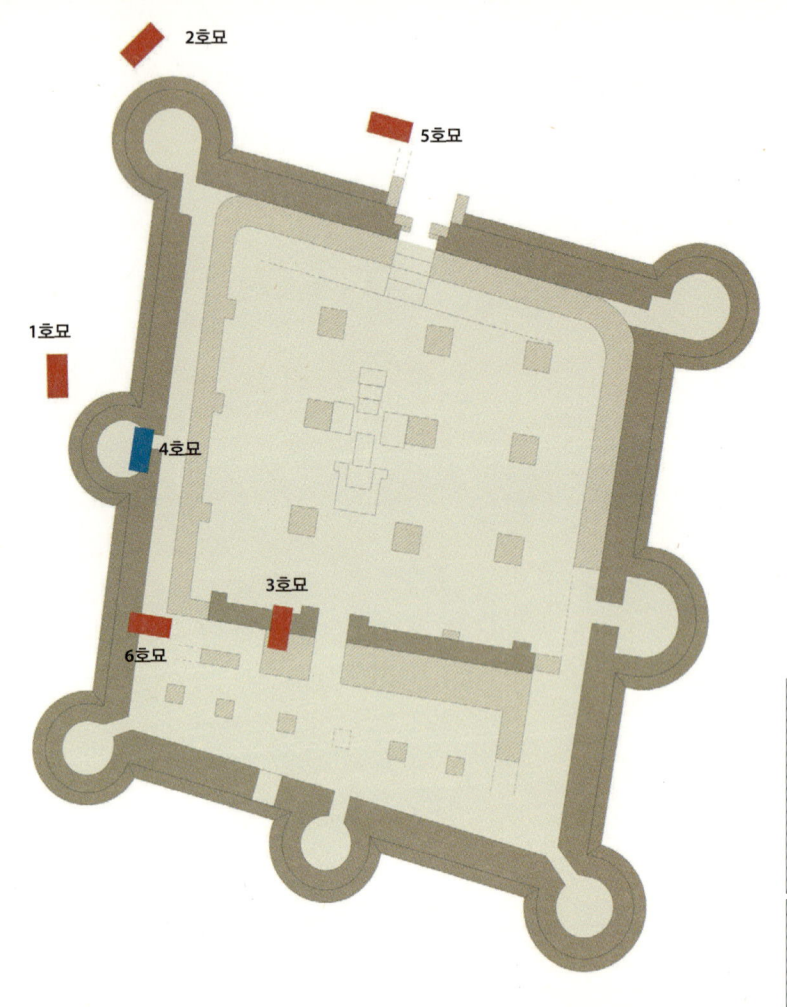

3. 틸리야 테페(Tilla Tepe) 배치도(配置圖)
4. 틸리야 테페(Tilla Tepe)
5. 제2호묘 출토 금제(金製) 수식(垂飾)
6. 제2호묘 금제(金製) 완륜(腕輪)
7. 제2호묘 아테네(Athena) 부조(浮彫) 금제(金製) 지륜(指輪)
8. 제2호묘 금제(金製) 용인물문(龍人物文) 수식(垂飾)
9. 2호묘 금제(金製) 경식(頸飾)
10. 제2호묘 한경(漢鏡)

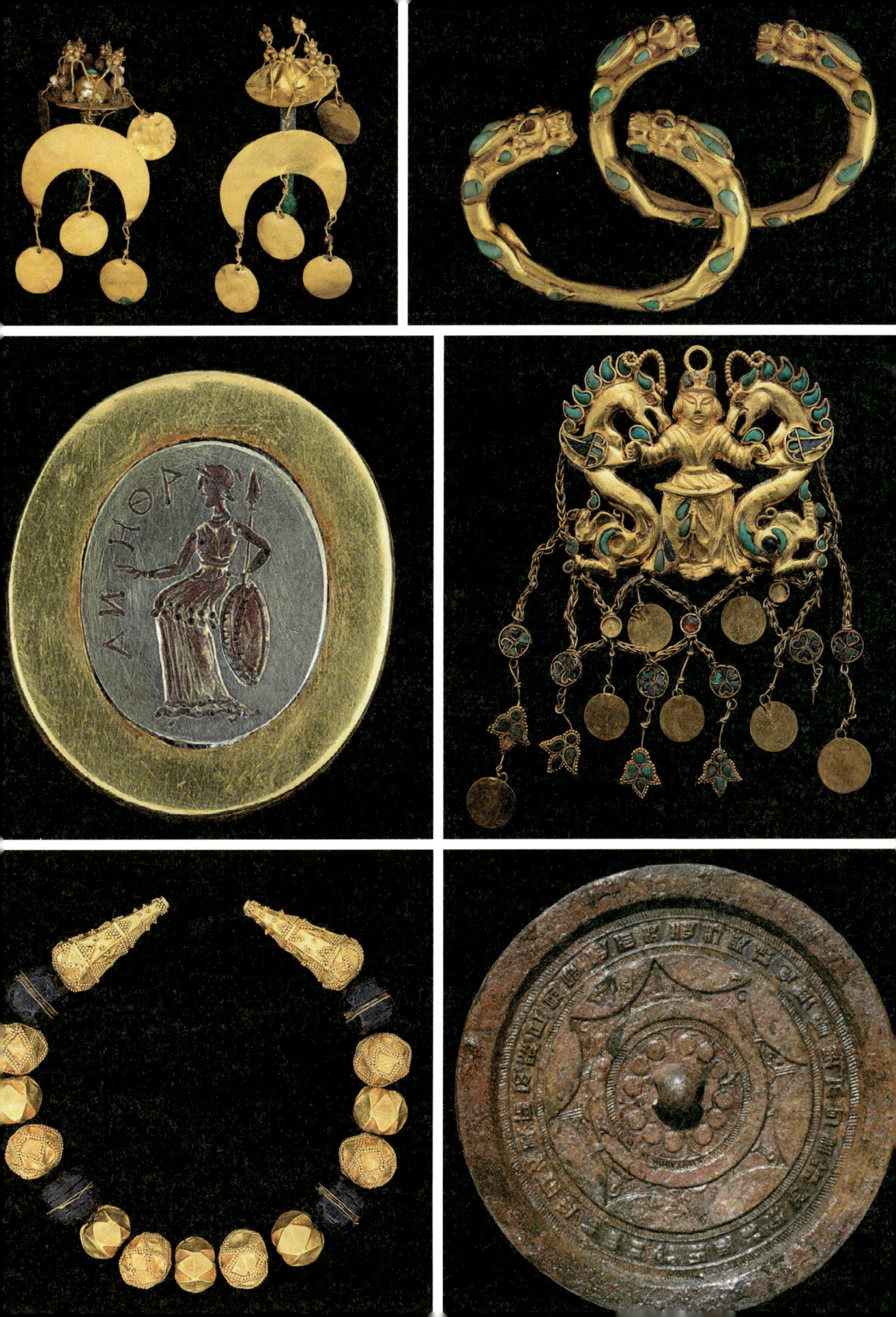

11. 제2호묘 금제(金製) 아프로디테장식판(Aphrodite裝飾板)
12. 제3호묘 출토 금제(金製) 전사문(戰士文) 유금구(留金具)
13. 제3호묘 금제(金製) 돌고래를 탄 에로스문(Eros文) 유금구(留金具)
14. 제3호묘 티베리우스(Tiberius)황제 로마(Rome) 금화(金貨) 전면(前面)
15. 3호묘 티베리우스(Tiberius)황제 로마(Rome) 금화(金貨) 후면(後面)

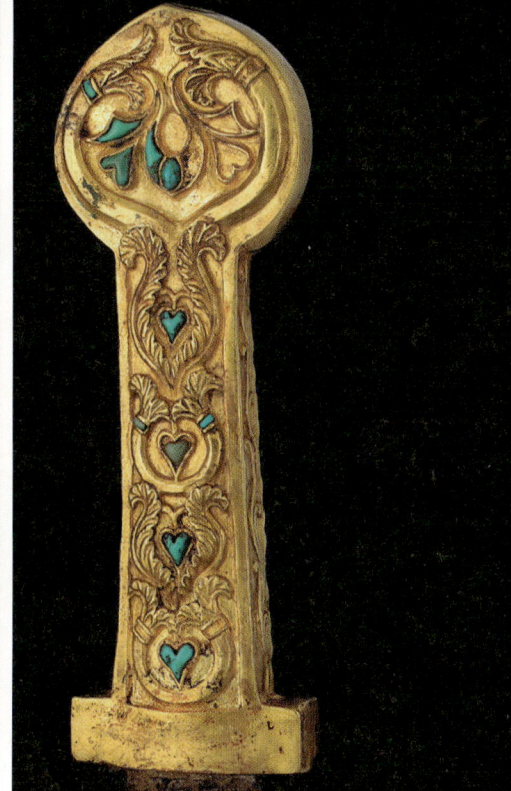

16. 3호묘 미트리다테스2세(Mithridates Ⅱ世) 파르티아 은화(銀貨) 전면(前面)
17. 3호묘 미트리다테스2세(Mithridates Ⅱ世) 파르티아 은화(銀貨) 후면(後面)
18. 4호묘 출토 금제(金製) 메달리온장식(Medallions裝飾) 요대(腰帶)
19. 4호묘 금제(金製) 숫양상(牡羊像)
20~21. 제4호묘 녹송석(綠松石) 상감(象嵌) 금장(金裝) 아키나케스(akinakes) 철검(鐵劍)

22. 4호묘 금제(金製) 수지형관식(樹枝形冠飾)
23. 4호묘 금제(金製) 명문 선각 종릉문완(縱稜文盌)
24. 제4호묘 금제완(金製盌) 그리스(Greece) 문자(文字)
25. 제5호묘 금제(金製) 경식(頸飾)
26. 제5호묘 호박(琥珀)제 사자(獅子)형 수식(垂飾)
27. 제6호묘 금관(金冠) 출토상태(出土狀態)
28. 제6호묘 수지형금관(樹枝形金冠)
29. 제6호묘 금제(金製) 경식(頸飾)
30. 제6호묘 금제(金製) 아프로디테장식판(Aphrodite裝飾板)

6) 바미안석굴Bamiyan cave

바미안석굴은 카불의 북서 약 180km, 중부의 바미안(Bamyan) 주도인 힌두쿠시(Hindu Kush)산맥으로 둘러싸인 해발 2,700m의 바미안 계곡에 위치한다. 바미안 계곡은 북쪽으로 길게 뻗은 높은 절벽과 접해있는 넓은 분지에 있다. 계곡 기슭을 따라 3-5세기에 조영된 석굴에는 불교 사원, 예배당, 신전 등이 있다. 바미안은 인도와 소그디아나(Sogdiana)를 연결하는 중요한 역참이었다.

바미안은 『위서魏書』에 범양(范陽), 『책부원귀冊府元龜』에 범연(范延), 『수서隋書』에 범연(帆延), 실범연(失范延), 『서역기西域記』에 범연나(梵衍那), 『왕오천축국전往五天竺國傳』에 범인(犯引), 『구당서舊唐書』에 실원연(失苑延), 『신당서新唐書』에 범연(帆延), 망연(望衍), 원탕주(苑湯州) 등으로 표기되었다.

바자르의 북측에 있는 길이 1.5km, 높이 약 100m의 절벽에 약 800m 거리를 두고 동서 대석불이 개착(開鑿)되었다. 그 사이와 좌우의 절벽에 약 1.3km에 달하는 1,000기의 석굴이 만들어졌다.

서대불(西大佛)은 높이 80m 단애에 높이 58m, 폭 21m, 길이 35m 삽엽형(三葉形) 감굴(龕窟)을 굴착하고 그 안에 높이 55m 불상을 조영하였다. 대불의 외형은 암반을 깎아 입체적으로 조각한 후, 외형에 말뚝을 박아 지지대를 만들고 초본류를 혼입한 니토(泥土)를 입혀 의문(衣文)을 조소(彫塑)하였다. 그 위에 칠(漆)을 도포(塗布)하고 채색하였다. 630년 봄 인도로 가는 도중 바미안을 방문한 현장은 『대당서역기大唐西域記』에 왕성의 동북쪽 산하에 높이 140척, 금색황요(金色晃耀) 보식찬란(寶飾燦爛)한 입불석상이 있다고 기록하였다. 그래서 원래는 금박으로 장식한 것으로 추정된다. 단애(斷崖)의 서쪽 끝을 돌아 대불에 정상부에 도달하여 터널을 따라 내려가면 대불의 두부(頭部) 주위의 회랑에 이르고 이곳에서 두정부(頭頂部)로 나아갈 수 있다. 대불의 두정부는 길이 6.2m, 폭 4.5m이며 양측에 목제로 된 발코니가 있었다. 대불 불감의 내벽은 천장에서 양 측벽에 걸쳐서 벽화가 있었다.

동대불(東大佛)은 평지보다 약 20m 높은 곳에 서대불과 같은 기법으로 조영되었다. 대불의 표고는 38m이다. 이 대불감은 높이 40m, 폭 15m, 길이 18m이다. 대불의 두정부에는 양측의 계단을 통하여 올라갈 수 있다. 동대불의 천장부에는 태양신 수리야(Surya)의 대화면이 있다. 중앙의 태양신은 긴 상의를 입고 경식(頸飾)을 하고 있으며 왼손에 검, 오른손에 창을 들고 있다. 태양신의 뒷면 원형의 백색 광배에는 태양의 방사광을 나타내는 거치문(鋸齒文)이 시문되었다. 태양신은 네 마리의 백마가 끄는 마차를 타고 있다. 태양신의 좌우에는 두 명의 수호신(守護神)이 궁시와 방패를 각각 가지고 서 있으며, 양측 상부에 바람의 신이 있다. 천장부의 화면 양측에는 좌우 각각 11명의 군상이 있다. 그중 3체는 불상이고 그 외 8인은 왕족풍의 옷을 입은 기진자(寄進者)이다. 그중에 초승달(三日月)의 위에 구형을 올리고 좌우에 리본이 휘날리는 보관을 쓴 사람이 있다.

이 보관은 쿠샨조에는 보이지 않고 사산조의 야즈데게르드1세(Yazdegerd Ⅰ 재위399-420) 이후의 왕에 사용되어 4세기 말에 쿠샨조를 재흥한 키다라쿠샨(Kidara Kusan)조의 제왕이 사용하고 있던 것과 유사하다. 즉 이 보관은 400년경의 사산조의 것과 유사하여 동대불의 완성을 400년경으로 보는 근거가 되었다.

대불은 인도와 간다라에서는 큰 불상이라도 10m를 넘지 않는다. 이는 예배의 대상이 스투파(stupa)이었기 때문이다. 거대 조상은 이집트에 기원이 있으며, 이란에서는 사산조의 마애 석상이 있다. 그래서 서방의 거대 조상의 영향에 의해 불교 세계에서 처음으로 바미안에서 대불이 조영된 것으로 보고 있다. 양 대불은 위치와 구조로 볼 때 동대불(東大佛)이 먼저 조영되고 후에 서대불(西大佛)이 조영된 것으로 추정된다.

불감(佛龕)에 그려진 벽화를 보면 간다라 미술과 굽타 미술, 사산조 페르시아 미술의 영향을 받았음을 알 수 있고, 두 개의 큰 석불은 400년경 만들어지기 시작했다고 추정할 수 있다. 그 후 석굴은 7세기 말부터 8세기까지 이슬람 세력의 침입을 받아 불교 사원의 기능이 상실하였다.

대불은 1991년 탈레반에 의해 파괴되었으며, 유네스코에 의한 복원이 진행되고 있다. 2021년 탈레반의 공세에 의해 카불이 함락되어 다시 위기에 놓였다.

참고문헌

Tarzi Zemaryalai. 1977. *L'architecture et le decor rupestre des grottes de Bamiyan*. Paris: Imprimerie Nationale.

樋口隆康(編), 1983, 『BAMIYANバーミヤーン: 京都大學中央アジア學術調査報告 図版篇(Ⅰ壁画, Ⅱ石窟構造)』, 同朋舎.

樋口隆康(編), 1984, 『BAMIYANバーミヤーン: 京都大學中央アジア學術調査報告 Ⅲ本文篇, Ⅳ英文實測圖編』, 同朋舎.

樋口隆康, 2003, 『「図説」蘇るバーミヤーン: アフガニスタンに刻まれた不滅の文化遺産』, 同朋舎メディアプラン.

경상대학교 실크로드 문화지도 DB 구축 사업단, 2017, 실크로드 역사문화지도(Historic Cultural Atlas of the Silk Road).

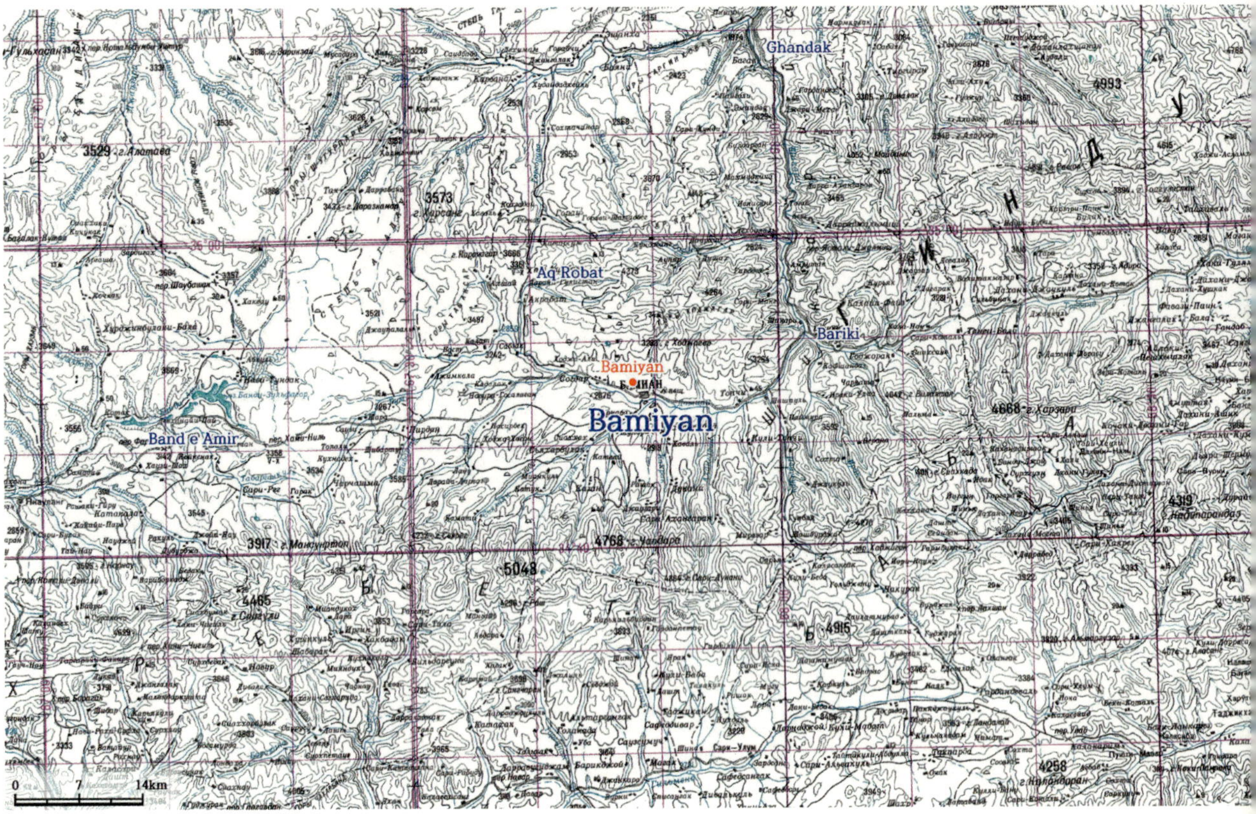
Ghandak
Aq Robat
Bariki
Bamiyan
Bamiyan
Band e Amir
0 7 14km

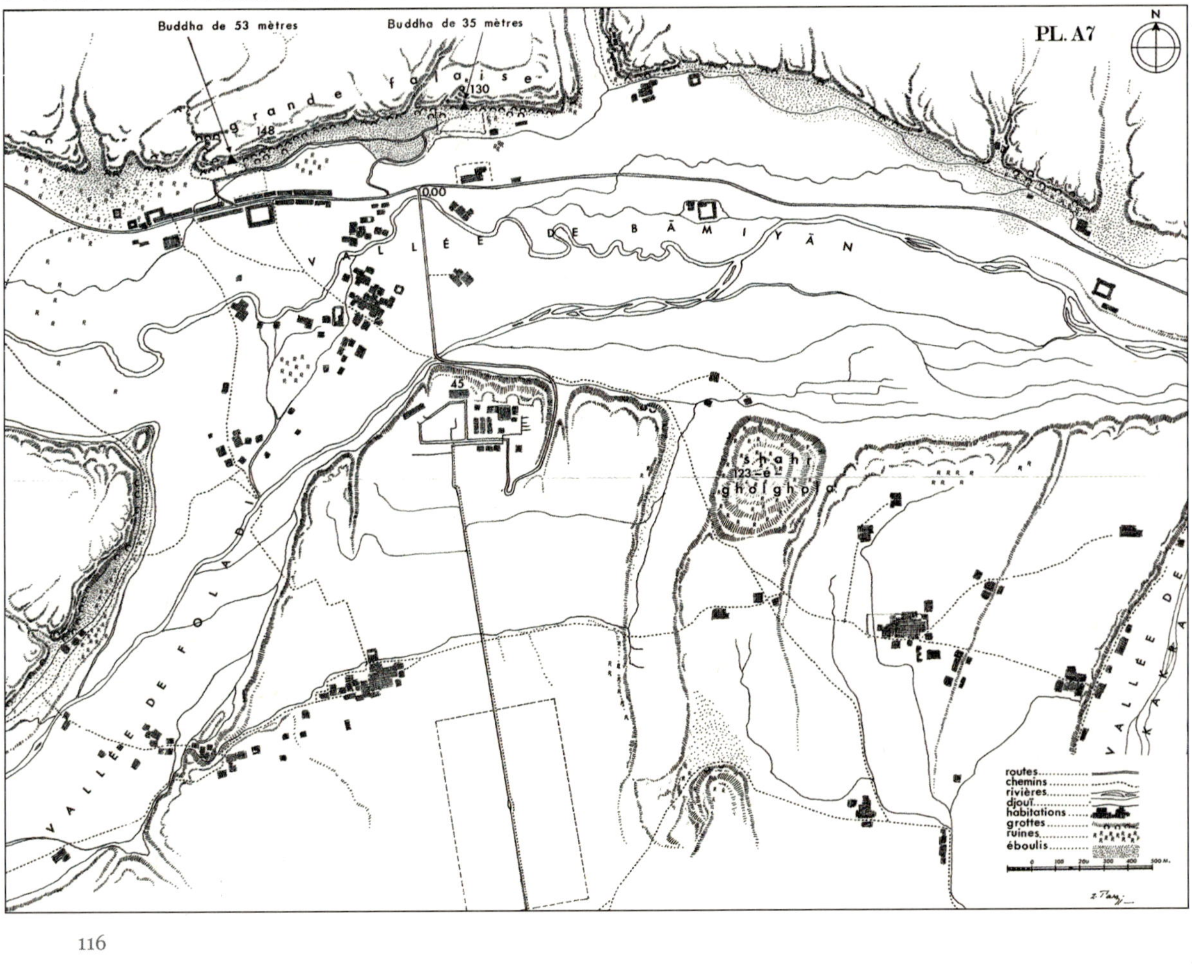
Buddha de 53 mètres
Buddha de 35 mètres
PL. A7
N
grande falaise
148
130
0,00
vallée de Bāmiyān
45
shahr-e gholghola
123
vallée de Foladi
vallée de Kakrak
routes
chemins
rivières
djoui
habitations
grottes
ruines
éboulis
0 100 200 300 400 500 M.

그림 Ⅲ-17. 아프카니스탄^{Afghanistan} 바미안석굴^{Bamiyan cave}

1. 바미안(Bamiyan)석굴(石窟) 위치(位置)
2. 바미안(Bamiyan)석굴(石窟) 배치도(配置圖)
3. 바미안(Bamiyan)석굴(石窟) 원경(遠景)
4. 비미안(Bamiyan)석굴(石窟)

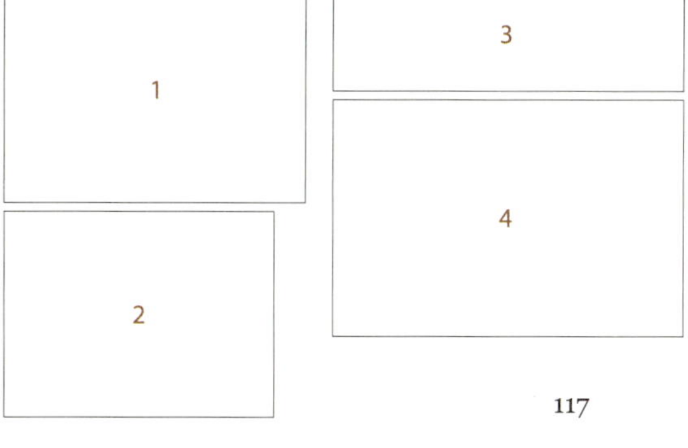

Ⅲ. 유라시아歐亞 사막로沙漠路의 유적遺蹟과 유물遺物

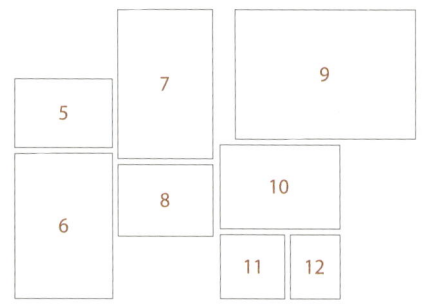

Ⅲ. 유라시아歐亞 사막로沙漠路의 유적遺蹟과 유물遺物

8. 우즈베키스탄Uzbekistan의 유적遺蹟과 유물遺物

1) 테르메즈Termez

테르메즈는 우즈베키스탄의 가장 남쪽 수르한다리야주 아무다리야 상류역의 북안에 위치하는 가장 큰 도시이다.

우즈베키스탄의 남부지역은 국가 내에서도 알렉산더대왕부터 쿠샨제국에 이르는 시기의 유적이 가장 많이 남아있다. 특히 아무다리야와 수르한다리야를 중심으로 해서 발전한 이 지역은 이전에는 '박트리아'로 불리었다.

박트리아는 힌두쿠시 산맥 사이에 있는 아무다리야유역이 펼쳐져 있는 평야지대를 일컫는다. 현재의 국경 상으로는 우즈베키스탄·타지키스탄·아프가니스탄 등의 영토 일부를 포함하고 있다.

테르메즈는 아무다리야를 건너 아프카니스탄으로 들어가는 도하 지점으로 전략적 중요성을 지니고 있다. 또한 북쪽에서 남쪽으로 수르한다리야가 흘러 테르메즈에서 아무다리야에 합류하며, 박트리아와 소그디니아를 연결하는 최단 도로가 이 도시를 지나고 있다.

이 도시의 옛 이름은 타르미다이며, 고대 아베스타어로 타로 마에타 즉 저쪽 편 취락이라는 것이다. 630년 이 도시를 지나 인도로 향하였던 현장은『대당서역기大唐西域記』에 달밀국(呾蜜國)이라 칭하였고, 아랍 페르시아 자료에서는 타르미즈(Tarmiz) 등으로 등장한다.

BC 330년 알렉산더는 아무다리야에 이르러 옥서스의 알렉산더라는 도시를 건설하였는데, 이를 테르메즈로 보고 있다. 그와 관련된 것은 테르메즈 시가의 북서쪽에 아무다리야에 접하여 위치하는 캄피르테파(Kampir Tepa)유적이며, 1972년 르트벨라제(E.V.Rtveladze)에 의해 조사되었다. 남쪽이 아무다리야에 면하고 있는 캄피르테파는 성채를 갖춘 대규모 요새로서 동서 750m와 남북 200-250m 규모이다. 동쪽에는 해자로 보이는 곡부가 있다. 성벽에는 사격구와 구멍이 있는 사각형 탑이 확인되었다. 다량의 토기, 동전 등이 출토되었다. 캄피르테파는 알렉산더의 원정에 의해 축조되어 AD 1세기까지 존속한 계획적으로 세워진 요새이었으나, 쿠샨 왕조 시기에 쇠퇴한다.

셀레우코스(Seleukos)시대 안티오코스1세(Antiochos I)가 이곳을 안티오키아(Antakya)로 개칭하였다. 이후 이곳은 BC 3세기 중엽 새롭게 성립한 그레코 박트리아왕국의 지배하에 북방 국경의 중요한 전초기지가 되었다. 이 시기 테르메즈의 중심지는 시가의 북서쪽에 위치하는 동서 7km에 걸친 부정형(不定形) 토성이다. 이 도성은 테르메즈의 서쪽, 아무다리야에 면한 장방형의 내성과 성벽 내 시가 및 성벽외 취락으로 구성되어 있으며 총 면적은 500ha이다. 당시 테르메즈는 북부 박트리아 최대 규모의 도시였으며, 경제, 문화의 중심지였다. 다양한 수공업이 발달하였으며 특히 토기의 제작이 활발하였다. 이후 그레코 박트리아는 북방에서 남하한 월지(月氏)에 의해 지배되었다. 테르메즈에는 헬레니즘, 박트리아, 유목문화의 전통이 융합된 문화가 발달하였다. BC 1세기 월지(月氏)의 여러 부족이 결집한 쿠샨왕국이 성립하였다.

고대 테르메즈는 시가의 북서쪽 7km 지점에 위치하는 도시유적으로 아무다리야에 면한 내성과 사원인 카라테파와 칭키스테파를 포함하는 외성으로 구성되어 있다. 도시는 시타델(citadel), 샤흐리스탄(shakhristan), 라바드(rabad)의 3개 지구로 구성되어 있다. 시타델, 즉 내성에는 위정자들의 궁정 건물이 있었고, 샤흐리스탄에는 시장, 감옥, 예배당이 있었으며, 라바드에는 나마즈고흐 기도원이 위치한다. 그리고 아무다리야에 면하여 선착장이 있었다.

내성은 도시의 가장 높은 구릉에 위치하며 장방형으로 면적은 $100,000m^2$이다. 치를 갖춘 성벽은 점토 벽돌로 쌓았으며, 아무다리야에 면하는 남쪽을 제외하고 인공 해자가 돌려졌다. 내성의 동쪽 아무다리야에 면한 부분에는 건조 벽돌에 방수액을 도포하고, 일정한 간격으로 방형의 돌출부가 있어 선착장으로 보고 있다.

샤흐리스탄 구역은 내성으로부터 북동쪽 방향에 위치한다. 장방형으로 이중의 방벽으로 에워싸여 있으며, 서벽·북벽·동벽 일부가 양호하게 잔존한다. 샤흐리스탄의 북부는 주변 지역과는 달리 완만한 경사를 이루고 있는데, 이곳에서 샤흐리스탄의 내부를 동서로 교차하는 주요 간선도로 및 출입시설이 확인되었다. 현존하는 동문(東門)의 높이는 약 6m이다.

샤흐리스탄으로부터 북동쪽에는 광대한 규모의 라바드 구역이 위치한다. 라바드는 방벽을 축조하여 요새화하였다. 성벽의 잔존 높이는 3~4m이다. 라바드의 북부에는 샤흐리스탄에서 시작되어 동쪽으로 라바드를 가로질러 이어지는 도로유구가 확인되었다. 그리고 일련의 고지대에는 건축물의 벽체 일부가 남아 있는데, 대상(隊商)들의 숙박시설인 카라반 사라이, 시민들의 주거 및 공공건물이 위치했을 것으로 추정된다. 그 외에 수공업자들의 취락 유구도 조사되었다. 라바드 내부의 북동부에는 2층의 건축물이 잔존해 있으며, 옆에는 나마즈고흐 기도원이 위치하고 있었다. 라바드 남부에 해당하는 곳은 좀 더 평탄하며, 공공건물, 주거건물, 생산건물 등의 유구가 다수 조사되었다. 라바드의 북동방면에는 방어 시설물로 둘러싸인 구역이 위치하는데, 궁정건물이 존재하고 있는 정원 구역에 해당한다. 해당 구역은 면적상으로 라바드보다 더 넓은 면적을 차지하고 있었으나, 모두 교란·파괴되었다.

테르메즈 내성의 북서방면에는 '칭기즈테파'로 불리우는 사암계 언덕에 위치한 독립된 구역이 있다. 해당 언덕은 북서방향으로 갈수록 서서히 높아지며, 가장 높은 표고의 언덕은 현대의 지표면으로부터 약 13m에 위치한다. 현재 남서쪽 언덕은 하상침식되었다. 언덕의 동쪽과 북쪽에는 장방형의 치성을 축조하고 요새화시킨 성벽시설의 일부가 잔존한다. 서편의 북벽은 하상침식 작용으로 일부 유실되었다. 유적의 중앙부에는 평탄한 고지대가 위치한다. 칭기즈테파와 인접한 지점에 카라테파 사원이 위치한다.

테르메즈의 북서쪽 약 25km 지점에 자르테파(Zar Tepe)라고 불리는 쿠샨왕조시대의 토성이 있다. 도성은 한 변이 400m의 정방형으로 성벽에는 34m 간격으로 반원형 치가 설치되었으며 해자가 돌려졌다. 성내 북동쪽에는 한변 120m, 높이 14m의 정방형 내성이 있으며, 해자가 설치되었다. 남동쪽에도 같은 구조의 한변 45m 정방형 내성이 있다. 4개의 문은 동서로 횡단하는 대로에 의해 연결되었다.

현장의 『대당서역기大唐西域記』에 테르메즈는 동서 6백여 리, 남북 4백여 리, 도성의 둘레는 20여 리이며 동서로 길고 남북으로 좁다. 가람은 10여 곳이 있으며 승도들은 1,000여 명이다. 불탑과 불상은 신기하며, 특히 불상은 머리가 물결모양의 장발이며 눈언저리가 깊고 콧대가 오똑한 것이 서양사람과 같다고 기록하였다. 7-8세기에는 아랍 칼리프의 지배로 인해 이슬람화가 진행되었다. 10세기경에도 교역도시의 역할을 하였으나, 13세기에 몽골군이 침략하면서 그 역할이 쇠퇴한다.

테르메즈는 고대 중앙아시아의 중심 도시 중 하나였다. 대 하천인 아무다리야를 통하는 주요 교역로라는 지정학적 위치로 인해 주요 항구도시로 발전하였다. 이곳은 정치, 경제, 문화 그리고 종교적으로도 거대한 중심지였고, 전략적 상업로가 교차하는 곳이었다. 실크로드의 지선 중 하나가 테르메즈를 통과하고 있었고, 따라서 고대와 중세 중앙아시아의 중요한 거점 중 하나였다.

참고문헌

E.V.Rtveladze·加藤九祚(編), 1991, 『南ウズベキスタンの遺寶』, 創價大學出版會.

國立中央博物館, 2009, 『동서문명의 십자로 우즈베키스탄의 고대문화』, 國立中央博物館.

Rtveladze Edvard(著)·加藤九祚(訳), 2011, 『考古學が語るシルクロード史-中央アジアの文明·國家·文化-』, 東京, 平凡社.

국립문화재연구소, 2013, 『우즈베키스탄 쿠샨왕조와 불교』, 국립문화재연구소.

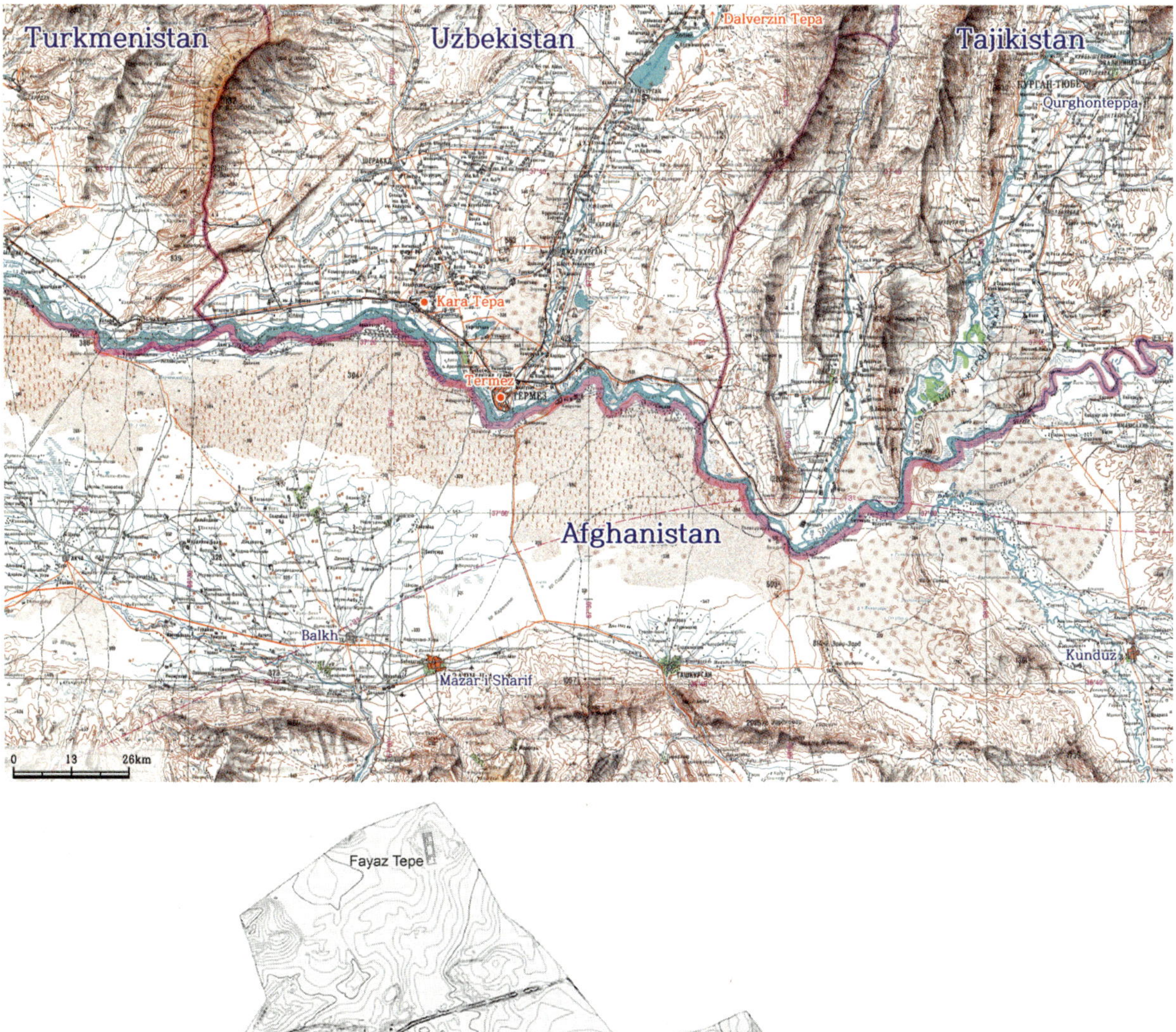

8. 우즈베키스탄Uzbekistan의 유적遺蹟과 유물遺物

그림 Ⅲ-18. 우즈베키스탄Uzbekistan 테르메즈Termez
1. 테르메즈(Termez), 카라테파(Kara-tepa), 달베르진테파(Dalverzin tepa) 위치(位置)
2. 테르메즈(Termez)유적(遺蹟) 분포도(分布圖)

1
2

3. 라바드(rabad) 성벽(城壁)
4. 내성(內城) 성벽(城壁)
5. 복원(復元) 성벽(城壁)
6. 내성(內城)
7. 내성(內城) 복원도(復元圖)
8. 샤흐리스탄(shakhristan) 성벽(城壁) 복원(復元)
9~11. 캄피르테파(Kampir Tepa)

Ⅲ. 유라시아歐亞 사막로沙漠路의 유적遺蹟과 유물遺物

12. 파야즈테파(Fayaz Tepa) 스투파(stūpa)
13. 파야즈 테파(Fayaz Tepa)
14. 파야즈 테파(Fayaz Tepa) 출토 삼존불(三尊佛)

2) 카라테파유적 Kara-tepa site

카라테파유적은 파야즈테파의 서쪽 1km에 위치한다. 테르메즈의 북서쪽 구릉에 아무다리야를 사이에 두고 아프가니스탄과 마주 보고 있다. 이 유적의 북쪽 20-25m 지점에는 고대 테르메즈 도시의 성벽이 동서로 이어진다.

카라테파유적은 남, 서 북쪽의 구릉 3곳에 사원이 형성되었으며 총면적 80,000ha로서 우즈베키스탄 최대규모이다. 1세기에 창건된 후 200년 동안 규모가 확장되었다. 1928년 스트렐코프(A.S. Strelkov)에 의해 발견된 후 소련과 우즈베기스탄에 의해 남쪽 구릉을 중심으로 발굴이 진행되었으며, 1990년대 이래 북쪽, 서쪽 구릉에 대한 조사가 일본의 카토 규조(加藤九祚)를 중심으로 이루어졌다. 2011년부터 남쪽 구릉에 대한 조사가 국립문화재연구소에 의해 진행되었다. 2016년 일본조사대에 의해 북쪽 구릉의 동반부에서 채색 벽화가 확인되었다.

카라테파유적은 석굴(예배당), 지상 건물지(승원), 스투파(탑)으로 구성되어 있다. 서쪽과 남쪽에서는 사암층으로 된 구릉에 석굴을 조성하고 그 앞에 지상 건물과 스투파를 배치한 석굴사원이 십 수기 확인되었다. 이와는 달리 북쪽 구릉은 승원 형식의 지상식 건물과 대형 스투파가 위치하고 있다. 폐기 후 석굴은 묘지로 전용되었다.

남쪽 구릉은 말발굽 형태를 하고 있으며 가장 높고 넓다. 15기 이상의 건축구조물이 있으며, 사암을 굴착한 석굴사원과 건조 벽돌로 만든 지상식 건물로 구성되어 있다. 국립문화재연구소에 의해 발굴된 남쪽 구릉에서 원형 스투파의 가장자리를 따라 화병(花甁)과 주자(注子)으로 사용했던 양이부호(兩耳附壺)가 일정 간격을 두고 배치된 것이 확인되었다. 양이부호(兩耳附壺) 내에서는 쿠샨시대 비마 카드피세스(Kadphises)와 카니슈가(Kanishka) 동전 등 151매의 화폐가 출토되었다. 또한 양이부호 1점에서는 박트리아어를 카라테파 지역의 그리스 문자로 쓴 묵서(墨書)가 보인다. 석굴 내 묘에서는 사산조페르시아 모방 은화, 테르메즈 동전과 인도산 식화홍옥수주(蝕花紅玉髓珠), 산호(珊瑚), 청금석(靑金石)제 장신구가 출토되었다.

서쪽 구릉은 동서로 긴 부정형이며 남쪽 구릉의 북서쪽에 위치한다. 5기의 건축구조물이 확인되었다. 암반을 굴착한 석굴사원과 건조 벽돌로 만든 지상식 건물로 구성되어 있다.

카라테파의 불교사원이 번성하였을 시기의 특징을 보여주는 것은 남쪽 구릉의 동쪽 경사면의 건물군 B이다. 석굴은 돔형 천장의 4개의 회랑으로 둘러싸인 예배당을 가진 구조이다. 석굴은 아치형의 입구를 통하여 지상식 건물과 이어졌다. 지상 건물에는 주위에 처마에 지붕을 연결한 달개집을 가진 사각형의 중앙 정원이 있다. 서쪽 달개집의 벽면에는 조각상을 안치하기 위한 감실(龕室)이 있으며, 남쪽 달개집의 벽면에는 벽화가 그려졌다. 중앙 정원의 북서쪽에는 지상식 2층 건물로 통하는 계단이 있으며, 5개의 방이 있다. 정원의 북쪽에는 중앙에 스투파가 있는 별도의 정원이 있다.

북쪽 구릉은 서쪽 구릉의 북쪽에 있으며, 낮고 편평한 대지이다. 그 동반부에는 대규모 지상식 승원이 조영되었으며, 서반부에는 규모가 작은 시설이 있다. 대규모 승원은 방형(方形)으로 중정(中庭)과 4방향을 둘러싼 통로식 회랑 돔형의 지붕이 있는 예배당으로 구성되었다. 중정(中庭)은 아치형 천장 구조인 이완(Iwan)이 외곽을 둘러싸는 구조를 띠고 있다. 대형 스투파는 북, 동, 서쪽에 있으며 방형 기단에 소형 원형 스투파를 결합한 형태이다. 승원에는 사방을 넓은 복도로 둘러싼 달개집이 달린 중앙 정원이 있으며, 북쪽 복도의 북벽을 따라 작은 2층식 방들이 있다. 북쪽 복도의 감실에는 점토 석고로 만든 대형 불좌상이 있었다. 중앙 정원과 이를 사방으로 둘러싼 회랑은 넓은 통로로 이어져 있다. 승원의 북쪽에는 지상 건물이 작은 스투파를 중심으로 배치되었으며, 2단으로 된 기단이 큰 스투파와 연결되어 있다. 대형 스투파의 동쪽 정면 중앙에는 스투파의 동체로 통하는 기단이 있다. 계단의 양쪽에는 불상을 안치한 감실이 있으며, 기단의 하단에는 작은 스투파들이 있었다. 대형 스투파의 하부 기단을 따라 24점의 토제 주자(注子)가 놓여져 있었다. 스투파의 기단의 서쪽 정면에는 부처, 보살, 남녀공양자, 코끼리, 사자, 가루다 등으로 장식하였다. 스투파 기단의 주위는 넓은 회랑으로 둘러싸여 있으며 규모와 기능을 달리하는 여러 방들이 배치되어 있다. 서반부에 속하는 지상 건물지에서 동쪽벽, 남벽에서 높이 2.5m 이상의 지점에서 적색, 흑색, 하늘색, 백색의 남녀 공양자상(供養者像)이 포함된 선명한 벽화가 출토되어 주목되며 앞으로의 발굴이 기대된다.

출토품은 부처, 보상, 공양자 등의 소조상과 벽화, 주두, 초석 등 건축 장식이 포함된 조각상, 적갈색 화장토가 발린 토기류 등이 있다. 유물에서 확인된 명문에는 붓다실·지와난다 등의 승려의 이름도 확인되며, 벽화 또는 조각에서는 청신사·청신녀가 공양을 올리는 모습을 볼 수 있다.

불상과 장식물을 만드는 틀은 소형 불상의 머리 부분을 사용했던 틀과 다양한 장식물을 찍어냈던 것이다. 테르메즈에서는 흙 또는 스투코로 만든 소조 불상이 많다.

부처의 얼굴은 이목구비가 뚜렷하며 사실적으로 표현된 점이 특징이다. 얼굴의 길이가 짧으며, 엄격하고 입을 꾹 다문 표정, 직모의 머리 등의 요소는 간다라와 차이를 보인다.

거대한 부처의 발은 불상의 일부로 판단된다. 발가락과 살의 표현이 매우 자연스러운 것은 아니지만, 현실적으로 표현하였으며 발밑에는 얇은 판이 확인된다.

　이 유적에서 출토된 석제 건축부재, 점토석고, 석제 조각품 등의 유물들과 벽화에는 쿠샨 시대의 박트리아 문화, 특히 테르메즈 지역 예술의 독창성이 찬란하고 조화롭게 묘사되어 있다. 또한 다양한 토기들을 통하여 고대 테르메즈 불교공동체의 물질문화와 생활양식들에 대한 정보를 제공하고 있다. 또한 출토된 화폐를 통해 중앙아시아 불교 건축물들의 시기적 차이를 판단하는 단서를 확보할 수 있었다. 출토 유물 가운데 눈길을 끄는 것은 표면에 카로슈티어, 브라흐미어, 박트리아어 등이 묵서된 토기편으로, 쿠샨 시기 테르메즈 주민은 다양한 문자 해독능력이 있었음을 보여준다.

　이 유적은 1-4세기 초기 박트리아의 가장 큰 불교 중심지였으며, 불교의 동진(東進)과 불교 예술 전파에 있어서 중요한 역할을 하였다.

　카라테파유적은 인도에서 시작된 불교가 파키스탄, 아프카니스탄를 거쳐 중국, 한국으로 전파되는 교통로에 위치하는 중요유적이다. 최근 발굴조사를 통해 유적의 중요성이 부각되면서 유적 복원과 함께 유네스코 세계유산으로 등재하기 위한 노력이 활발히 진행 중이다.

참고문헌

國立中央博物館, 2009, 『동서문명의 십자로 우즈베키스탄의 고대문화』, 國立中央博物館.
Rtveladze Edvard(著)·加藤九祚(訳), 2011, 『考古學が語るシルクロード史-中央アジアの文明·國家·文化-』, 東京, 平凡社.
국립문화재연구소, 2013, 『우즈베키스탄 쿠샨왕조와 불교』, 국립문화재연구소.
대한민국 문화재청 국립문화재연구소·우즈베키스탄 학술원 예술학연구소, 2019, 『우즈베키스탄 카라테파 불교사원』, 대한민국 문화재청 국립문화재연구소·우즈베키스탄 학술원 예술학연구소.
S.Pidaev(著)·加藤九祚·今村榮一(譯), 2019, 『ウズベキスタンの佛教文化遺産』, 六一書房.

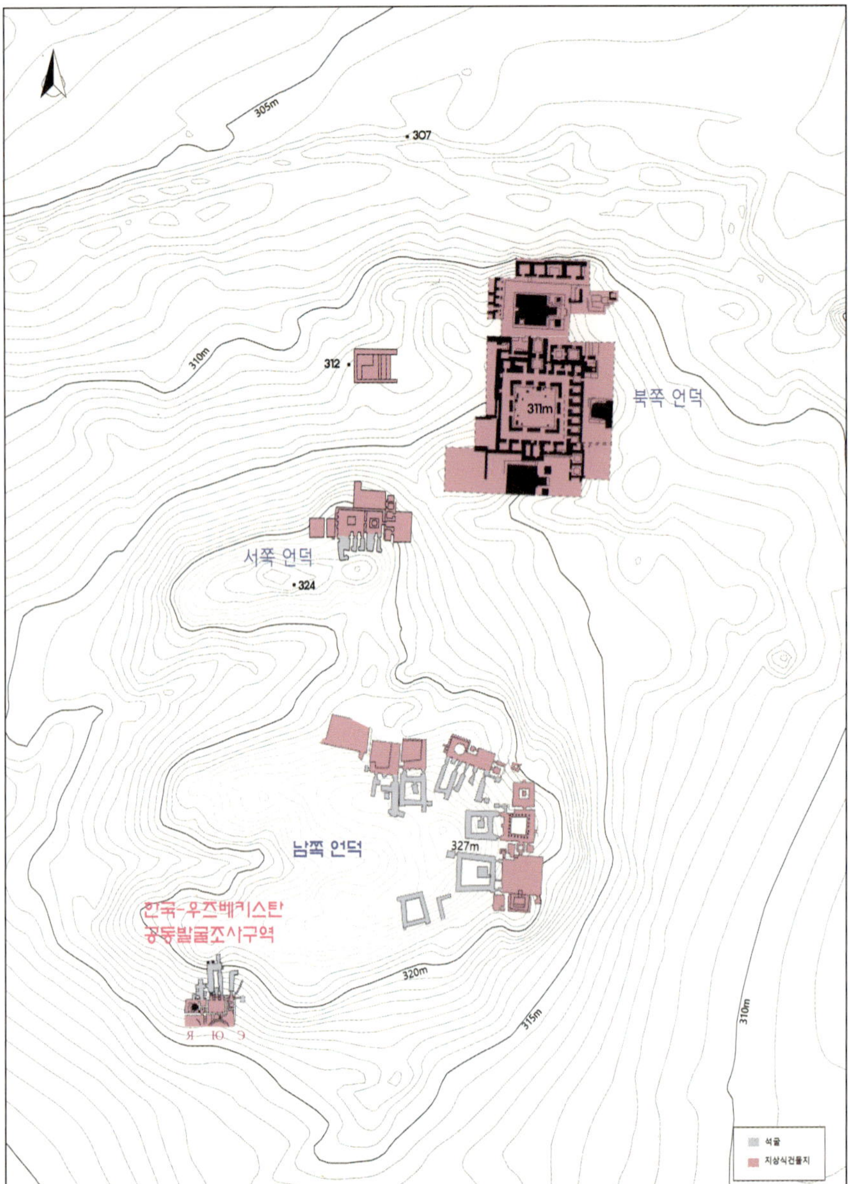

Ⅲ. 유라시아歐亞 사막로沙漠路의 유적遺蹟과 유물遺物

북쪽 언덕

서쪽 언덕

남쪽 언덕

한국-우즈베키스탄
공동발굴조사구역

그림 Ⅲ-19. 우즈베키스탄Uzbekistan 카라테파유적Kara_tepa site

1. 카라테파(Kara-tepa)유적(遺蹟) 배치도(配置圖)
2. 카라테파(Kara-tepa)유적(遺蹟)
3. 북구릉(北丘陵)
4. 북구릉(北丘陵)
5. 북구릉(北丘陵)과 아무달리야(Amu Darya)
6. 북구릉(北丘陵) 승원(僧院) 중정(中庭)
7. 북구릉(北丘陵) 대형(大形) 스투파(stūpa)

8. 우즈베키스탄Uzbekistan의 유적遺蹟과 유물遺物

8. 북구릉(北丘陵) 대형(大形) 스투파(stūpa) 복원도(復元圖)
9. 카라테파유적과 카토 규조(加藤九祚)
10~11. 북구릉(北丘陵) 건물지(建物址)
10. 북구릉(北丘陵) 건물지(建物址)와 석굴(石窟)
12. 북구릉(北丘陵) 원형기단(圓形基壇) 스투파(stūpa)
13. 북구릉(北丘陵) 승원(僧院) 회랑(回廊) 불상(佛像) 출토상태(出土狀態)
14. 북구릉(北丘陵) 소조상(塑造像)
15. 서구릉(西丘陵)
16. 서구릉(西丘陵) 석굴(石窟)

Ⅲ. 유라시아歐亞 사막로沙漠路의 유적遺蹟과 유물遺物

8. 우즈베키스탄Uzbekistan의 유적遺蹟과 유물遺物

17	18	22	23
19			
	21		
20		24	

17. 서구릉(西丘陵) 석굴(石窟) 내부(內部)
18. 남구릉(南丘陵) 석굴(石窟)
19. 남구릉(南丘陵) 석굴(石窟)과 건물지(建物址) 복원(復元)
20. 남구릉(南丘陵) 석굴(石窟) 내부(內部)
21. 남구릉(南丘陵) 석굴(石窟) 벽화(壁畫)
22. 남구릉(南丘陵) 카니슈카(Kaniska) 동전(銅錢)
23. 남구릉(南丘陵) 비마 카드피세스(Vima Kadphises) 동전(銅錢)
24. 남구릉(南丘陵) 묘(墓) 홍옥수주(紅玉髓珠)

3) 달베르진테파유적 Dalverzin tepa site

달베르진테파유적은 테르메즈의 북동쪽 200km 지점 우즈베키스탄 남부를 관류하여 아무다리야에 합류하는 수르한다리야의 동안에 위치한다. BC 3-2세기의 토성으로 그레코 박트리아 시기에 건설되었지만 쿠샨 왕조 때 전성기를 맞이하며 크게 확장되었다.

1962년부터 푸카첸코바(G.A. Pugachenkova), 투르구노프(V.A.Turgunow)에 의해 발굴되었으며, 일본과의 공동조사가 진행되고 있다.

전체 형태는 장방형이며, 면적은 650×500m이며, 남동쪽 내성은 170×200m의 규모이다. 높은 성벽에는 해자가 돌려졌다. 성내외에서 상류층의 저택과 일반인의 주거지, 토기 가마, 공방지, 조로아스터교신전·불교사원이 확인되었다.

성내 동벽 부근의 D15저택에서는 석류석과 녹송석이 감장(嵌裝)된 금제 경식(頸飾)과 완륜(腕輪), 21점의 고대 인도의 카로티시문자가 시문된 금정(金鋌) 등의 교장(窖藏)이 확인되었다. 금정의 명문은 2종류가 있으며 하나는 중량과 미투라신에게 바친다. 중량은 800g, 400g 전후로 구분된다.

두 곳의 불교사원 중 하나는 북쪽 성벽으로부터 500m 떨어진 지점으로 제1사원지에 해당한다. 장방형으로 회랑을 돌리고 있으며 중앙에 스투파가 배치되었다. 벽에 부착된 거대한 불상이 출토되엇다. 목재를 사용하여 골조를 만들고 점토를 부착하여 제작한 소조상이다. 이 기법은 박트리아에 기원하는 것으로 보고 있다. 다른 하나는 성내에 위치하는 사원에서도 다수의 소조상이 출토되었다. 불상을 비롯하여 지배층으로 추정되는 인물상도 출토되었다. 대형의 보살상이 제3호실에서 출토되었다. 부처와 보살상은 등신대로 제작되었으며, 화려한 복식이 주목된다. 성벽 외부에는 고분군이 있었으며 직사각형으로 중앙에 아치형 회랑이 있고, 유해를 봉안했던 내실이 있다. 이곳에서는 불상과 보살상, 다양한 금제품과 인도 카로슈티(Kharochti) 문자로 무게를 표시한 황금 추 등이 있다.

쿠샨왕자의 머리상은 본래 등신대였던 것으로 얼굴은 균형이 잡혀있으며, 크게 뜬 눈이 특징적이다. 또한 위의 원추형 모자에 붙어져 있는 동그라미 문양과 아래의 연주문 장식은 본래 모자에 붙어 있던 보석 등을 표현했던 것으로 생각된다. 이러한 원추형 모자는 쿠샨동전 속의 왕과 마투라(Mathura) 마트(Mat) 등에서도 보인다.

신상은 제1사원지에서 출토되었는데, 곱슬머리와 단정한 이목구비를 통해 헬레니즘의 영향이 확인된다. 또한 머리카락과 귀걸이가 틀을 통해 찍어낸 점도 특징이다.

보살상은 제2불교 사원지에서 출토되었으며 상반신만 남아있지만, 위엄 있는 자세와 풍채가 돋보인다. 머리에 터번을 쓰고 법의는 편단우견의 형식으로 입고 있는데, 왼편의 옷자락은 더욱 두꺼워 보인다. 간다라에 비해서는 두발이 풍성하고, 장신구가 많아 호화로워 보이는데 이는 지역적인 특징에 해당한다. 채색이 일부 남은 표면을 통해 몸은 살구색이었으며, 터번과 법의는 적색, 머리는 검은색이었음을 알 수 있다.

그런데 달베르진테파 출토 3-4세기 토기 편에는 페르시아 상인에 대한 기술이 보인다. 이는 3세기 중엽 이곳은 북부 박트리아 전역과 마찬가지로 사산조 페르시아에 정복되어 그 통치하에 들어가는 것을 반영하는 것이다.

참고문헌

E.V.Rtveladze · 加藤九祚(編), 1991, 『南ウズベキスタンの遺寶』, 創價大學出版會.

國立中央博物館, 2009, 『동서문명의 십자로 우즈베키스탄의 고대문화』, 國立中央博物館.

Rtveladze Edvard(著) · 加藤九祚(訳), 2011, 『考古學が語るシルクロード史-中央アジアの文明・國家・文化-』, 東京, 平凡社.

국립문화재연구소, 2013, 『우즈베키스탄 쿠샨왕조와 불교』, 국립문화재연구소.

대한민국 문화재청 국립문화재연구소 · 우즈베키스탄 학술원 예술학연구소, 2019, 『우즈베키스탄 카라테파 불교사원』, 대한민국 문화재청 국립문화재연구소 · 우즈베키스탄 학술원 예술학연구소.

그림 Ⅲ-20. 우즈베키스탄Uzbekistan 달베르진테파유적Dalverzin tepa site
1. 달베르진테파(Dalverzin tepa) 성벽(城壁)
2. 성벽(城壁)
3~4. 성내(城內)
5. 성내(城內)
6. 성내(城內)
7. 성내(城內) 건물지(建物址)
8. 성내(城內) 건물지(建物址) 초석(礎石)
9. 사원지(寺院址) 보살상(菩薩像)
10. 사원지(寺院址) 인물상(人物像)

Ⅲ. 유라시아歐亞 사막로沙漠路의 유적遺蹟과 유물遺物

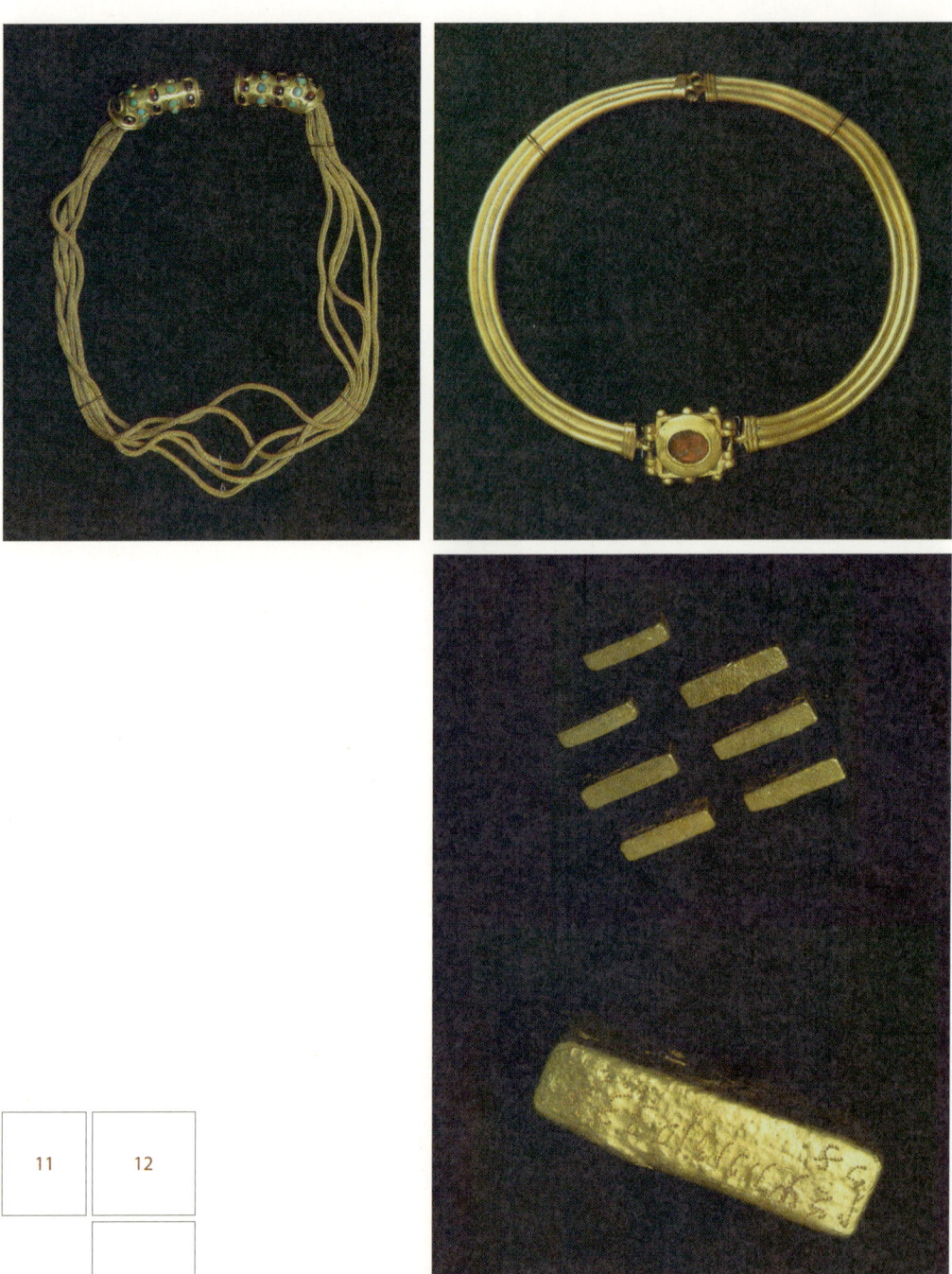

11~12. 성내(城內)DT-5호 건물지(建物址) 금제(金製) 경식(頸飾)
13. 성내(城內)DT-5호 건물지(建物址) 금정(金鋌)

4) 사마르칸트 Samarkand

사마르칸트는 사마르칸트주의 주도이며, 중앙아시아에서도 최고(最古)의 도시 중 하나이다. 우즈베키스탄 제2의 도시이며 동과 서를 연결하는 소그다니야의 중심지이었다.

사마르칸트는 우즈베키스탄 남동쪽 제라프샨강의 지류에 위치한다. BC 329년에는 알렉산더대왕의 중앙아시아 원정을 기록한 그리스 측 사료에 「마르칸다Maracánda」의 이름으로 등장한다. 그 후에도 실크로드의 상인으로 활약한 소그드인의 고향 중심도시로서 발전해 중국 측의 사료에서는 「강국康國」으로 불리었다.

사마르칸트의 지명에 대하여 산스크리트어 '사마르'는 '사람들이 만나는 장소'라는 의미가 있다. 이러한 의미를 따른다면, 고대부터 교역장의 역할을 해왔던 것을 나타내는 것으로 보인다. 한편 투르크어 '사마르'가 '풍요, 풍성'을 의미하며, '칸트'가 '도시'라는 뜻을 가진다고 보기도 한다.

7세기에 당 현장법사가 인도로 갈 때 사마르칸트를 지나쳐 가는데, 『대당서역기大唐西域記』에 사마르칸트 관련 기록이 보인다.

> "이곳은 주위가 1천 6-7백리, 동서가 길며 남북은 좁다 … 주민은 많고 제국의 귀중한 산물이 이나라에 많이 모인다. 토지는 비옥하여 농사가 잘되고, 수림은 울창하고 과일도 잘 되고 있다. 좋은 말이 많이 나며 베 짜는 기술은 특히 다른 나라보다 빼어났다 … 모든 호국(胡國)은 이곳을 중심으로 삼고 있다."

7세기 토지는 비옥하고 농업이 충분히 되고 있다는 등의 묘사로 보아, 당시에도 풍부한 자연환경이었음을 알 수 있다.

또한 당시의 사마르칸트의 모습을 나타내는 것으로 『구당서舊唐書』「서융전西戎傳」강국(康國)조가 있다. 그 가운데 사마르칸트에는 심목고비(深目高鼻)에 수염이 많은 용모의 사람들이 거주하며 소그드어를 배워 상매(商賣)에 능했다는 기록이 있다.

사마르칸트에서 출토된 다양한 형태의 흙으로 만든 납골기는 소그드인들의 조로아스터교를 따른 매장풍습을 잘 보여준다. 조로아스터교는 조장(鳥葬)하기 때문에 남은 뼈를 납골기에 보관하였다. 당시의 납골기는 상자 모양의 형식이 있었는데, 아치·줄꽃·꽃무늬·다양한 인물 등이 표현되어 있다. 몰랄리쿠르간에서 출토된 납골기에는 조로아스터교 사제가 묘사되어 있는데, 뚜껑이 피라미드 형식이다. 몸체의 무늬는 틀로 찍어냈다. 몸체의 내용을 보면, 아치형 기둥으로 3등분되어 가운데에 불을 모시는 제단이 있으며, 좌측·우측에 파담을 쓰고 제단을 향하고 있는 인물이 각각 배치되어 있다. 그들의 손에 있는 막대기는 조로아스터교의 의식구인 바르솜이다.

    712년 쿠타이바(Ibn Qutayba)에게 정복된 후 이슬람화가 진행되었고 11세기 이후 카라한조 아래서 투르크화가 시작되었다. 8세기 탈라스 전쟁의 패배로 인하여 포로가 된 당 병사들 중 제지 기술자가 있어서 제지술이 사마르칸트에 전해지기도 하였다. 획기적인 기술로 제작한 '사마르칸트지'가 생산되기 시작하여, 점차 퍼져 12세기에는 유럽에까지 전해졌다.

    몽골군에 의한 파괴를 거쳐 사마르칸트는 14세기 말부터 티무르조(Timurid Dynasty)의 수도가 되어 새로운 도시의 건설이 진행되었다. 이 시기 건설된 도시가 현재의 사마르칸트에 직접 연결된다. 티무르는 자신이 지배하는 중앙아시아로부터 이란에 이르는 광대한 영토의 각지로부터 우수한 인재를 모아 파괴된 구시가의 서남쪽에 새로운 도시를 재건하고 정복지에서 학자·문화예술인·수공업자 등을 강제로 이주시켜 문화 발전을 도모했다. 또 제 4대 울루그베그(Ulugh Beg)는 우수한 학자로서도 이름을 날린 왕으로 사마르칸트의 학문에 힘을 쏟아 당시의 세계수준의 천문대 등을 건설했다. 비비하눔(Bibi-Khanym)모스크, 구르 에미르(Gūr-i Amīr)묘, 샤히 진다(Shah-i-Zinda)영묘군 등은 티무르 제국(1370-1507) 문화의 정수이다. 이와 같이 다시 번영을 맞이한 사마르칸트였지만 티무르조의 분열·붕괴를 거쳐, 1500년에 샤이반(Shaybanids)왕조 지배 아래 들어갔고 16세기 후반 이후 부하라에 수도의 지위를 내줬으나 17세기에도 레기스탄 광장(Registan)에 새로운 두 마드라사(madrasa)가 건설되었다. 1868년 러시아의 침략을 받아 그 보호령이 계속되어 소련의 자치공화국이 되었다. 1991년의 소련 붕괴에 따라 독립한 우즈베키스탄공화국의 주요 도시로서 현재에 이르고 있다.

    사마르칸트 시가의 동북에 위치하는 아프라시압(Afarasiab)유적은 국내외 조사단에 의해 계속적으로 발굴조사가 행해져 사마르칸트 번영 당시의 성벽과 궁전지가 출토되었다. 특필할만한 것은 1965년에 출토된 7세기의 벽화를 들 수 있을 것이다. 아프라시압유적 중앙에 위치한 궁전지에서 출토된 벽화는 부실의 네 벽에 그려졌고, 선명한 색채가 남아있다. 특히 서벽에는 중앙아시아 각 국 중국, 티벳, 한반도의 사절이 사마르칸트 왕에게 알현하는 장면이 그려져 있다. 이것들은 당시의 사마르칸트가 동서남북에 많은 나라들과의 관계를 유지하면서 중요한 지위를 차지하고 있던 것을 엿볼 수 있다.

    구르-에미르(Gur-Emir)묘는 티무르(Timurid)를 비롯한 티무르 일족을 매장한 사당이다.

신장(新疆) 호탄(和田)산 흑옥(黑玉)으로 제작한 티무르(Timurid)의 석관(石棺) 등이 있고, 내부를 견학할 수 있다.

비비하눔 모스크(Bibi-Khanum Mosque)는 티무르에 의해 건설된 사원이다. 이전에는 이슬람권 최대의 회교사원이었지만 붕괴가 많이 진행되고 있다. 현재는 복원이 행해져 아름다운 청색의 돔이나 첨탑을 볼 수 있으나 내부에는 미복원의 부분도 남아있다.

사마르칸트박물관은 레기스탄 광장 동쪽에 위치한다. 1층과 2층으로 나누어지지만, 주된 전시는 2층에 있다. 전시 내용은, 크게 역사와 민속으로 나눠진다. 역사 코너에서는 우즈베키스탄 각지의 유물을 연대순으로 전시하고 있다. 또 민속코너에는 많은 면직물, 모직물이나 민족의상, 공예품, 농공도구 등이 전시되어 있다. 실연(實演) 코너에는 융단이나 자수가 만들어지고 있다.

사마르칸트는 2001년 '문명의 교차로'로서 유네스코 세계유산에 등록되었다.

참고문헌

岡內三眞(편)·박천수(역), 2016, 『실크로드의 고고학』, 진인진.

경상대학교 실크로드 문화지도 DB 구축 사업단, 2017, 실크로드 역사문화지도(Historic Cultural Atlas of the Silk Road).

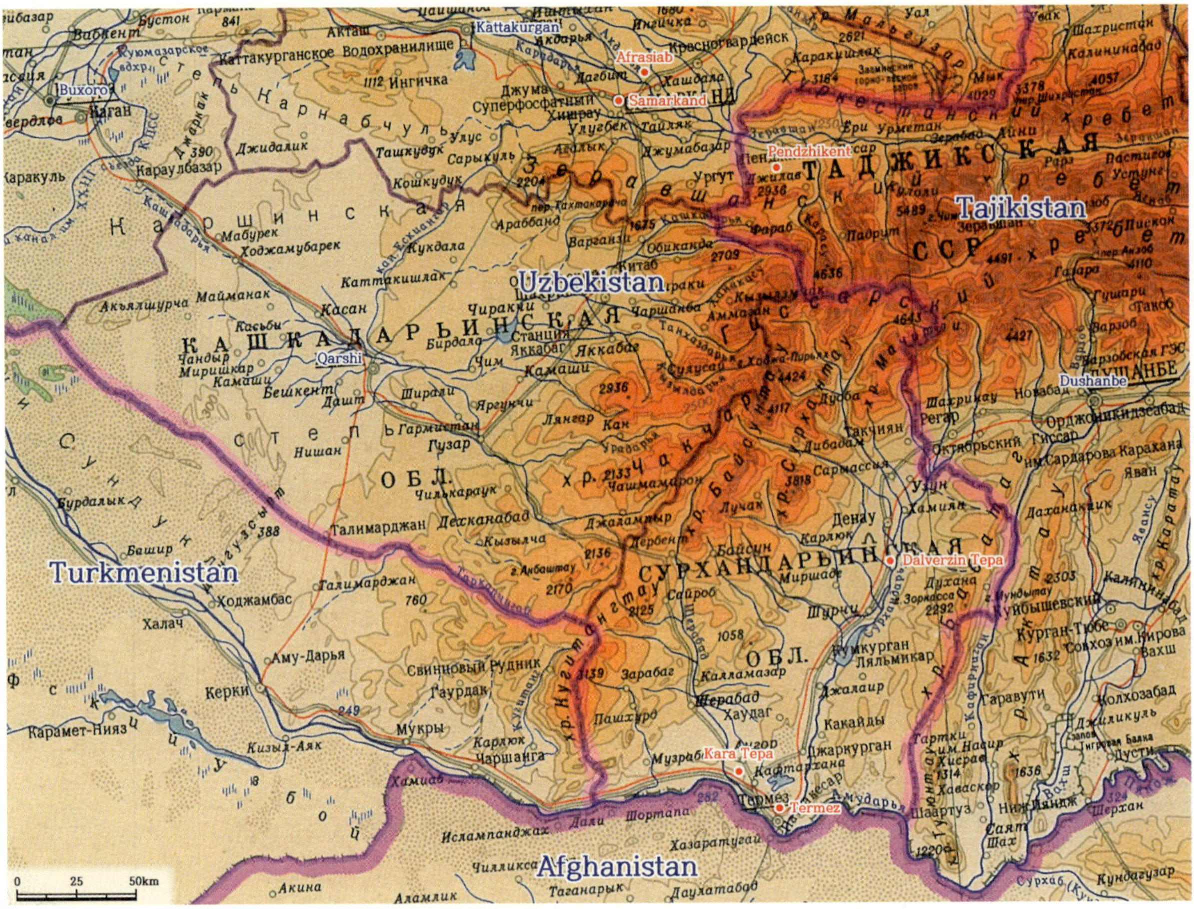

Ⅲ. 유라시아歐亞 사막로沙漠路의 유적遺蹟과 유물遺物

그림 Ⅲ-21. 우즈베키스탄Uzbekistan 사마르칸트Samarkand

1. 사마르칸트(Samarkand) 위치(位置)
2. 사마르칸트(Samarkand) 약도(略圖)
3. 레기스탄(Registan) 광장(廣場)
4. 신장(新疆) 호탄산(和田産) 흑옥제(黑玉製) 티무르석관(Timur石棺)
5. 구르 에미르묘(Gur Emir廟)
6. 티무르상(Timur像)
7. 사마르칸트(Samarkand)

145

5) 아프라시압유적 Afrasiab site

아프라시압유적은 사마르칸트 북동쪽 10km에 위치한다. 평면은 삼각형으로 총면적 219km²이며, BC 6세기에서 13세기에 몽골군이 침략하기 이전까지 아프라시압은 사마르칸트의 중심지였다. BC 4세기에 알렉산더대왕이 점령한 곳이며, 13세기에 몽골군이 정벌하면서 도시가 폐허로 되었다.

1874년부터 조사가 실시되었으나 체계적인 고고학적 조사가 이루어진 것은 1958년 이후이다. 1958년에 바실리 시시킨이 중심이 되어 조사하면서 주택지구·공방·궁전 등이 발견되었다. 특히 1965년 조사에서 궁전의 넓은 공간을 장식한 벽화가 확인되었다. 라피스 라줄리의 청색을 배경으로 한 외국사절의 조공도가 주목된다. 다양한 이국의 호사스러운 의상·장신구·풍모를 표현하고 있으며 당시 소그드인 조정의 신하들과 조공품 등이 묘사된 점도 특징적이다.

가장 오래된 문화층은 BC 7세기이며, BC 5세기-AD 8세기에 소그드인들의 중심지로 번영하였다.

아프라시압유적에서는 궁전·종교 건물 등의 유구와 테라코타·토기·유리용기·아나히타 여신을 본뜬 토우를 비롯한 수많은 남녀 토우 등의 유물이 출토되었다.

특히 7세기에 사마르칸트왕 바르후만(Varhuman)을 알현하기 위한 12명의 외국 사절단 행렬도 채색벽화가 유명하다. 아프라시압 벽화는 발견 당시보다는 채색이 많이 떨어지고 윤곽선도 흐려진 상태이지만, 발견 직후 바로 모사도가 제작되었다.

남벽에는 왼쪽 끝에 위치한 사당처럼 보이는 건물로 가는 왕실의 행렬이 그려져 있다. 방으로 들어가자마자 정면에 바로 보이는 서벽은 가장 중요한 내용을 묘사했으며, 여러 인물이 표현되었다. 사신과 무사들이 향하는 사람이 누구인지에 대해서는 주로 2가지 견해가 있다. 첫 번째는 가운데에 바르흐만 왕과 돌궐 왕 또는 소그드 신의 모습이 표현되었다고 보며, 두 번째는 벽의 양측에 바르후만 왕과 돌궐왕이 나란히 배치되고 중간에 신상이 그려졌다는 의견이다.

특히 서벽에서 가장 주목되는 부분은 새의 깃털로 장식된 조우관을 쓴 2명의 사신도이다. 『위서魏書』「고구려전」에 머리에 절풍건을 쓰는데, 그 모양이 고깔과 같고 두건의 모서리에 새를 꽂는다고 기록되어 있고, 이 사신들은 다른 인물과는 달리 고구려와 신라에 보이는 환두대도를 착장하고 있기 때문이다. 이 사절들은 7세기 중국의 공세에 직면한 고구려의 청

병사로 보는 견해가 있다. 한편 바르후만(Varhuman)왕이 왕위의 정통성을 주장하기 위해 여러 국의 사절이 온 것으로 조작하였다는 새로운 견해가 제기되었다.

북벽은 두 부분으로 나뉘는데 좌측은 중국식 복장을 한 여인들이 뱃놀이 하는 모습이며 우측은 건장한 남성들이 사냥을 하는 모습이 표현되어 있다. 여러 인물들의 크기가 다양하며, 이는 주인공과 그 외의 주변인의 신분 차이를 표시하기 위함으로 생각된다.

입구측의 동벽에도 벽화가 표현되어 있는데, 가장 훼손이 심한 부분으로, 인도와 관련된 내용으로 파악하고 있다. 우측은 반라의 사람·소·강 등이 등장하여 인도의 크리슈나와 연결시키며, 좌측은 그리스풍의 옷과 동그란 원이 보이는데 점령술사와 천구의(天球儀)로 보고 있다.

아프랍시압과 관련된 당(唐)의 기록이 있어 유적의 연대와 내용을 파악할 수 있다. 즉 『당서唐書』권221하, 열전146하, 서역하 강조(康條)에 당 고종 영휘연간(650-655년)에 소그드에 강거도독부를 두고 그 왕 불호만(拂呼縵) 즉 바르후만(Varhuman)을 도독으로 제수한다. 또한 『당서唐書』권221하에는 소그디니아와 아프랍시압을 다녀간 중국 사신에 의한 궁전의 모습이 다음과 같이 기록되어 주목된다. 즉 하국(何國) 또는 쿠샤니야, 혹은 귀상니라고 부른다. 그 성 좌측에 이층집이 있는데 북쪽벽에는 중국의 옛 황제를 그렸고, 동쪽에는 돌궐과 인도의 파라몬, 서쪽에는 페르시아, 비잔틴 등지의 여러 왕들을 그렸다. 양 사료는 아프랍시압이 7세기 중엽 왕성으로 기능한 것을 알려주며, 벽화의 내용을 해석하는데 도움이 된다.

이 유적에서 발굴된 벽화와 유물은 동남쪽에 위치한 아프라시압 역사박물관에 전시되어 있다. 현재 벽화는 발견 당시보다는 채색이 많이 떨어지고 윤곽선도 흐려진 상태이다. 벽화는 발굴 직후 바로 모사도가 제작되어, 이를 바탕으로 동북아역사재단에 의한 유적과 벽화에 대한 3D스캔 복원이 이루어졌다.

참고문헌

アリバウム L.I(著)·加藤九祚(訳), 1980, 『古代サマルカンドの壁画』, 文化出版局.

國立中央博物館(편), 2009, 『동서문명의 십자로 우즈베키스탄의 고대문화』, 國立中央博物館.

Rtveladze Edvard(著)·加藤九祚(訳), 2011, 『考古學が語るシルクロード史-中央アジアの文明·國家·文化-』, 平凡社.

岡內三眞(편)·박천수(역), 2016, 『실크로드의 고고학』, 진인진.

Ⅲ. 유라시아歐亞 사막로沙漠路의 유적遺蹟과 유물遺物

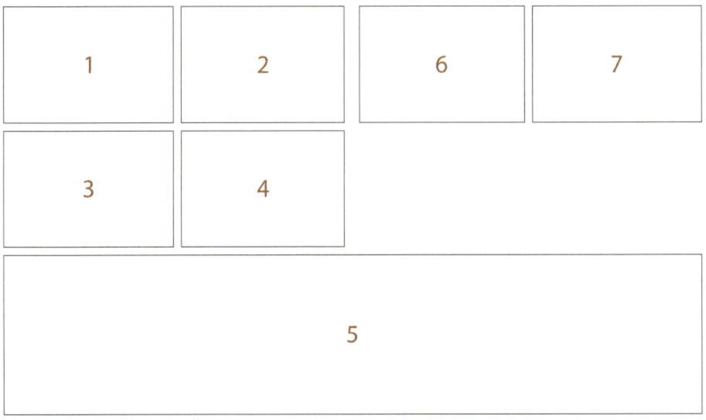

8. 우즈베키스탄Uzbekistan의 유적遺蹟과 유물遺物

그림 Ⅲ-22. 우즈베키스탄Uzbekistan 아프라시압유적Afrasiab site
1. 아프라시압(Afrasiab)유적(遺蹟)
2. 아프라시압(Afrasiab)
3. 아프라시압(Afrasiab)
4. 아프라시압(Afrasiab) 성벽(城壁)
5. 아프라시압(Afrasiab) 복원도(復元圖)
6. 궁전(宮殿) 복원도(復元圖)
7. 궁전(宮殿) 벽화(壁畵) 모사도(模寫圖)

9. 타지키스탄Tajikistan의 유적遺蹟과 유물遺物

1) 펜지켄트유적Pendzhikent site

펜지켄트유적은 타지키스탄 북서부 펜지켄트시 자라프샨강 남안에 위치하며, 우즈베키스탄의 사마르칸트에서 동쪽 65km 지점이다. 이 유적은 시가지와 투르키스탄산맥을 조망할 수 있는 남쪽 구릉상에 입지하고 있다.

1946년부터 소그드 타지크고고학조사대에 의해 발굴되었으며, 1988년 이래 에르미타쥬박물관의 보리스 마삭(Boris Marshak)에 의한 발굴과 연구가 이루어졌다.

유적은 계곡과 운하를 사이 두고 동서 구릉에 형성되어 있다. 서측 구릉은 성벽을 돌린 크헨디즈(城塞)로서 궁전이 있다. 동쪽 구릉은 남문과 동문이 있는 성벽을 돌린 비교적 넓은 샤프리스탄(市街)이다. 시가(市街)에서는 인접하는 신(新), 구(舊)신전, 시장, 직각으로 교차하는 도로, 2층 또는 3층의 건물이 확인되었다. 성벽과 건물은 건조 벽돌과 점토괴로 축조하였다. 시가(市街)는 당초 8ha에서 13.5ha로 면적이 확대되었다. 5-8세기 소그드인의 왕성이었으며, 8세기 중반 아랍인의 침공으로 인하여 파괴되었음이 밝혀졌다.

펜지켄트유적에서는 궁전과 신전뿐만 아니라 거주민의 건물에도 벽화와 목조(木彫)로 장식한 공간이 확인되어 주목된다. 벽화의 내용은 사자를 탄 풍요의 여신 쿠샨조의 나나(Nana), 힌두교의 시바(Siva) 신상(神像)과 공양자(供養者)와 같은 종교와 관련된 것, 축연(祝宴), 유희(遊戱), 기마수렵(騎馬狩獵)과 같은 귀족의 생활도와 그리스, 페르시아 영웅서사시, 이솝 우화(寓話) 등으로 매우 다양하다. 더욱이 벽화에는 당시 소그드인이 사용한 은기, 유리기, 장신구, 무기, 마구, 악기 등이 세부까지 생생하게 묘사되었다. 목조(木彫)도 부조 또는 환조로 건물 장식에 쓰였다. 또한 상류층의 사람이 입었던 복식이 확인되어 이슬람이 침입하기 이전에 번영했던 소그드인들의 신화·언어·미술·공예 등을 알 수 있다.

펜지켄트(Pendzhikent) 동쪽 60km 거리에 있는 소그드 왕국시대의 산상 요새인 무그산(Mug山)유적에서 1932년 종이(紙), 양피지(羊皮紙), 목봉(木棒)에 기록된 소그드어 문서가 발견되었다. 이 문서는 8세기 호 펜지켄트의 영주(領主)와 관련된 것이었다.

펜지켄트유적은 그 벽화에 동로마제국, 사산조페르시아, 인도, 당(唐)과 같은 소그디니아를 둘러싼 대국의 영향이 보이는 것에서 알 수 있듯이 소그드인들의 개방성과 활동을 잘 보여주고 있다.

참고문헌

ヤクボーフスキー(他著)・加藤九祚(訳), 1968, 『ソグドとホレズム』, 加藤九祚自費出版.

杉山二郎, 1988, 『世界の大遺跡7 シルクロードの残映』, 講談社.

NHK文明の道プロゼット, 2002, 『NHKスペシャル文明の道3有爲と陸のシルクロード』, 日本放送協會.

Rtveladze Edvard(著)・加藤九祚(訳), 2011, 『考古學が語るシルクロード史-中央アジアの文明・國家・文化-』, 東京, 平凡社.

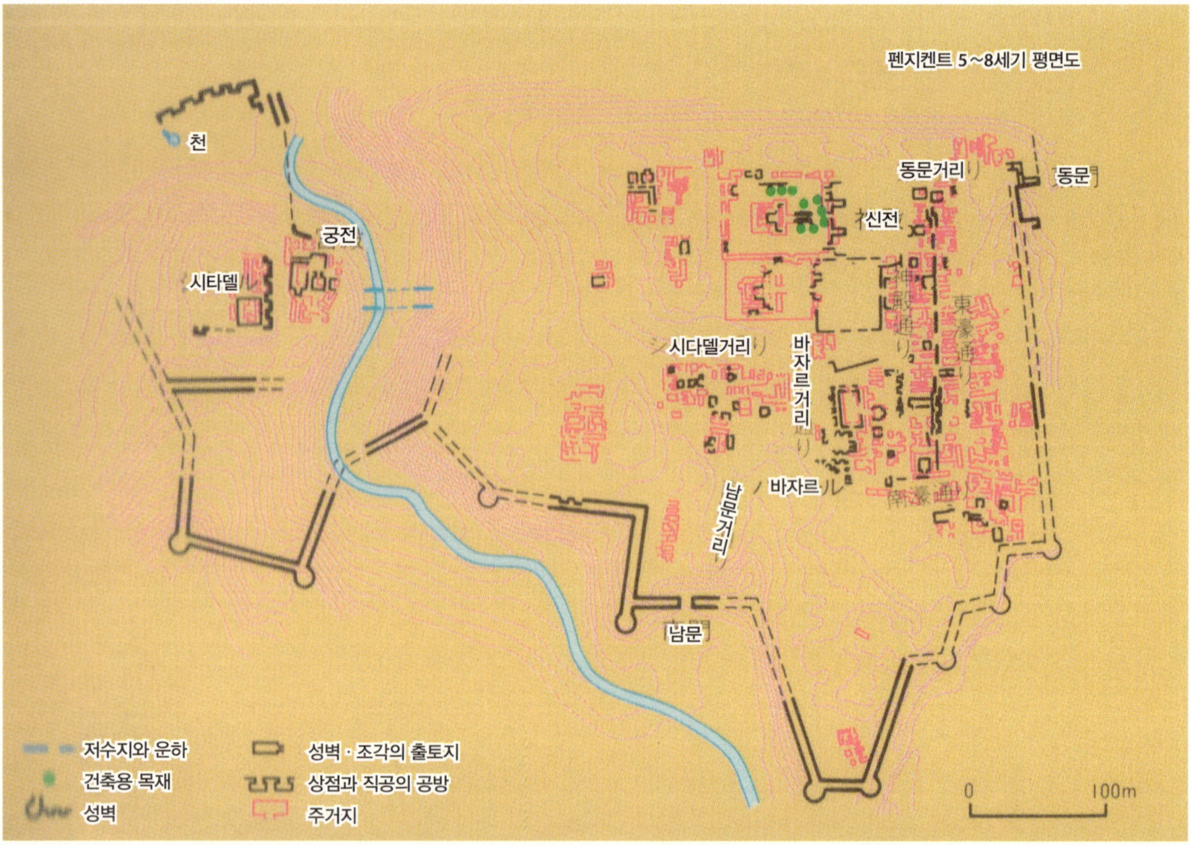

Ⅲ. 유라시아歐亞 사막로沙漠路의 유적遺蹟과 유물遺物

그림 Ⅲ-23. 타지키스탄 Tajikistan **펜지켄트유적**Pendzhikent site
1. 펜지켄트(Pendzhikent)유적(遺蹟) 배치도(配置圖)
2. 펜지켄트(Pendzhikent)
3. 펜지켄트(Pendzhikent) 건물지(建物址)
4~6. 펜지켄트(Pendzhikent) 벽화(壁畵)

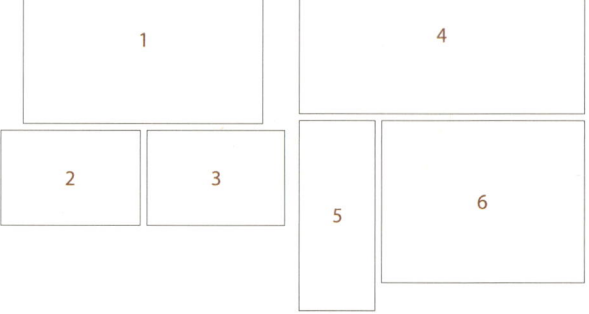

9. 타지키스탄Tajikistan의 유적遺蹟과 유물遺物

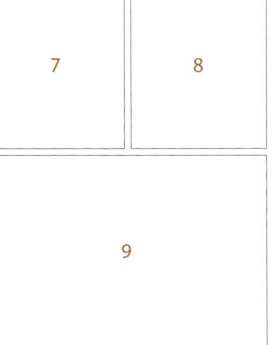

7~9. 펜지켄트(Pendzhikent) 벽화(壁畵)
10. 무구산(Mug山)유적(遺蹟) 원경(遠景)
11. 무구산(Mug山) 문서(文書) 출토지점(出土地點)
12. 무구산(Mug山) 유물(遺物)

10. 파키스탄Pakistan의 유적遺蹟과 유물遺物

1) 탁실라유적Taxira site

　탁실라는 파키스탄의 수도 이슬라마바드(Islamabad)와 라왈핀디(Rawalpindi)로부터 북서쪽으로 약 32km 떨어진 곳에 위치한 도시유적이다. 이 지역은 인도 아대륙과 중앙아시아의 접점에 해당하는 곳으로, 지중해 및 중동의 문화가 인도지역으로 전파되는 과정에서 매우 중요한 역할을 담당하였다.

　이 지역에는 남에서 북으로 비르 마운드(Bhir Mound), 하샬(Hathial), 시르카프(Sircap), 시르스후(Sirsukh)라는 네 개의 도시유적이 있으며, 도시의 주변 및 인근 구릉지에 다수의 사원유적이 위치한다. 이들을 모두 통틀어 '탁실라'라 한다.

　탁실라일대의 유적군은 1913년부터 20여 년 간 영국의 고고학자 존 마샬(John Marshall)에 의해 최초로 조사되기 시작하여 현재까지 이르고 있다. 조사결과 네 개의 도시는 각 시기를 달리하여 운영되었음을 확인할 수 있었다. 최초로 점유된 곳은 '하샬'이다. 이 도시의 연대는 출토된 토기편으로 판단하였을 때 BC 10세기부터 BC 6세기까지로 가장 이른 시기에 해당한다.

　하샬 다음 시기의 도시는 탁실라에서 가장 남쪽에 위치하는 '비르 마운드'이다. 비르 마운드는 최초 조사자인 마샬에 의해 아케메네스조 페르시아(Achaemenes Persia)가 건설하였고 그 연대는 BC 6세기라고 이해되었으나, 이후 시기로 보기도 한다. 확실한 것은 이 도시유적이 BC 4세기 이후 알렉산더 대왕(Alexandros the Great)의 동방원정에 의해 그리스 도시가 되었다는 점이다. 이는 문헌에서 해당 도시가 알렉산더에게 투항하였다는 기록과 그리스 화폐가 출토된다는 점에서 확인된다. 도시의 구조는 비교적 질서정연하지 않아 계획된 도시는 아닌 것으로 판단되며, 동쪽은 주거공간, 서쪽은 의식공간으로 활용되었던 것으로 판단된다. 층위는 2개 내지 3개의 층으로 나뉘는데, 아케메네스조 페르시아 시기-알렉산더 대왕의 동방원정 이후인 그리스 시기, 마우리아(Maurya)왕조 시기이다. 이후 비르 마운드는 BC 2세기경 박트리아(Bactria) 왕조에 의해 막을 내리게 된다.

　BC 2세기 탁실라 일대를 점령한 박트리아 왕조는 기존의 비르 마운드를 대신할 새로운 도시를 건설하게 되는데, 이것이 바로 시르카프유적이다. 시르카프는 동서양이 융합된 박트리아의 정체성과 마찬가지로 문화양상도 헬레니즘(Hellenism)적이다. 즉 인도화된 그리스 양식이 화폐, 조각상 등에서 확인되는 것이다. 도시의 구조 또한 그리스적 요소가 확인된다. 일자로 뻗은 폭 6m, 길이 500m의 대로에 직교하는 중·소로가 격자형태로 질서정연하게 구획되어 있기 때문이다. 이러한 양상은 동시기 그리스 도시의 형태와 매우 유사하다. 시르카프 유적은 이후 BC 1세기부터 1-2세기까지의 스키타이-파르티아(Scythian-Parthian)에 의해 점령되기도 하였는데, 그들은 이 도시를 계속 운영하며 다양한 건축물을 조영하였다. 이후 시르카프는 1세기 이후에 해당 지역을 점령한 쿠샨(Kushan)왕조의 카니슈카(Kanishka)대왕에 의해 종언을 맞이한다.

    시르카프를 대체하여 쿠샨왕조에서 새롭게 건설한 도시는 '시르스후'이다. 시르스후는 탁실라 도시 중 가장 북쪽에 위치한다. 이 도시유적에는 길이 5km, 두께 5.4m 정도의 성벽이 확인되는데, 이와 함께 성벽 외곽지역까지 주거시설을 완비하는 방식은 동시기 중앙아시아의 도시계획이다. 시르스후는 이후 5세기대까지 존속하였으며, 이후 해당 지역에는 상기와 같은 대규모 도시가 건설되지 않는다.

    도시유적 외에도 탁실라 일대에는 수 많은 사원유적이 위치하고 있는데, 이 중 주목되는 것은 바로 다르마라지카(Dharmarajika) 사원유적이다. 이곳의 스투파는 중앙의 스투파 외연 동서남북 방향에 계단이 배치되는데, 이러한 배치방식은 중국 서부 사막지대 소위 서역(西域) 불탑의 원류로서 이해되고 있다.

참고문헌

Marshall, John, 1951, *Taxila*: *Structural remains* – Volume Ⅰ. Cambridge University Press.

Marshall, John, 1951, *Taxila*: *Minor Antiguties* – Volume Ⅱ. Cambridge University Press.

Marshall, John, 1951, *Taxila*: *Plates* – Volume Ⅲ. Cambridge University Press.

Marshall, John, 1960, *A guide to Taxila*. Cambridge University Press.

樋口隆康(外), 1984, 『パキスタンガンダーラ美術展図録』, 日本放送協會.

奈良縣立美術館, 1988, 『シルクロード大文明展-シルクロード・佛教美術傳來の道』, 奈良縣立美術館.

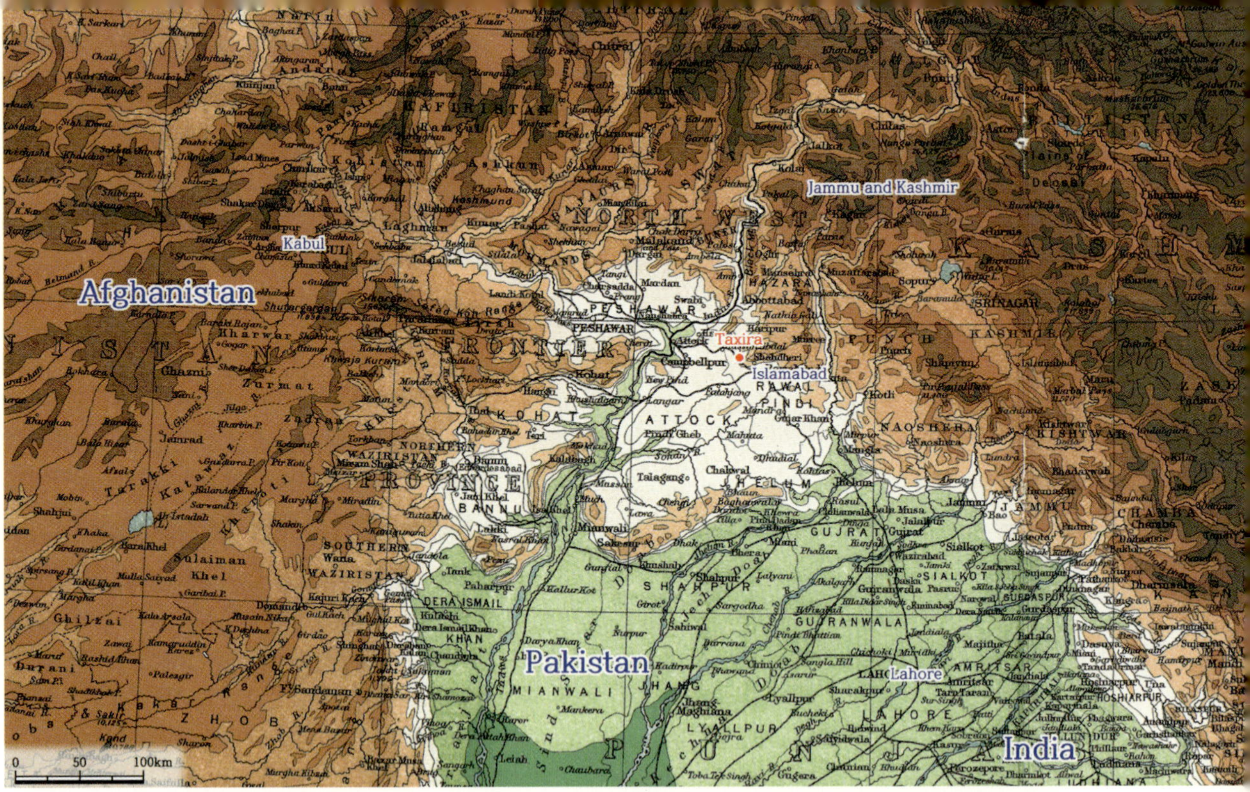
Afghanistan
Kabul
Taxira
Islamabad
Jammu and Kashmir
Pakistan
Lahore
India
PESHAWAR
RAWALPINDI
ATTOCK
KOHAT
SRINAGAR
AMRITSAR
SIALKOT
GUJRANWALA
LYALLPUR
MIANWALI
0 50 100km

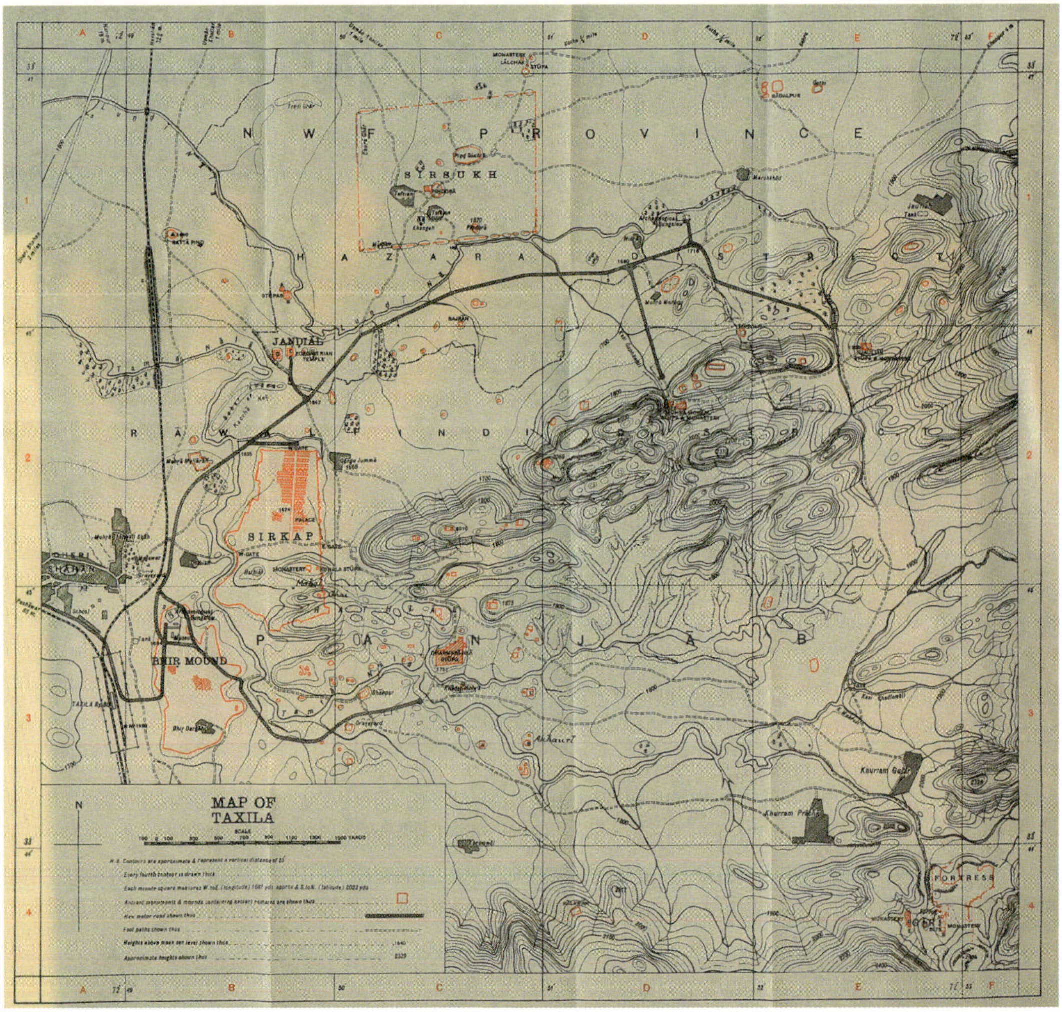
MAP OF TAXILA
SIRSUKH
SIRKAP
JANDIAL
BHIR MOUND
N W F PROVINCE
HAZARA DISTRICT
RAWALPINDI DISTRICT
PANJAB
FORTRESS

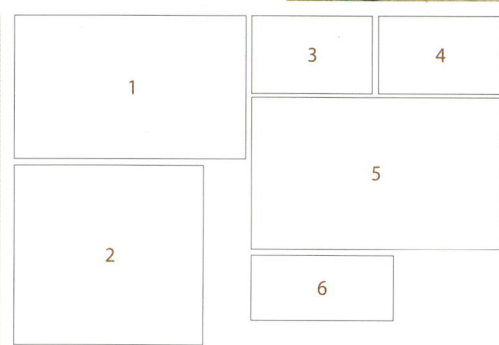

그림 Ⅲ-24. 파키스탄^{Pakistan} 탁실라유적^{Taxira site}

1. 탁실라(Taxira) 위치(位置)
2. 탁실라(Taxira)유적(遺蹟) 분포도(分布圖)
3~4. 간다라(Gandhara)
5. 시르캅(Sircap)유적(遺蹟)
6. 탁실라(Taxira)유적(遺蹟) 식화홍옥수주(蝕花紅玉髓珠)

Ⅲ. 유라시아歐亞 사막로沙漠路의 유적遺蹟과 유물遺物

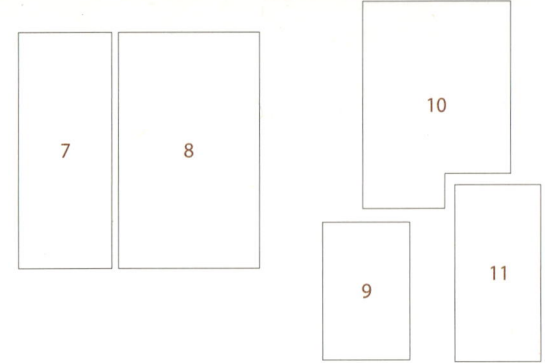

7. 탁실라(Taxira) 금제(金製) 이식(耳飾)
8. 탁실라(Taxira) 금제(金製) 장신구(裝身具)
9. 탁실라(Taxira) 은기(銀器)
10. 탁실라유적(遺蹟) 전화(錢貨)
11. 탁실라(Taxira) 인장(印章)

10. 파키스탄Pakistan의 유적遺蹟과 유물遺物

12. 탁실라(Taxira) 사리용기(舍利容器)
13~15. 탁실라(Taxira) 불상(佛像)

11. 중국中國, China의 유적遺蹟과 유물遺物

1) 우루무치烏魯木齊, Uromuchi

우르무치는 신장위구르자치구(新疆維吾爾自治區)의 수도이며 천산산맥 동단에 위치한다. 천산산맥의 북록 준가르 분지의 남쪽 해발 700-900m의 초원지대에 위치하여 분지와 같은 지형을 하고 있다. 우르무치강은 천산 산중에서 발원하여 북류하여, 홍산의 서쪽을 흐르고 준가르 초원으로 합류된다.

우르무치는 실크로드의 천산북로상에 있으며, 한대(漢代)에 거사(車師)의 방목지이었으나 돌궐(突厥)에 속한 후 당대(唐代)에는 북정도호부(北庭都護府)의 관할 아래 윤대현(輪臺縣)이 놓여졌다. 9세기에는 서주(西州)위구르 세력권에 편입되었고, 12세기 카라키타이(西遼)가 부상함에 따라 카라키타이의 지배권 하에 있었다. 13세기 몽골에 복속되었고, 명대에는 몽골 호소트부와 준가르부의 지배를 차례대로 받았다. 18세기 후반 청대(淸代)에 우루무치로 개명되었고 토성을 쌓고 나서는 적화(迪化)로 명명되었으며, 나중에 신장성(新疆城)이 설치되어 성도(省都)가 되었다.

우르무치의 당(唐)대 유적인 오랍박(烏拉泊)유적은 시가에서 남쪽으로 10km 정도에 위치한다. 오랍박고성은 당 648년에 설치된 윤대성(輪臺城)에 기원하는 성이다. 우루무치에서 가장 오래된 이 고성지에는 외성(外城)과 2개의 내성(內城)이 있다. 외성의 규모는 동서 약 450m, 남북 약 550m, 높이 약 4m의 판축 성벽이 남아있다. 동벽, 서벽, 남벽에 하나씩 북벽에는 2개의 문지가 있고 문(門), 옹성(甕城)이 있다. 또 성내는 판축의 성벽에 의해서 3개의 구역으로 나눌 수 있으며 각각 옹성과 각루를 갖춘다. 두 내성은 북쪽에 쌓아 올렸으며 서쪽의 내성이 더 오래되어 보인다. 호(壺), 관(罐) 등 많은 토기와 도기, 연화문전(蓮華文塼), 건축재 등 당(唐), 서요(西遼), 원(元)의 유물이 출토되고 있다.

백수진(白水鎭)은 우루무치 시내에서 동남 86km의 달반성(達坂城)에 백양구(白楊溝)라고 하는 협곡에 위치한다. 협곡은 천산산맥 안을 남북으로 나누어 총길이가 26km로 매년 눈이 녹은 물로 인해 풍광이 좋은 곳이다. 오렐 스타인(Aurel Stein)이 돈황(敦煌) 막고굴(莫高窟)에서 입수한 당(唐)대 문서『서주도경西州圖経』에는 우루무치로부터 투르판의 백수간도(白水澗道)라고 하는 길이 기록되고 있다. 고대부터 투르판과의 교통로가 중요하다는 것을 알 수 있다. 또 막고굴 출토의 당(唐)대 석비에는 백수진장(白水鎭將)이라 하는 직무가 기록되어 있다. 이

백수간도가 백양구를 지나는 교통로로 백양구의 서단에 남은 성지가 백수진지로 생각되고 있다. 백수진지는 주위보다 높은 바위산 위에 축조되어 이곳에서는 넓은 범위를 바라볼 수 있다. 방형의 성벽이 남아있고 흙과 자갈을 다진 판축으로 잘 남아있는 부분에서는 높이가 약 5m, 주위의 길이는 약 300m이다. 성벽의 안쪽은 자갈로 덮여있어 내부의 시설이나 구조는 명확하지 않다. 성벽의 밖에 건물이 복원 전시되고 있고 달반성고성(達坂城故城)이라고 하는 경관을 살린 관광지가 되고 있다.

    1963년 개관한 신장위구르자치구(新疆維吾爾自治區)박물관에는 5만여 점에 달하는 자료가 전시되어 있다. 신장(新疆) 각지의 고고자료와 미술공예품 한자문서, 카로슈티문자(Kharosthī), 토번(吐蕃)문자, 위글문자 등에 의한 사료 등을 전시한 신장역사진열(新疆歷史陳列), 신장(新疆)에 사는 12 소수민족의 민속자료를 전시한 민족민속진열(民族民俗陳列), 미라를 전시한 신장고시전람(新疆古屍展覽) 등이 있다. 그중에서도 1980년에 누란(樓欄)의 유적에서 발견된 BC 1000년경의 코카소이드(Caucasoid) 미라인 누란의 미녀가 유명하다. 또 부채 등의 목제품, 견직물, 모직물, 난이나 월병 등의 음식, 포도, 호두, 밀, 조 등의 종자, 도용(陶俑)과 목용(木俑) 등 아스타나(阿斯塔那)고분군으로부터 출토된 잔존상태가 좋은 유기질 유물도 전시되어 있다.

참고문헌

祁小山·王博, 2008, 『絲綢之路: 新疆古代文化』, 新疆人民出版社.
祁小山·王博, 2016, 『絲綢之路: 新疆古代文化(續)』, 新疆人民出版社.
岡內三眞(편)·박천수(역), 2016, 『실크로드의 고고학』, 진인진.
경상대학교 실크로드 문화지도 DB 구축 사업단, 2017, 실크로드 역사문화지도(Historic Cultural Atlas of the Silk Road).

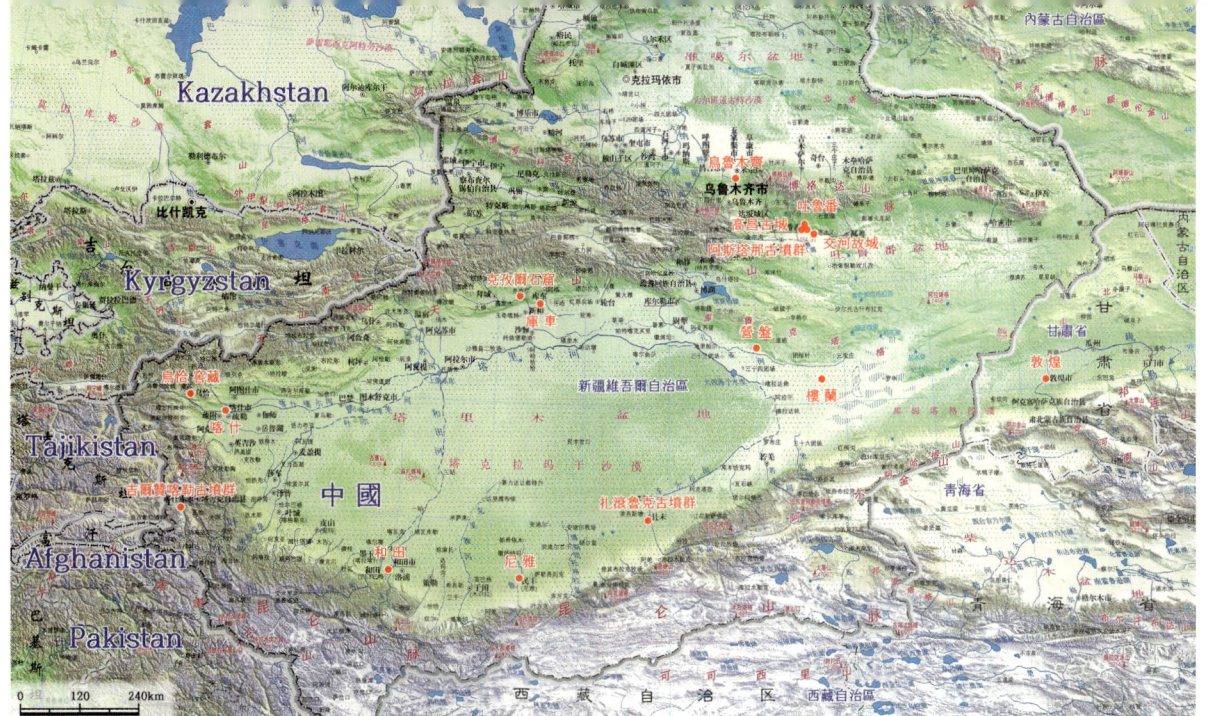

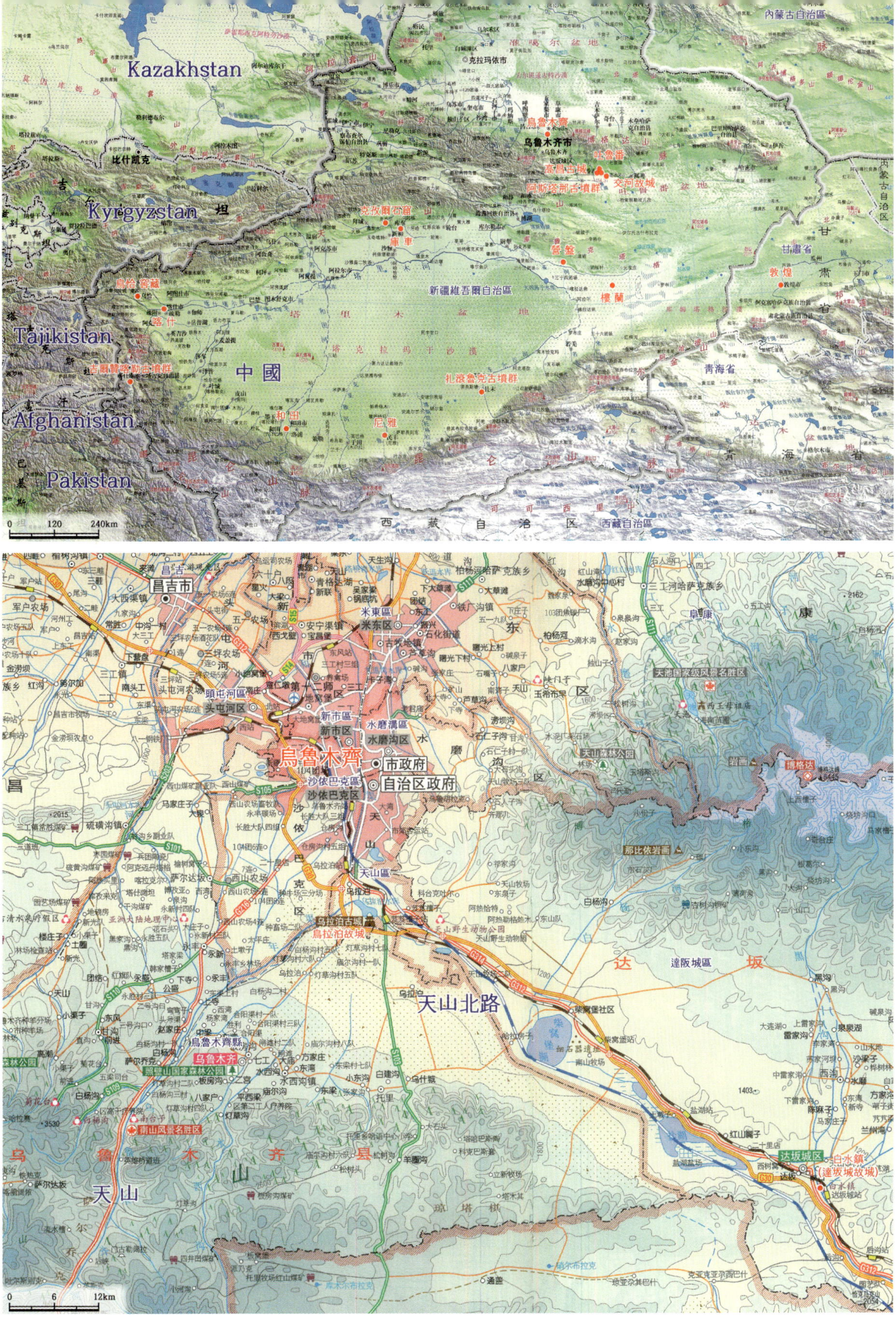

그림 Ⅲ-25. 중국(中國)China 우르무치(烏魯木齊)Urmuch

1. 중국 신장(新疆), 감숙(甘肅)유적(遺蹟) 분포도(分布圖)
2. 우르무치(烏魯木齊) 오랍박(烏拉泊)성과 백수진(白水鎭) 위치(位置)

165

Ⅲ. 유라시아歐亞 사막로沙漠路의 유적遺蹟과 유물遺物

3. 우르무치(烏魯木齊)

4. 우르무치(烏魯木齊)

5. 우르무치(烏魯木齊)

6. 백수진(白水鎭)

7~8. 오랍박(烏拉泊) 성벽(城壁)

9. 오랍박성(烏拉泊城)
10. 오랍박성(烏拉泊城) 출토품(出土品)

| 9 |
| 10 |

2) 우차교장유적烏恰窖藏遺蹟, Wuqia cellar site

우차교장유적은 신장위구르자치구(新疆維吾爾自治區)의 서부(西部), 파미르의 북부(北部), 타림분지(塔里木盆地)의 서단(西端), 천산(天山)의 남록(南麓)과 곤륜산(崑崙山)의 두 산맥이 만나는 접합부(接合部)에 위치한다. 동부(東部)는 아도십시(阿圖什市), 동남부(東南部)에는 소부현(疎附縣), 남서부(南西部)에는 아극도현(阿克陶縣)이 인접하고 북서부(北西部)는 키르기스스탄(Kyrgyzstan)과 국경(國境)을 접하고 있다.

이 유적은 우차(烏恰)의 구시가에서 9km 떨어진 90m의 수직 암산(岩山)에 위치하였다. 1959년 암산(岩山)의 인접한 키르기스스탄과 카슈카르를 연결하는 도로 공사중 적석(石墩)하 바위틈(石縫)에서 918매의 은화(銀貨)가 15매의 금정(金鋌)과 함께 출토되었다. 적석(石墩)은 교장의 은닉과 표시로서의 역할을 한 것으로 보고 있다.

은화(銀貨)는 호스로2세(Xusraw Ⅱ)의 546매를 비롯한 사산조 565매, 사산조 은화를 모방한 아랍 사산조 은화 141매 등으로 구성되어 있다.

금정(金鋌)은 양단부가 약간 넓고 측면에 홈이 있는 비대칭형이며 중량은 100g 전후이다. 양단부가 약간 넓고 측면에 홈이 있는 것은 결박하여 운반하기 쉽게하기 위함이며, 은정, 동정, 철정에 보이는 형태이다.

매납시기는 은화의 연대로 볼 때 7세기 후반이며, 그 주체는 소그드인일 가능성이 크다.

사산조 은화는 우차현(烏恰縣)의 이서(以西)에서 투루크메니스탄의 메르브(Merv), 우즈베키스탄의 부하라, 사마르칸트 등 사막로의 전역에서 출토되었다. 그 이동(以東)에서는 오아시스로를 따라 신장(新疆) 투루판(吐魯番)의 고창고성(高昌古城), 섬서성(陝西省) 서안시(西安市) 하가촌교장(何家村窖藏), 영하(寧夏) 고원(固原) 사물묘(史勿墓), 하남성(河北省) 낙양(洛陽), 하북성(河北省) 정현(定縣) 탑지궁(塔地宮) 등에서 출토된다.

이 유적의 입지와 대량의 금정(金鋌)과 은화(銀貨)는 사막로를 통한 교역의 활황(活況)을 잘 보여준다.

참고문헌

李遇春, 1959,「新疆烏恰縣發現金条和大批波斯銀币」,『考古』9, 科學出版社.
シルクロード學研究センター, 2003,『新疆出土のサーサーン式銀貨新疆ウイグル自治區博物館藏のサーサーン式銀貨』, (シルクロード學研究19), シルクロード學研究センター.

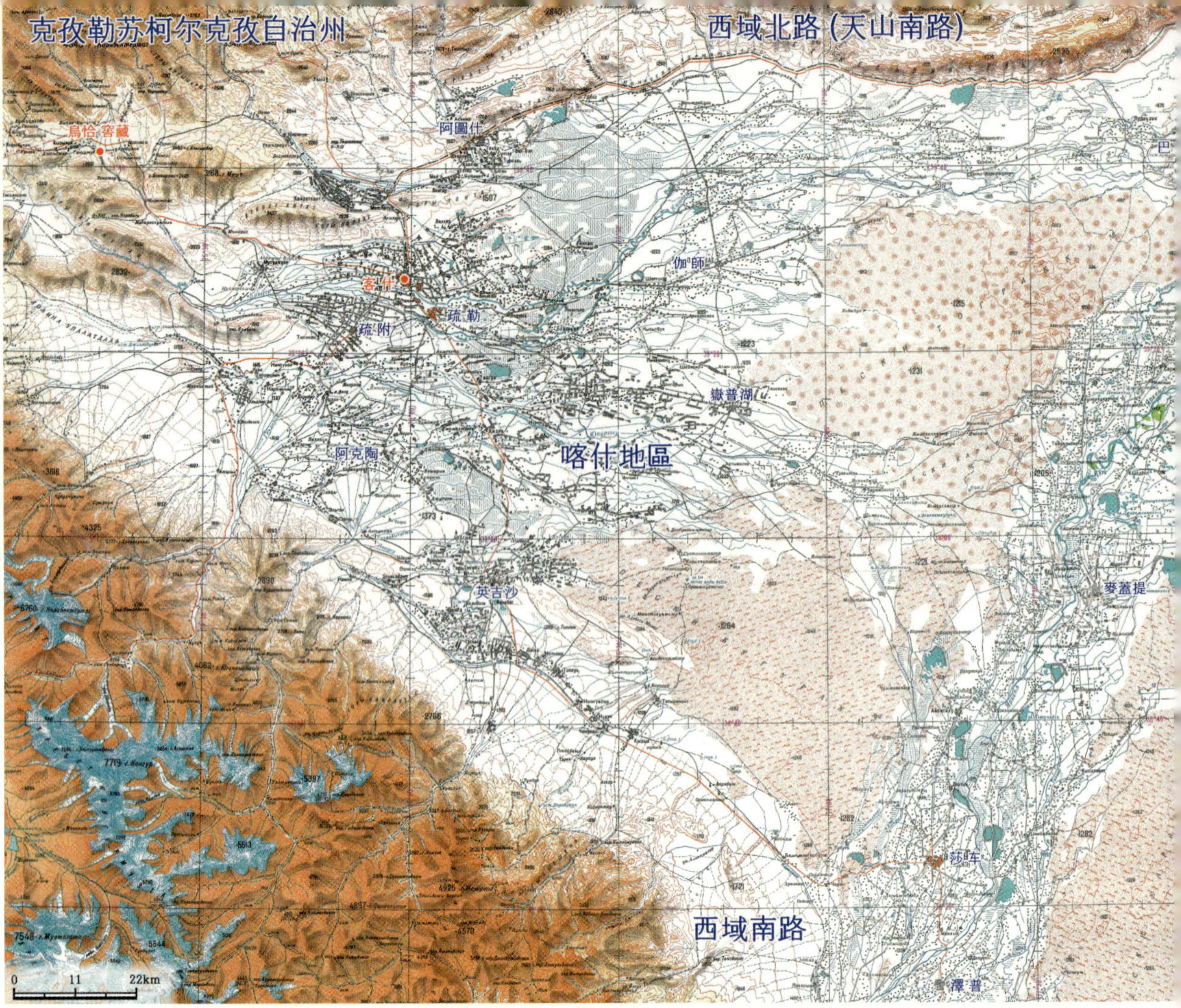

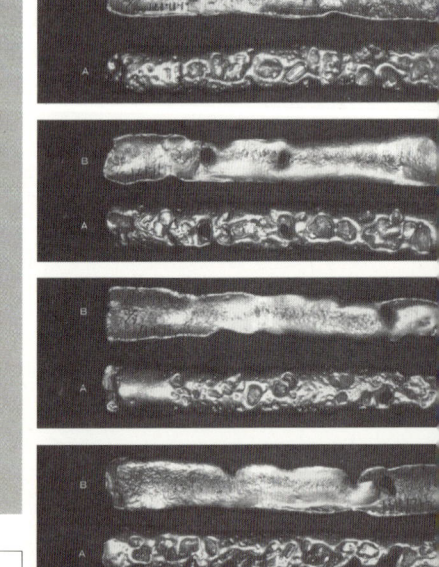

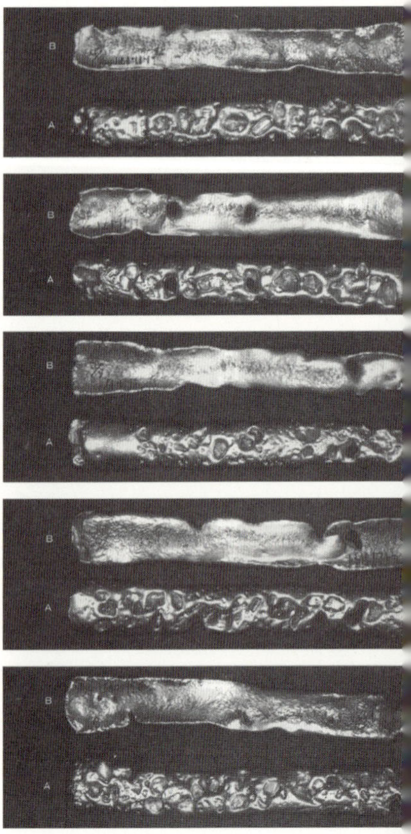

그림 Ⅲ-26. 중국(中國)China 우차교장유적(烏恰窖藏遺蹟)Wuqia cellar site
1. 우차교장(烏恰窖藏)유적(遺蹟) 위치(位置)
2. 우차교장(烏恰窖藏) 사산조페르시아(Sassanian Persia) 은화(銀貨)
3. 우차교장(烏恰窖藏) 금정(金鋌)

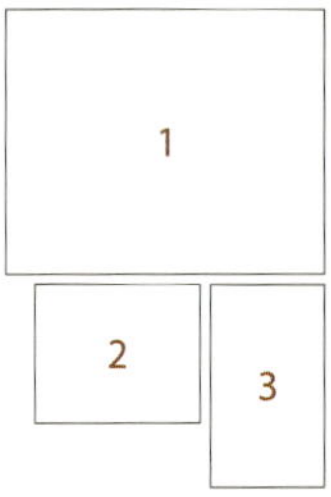

3) 카슈카르^{喀什}, Kasukar

카슈카르는 신장위구르자치구(新疆維吾爾自治區)의 서쪽 끝에 해당하는 타클라마칸(Takla Makan)의 서단, 파미르고원의 동쪽 기슭에 위치하며 이 지역의 중심 도시이다.

카슈카르는 파미르고원의 7,000m급의 산정 빙하로부터 흘러나온 풍부한 수원에 의해서 남강(南疆)에서도 제일의 비옥한 오아시스 도시를 형성하고 있다.

전한(前漢)시대 서역 36국의 하나인 소륵국(疏勒國)의 수도로서 서역도호부의 관할 하에 있었으며 후한(後漢)대 반초(班超)가 타림분지를 지배하고 있었다. 당(唐)대가 되면 안서사진(安西四鎭)의 한곳으로 도독부가 설치되었다. 『위략魏略』에 갈석(竭石), 『불국기佛國記』에 갈차(竭叉), 『낙양가람기洛陽伽藍記』, 『고승전高僧傳』, 『속고승전續高僧傳』에는 사륵(沙勒)으로 표기하였다. 『대당서역기大唐西域記』에서는 거사국(佉沙國)으로 표기되었다. 『왕오천축국전往五天竺國傳』에는 가사지리(伽師祇離) 즉 Kashgiri로 표기되었다. '지리(祇離)'는 산스크리트어로 산(山)이라는 뜻이다.

10세기대에 카라한(Qarakhanid)조의 거점으로 터키계의 사람들과 이슬람교가 유입해 카슈카르로 불리게 되었다. 명·청시대에 이르러도 이 땅의 정치·경제의 거점이었으며, 현재에도 거리의 도처에서 바자르(Bazaar)에가 열려 교통과 경제의 거점으로서 활황을 보이고 있다.

한노이고성(汗諾依古城)은 카슈카르시에서 동북쪽 약 28km에 위치하는 당으로부터 송에 걸친 시기 유적이다. 카라한조시대의 초기 도성으로서 유명하지만, 유적으로부터 출토된 각종 토기나 도편이 있으며, 대형옹에서는 약 120kg이나 되는 고전(古錢)이 출토되었다. 동전은 당대로부터 송대의 중국 동전, 아라비아문자 동전, 청대의 동전도 확인할 수 있다. 황문필(黃文弼)은 이 성이 원래는 당대 소륵국의 가사성(伽師城)이며, 소륵(疏勒), 소륵도독부(疏勒都督府)에 통치된 후 카라한조 초기에 왕도가 되어 그 후에 여름의 별궁으로서 기능했다고 해석하고 있다.

야우루커(亞吾魯克)취락유적 출토 삼이호는 동부를 9개의 연주원문으로 구획하고 그 안에 서역인의 모습을 묘사하였다.

모르(莫爾)불탑은 카슈카르시에서 동북 약 30km에 있으며, 유적에서 남쪽에는 챠크마카하(恰克馬克河)의 하도를 사이에 두고 한노이고성이 위치하고 있다. 동남쪽 언덕에 소재하는 불탑과 불탑 부근에 있는 한 변 약 25m의 방형대가 있다. 방형대의 측면에는 불감의 흔적이 있다. 언덕의 아래쪽 일대는 사원과 승방지이다. 유적 전체의 상세한 연대는 분명하지 않지만, 주위에 산재하는 적갈색이나 황갈색의 도편과 녹유도편으로 볼 때 당대 혹은 10세기 무렵의 유적으로 생각된다.

삼선동(三仙洞)은 카슈카르시의 서북 약 18km에 위치하는 석굴유적으로 챠크마카하 남기슭의 절벽에 3열로 개착되고 있다. 조기 불교유적으로 안에는 약 70점의 벽화가 그려져 있었다. 굴 안에는 전후 2실로 나누어져 천장은 돔형을 나타낸다.

아이티가르모스크(艾提尕淸眞寺)는 시의 중앙광장의 서북에 위치하는 현존하는 중국 최대의 이슬람교사원이다. 현재도 이슬람교도의 중심적 활동거점이 되고 있다. 사원의 창건은 동쪽 차카타이한국(chaghatai khanate)의 지방 영주인 카슈카르왕이 1442년 무렵에 세운 소청진사(小淸眞寺)이다. 아이티가르모스크는 1872년과 1980년대에도 전면적인 개축이 이루어졌다. 황색타일로 장식된 높이 12m의 정면 문루(門樓)나 문루 좌우에 우뚝 솟은 높이 18m의 첨탑, 정원 내에 있는 전체 길이 160m의 예배당이 있다.

아팍 호자마자르(阿帕克和卓麻札) 즉 향비묘(香妃墓)는 카슈카르의 북동 약 5km에 위치하는 17세기 이후에 이 땅을 지배한 일족의 묘지이다. 고분이 축조된 1640년에는 유수프 호자마자르, 아팍 호자마자르라고 불리고 있었지만, 현재는 향비묘(香妃墓)로 부른다. 유수프 호자는 이슬람교의 성자인 호자의 손자이며 그의 아들 아팍 호자는, 아버지의 사후 카슈카르 호자로서 종교적·정치적 지도력을 발휘하였다. 아팍 호자가 아버지의 사후에 축조한 것이 유수프 호자마자르이며, 1693년의 아팍 호자의 사후 아버지의 옆에 매장되었기 때문에 아팍 호자마자르라고 불리게 되었다.

향비는 청의 건륭제(乾隆帝, 1711-99년)에게 시집간 카슈카르 태생의 위글족 지배자의 딸이다. 몸에서 아름다운 향기가 났기 때문에「향비」라고 불리었다. 사후 3년반의 기간에 걸쳐 124명의 종자(從者)에 의해 카슈카르까지 시신이 옮겨졌다고 하는 전설이 남아있다. 실제로 청의 궁정에서 1788년에 병으로 죽은 향비는 하북(河北)에 있는 청의 동릉(東陵)의 유비원(裕妃園)에 매장되었다. 아팍 호자마자르의 묘당안에는 일족 5대 72명의 관이 안치되어 있으며 오른쪽에 향비의 관이 놓여 있다.

카슈카르의 바자르(Bazaar) 가운데 특히 규모가 큰 것에 동문 바자르이다. 바자르의 점포에는, 난, 야채, 과일, 냄비, 의료품 등의 현지산의 식료나 일용품외 하미오이, 석류나무, 융단, 금속세공 등 카슈카르 및 신장(新疆)의 특산품과 공예품이 다양하다. 게다가 중국 내지의 제품, 터키(Turkey), 키르기스스탄(Kyrgyzstan), 파키스탄(Pakistan) 등 국제색이 풍부한 상품을 볼 수 있다. 이것들은 실크로드의 중계지로서의 카슈카르를 잘 표현하고 있어 현대에 존재하는 실크로드를 실감할 수 있다.

　　카슈카르의 바자르는 이미 BC 128년에 장건이 서역으로 향해 갔을 때에 기록이 남아있다. 당시 카슈카르 일대는 소륵국(疏勒國)으로 불리고 있었다. 소륵국에서는 성벽 내외의 도처에서 시(市)가 열리고 있어 매우 번성하였다고 한다.

　　카슈카르는 실크로드의 요충지로 중국과 외국 상인들이 운집한 국제 상업도시였으며, 현재 신장위구르자치구의 유일한 국가역사문화 도시일뿐만 아니라 위구르인의 민속과 문화 예술, 건축 잘 남아 있는 지역이다. 카슈카르의 건축, 전통 공예와 바자르에서 매매되는 각지의 다양한 물품이 그것을 잘 보여준다.

참고문헌

祁小山·王博, 2008, 『絲綢之路: 新疆古代文化』, 新疆人民出版社.
祁小山·王博, 2016, 『絲綢之路: 新疆古代文化(續)』, 新疆人民出版社.
岡內三眞(편)·박천수(역), 2016, 『실크로드의 고고학』, 진인진.
경상대학교 실크로드 문화지도 DB 구축 사업단, 2017, 실크로드 역사문화지도(Historic Cultural Atlas of the Silk Road).

Ⅲ. 유라시아歐亞 사막로沙漠路의 유적遺蹟과 유물遺物

11. 중국中國, China의 유적遺蹟과 유물遺物

그림 Ⅲ-27. 중국(中國)China 카슈카르(喀什)Kasukar

1. 카슈카르(喀什) 위치(位置)
2. 카슈카르(喀什) 약도(略圖)
3~4. 카슈카르(喀什)
5. 카슈카르(喀什) 현수교(懸垂橋)
6. 아이티가르모스크(艾提尕淸眞寺)

175

Ⅲ. 유라시아歐亞 사막로沙漠路의 유적遺蹟과 유물遺物

7. 국제(國際) 바자르(Bazaar)
8. 모르(莫爾) 불탑(佛塔)
9. 야우루커(亞吾魯克)유적(遺蹟) 연주문(連珠文) 장식호(裝飾壺)

4) 지르잔칼고분군 吉爾贊喀勒古墳群, Jirzankal tombs

지르잔칼고분군은 신장위구르자치구(新疆維吾爾自治區) 카스카르지구(喀什地區) 타쉬쿠르칸타지크자치현(塔什庫爾幹塔吉克自治縣)에서 북동쪽 약 10km 지점 쿠슈만촌(曲什曼村) 동북쪽에 위치한다. 타쉬쿠루칸하(塔什庫爾幹河) 서안의 지르잔칼(吉爾贊喀勒)대지에 있는 해발 3050m에 위치한다.

2013년 이래 중국사회과학원 고고학 연구소가 발굴을 실시하였다. 길잔카르 대지는 A와 B 두 지구로 나누어져 있으며, 총 41기의 묘가 발굴되었다. A와 B지구에서는 토기, 석기, 동기, 목기 등이 약 100여 점 출토되었는데 특히 주목되는 것은 마노와 유리구슬이다.

A와 B지구의 고분은 단독장과 추가장으로 구분되며, 각각 M1, M10, M12는 추가장, M11, M13, M14, M15, M24는 단독장으로 추정된다. 이 유적은 B, C구역에 고분의 수가 가장 많다. 또한 A, B구역에서 고분군을 남쪽에 배치하고 북쪽과 동북쪽의 넓은 대지를 흑색과 백색의 자갈을 깔아 묘역 공간을 정비한 것이 특징이다. 흑색 자갈은 편암(片岩) 등이고, 백색 자갈은 섬장암(閃長岩) 등이다. 표면은 햇볕과 바람에 의한 풍식으로 밝은 색을 띠며 반짝이는데, 이상의 석재는 주변에서 쉽게 구하기 어렵기 때문에 의도적으로 반입한 것이다. D구역은 A, B, C 구역의 서북부에 위치하며 고분 5-6기가 확인된다. 지리적으로 야단지모(雅丹地貌)의 정상부에 위치하는데 해발은 3,080m이다. 지표에서 고분이 뚜렷하게 확인되지 않는다.

방사성탄소연대 측정결과 유적의 연대는 BC 7-5세기경으로 추정된다. 묘지가 네 개의 구역으로 나뉘지만 이미 발달한 초기 조로아스터교 문화를 공유하는 동일한 고고학 문화로 추정된다. A구역과 C구역이 그러한 특징을 잘 보여 주고 있다. 발굴자는 C구역의 지리적 위치, 고분의 분포와 구조, 출토 유물 등을 근거로 이곳을 조로아스터교의 경전 『아베스타^{Avesta}』속 침묵의 탑(Tower of Silence)을 가리키는 다크마(Dakhma)로 추정하였다. 다크마는 천장(天葬)의 장소이다.

이 고분군에서는 다음과 같은 조로아스터교 관련 의례가 확인되었다. 화단(火壇)은 흑백의 강돌을 비율을 달리하여 쌓아서 조성하였으며, 화단 안쪽 깊이 심하게 불에 탄 흔적이 있다. 화단내벽에는 대마를 불피운 흔적이 있는데, 죽은 이를 매장할 때 사용한 의례와 관련된 것으로 추정된다.

시신의 방부처리와 관련된 흔적. 다수의 고분에서 조로아스터교도들이 제례에 사용한 것으로 추정되는 나뭇가지들이 출토되었다.

출토유물 가운데 매의 머리뼈와 발은 조로아스터교의 성물(聖物)과 관련이 있다고 보고 있다. 부장된 공후(箜篌)도 조로아스터교의 제사의식에 사용된 중요한 악기이다.

지르잔칼고분군은 BC 7-5세기의 조로아스터교 초기문화를 내포한 유적으로 조로아스터교의 중앙아시아 기원설을 입증하는 자료로 의의가 있다.

특히 식화홍옥수와 마노는 인도에 원산지를 두고 있으며, 지르잔칼 고분군의 조성세력이 중국과 인도를 잇는 요충지에 위치하여, 중개무역을 실시하였다는 증거로 볼 수 있다.

참고문헌

강인욱, 2015, 「불씨를 나누는 마음」, 『진실은 유물에 있다』, 샘터사.

中國社會科學院考古研究所新疆工作隊, 2015, 「新疆塔什庫爾幹吉爾贊喀勒墓地發掘報告」, 『考古學報』2期, 中國社會科學院.

中國社會科學院考古研究所新疆工作隊·新疆喀什地區文物局·塔什庫爾幹縣文物管理所, 2017, 「新疆塔什庫爾幹吉爾贊喀勒墓地2014年發掘報告」, 『考古學報』4, 考古雜誌社.

국립문화재연구소미술문화재실(편), 2019, 『실크로드 연구사전 동부: 중국 신장』, 국립문화재연구소.

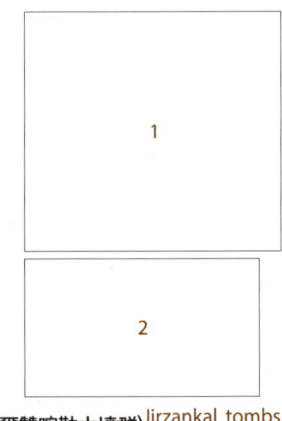

그림 Ⅲ-28. 중국(中國)China 지르잔칼고분군(吉爾贊喀勒古墳群) Jirzankal tombs
1. 지르잔칼고분군(吉爾贊喀勒古墳群) 위치(位置)
2. 지르잔칼고분군(吉爾贊喀勒古墳群) 위치(位置)

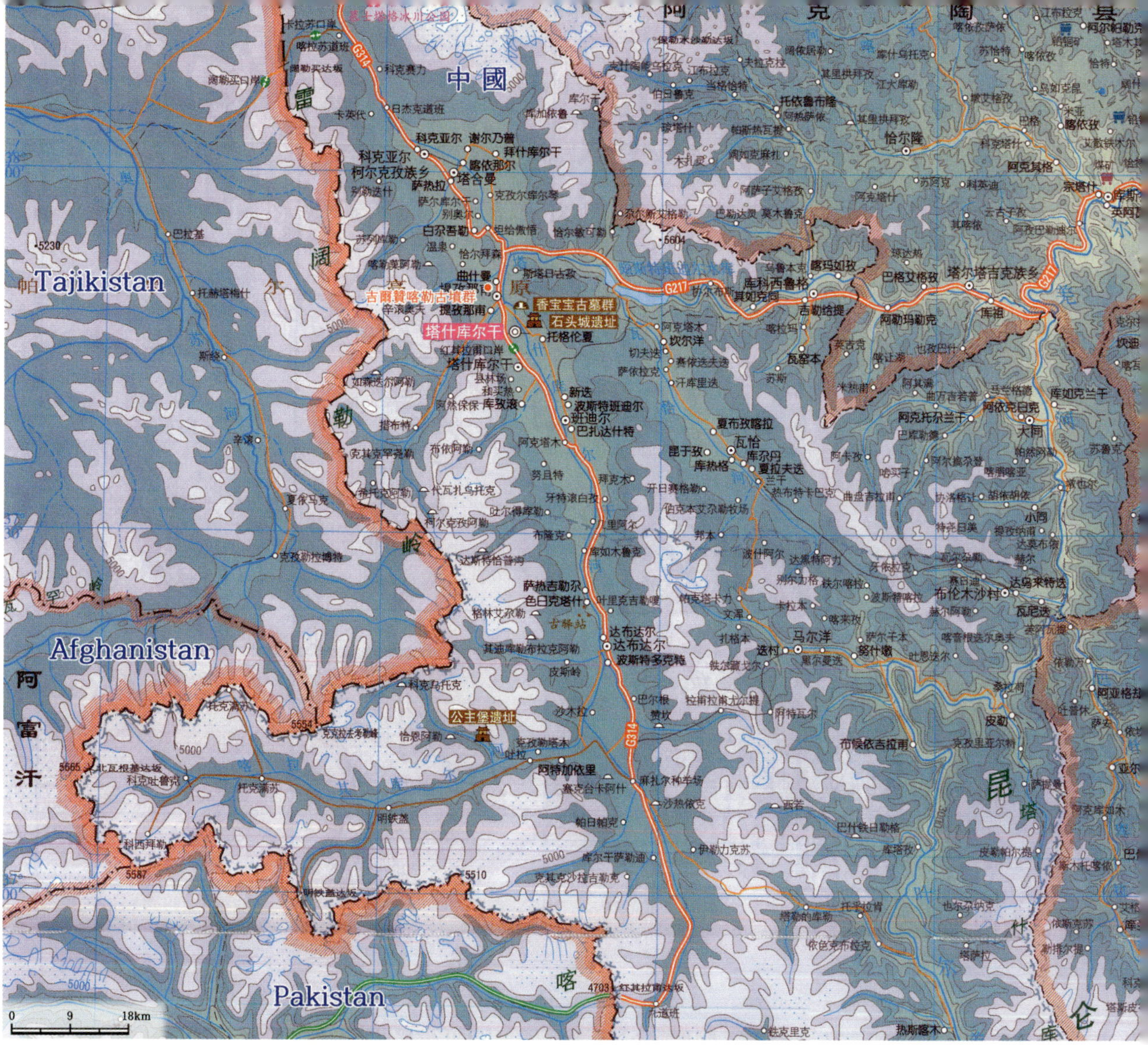
中國
Tajikistan
Afghanistan
Pakistan
阿富汗
吉爾贊喀勒古墳群
香宝宝古墓群
石头城遗址
塔什库尔干
公主堡遗址
G314
G217
0 9 18km

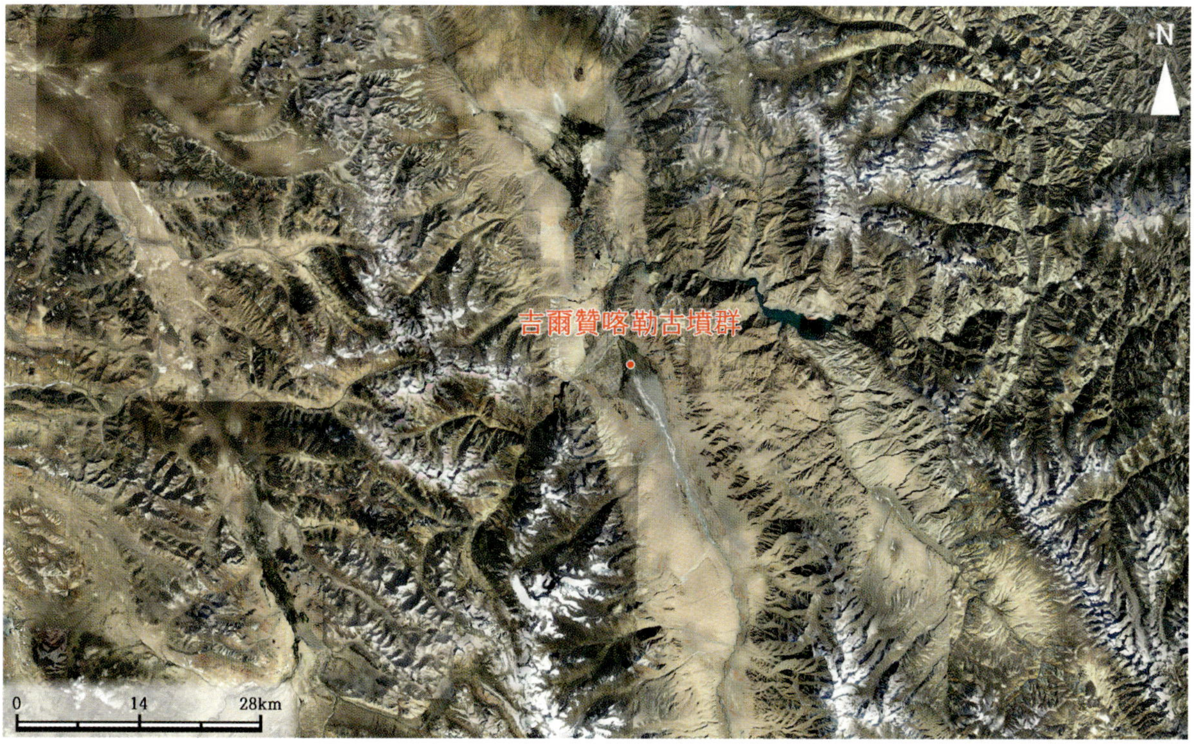
N
吉爾贊喀勒古墳群
0 14 28km

3. 지르잔칼고분군(吉爾贊喀勒古墳群)
4. M9호분
5. M16호분
6. 홍옥수주(紅玉髓珠)
7. 호마노주(縞瑪瑙珠)

5) 호탄和田, Hotan

호탄은 신장위구르자치구(新疆維吾爾自治區)의 타클라마칸 사막 남부에 위치한 오아시스 도시이다. 곤륜(崑崙)산맥에서 발원하는 백옥하(白玉河)와 흑옥하(黑玉河)의 관개수로로 번영했다. 한대(漢代)에는 우전국(于闐國)으로 동은 누란(樓蘭), 서는 사차(莎車), 북은 아크수(Aksu)로 이어지는 교통의 요지였다. 2-3세기의 카로슈티 문서에는 우전(于闐)이 쿠스타나카(Kustanaka)란 이름으로 나온다. BC 60년경 우전국(于闐國)의 인구는 1만 9,300여 명이었다. 전한 말엽에 국력이 쇠퇴해 인접한 사차국(莎車國)의 지배하에 들어간 적이 있었으나 다시 독립하였다. 3세기에 이르러 융로국(戎盧國)·한미국(扜彌國)·거륵국(渠勒國)·피산(皮山) 등 인근 나라들을 예속시켜 선선(鄯善)·소륵(疏勒)·구자(龜玆)·언기(焉耆)와 더불어 타림분지 5대국의 하나였다. 일찍이 인도로 가던 구법승들은 이곳을 경유하면서 생생한 기록을 남겼다. 401년 인도로 가는 길에 이곳을 거쳐간 법현(法顯)은 "물자가 풍족하며 모두 불교를 믿고 있으며 승려가 수만명에 달한다"고 하였다.

644년 귀국길에 사차를 지나 이곳에 도착한 현장(玄奘)은 이 나라 둘레가 4천여 리, 곡물의 경작, 풍부한 과실, 백옥(白玉)과 흑옥(黑玉)의 채집, 주민들의 불교 신봉, 가람(伽藍) 100여 소와 승려 5천여 명, 대승불교 등 여러가지 사실과 더불어 건국 전설과 불교 전래 전설, 특히 잠종(蠶種) 전래 전설 등을 소개하였다.

약특간(約特干)유적은 호탄(和田)시가에서 서(西)쪽으로 약(約) 10km 지점 파격기향(巴格其鄕) 예랍만촌(芮拉曼村)에 위치하며 북(北)은 해력기애(海力其崖), 동(東)은 아랍늑파촌(阿拉勒巴村)과 병란간촌(並蘭干村)에 면하고 있다. 3-8세기(世紀)의 우전국(于闐國)의 도성(都城)으로 보고 있다. 유적의 북동(北東)쪽에 지표(地表)에 3m 노출(露出)된 문화층(文化層)이 있으며, 도편(陶片)이 출토되고 있다. 이곳은 오렐 스타인(A. Stein)의 방문 이래 도기(陶器), 테라코타, 유리, 옥(玉), 화폐 등이 출토되었으며, 도기(陶器)는 기하학(幾何學), 식물(植物), 인물(人物), 동물(動物) 등의 문양을 묘사하였고 페르시아, 그리스의 영향이 보인다. 테라코타는 인물(人物), 동물(動物) 등을 묘사하고 있다. 화폐는 한(漢)의 오수전(五銖錢), 당(唐)의 건원중보(乾元重寶)가 출토되었다.

단단윌리크(Dandān Uiliq)유적은 호탄(和田) 동북쪽 120km 지점 책륵현(策勒縣)에 있다. 이 유적에서는 영국의 탐험가 오렐 스타인(A. Stein)은 단단윌리크에서 현장(玄奘)의 『대당서역기大唐西域記』에 나오는 중국의 공주가 출가하면서 잠종(蠶種)을 모자 속에 숨겨서 호탄으로 반출했다는 내용의 판화(版畵), 즉 '견왕녀도(絹王女圖)'를 발견하였다.

마리극와특(瑪利克瓦特)고성은 호탄(和田)시가에서 남(南) 약 25km, 백옥하(白玉河)의 서안(西岸)에 있는 한(漢)-당(唐)시대의 유적이다. 이곳은 우전국(于闐國)의 서쪽 요새(砦)로서 동서(東西) 740m, 남북(南北) 1,500m이며 전(塼)으로 축조된 성벽(城壁)이 남아있다.

호탄(和田)은 '옥의 고향' 등 여러가지 이름으로 불린다. 이곳의 특산물은 옥(玉)이며, 곤륜(崑崙)산맥에서 발원하여 동쪽으로 흐르는 백옥하(白玉河)와 서쪽으로 흐르는 흑옥하(黑玉河)의 하상(河床)은 옥(玉)의 채굴지다. 하남성(河南省) 안양시(安陽市) 은허(殷墟)의 상(商) 23대 왕인 무정(武丁) 부인의 부호묘(婦好墓) 출토 옥기(玉器)에는 호탄(和田)산이 포함된 것으로 보고 있다.

이와같이 일찍부터 호탄(和田)의 옥(玉)은 동서 각지로 수출되었다. 그 교역의 담당자는 월지인(月氏人)들이었다.

오대(五代) 진(晉)의 절도판관(節度判官)으로 옥새(玉璽)용의 옥(玉)을 구하기 위해 호탄(和田)에 파견된 고거회(高居誨)가 남긴 현지 방문기인 『고거회사어우전기高居誨使於于闐記』에는 옥(玉)을 채집하는 방법이 다음과 같이 기술되어 있다. 해마다 5-6월 강물이 불어나면 각양각색의 옥(玉)이 곤륜산(崑崙山)에서 흘러 내려오며, 7-8월에 물이 빠지면 옥(玉)을 채집하였다.

5-10세기 호탄(和田)어는 인도 서북의 간다라어와 계승 관계가 있는 것으로 알려있는데 이는 불교를 매개로 두 지역간의 교류가 활발했던 사실을 반영하고 있다. 불교 왕국이었던 호탄국은 인도에서 중국으로 불교문화를 매개하는 전달자의 역할을 담당했다. 또한 돈황의 지배 세력과 혼인동맹을 맺으며 불교 사원 건축 등 돈황의 불교 문화 조성을 적극적으로 후원했다.

7세기 이래로 당(唐)의 안서사진(安西四鎭) 가운데 하나였고, 8세기 말부터 9세기 전반 사이에는 토번의 영향을 받았다. 11세기 중앙아시아의 카라한조의 영향으로 이슬람화되었고 인도와의 교류 빈도가 낮아지면서 주민들도 투르크화되었다. 몽골제국이 쇠락한 이래로 모굴리스탄 칸국의 지배를 받았으며, 18세기에는 준가르와 청제국의 지배를 차례로 받았다.

호탄(和田)의 우전국(于闐國)은 양질의 옥(玉)과 비단(絹)을 산출하는 사막 남도 최대의 무역국가로서 실크로드의 주요 도시 국가 가운데 하나였다.

참고문헌

Stein, Aurel. 1907. *Ancient Khotan: Detailed Report of Archaeological Explorations in Chinese Turkestan*, Vol. 1. Oxford: Clarendon Press.

경상대학교 실크로드 문화지도 DB 구축 사업단, 2017, 실크로드 역사문화지도(Historic Cultural Atlas of the Silk Road).

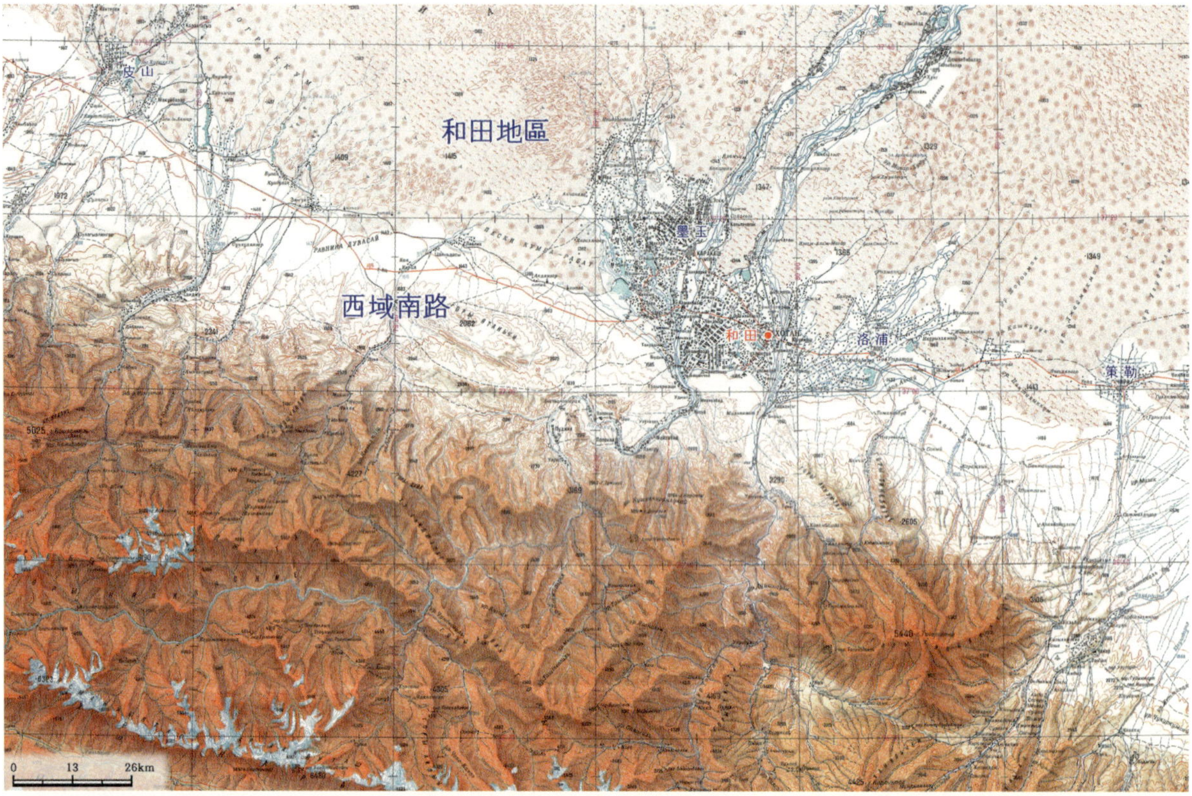

Ⅲ. 유라시아歐亞 사막로沙漠路의 유적遺蹟과 유물遺物

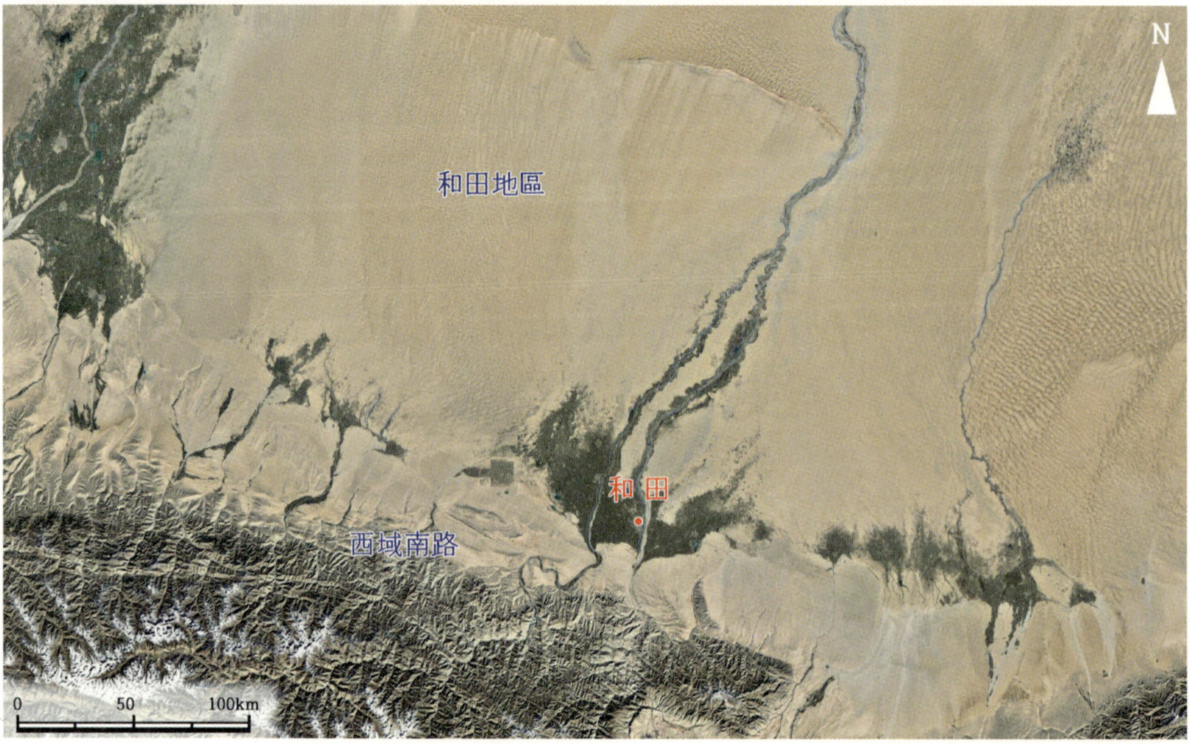

11. 중국中國, China의 유적遺蹟과 유물遺物

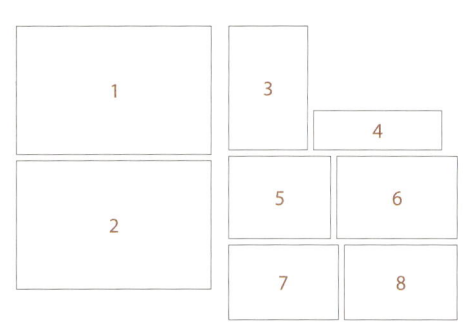

그림 Ⅲ-29. 중국(中國)China 호탄(和田)Hotan
1~2. 호탄(和田) 위치(位置)
3. 단단윌리크(丹丹烏里克) 불좌상도(佛坐像圖)
4. 단단윌리크(丹丹烏里克) 잠종(蠶種) 견왕녀도(絹王女圖)
5. 호탄(和田) 옥(玉)
6~8. 호탄(和田) 옥(玉) 바자르(Bazaar)

6) 니야유적 尼雅遺蹟, Niya site

　　니야유적은 신장위구르자치구(新疆維吾爾自治區) 타림분지의 남쪽 호탄(和田)지구에 위치하는 2-3세기 도시유적이다. BC 1-4세기의 취락유적으로 민펑(民豊)에서 북쪽으로 120km 정도 떨어진 곳에 위치한다. 이곳은 니야강(尼雅江)을 수원으로 하는 오아시스도시로서 타클라마칸 사막 천산남로 호탄(和田)의 동북쪽에 있다.

　　전한대에는 정절국(精絶國)이라는 소국이었으며, 한 때는 '선선국(鄯善國)' 누란의 영향력에 있기도 하였다. 『대당서역기』에는 여행자들이 이곳을 경유하였다고 하였다.

　　유적의 규모는 동서 7km, 남북 22km이며 20세기 초에 오렐 스타인에 의해 발굴조사되었다. 스타인은 세 차례(1901년, 1906년, 1914년)에 걸쳐 조사하면서 사막에 매몰된 도시와 사원의 모습을 확인할 수 있었고, 1959년에는 신장박물관 고고학연구소 발굴단에 의해 조사가 이루어졌다. 니야유적은 대부분은 주거지(住居址)였으며, 도기의 파편, 골풀로 채운 토담, 마른 과수나 포플라 떼 등이 남아있어 고대의 취락의 흔적이 확인되었다.

　　스타인에 의해 다양한 유물이 확인되었으며, 석기·토기·청동기·농기구·무기를 비롯하여 제우스상·헤라클레스상 등의 그리스계 신상을 넣은 완형의 봉니(封泥)와 문서가 확인된 점도 특징적이다. 또한 연주문(連珠文)과 보상화문(寶相華文) 등으로 장식된 목제 의자가 출토되었다.

　　특히 카로슈티 문서가 약 700여 점 이상 발견되었는데, 3-4세기의 것으로 목간과 가죽 및 종이 등에 써진 것들이다. 내용은 공적인 왕의 명령부터 개인 서신 등 다양하며, 이를 통하여 그 당시의 생활사와 당대 여러 나라들에 대한 연구가 진행될 수 있었다. 스타인은 조사의 결과를 보고서로 간행하였고, 스타인이 반출한 유물들은 현재 영국박물관과 뉴델리 국립박물관에 있다.

　　또한 니야에서는 2-4세기의 융단을 발견하였는데, 이는 인도에서 온 것도 있다. 인도에서는 이 당시의 직물을 확인하기 어렵기때문에 이 융단은 인도 직물을 볼 수 있는 희귀한 사례이다.

　　1959년의 조사에서 수습된 유물가운데 구슬이 있다. 여러 고분에서 각각 출토된 구슬을 꿰 놓았기 때문에 유리, 호박, 마노, 옥 등 다양한 재료가 혼재되어있고, 원형, 주판알모양, 관옥형 등 형태도 다양하며, 색상과 장식도 다르다. 그 가운데 페니키아산 돌출첩안문유리주가 있어 주목된다.

니야유적 N8유구 출토 압형주자(鴨形注子)인 리톤(rhyton)은 그 출토 위치와 베그람(Begram) 출토품과 관련성이 보이는 점에서 아프카니스탄을 거쳐서 이입되었을 가능성이 크다.

더욱이 후한(後漢) 말 위(魏) 초의 신장위구르자치구 니야(尼雅)유적 1호묘지 3호묘의 칠제 화장합의 빗접 장식으로 사용된 원문유리주는 사산조페르시아산으로, 한국의 경주 식리총 등 출토 이 형식의 유리주가 사막로를 통하여 이입된 것을 알 수 있다.

니야유적은 중원과 서역, 서아시아, 인도를 연결한 서역 남도의 중요 거점이었다.

참고문헌

中日日中共同尼雅遺跡学術調査隊, 1996, 『中日日中共同尼雅遺跡学術調査報告書 第1·2卷(3冊)』, 法蔵館.

祁小山·王博, 2008, 『絲綢之路: 新疆古代文化』, 新疆人民出版社.

祁小山·王博, 2016, 『絲綢之路: 新疆古代文化(續)』, 新疆人民出版社.

국립문화재연구소미술문화재실(편), 2019, 『실크로드 연구사전 동부: 중국 신장』, 국립문화재연구소.

Ⅲ. 유라시아歐亞 사막로沙漠路의 유적遺蹟과 유물遺物

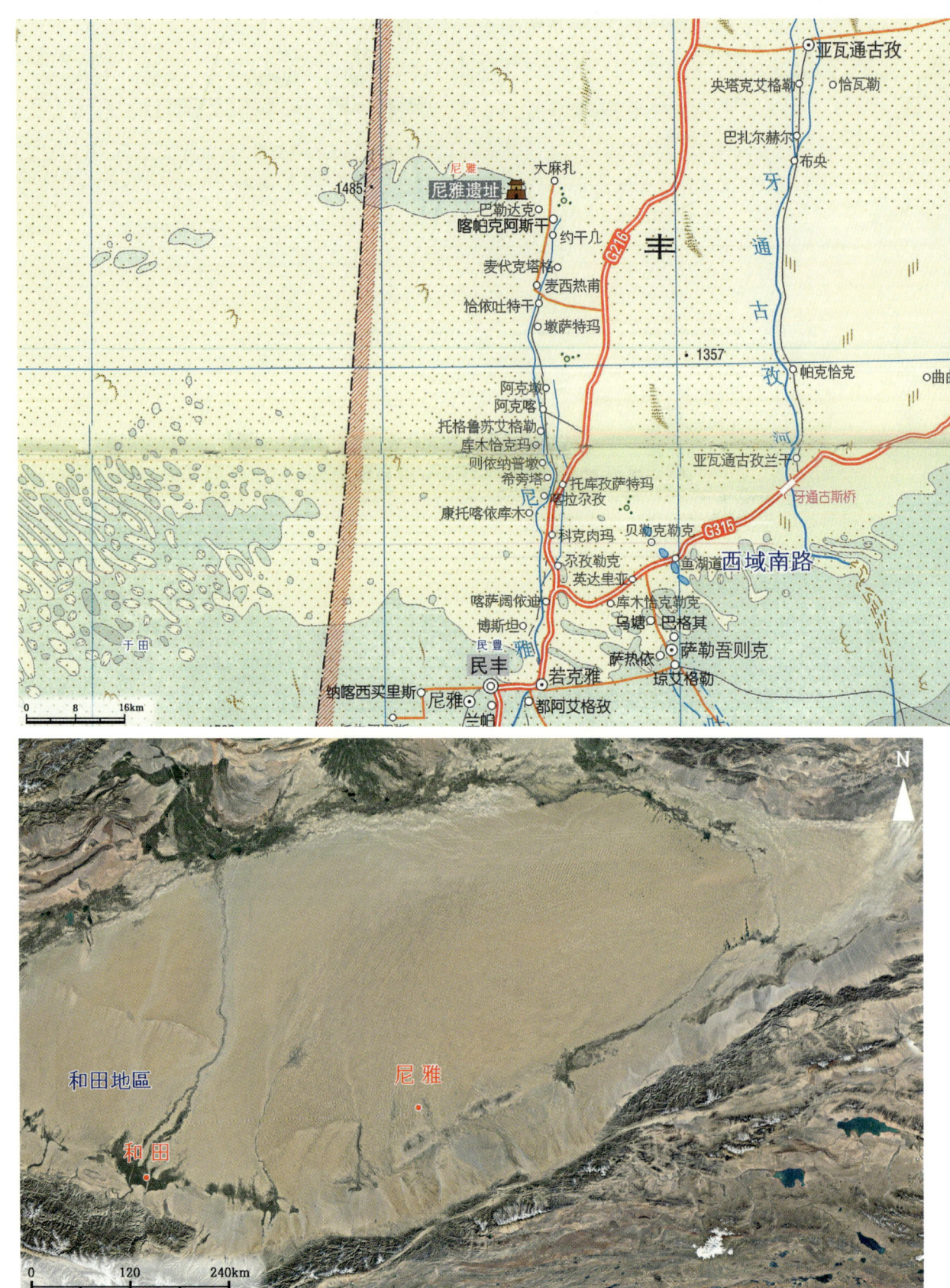

11. 중국中國, China의 유적遺蹟과 유물遺物

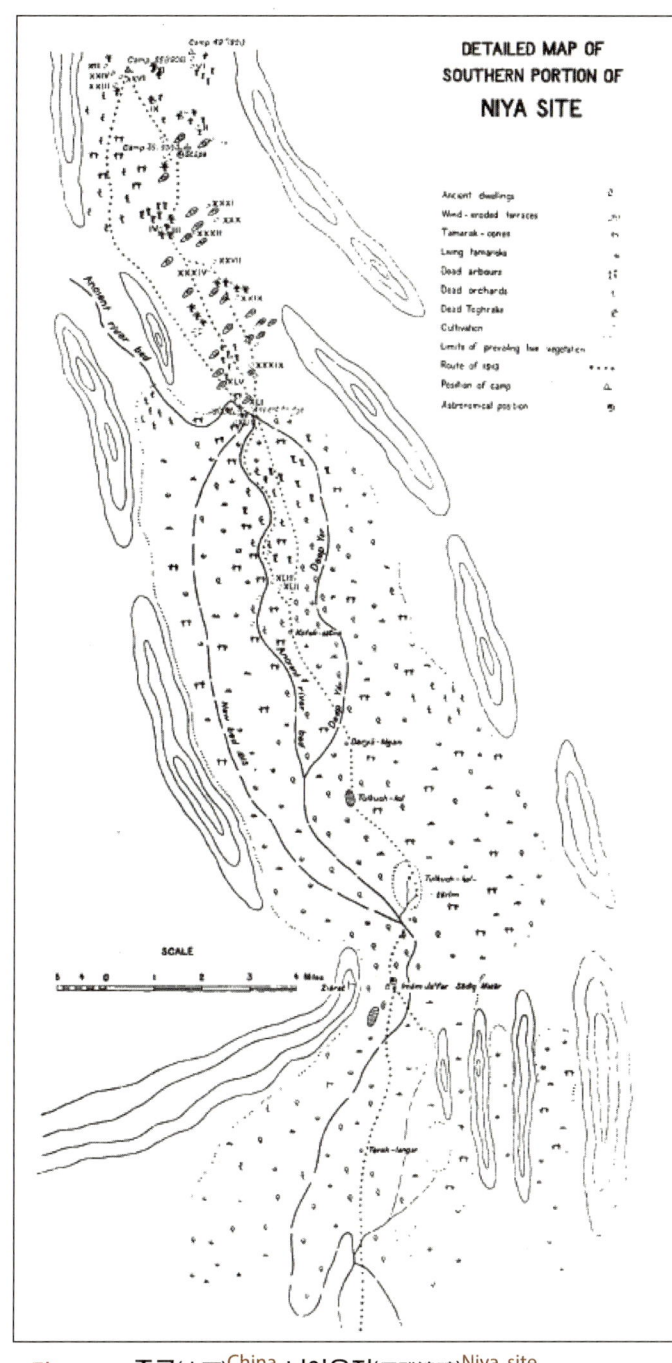

그림 Ⅲ-30. 중국(中國)China 니야유적(尼雅遺蹟)Niya site
1~2. 니야(尼雅)유적(遺蹟) 위치(位置)
3. 니야(尼雅)유적(遺蹟) 분포도(分布圖)

4. 니야(尼雅)유적(遺蹟)
5. 1995년 1호묘지 M8호묘
6. 1995년 1호묘지 8호묘 남성(男性) 미라
7. 니야(尼雅)유적(遺蹟) 벽화(壁畫)
8. 니야(尼雅)유적(遺蹟) 목간(木簡)
9. 니야(尼雅)유적(遺蹟)
10. 니야(尼雅)유적(遺蹟) N8호 유지(遺址) 로마(Rome) 유리리톤(琉璃rhyton)

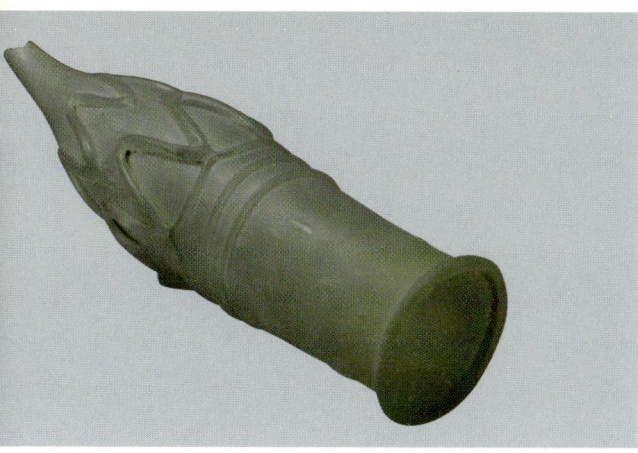

11
12 13

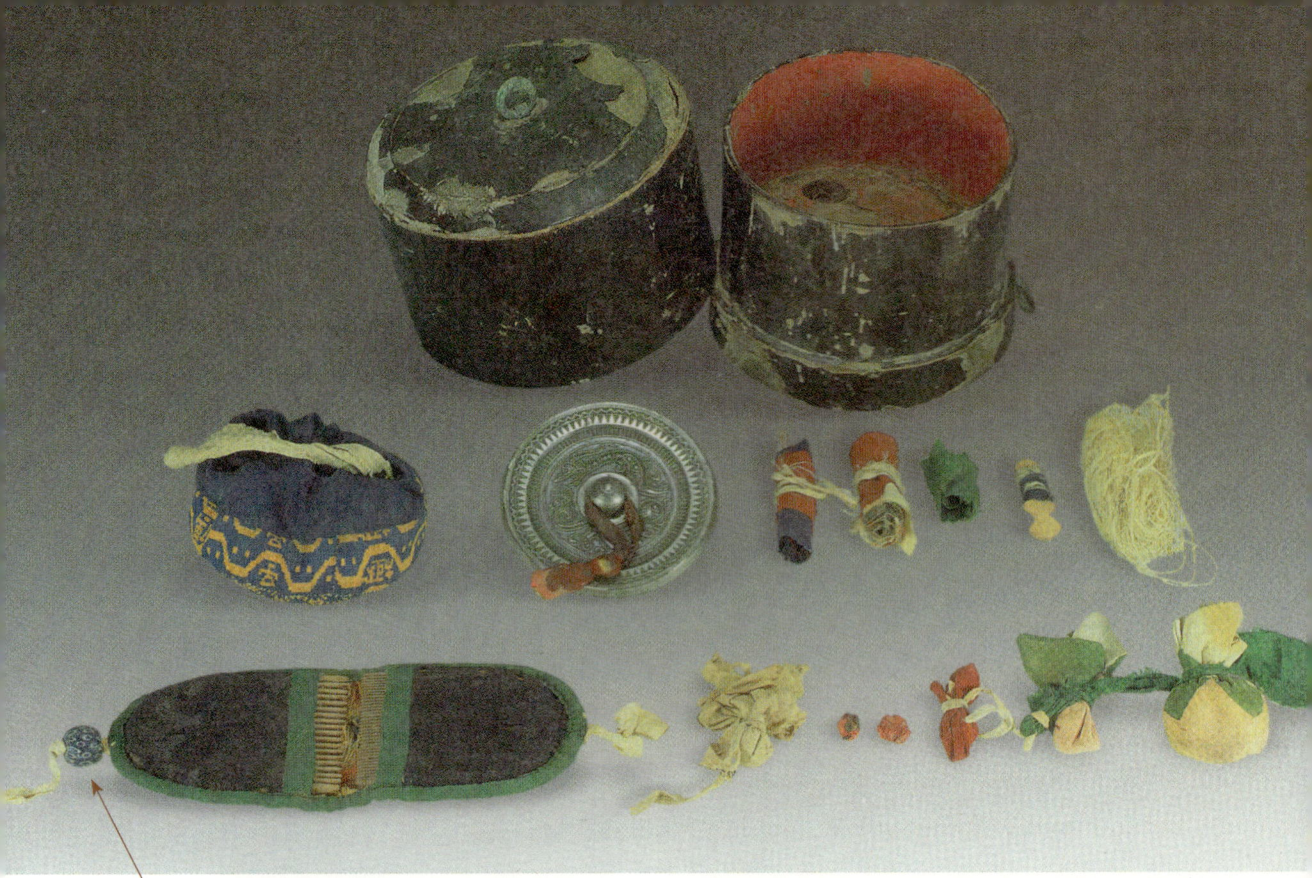

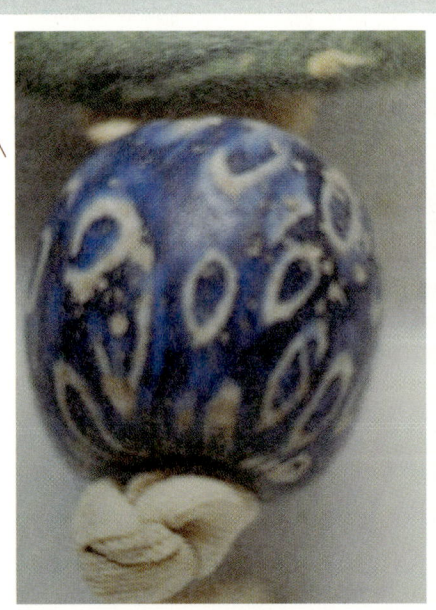

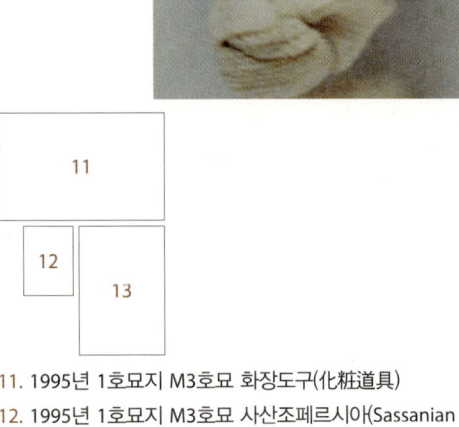

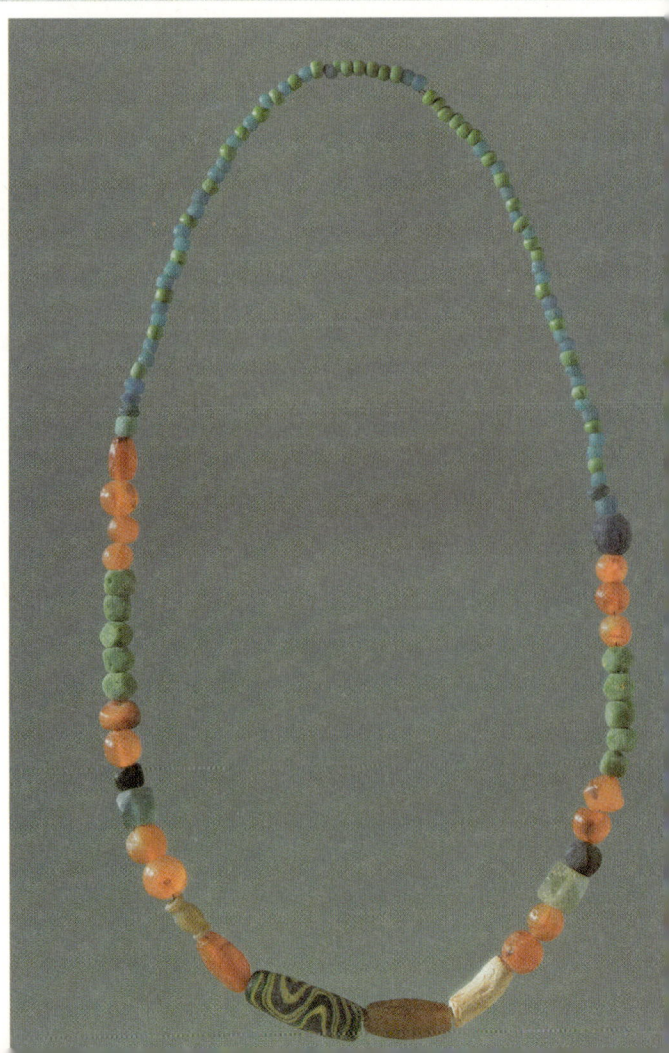

11. 1995년 1호묘지 M3호묘 화장도구(化粧道具)
12. 1995년 1호묘지 M3호묘 사산조페르시아(Sassanian Persia) 이중원문유리주(二重圓文琉璃珠)
13. 니야(尼雅)유적(遺蹟) 경식(頸飾)

7) 쿠처庫車, Kuche

쿠처는 신장위구르자치구(新疆維吾爾自治區) 서부 천산산맥 중부의 남로의 타클라마칸 사막 북단에 위치한 도시이다. 천산의 눈 녹은 물에 의해 풍족한 경지가 넓게 펼쳐진 오아시스이다.

쿠처에 있었던 구자국(龜玆國)은 『사기史記』에 따르면 BC 2세기 중계무역으로 번성한 타림분지 굴지의 대국이었다. BC 77년 한(漢)에게 예속되어 서역도호(西域都護)가 설치되었으며 왕망시기에는 흉노에 속했다. 5세기경 구자는 유연의 지배하에 있다가 이후 북위, 북주, 및 남조의 양 정권의 통제를 받았으나, 서돌궐에 예속되기도 했다. 당대에는 안서도호부(安西都護府)가 설치되고 정치, 군사, 경제와 문화의 중심이었으나 당조(唐朝)의 쇠퇴에 따라 구자국도 쇠퇴했다. 구자악(龜玆樂)이라고 불리는 특징의 음악과 춤이 당에 전해져 유행했다. 9세기 후반 위구르왕국에 귀속되면서 투르크화가 진행되었다.

『한서漢書』에 따르면, 구자국은 10만 명에 달하는 인구가 거주하고 있는 오아시스 도시로서 경제, 종교, 문화적으로 번성하여 중원 왕조에까지 영향을 끼쳤다. 즉 인도와의 불교 교류를 통해 독자적인 불교문화와 '구자악(龜玆樂)'이라는 음악을 발전시켜 중국문화에도 영향을 주었다.

구자국의 도성인 고성(故城)은 쿠처시내의 서쪽에 있다. 성벽은 동, 남, 북벽이 잔존하고, 남아있는 벽의 폭은 8-16m, 높이는 7.6m, 길이는 약 1,100m이다. 오래된 성벽은 한(漢)대에 축조되었으며 북위(北魏)시대에 황폐한 것을 당(唐)대에 수복되었다. 성내에서는 한(漢)·당(唐)대의 화폐와 토기, 기와, 철 쟁기(鉄犁) 등이 출토되었다. 또 남해돈(南海墩)·합랍돈(哈拉墩) 등으로 불리는 건축지가 현존한다. 합랍돈(哈拉墩)에서는 33점의 대형토기가 출토되었던 점으로 보아 저장고였을 것이다.

구자국의 영역 내에는 불교유적이 20개소 이상 남아있다. 석굴사원으로는 키질(克孜爾), 타이타이얼(臺·臺爾), 쿰투라(庫木吐喇), 심심(森木塞姆石窟), 키질가르하(克孜爾尕哈), 마자바하(碼扎伯哈) 등이 있고, 불교사원은 스바시(蘇巴什)유적이 유명하다.

석굴의 총수는 600이 넘으며 벽화의 총 면적은 1만m²이상이다. 석굴과 사원에 그려진 벽화는 구자국(龜玆)의 불교예술의 정화이다. 4세기에서 13세기까지 그려졌고, 석굴에 따라 시대의 차이가 있다. 구자지역은 북전(北傳) 불교의 중심지로 인도, 중앙아시아 등의 문화적 전통을 폭넓게 흡수하여 벽화내용도 그의 영향을 받고 있다. 인도와 이란의 영향이 강한 양식과 중국의 영향이 강한 양식으로 나눌 수 있다. 제재(題材)는 석가와 그를 둘러싼 보살(菩薩), 불제자(佛弟子), 비천(飛天), 공양인(供養人), 기락(伎樂), 석가(釋迦)의 전세(前世)의 이야기를 묘사한 본생도(本生圖), 석가의 소행을 나타낸 불전도(佛傳圖) 등 불교에 관계되는 벽화가 주류를 이룬다.

키질석굴은 바이청현(拜城縣) 키질진(克孜爾鎭) 동남쪽 7km 무자르트하(木扎提河) 북쪽 밍오이타그산(明屋達格山) 단애(斷崖) 동서 2km에 이르는 절벽에 조영되었다. 총 236기의 석굴이 현존하고 있으며 3세기 중엽-5세기 초에 개착하기 시작하여 남북조(南北朝)시대인 5세기 초-6세기 말에 번성기를 맞고, 당대(唐代)까지 지속되었다.

심심석굴은 야하진(牙哈鎭) 커르시촌(克日希村) 북동쪽으로 4.8km 떨어진 콜타그산(劫勒塔格山) 남쪽 기슭에 위치한다. 현존하는 석굴은 모두 57기이다. 석굴은 대부분 심심계곡의 동쪽과 서쪽 암벽에 배치되어 있으며, 양쪽 암벽 사이에 혀처럼 튀어나온 작은 구릉 위에도 일부 석굴과 더불어 흙벽돌로 지은 스투파를 포함한 평지 사원유구가 남아있다. 심심석굴은 평지 사원 중앙에 배치되고 그 주변에 석굴이 배치된 점이 특징이다. 4세기부터 석굴 개착이 시작되었고 9세기까지 조상(造像) 활동이 지속된 것으로 판단하였다. 쿠처지역의 다른 석굴사원 유적과 비교할 때, 벽화로 장식된 석굴이 큰 비중을 차지하는 점이 특징이다. 석굴 구조와 벽화 양식에서도 기본적으로 쿠처지역의 다른 석굴과 특징을 공유하지만, 좀더 지역적인 특색이 두드러진다. 또한 현재는 유실되었으나 제11굴 대상굴에 안치되어 있던 불상은 높이가 약 13m로 추정되며, 이는 쿠처지역에서 키질(克孜爾)제47굴 다음으로 큰 규모이다.

심심석굴에서는 사산조 페르시아산 고배가 출토되었다. 반원형의 배신의 중간에 2열로 교차되게 원문으로 장식하였다. 일견 절자문처럼 보이나 단추형의 소형 원판을 별도로 제작한 후 부착한 것이다. 이란 출토품 등에 유례가 보인다.

그런데 중국 남북조시대의 양(梁)에 조공하러 온 외국 사신들을 양(梁) 원제(元帝) 소역(蕭繹)이 그린 양직공도(梁職貢圖)에는 구자국사(龜玆國使)가 보여 주목된다. 남경박물원구장본(南京博物院舊藏本)에는 12개국 즉 활국(滑國)·파사국(波斯國)·백제국(百濟國)·구자국(龜玆國)·왜국(倭國)·낭아수국(狼牙修國)·등지국(鄧至國)·주고가국(周古柯國)·가발단국(呵跋檀國)·호밀단국(胡密丹國)·백제국(白題國)·말국(末國)의 사신이 있다.

구자국사(龜玆國使)는 검은색 단발머리로 짧고 앞머리도 짧게 자른 듯이 보인다. 이는 키질 제8굴, 제199굴 등에서 보이는 앞머리를 짧게 자르거나 앞가르마를 탄 형태가 두드러져 보이는 것과는 대조적으로 평정전모(平頂氈帽)를 하고 있는 것으로 보고있다. 색상이 검고 장식이 없어서 머리로 보이는 듯하다. 그들의 풍속과 맞춰 보면, 단발 위에 정수리부분이 평평한 전모(氈帽)를 쓴 모습이다. 눈썹이 길고 콧수염과 턱수염, 구렛나루가 있으나 숱이 적고 얼굴색이 검게 보인다. 복식은 통이 좁은 바지(袴)에 무릎 아래 길이의 착수(窄袖) 원령포(圓領袍)를 입었고, 목이 긴 화(靴)를 신고 있다. 원령포는 깃·도련·수구에 선(襈) 장식이 있으며 한쪽 소매가 다른 소매에 비해 길게 보이고 허리에 요대(腰帶)를 두 번 돌려 매고 있다.

구자국은 후한(後漢)대에 인도 불교를 들여와 발전시켜 구자불교를 창출하고, 구마라집(鳩摩羅什)과 불도징(佛圖澄) 등 동방으로의 불교 전파로 공적을 남긴 인물을 배출하였다.

참고문헌

祁小山·王博, 2008, 『絲綢之路: 新疆古代文化』, 新疆人民出版社.
祁小山·王博, 2016, 『絲綢之路: 新疆古代文化(續)』, 新疆人民出版社.
권현주, 2019, 「양직공도 구자국사」, 국립문화재연구소미술문화재실(편), 『실크로드 연구사전 동부: 중국 신장』, 국립문화재연구소.

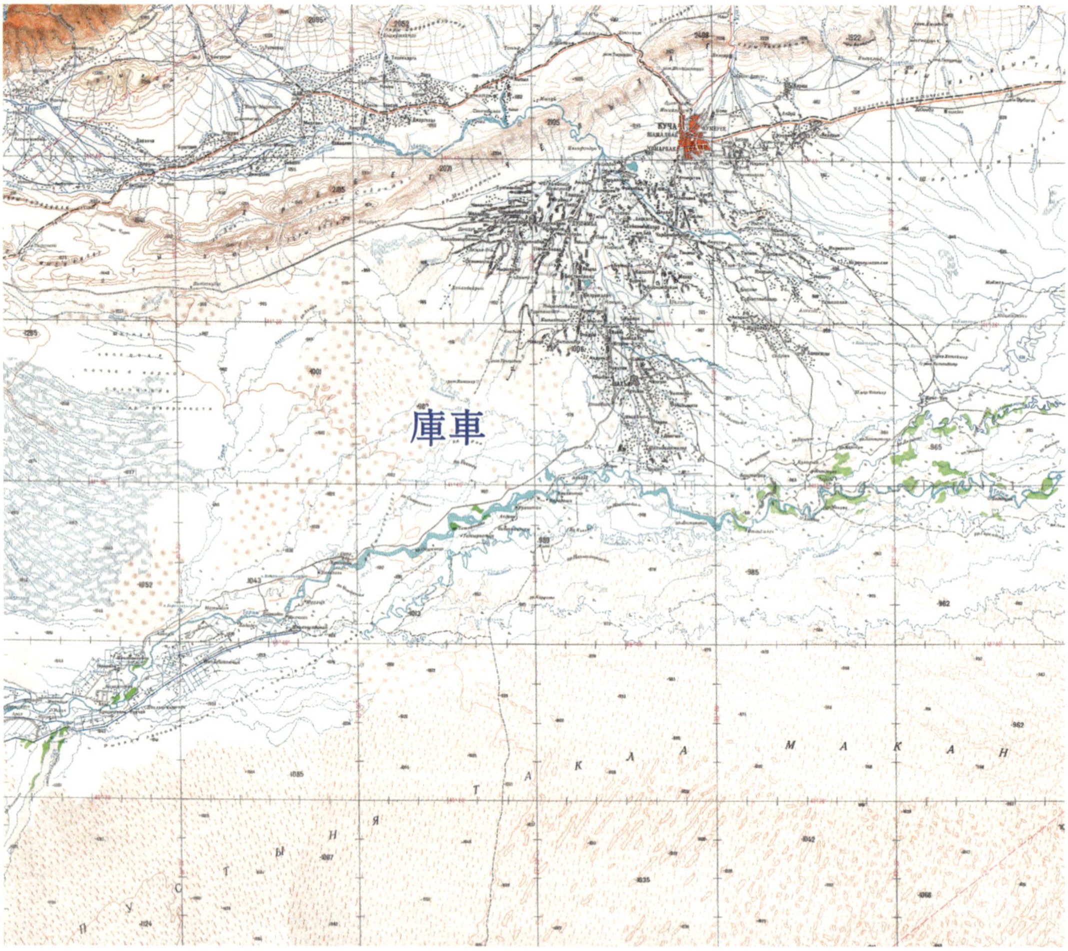

Ⅲ. 유라시아歐亞 사막로沙漠路의 유적遺蹟과 유물遺物

庫車

庫車

0 100 200km

11. 중국中國, China의 유적遺蹟과 유물遺物

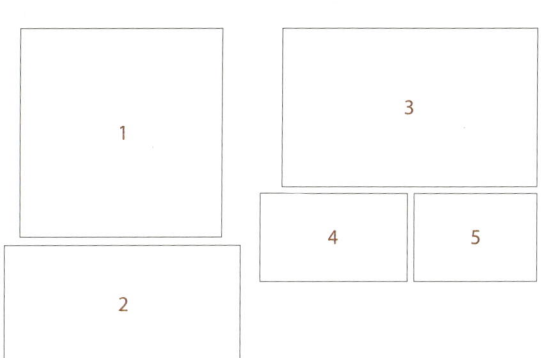

그림 Ⅲ-31. 중국(中國)China 쿠처(庫車)Kuche

1. 쿠처(庫車) 위치(位置)
2. 쿠처(庫車) 위치(位置)
3. 쿠처(庫車) 주변 유적(遺蹟) 분포도(分布圖)
4. 천산(天山)
5. 구자국(龜玆國) 왕성(王城)

197

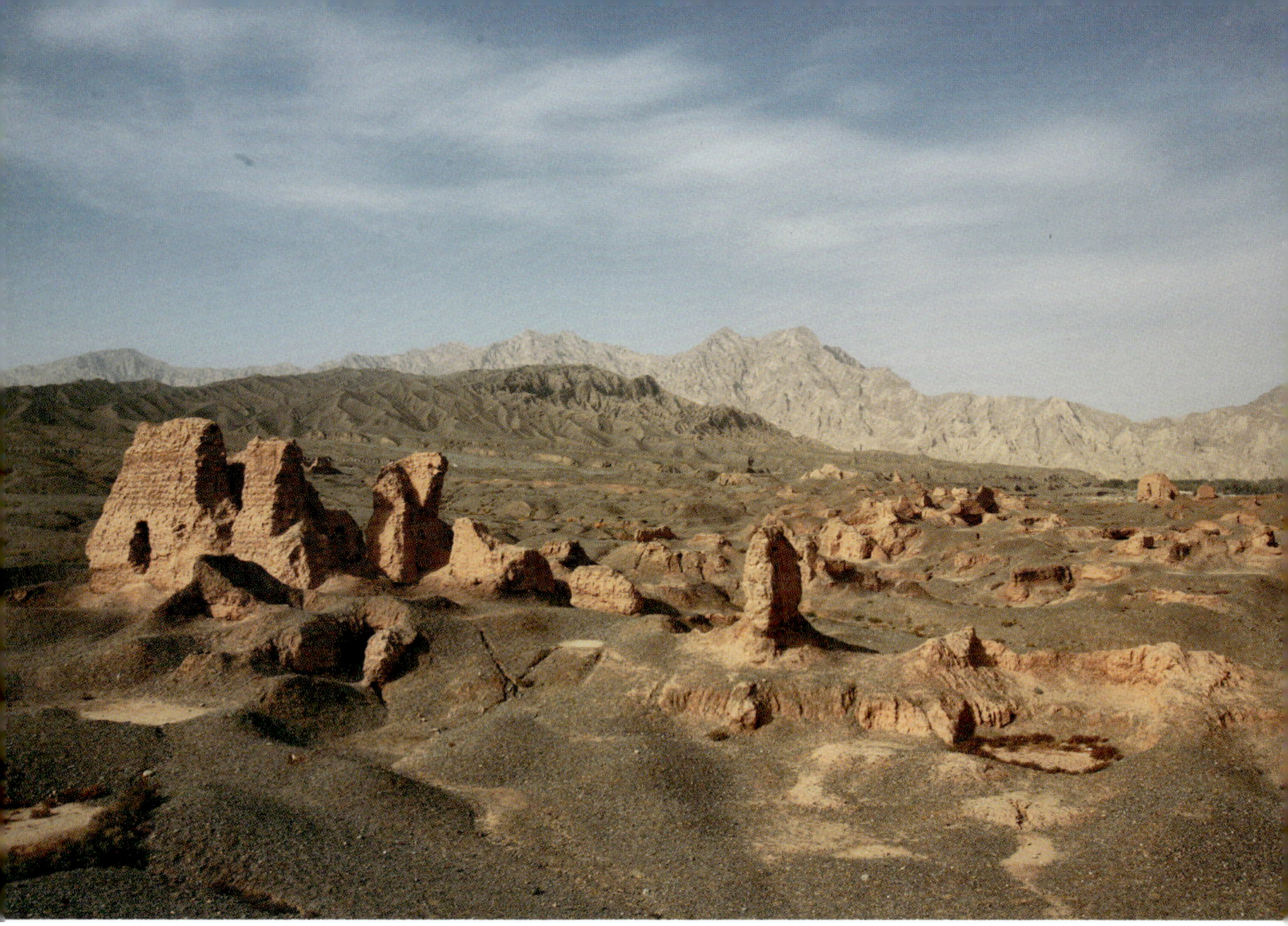

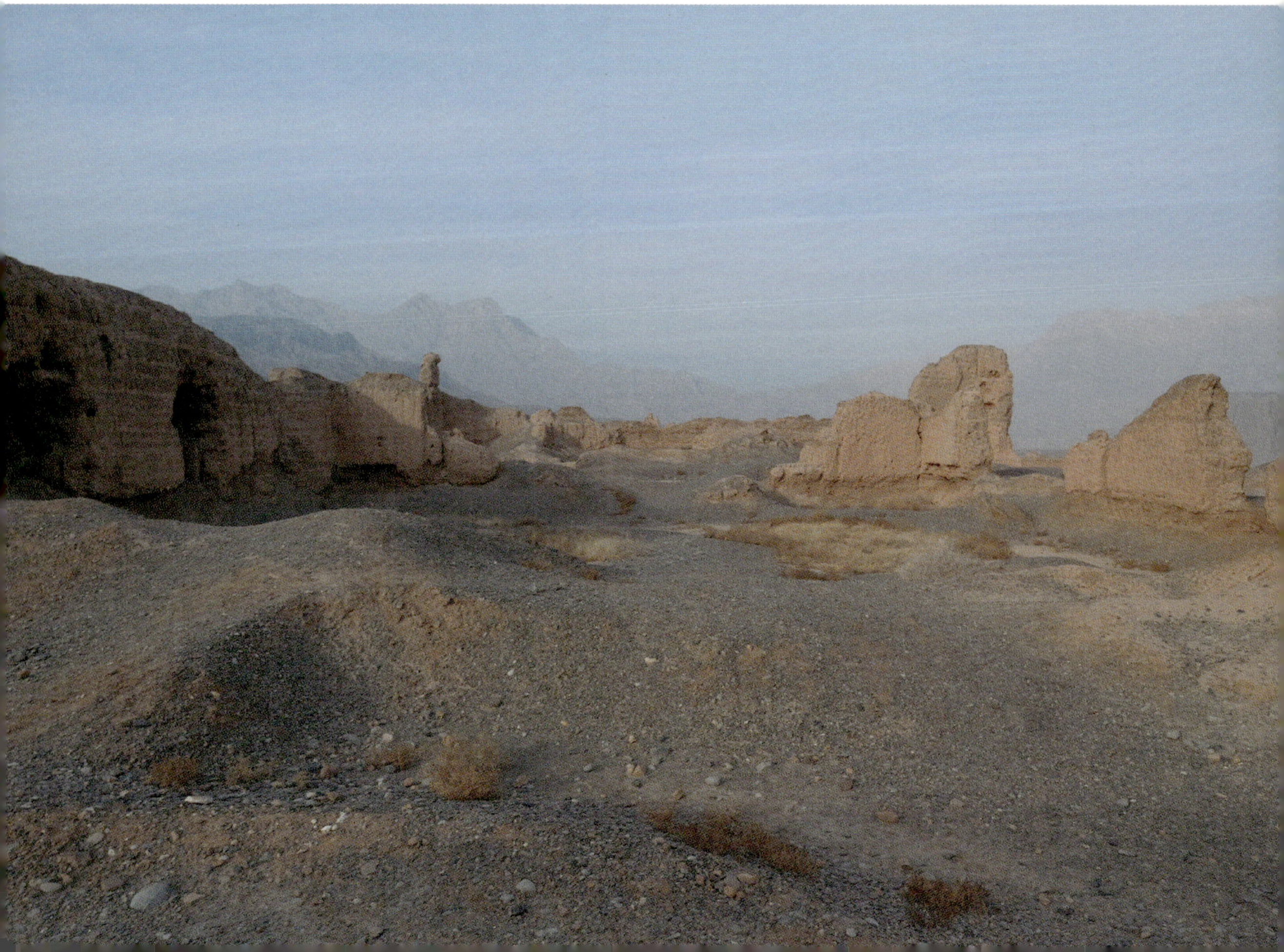

6. 스바시(蘇巴十)유적(遺蹟)
7. 스바시(蘇巴十)유적(遺蹟) 건축유구(建築遺構)
8. 쿠처(庫車)
9. 스바시(蘇巴十)유적(遺蹟) 사리합(舍利盒)
10. 심심석굴(森木塞姆石窟) 사산조페르시아(Sassanian Persia) 첩부원문유리고배(貼付圓文琉璃高杯)

Ⅲ. 유라시아歐亞 사막로沙漠路의 유적遺蹟과 유물遺物

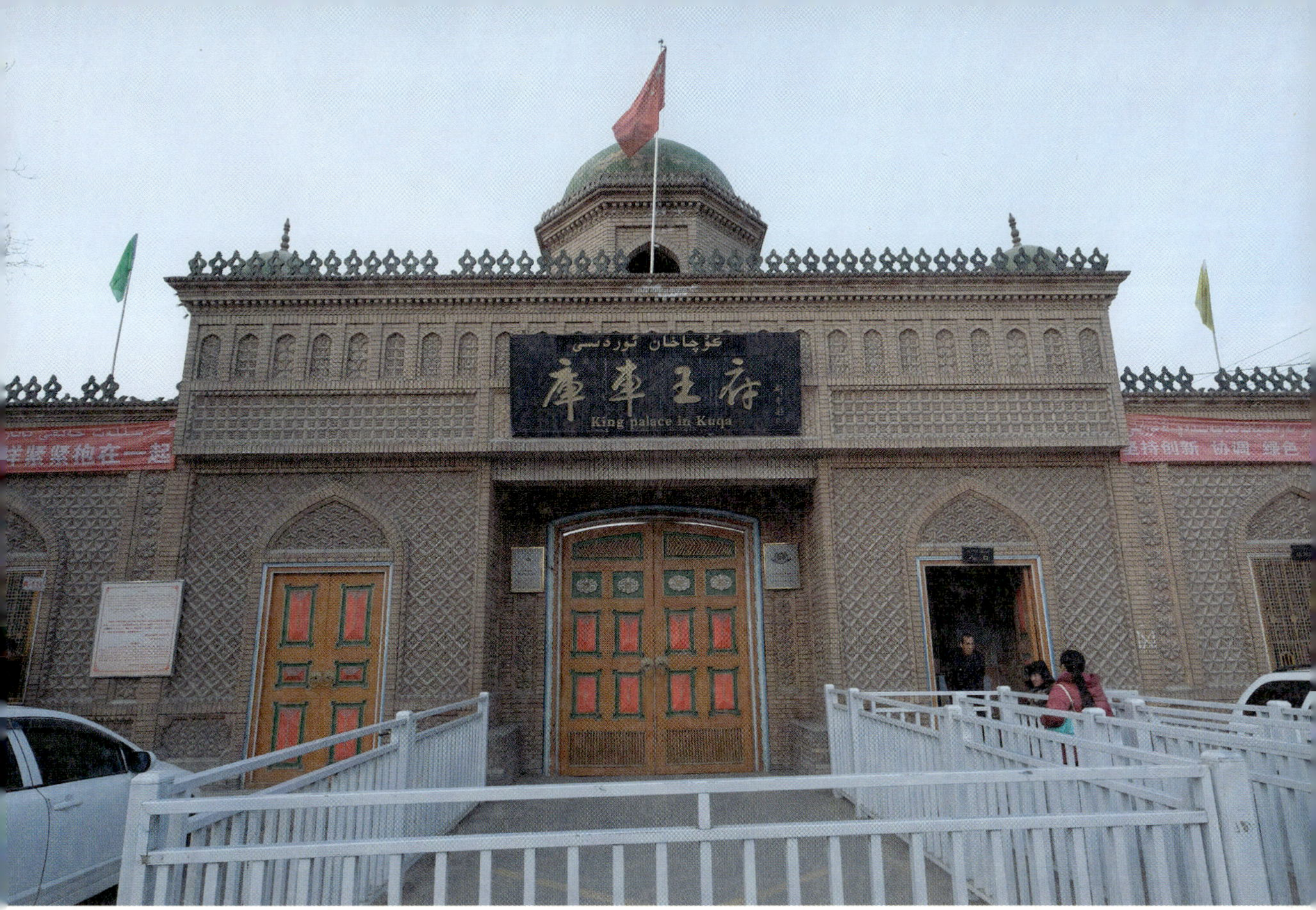

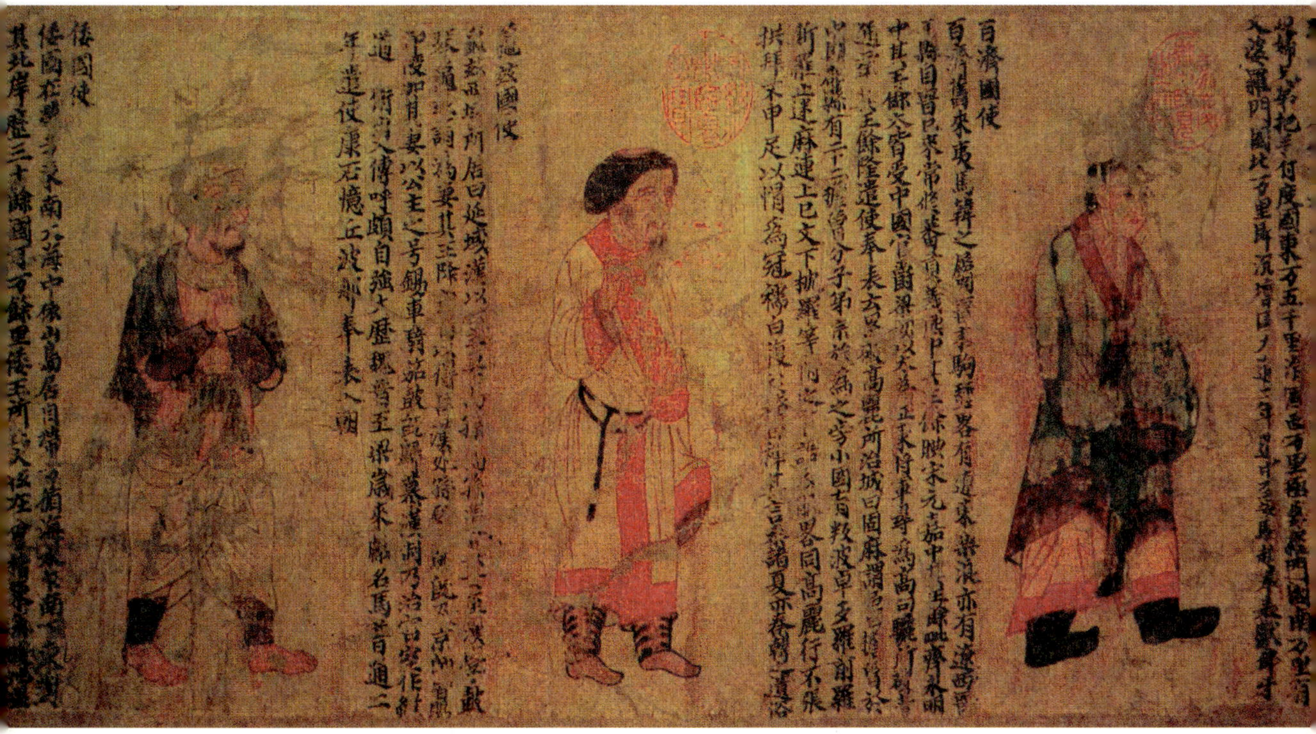

11. 심심석굴(森木塞姆石窟)과 벽화(壁畫)
12. 구자왕부(龜玆王府)
13. 양직공도(梁職貢圖) 구자국사(龜玆國使)

11 12 13

8) 키질석굴 克孜爾石窟, Kizil cave

키질석굴은 신장위구르자치구(新疆維吾爾自治區) 바이청현(拜城縣) 키질진(克孜爾鎭) 동남쪽 7km, 동쪽으로 60km 떨어진 곳에 쿠처현(庫車縣)이 있다.

키질석굴은 무자르트하(木扎提河) 북쪽 밍오이타그산(明屋達格山) 단애(斷崖) 동서 2km에 이르는 절벽에 입지한다. 석굴은 협곡에 의해서 곡서구(穀西區), 곡내구(穀內區), 곡동구(穀東區), 후산구(後山區) 4개의 지역으로 나뉘어 있다. 현재 곡서구에는 제1-80굴 그리고 1973년에 발견된 신(新)1굴이 있고, 곡내구에 제81-135굴이 있다. 또한 곡동구에 제136-200굴, 후산구에 제201-235굴이 분포하고 있어 총 236기의 석굴이 현존하고 있으나, 석굴과 벽화의 상태가 양호한 굴은 70여 기에 불과하다. 키질석굴은 3세기 중엽-5세기 초에 개착하기 시작하여 남북조(南北朝)인 5세기 초-6세기 말에 번성기를 맞이하며, 당대(唐代)는 쇠락기로 접어든다.

키질석굴의 구조는 중심주굴(中心柱窟), 대상굴(大像窟), 방형굴(方形窟), 승방굴(僧房窟)로 나눌 수 있다.

중심주굴(中心柱窟)은 석굴 중앙에 세운 방형의 중심주가 상면과 천장을 연결하며, 탑묘굴(塔廟窟)이라고 부르기도 한다. 평면 방형의 궁륭형(穹隆形)천장이며, 전실(前室), 주실(主室)로 된 것, 후실(後室)이 있는 것으로 구분된다. 중심주의 전면(前面) 공간은 비교적 넓으며, 그 외 3면과 벽사이는 회랑이 있다. 또한 그 전벽에는 감이 설치되고 통로는 낮으며 천장은 아치형이다. 이 굴은 예배, 공양 등 종교 활동을 위한 것으로 제7, 8, 17, 38굴 등이 이에 해당한다.

대상굴(大像窟)은 중심주굴의 일종으로 중심주 앞 전면 벽에 5m이상 소조 입상이 안치되어 있는 형식으로 7기가 있고 제47, 48, 77굴이 이에 해당하며, 굼투라석굴, 심심석굴에도 보인다.

방형굴(方形窟)은 평면 형태가 방형, 장방형이며, 천정은 아치형, 궁륭형, 말각조정형, 복두형 등이 있다. 감을 파고 상을 안치하거나 벽화를 그린 것이 있으며, 승려들이 불경을 강독하는 곳이었다. 제76, 81, 117굴이 이에 해당하며, 두기의 석굴이 병렬되어 조합된 경우도 있다. 107A, 107B와 184, 186굴 등이 있다.

승방굴(僧房窟)은 승려들의 개인 생활공간이다.

승방굴을 제외한 중심주굴, 대상굴, 방형굴은 벽화로 장엄하였으며, 그중에서 벽화가 가장 많이 있는 곳이 중심주굴이다. 중심주굴의 천장은 마름모형으로 구획되어 그 안에 다수의 본생도가 그려져 있으며, 주실의 벽면에 공양자 및 설법도가 묘사되었다. 그리고 후실에는 '열반도(涅槃圖)'와 분사리도(分舍利圖)가 그려져 있으며 전실의 입구 위쪽에 도솔천미륵설법도(兜率天彌勒說法圖)가 있다.

키질석굴 벽화의 주제를 전체적으로 살펴보면 쿠처지역의 불교성격을 반영하듯이 발전기인 4세기 중엽-5세기 말에는 본생고사, 인연고사, 불전고사가 주류를 이룬다. 그리고 번성기와 쇠락기에는 천불도(千佛圖)가 유행한다.

제67굴은 정방형의 주실에 돔형의 천장을 올린 구조이다. 돔 천장의 중심부에는 원형의 연판문(蓮瓣文), 그 하위는 12구획으로 구획하고 선홍색과 백자색을 교대로 칠하였다. 구획내는 공작미(孔雀尾)형의 화문(花文)을 배치하였는데, 천공(天空)을 표현하는 도상으로 생각된다. 돔을 둘러싼 천장 평면의 4모서리에는 비천(飛天) 또는 천부상(天部像)이 그려졌다. 돔 형식의 천장을 가지는 석굴은 600년경에 조영된 것으로 사산조페르시아의 건축과 아프카니스탄 바미안석굴과의 관련이 지적되고 있다.

제167굴의 주실은 길이 4m의 정방형이며 7층으로 된 말각조정천장(抹角藻井天障)이다. 천장은 전면에 화문이 시문되었으며, 2층의 삼각형 부분에 인도의 신화에 나오는 상상의 큰 새인 쌍두의 가루다(Garuda) 즉 금시조(金翅鳥)가 그려졌다. 말각조정천장(抹角藻井天障)은 아프카니스탄 바미안 석굴에 보이며 고구려 벽화고분에도 도입되었다.

제69굴의 주실 전벽 입구 상부의 소그드인 공양자상에는 경주(慶州) 계림로14호(鷄林路14號) 보검(寶劍)과 유사한 단검이 착장되어 주목된다.

10굴은 일명 '한낙연굴(韓樂然窟)'이라고도 불리는데, 조선족 화가였던 한낙연(韓樂然 1989-1947)은 중국 내에서 가장 먼저 키질석굴의 가치와 제국주의시대 탐험대에 의한 석굴 약탈을 중국 내에 알린 화가이다. 이후 석굴을 조사하며 번호를 매기고 또한 벽화를 모사하였으며, 현재 키질 제10굴에는 한낙연이 제국주의의 약탈에 관한 실상을 기록한 글이 벽에 남아 있다.

구자(龜玆)지역은 북전(北傳) 불교의 중심지로 인도, 중앙아시아 등의 문화적 전통을 폭넓게 흡수하여 벽화내용도 그의 영향을 받고 있다. 인도와 이란의 영향이 강한 양식과 중국의 영향이 강한 양식으로 나눌 수 있다. 동쪽으로 전해져 초기의 중국 불교회화에 영향을 주었다.

키질석굴의 선명한 파란색을 기조로 벽화는 아프가니스탄산 청금석(靑金石)을 원료로 한 것으로 아름답다.

참고문헌

新疆ウイグル自治區文物管理委員会·拝城県キジル千仏洞文物保管所(編), 1983, 『中国石窟 キジル石窟1-3』, 平凡社.

曽布川寛·岡田健(編), 1999, 『世界美術大全集東洋編3三國·南北朝』, 小學館.

조성금, 2019, 「키질석굴 천불동」, 국립문화재연구소미술문화재실(편), 『실크로드 연구사전 동부: 중국 신장』, 국립문화재연구소.

주수완, 2019, 「키질석굴 천불동 건축」, 국립문화재연구소미술문화재실(편), 『실크로드 연구사전 동부: 중국 신장』, 국립문화재연구소.

조성금, 2019, 「양직공도 구자국사」, 국립문화재연구소미술문화재실(편), 『실크로드 연구사전 동부: 중국 신장』, 국립문화재연구소.

그림 Ⅲ-32. 중국(中國)^{China} 키질석굴(克孜爾石窟)^{Kizil cave}

1~2. 키질석굴(克孜爾石窟)

3. 제8굴 주실(主室) 입구(入口) 상부(上部) 벽화(壁畵)

4. 제8굴 주실(主室) 천장(天障) 벽화(壁畵)

5. 제8굴 주실(主室)

6. 제8굴 주실(主室) 전벽(前壁) 상부(上部) 벽화(壁畵)

7. 제17굴 주실(主室) 전벽(前壁) 입구(入口) 상부(上部) 벽화(壁畵)

11. 중국中國, China의 유적遺蹟과 유물遺物

8. 제17굴 주실(主室) 좌벽(左壁) 벽화(壁畵)
9~12. 제17굴 주실(主室) 천장(天障) 벽화(壁畵)

13. 제32굴 주실(主室) 전벽(前壁)
14. 제32굴 주실(主室) 천장(天障)
15. 제38굴 입구(入口)
16. 제8굴 독일(Germany) 반출(搬出) 벽화(壁畵)
17. 제8굴 독일(Germany) 반출(搬出) 벽화(壁畵)

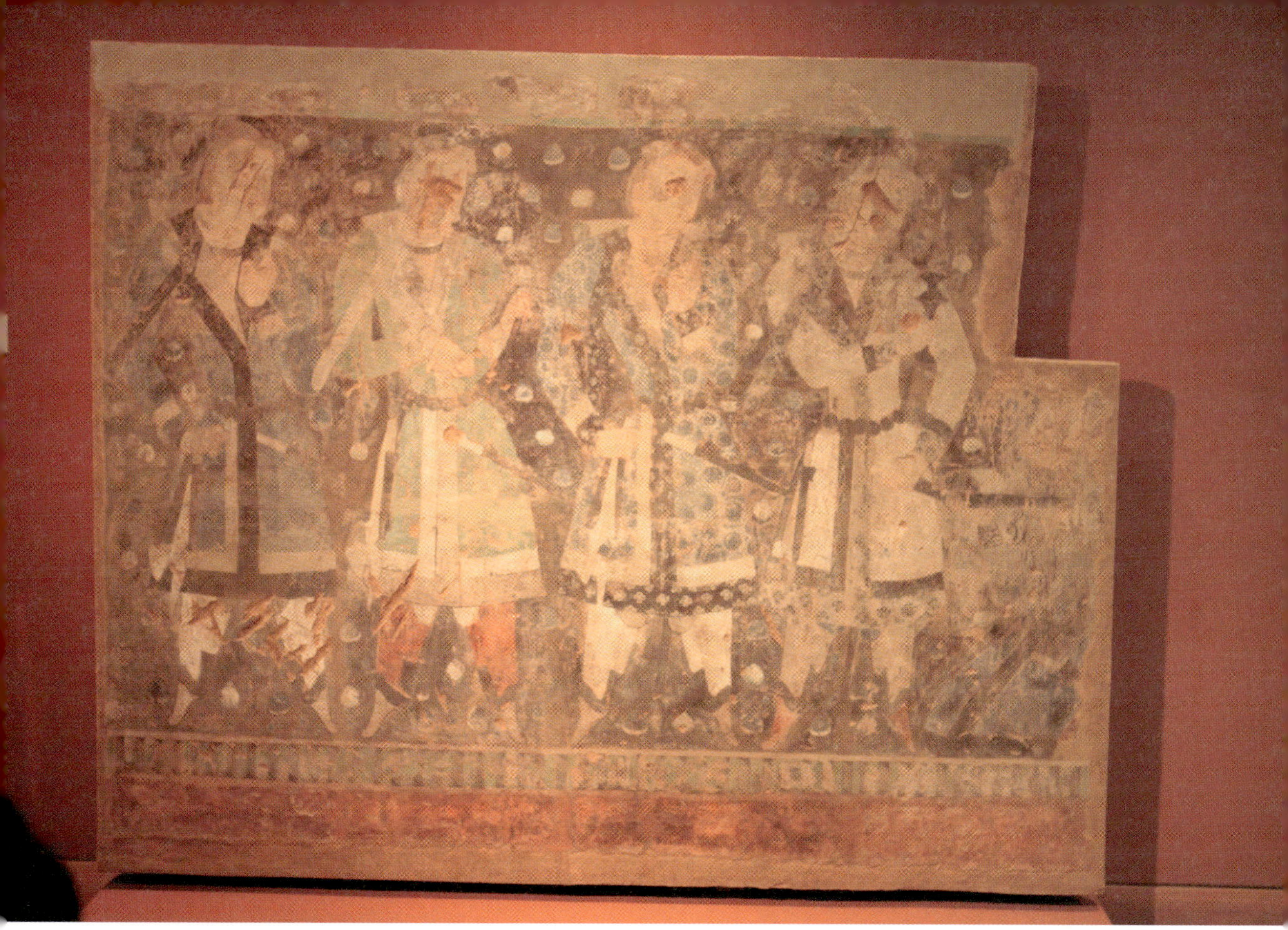

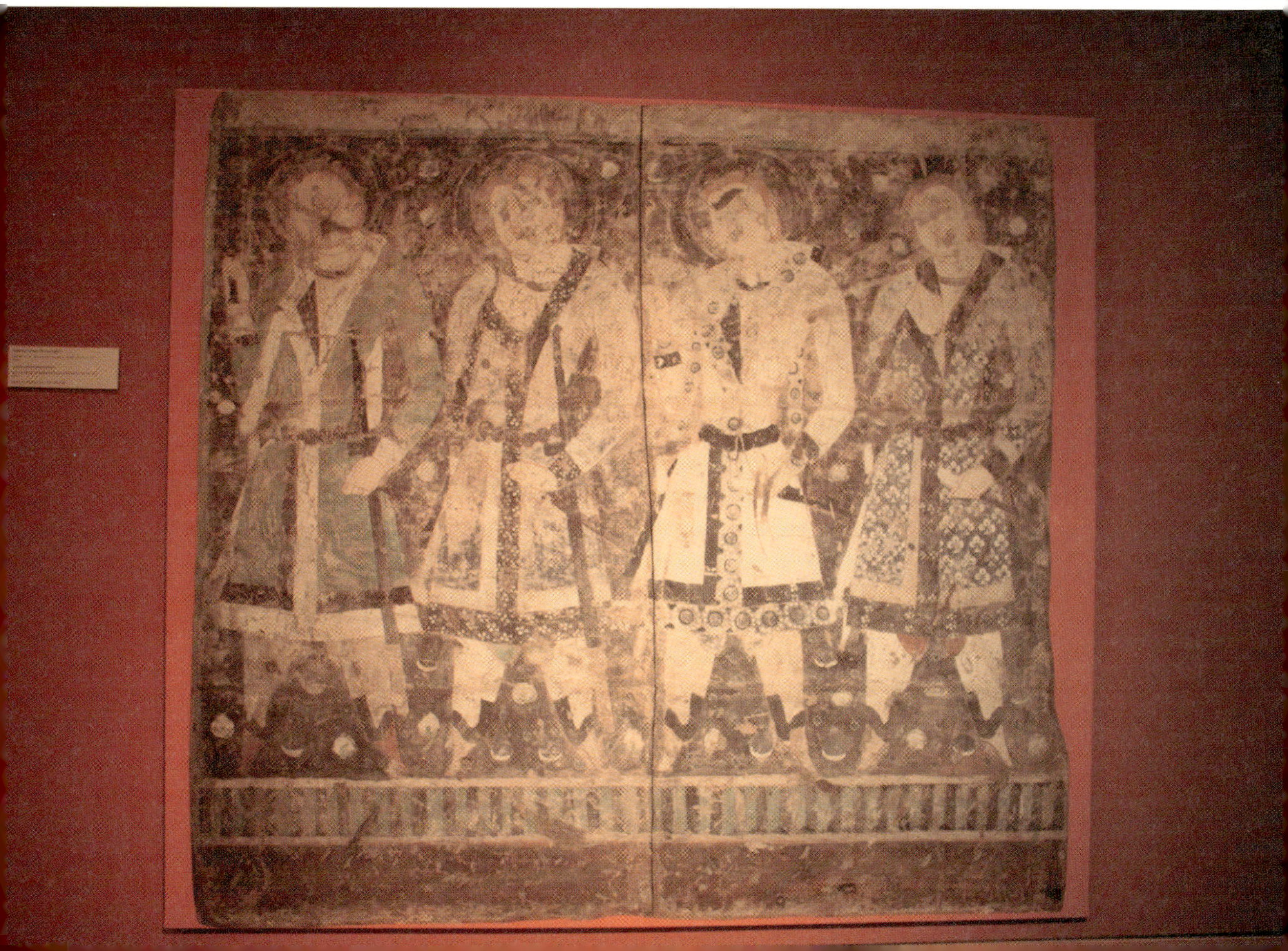

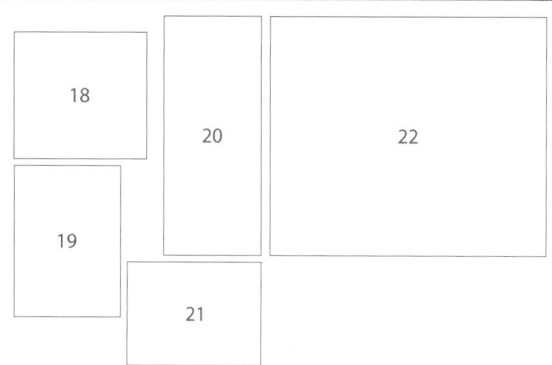

18. 독일(Germany) 반출(搬出) 벽화(壁畫)
19. 한낙연(韓樂然) 초상화(肖像畵)
20. 독일(Germany) 반출(搬出) 불상(佛像)
21. 석굴 견학후 위구르 여성 안내원과
22. 키질석굴에서 본 전망

9) 투루판吐魯番, Turupan

투루판은 신장위구르자치구(新疆維吾爾自治區)의 타클라마칸사막 동북부에 위치하는 도시이다. 실크로드 교역으로 번영하였고 중심지 역할을 담당해왔다. 토하라어를 사용하는 인도 유럽어계 종족이 거주했다.

이곳은 전국시대 '고사인(姑師人)'의 중요 거점이었다. 한(漢) 무제(武帝) 원봉(元封)3년(BC 108년)에 고사(姑師)가 붕괴되어 거사전후왕(車師前后王) 및 산북6국(山北六國)으로 분화되었다. 한(漢)대 실크로드가 개척된 이래로 한인 정권의 군사적 요충지와 둔전지역으로 활용되었으며, 327년 한족 정권인 전량(前涼)이 이곳에 고창군을 설치하고 전지현(田地懸)을 세웠다. 뒤를 이어 전진, 전량, 후량, 서량이 관할하였다. 450년 흉노 정권인 북량(北涼)의 저거안주(沮渠安周)가 교하성을 공격하여 거사전국을 멸망시켰다. 마침내 투루판 분지의 정치, 경제, 문화의 중심은 교하성에서 고창성으로 옮겨지게 되었다.

실크로드의 중심 도시로 부상하기 시작한 것은 501년 감숙지역 출신인 국가(麴嘉)에 의해 고창국이 건국되었을 때부터였다. 이시기 통일을 지향하던 중원 왕조와 강성해져가는 유목정권의 틈바구니 속에서 중앙아시아 교통망의 동부의 요충지로서 물류 중심의 역할을 하며 번영했다.

640년 당제국의 영향력이 확대되어 가는 가운데 서돌궐과 연합한 고창국은 당의 군사적 진압에 굴복했고 당의 행정체제에 편입되어 서주(西州)의 치소가 되었다. 이 당시 고창은 토하라인, 소그드인, 한인의 다양한 종족이 함께 거주하고, 불교, 조로아스터 등의 다양한 종교가 공존하는 다문화 공동체였다.

당제국이 쇠퇴한 이후에는 티베트와 위구르의 지배를 차례로 받았다. 특히 850년 위구르의 지배하에서 마니교, 경교가 유입되었으며 불교화된 위구르 통치 집단의 영향으로 베제클릭석굴과 같은 사원이 조성되기도 했다.

투루판시가 서쪽 10km 아이내자구촌(雅爾乃孜溝村)에 교하고성(交河故城)이 위치한다. 이곳은 한대(漢代) 거사전국(車師前國) 도성 및 5호 16국시대부터 당대(唐代)의 고창군, 교하현성 유적이다. 『한서漢書』 서역전(西域傳)에는 "거사전국 왕이 교하성을 다스렸다"는 기록이 보인다. 교하고성 서쪽 대지에는 강(康)씨를 중심으로 당(唐)대 소그드인 가족묘지가 있으며 범위는 동서 3km, 남북 1km에 달한다.

투루판 시가의 동남 47km 지점 고창고성(高昌故城)이 있다. 카라호즈라고도 불린다. 고창고성은 고창국(高昌國)의 수도였다. 처음에는 BC 48년에 한(漢)이 이 땅에 고창벽(高昌壁)을 쌓고 둔전병(屯田兵)을 두었다. 그 후 전량(前涼 317-376년)에는 고창군, 북위(北魏)-당(唐) 초기에는 국씨(麴氏) 고창국(高昌國)의 수도였다. 동서교통의 중심지로서 이 지역의 정치, 경제, 문화의 중심으로 번영했다. 국씨 고창국에서는 독자적인 제도와 연호를 사용하고 고창길리(高昌吉利) 동전도 만들었다. 또한 불교가 신봉되어, 628년에는 국왕인 국문태(麴文泰)의 초청으로 현장(玄奘)이 인도에 가는 길에 여기에 체류한 것으로 알려져 있다.

투루판 시가의 동으로 42km, 고창고성(高昌故城)의 북쪽 아스타나(阿斯塔那)묘지에 고창국과 당(唐)대 서주(西州)에 살던 사람들의 고분군이 있다. 신장고고연구소(新疆考古研究所) 등이 1959년 13회의 발굴조사에서 약 530여 기의 고분을 조사했다. 출토 문서에서 가장 오래된 연대는 진(晉)대인 태시(泰始)9년(273)이고, 가장 최근의 것은 묘지(墓誌)로 볼 때 당(唐)대인 대력(大力)13년(778)이다. 건조한 기후 때문에 아스타나는 여러 명의 미라화된 시신이 잘 남아 있으며 대량의 한자문서, 견직물(絹織物), 묘표(墓表), 묘지(墓誌), 고전(古錢), 토기(土器), 목제품(木製品), 식물(植物)과 음식 등 많은 부장품이 상당히 좋은 상태로 남아있었다.

투르판은 실크로드의 번영과 함께 경제적으로 성장했으며 교류의 거점으로서 다양한 종교와 문화가 만나고 공존하는 도시였다. 이 지역은 중원 왕조의 서역 진출과정에서 중요한 거점으로 활용되어 중국문화의 영향을 상당히 받기도 했지만, 서방의 문화가 중국으로 유입되는 창구의 역할을 담당하기도 했다.

참고문헌

祁小山·王博, 2008, 『絲綢之路: 新疆古代文化』, 新疆人民出版社.

祁小山·王博, 2016, 『絲綢之路: 新疆古代文化(續)』, 新疆人民出版社.

경상대학교 실크로드 문화지도 DB 구축 사업단, 2017, 실크로드 역사문화지도(Historic Cultural Atlas of the Silk Road).

그림 Ⅲ-33. 중국(中國)China 투루판(吐魯番)Turupan

1. 투루판(吐魯番) 위치(位置)
2. 천산(天山)
3. 화염산(火焰山)
4. 베제클리크석굴(栢孜克里克石窟)
5. 베제클리크석굴(栢孜克里克石窟) 벽화(壁畫)
6~7. 투루판(吐魯番)

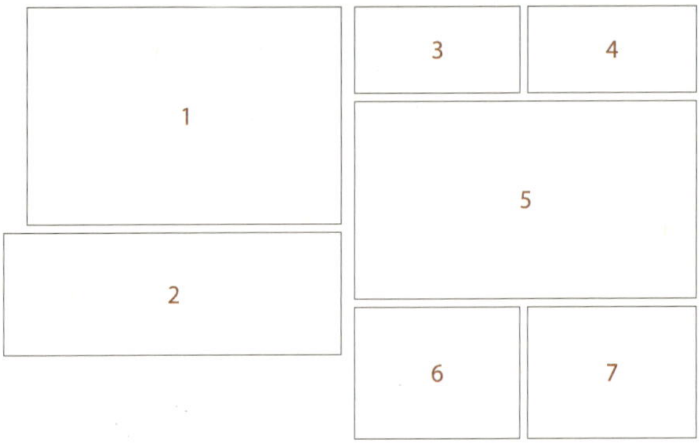

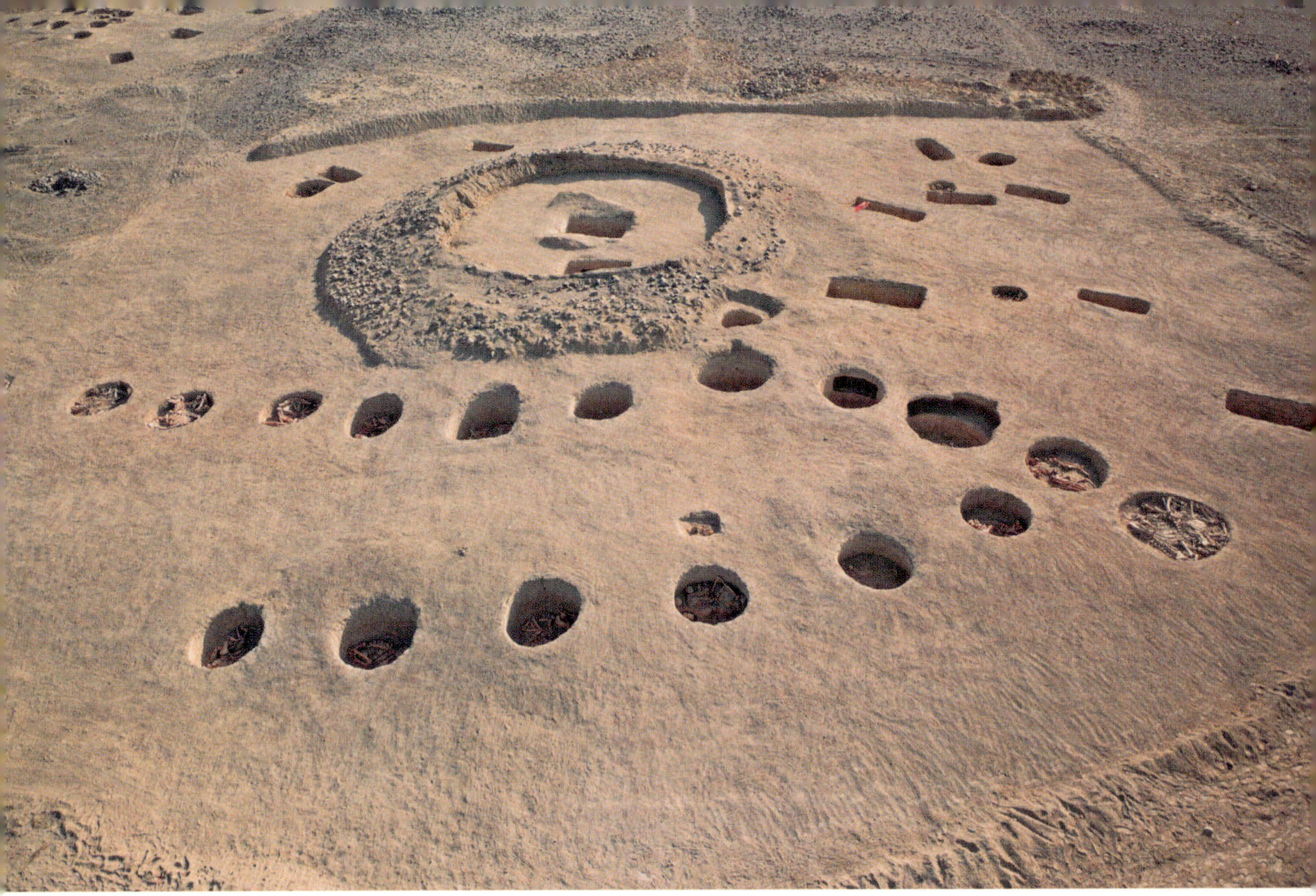

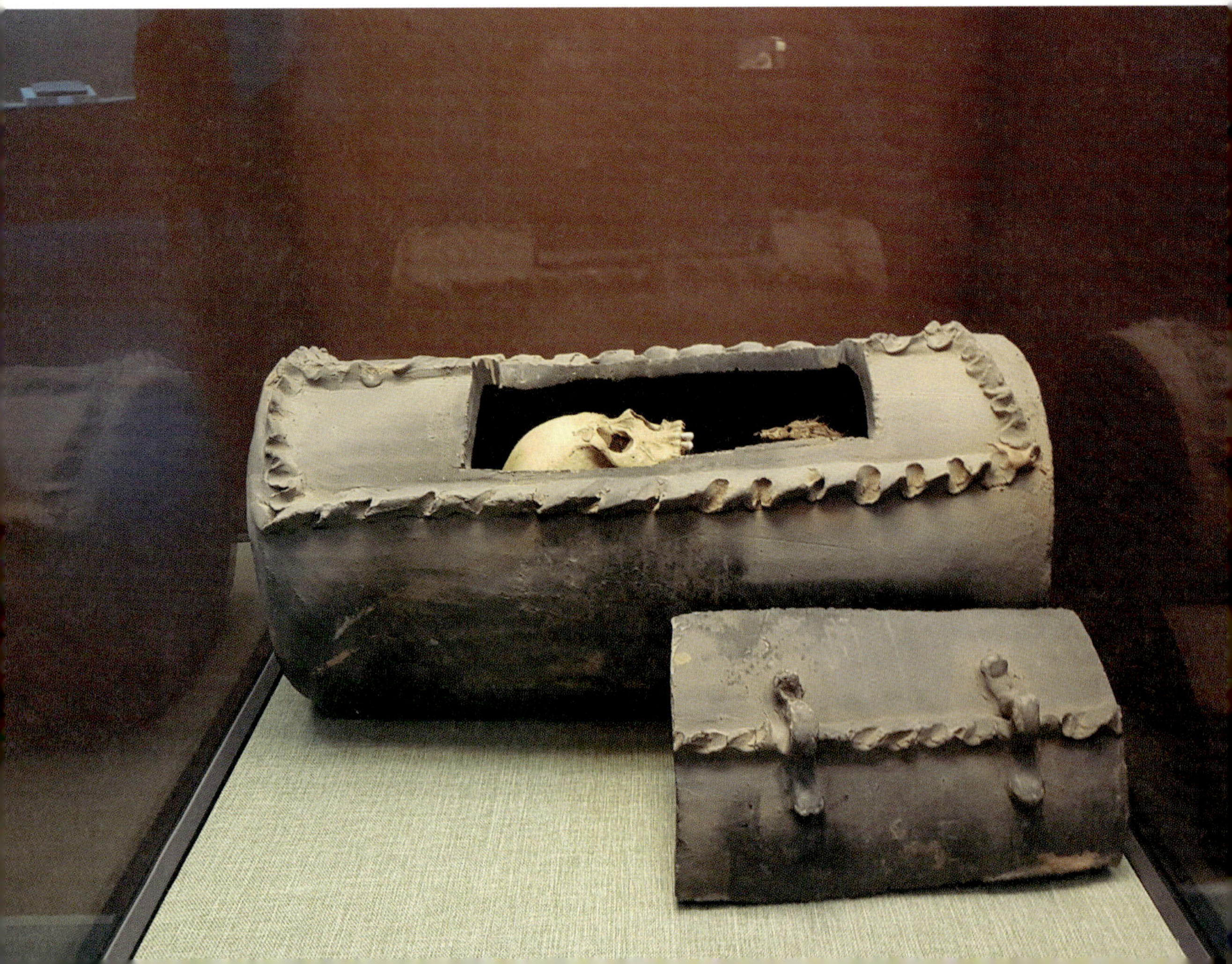

8. 구북묘지(溝北墓地) M1호분
9. 투루판(吐魯番) 출토 조로아스트교인(Zoroastrianism) 도관(陶棺)
10. 구북묘지(溝北墓地) 금제품(金製品)

10) 교하고성交河故城, Jiaohe casle

교하고성은 신장위구르자치구(新疆維吾爾自治區) 투루판시 서쪽 10km 야얼나이쯔거우촌(雅爾乃孜溝村)에 위치한다. 이 성은 무르투크(木頭溝)강이 교차하는 야얼나이쯔거우(雅爾乃孜溝)계곡 중앙에 버들잎 형태의 하중도에 입지하여, 교하(交河)라고 불리었다. 성은 길이 1,650m, 폭 300m, 면적 500,000m²이며 절벽으로 둘러싸인 높이 100m 단애(斷崖)에 축조되어, 마치 군함과 같은 형태이다.

한대(漢代) 거사전국(車師前國) 도성 및 5호16국 시기부터 당대(唐代)의 고창군, 교하현성 유적이다. 『한서漢書』「서역전西域傳」에는 "거사전국(車師前國)의 왕이 교하성을 다스렸다. 강물이 성 아래를 감싸 흐르는데, 예부터 교하라 불렸다." 이는 '교하'의 유래를 설명하고 있을 뿐만 아니라 이 하중도가 2000년 전 거사전국의 도성 소재지임을 설명하고 있다. 448년 거사전부왕(車師前部王) 거이락(車伊洛)은 군대를 이끌고 북위를 따라 서역 정벌을 떠났고, 그 아들 거헐(車歇)로 하여금 교하를 지키게 하였다. 이때를 틈타 고창성의 북량(北涼) 잔여 세력이 교하를 습격하자 차헐이 막아 내지 못하고 거사전국이 멸망하였다.

이후 당(唐) 초기까지 이곳은 고창국 교하군 치소(治所)가 된다. 당 태종(太宗) 정관(貞觀)14년(640) 후군집(侯君集)을 파견하여 교하현을 설치하여, 서역 최고 군정 기구인 서주(西州)의 관할에 속하였다. 안서도호부(安西都護府) 역시 가장 일찍 이곳에 설치되어 640-658년 당 왕조가 광대한 서역 지구를 통괄한 대 본영이 되었다. 이후 관할 범위가 확대되어 도호부가 서쪽으로 옮겨져 구자(龜玆)로 옮겨졌다. 8세기 중엽 이곳은 토번(吐蕃)에 함락되었다. 이후 교하성은 고창 위구르국의 속지가 되어 의하주(義河州)가 설치되었고, 공간이 협소하여 발전에 제약이 따르자 점차로 쇠락하게 되었다.

13세기 말, 천산(天山) 북쪽의 서북 몽골 유목 귀족인 해도(海都), 도왜(都哇)가 반란을 일으켜서, 원(元)의 통제하에 있던 지역을 여러 차례 침범하여 교하성도 전쟁 중에 크게 훼손되었다.

현재 남아 있는 교하고성은 가장 번성하였던 시기의 규모로 대체로 당(唐)대의 유적이라 할 수 있다. 대지의 서북부에는 당 이전의 고묘(古墓)가 있으나, 이미 도굴되어 심하게 파괴되었다. 건축 유구는 주로 대지의 동남부 약 1,000m 범위내에 집중 분포한다. 그 동쪽과 남쪽으로 각각 성문이 남아 있다. 건축 형식의 두드러진 특징은 대로를 포함한 대부분의 건축물이 전부 암반을 파내고 만들었다는 점이다. 건축은 대부분 암반을 벽으로 하고, 지붕을 점토로 덮었다.

성 내 구조는 크게 3부분으로 나누어진다. 남북을 관통하는 대로가 거주 구역을 동서로 양분하고, 대로 북단이 대규모 사원으로 이를 중심으로 북부의 사원 구역을 구성한다. 대불사(大佛寺)로 알려진 사원의 평면은 장방형이고, 남북 길이 88m, 59m, 면적 약 5,000m²이다. 대문(大門), 대웅전(大雄殿), 승방(僧房), 정원 등으로 이루어져 있다. 건축 특징과 잔존 소조불의 분석 결과 남북조시대의 건축으로 추정되고, 후대에 중수된 흔적이 있다.

성 북단 동쪽에는 아직 탑군이 남아 있는데, 역대 고승을 안장한 탑림(塔林)이다. 중앙은 대불탑(大佛塔)이고, 상부에 원래 불상이 있었으나 현재 남아 있지 않다. 네 모퉁이에 가로 세로 각 5열씩 배열된 25기의 소탑(小塔)이 있는데, 도합 100기이다. 이곳은 성 내에서 가장 높은 건축군으로, 열을 맞춰 배열되어 있다.

동쪽 구역 남부에는 규모가 큰 거택이 있으며 면적이 3,000m²에 달한다. 지상과 지하 2층 건축으로 위층과 아래층을 연결하는 넓은 계단이 있다. 거택의 거대한 담장 바깥에는 성 내 유일의 광장이 있다. 이 거택은 당(唐)대에 조영된 것으로 안서도호부의 치소로 추정되고, 이후 천산현의 관아로 사용된 것으로 보인다. 서쪽 구역에는 수기의 요(窯)를 비롯한 다수의 수공업 공방지가 분포한다.

성 중앙의 중축대로는 길이 350m, 폭 약 10m이다. 대로 양쪽으로는 높은 토벽이 있으며, 당대(唐代) 이방 제도의 영향을 받은 것이다. 동서로 교차하는 작은 거리는 건축군을 몇 개의 작은 구역과 원락으로 나누고 있으며, 이는 송대(宋代) 이전의 성시의 방(坊), 곡(曲) 구조와 상당히 유사하다. 한편 교하성은 당 시기에 대대적으로 계획적인 중수와 개축이 이루어져 이전 고성의 흔적은 전부 사라진 상태이다.

이 일대는 현지 기후가 건조하고 후대의 훼손이 적어 성내의 관서아문(官署衙門), 사원불탑, 방곡가도(坊曲街道) 등 건축 유적이 비교적 온전하게 보존되어 있어 오늘날도 여전히 대로와 소로를 거닐고, 불당에 들어갈 수 있다. 사방으로 성벽은 남아 있지 않고, 동측과 남단에 성으로 들어가는 통로가 남아있다. 성 밖의 묘역에는 거사전국(車師前國)·국씨고창국(麴氏高昌國) 및 당대 고분군이 존재한다.

교하고성은 실크로드 무역로에서 중요한 지리적 위치를 차지하고 있으며, BC 108년부터 450년까지 한(漢)과 공존하였던 투루판 일대의 고대 국가인 거사전국의 도성이었다. 당대에 교하현으로 편입된 이래 안서도호부가 설치되면서 서역을 다스리는 주요 본거지가 되었고, 당시 역사와 문화적 실체를 보여 주는 도시 유적과 불교 사원 등이 잘 보존되어 있다.

참고문헌

祁小山·王博, 2008, 『絲綢之路: 新疆古代文化』, 新疆人民出版社.

祁小山·王博, 2016, 『絲綢之路: 新疆古代文化(續)』, 新疆人民出版社.

岡內三眞(편)·박천수(역), 2016, 『실크로드의 고고학』, 진인진.

국립문화재연구소미술문화재실(편), 2019, 『실크로드 연구사전 동부: 중국 신장』, 국립문화재연구소.

유홍준, 2020, 『나의 문화유산답사기 중국편3 실크로드의 오아시스도시』, 창비.

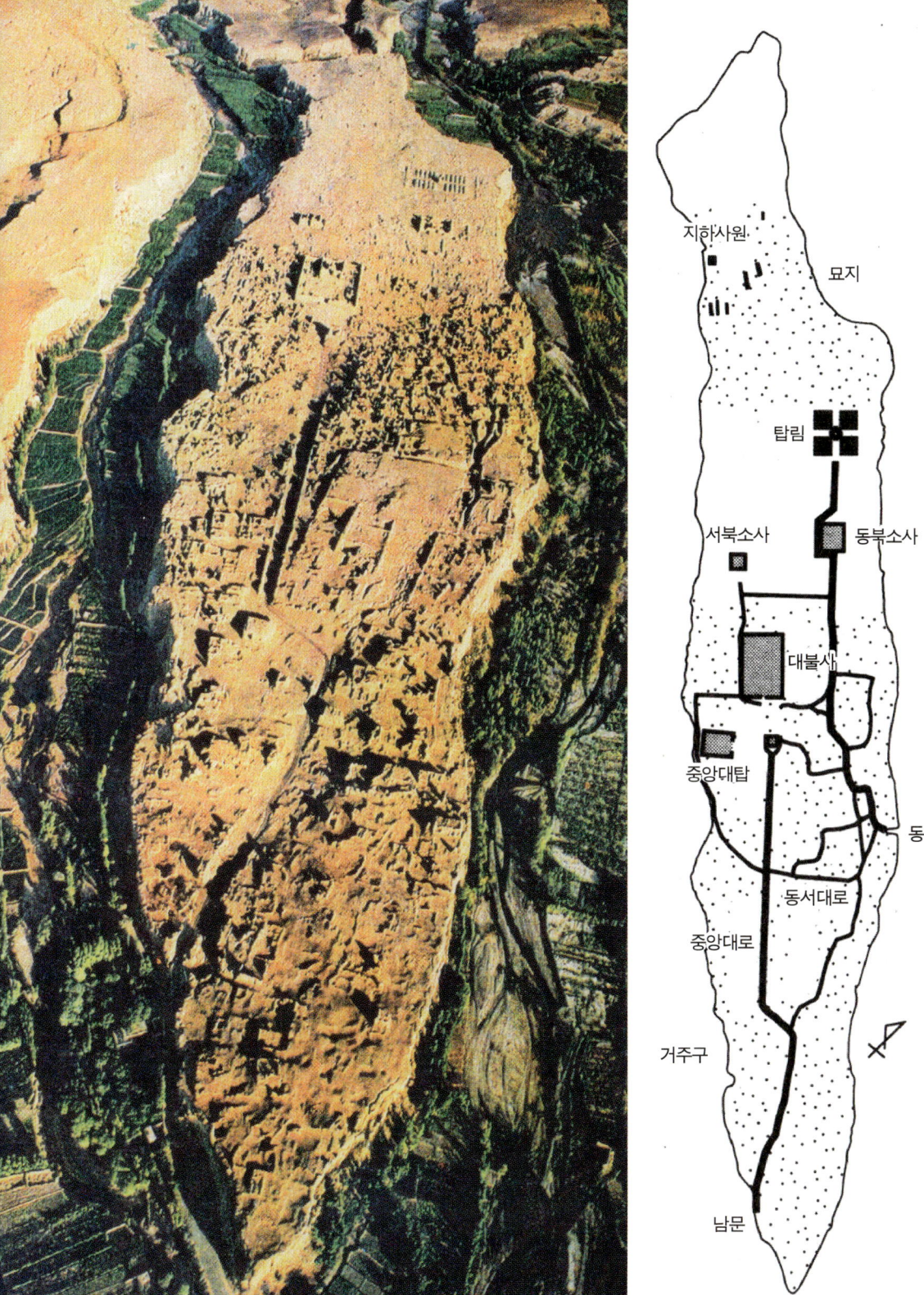

그림 Ⅲ-34. 중국(中國) China 교하고성(交河故城) Jiaohe castle

1. 교하고성(交河故城)
2. 교하고성(交河故城) 유구(遺構) 배치도(配置圖)

Ⅲ. 유라시아歐亞 사막로沙漠路의 유적遺蹟과 유물遺物

11. 중국中國, China의 유적遺蹟과 유물遺物

3. 교하고성(交河故城) 원경(遠景)
4. 교하고성(交河故城)
5. 남문(南門)
6. 중앙대로(中央大路)
7. 도로(道路)
8. 중앙대탑(中央大塔)
9. 동북불사(東北佛寺)
10. 탑림(塔林)

11) 고창고성高昌古城, Gaochang casle

고창고성은 신장위구르자치구(新疆維吾爾自治區) 투루판시 얼푸향(二堡鄕) 구청촌(古城村) 경내에 위치한다. 서쪽으로 약 30km 지점에 투루판시내가 있고, 동쪽으로 약 55km 지점에 산산현성(鄯善縣城)이 자리하고 있다. 한(漢)-원(元)에 이르는 고성유적으로 전국중점문물보호단위(全國重點文物保護單位)이다. 이 성은 투루판 분지와 화염산(火焰山) 남록 충적평야 지대에 위치하여 지세가 평탄하고, 토지가 비옥하며, 수자원이 풍부하다.

고창고성은 위구르어로 '이두후성(亦都護城)'이라 불리는데 이는 '왕성'을 뜻하는 말이다. BC 1세기에 처음 조영되었고, 13세기 말에 화재로 훼손되었다. 고성의 평면 형태는 불규칙한 방형이고, 면적이 1,580,000m² 정도이다. 성지는 외성과 내성, 궁성의 3개 성으로 구분된다. 외성의 평면 형태는 정방형이고, 둘레는 5,400m이다. 기저부 폭 12m, 높이 5-11m 정도이다. 성벽은 판축하였고, 두께는 8-12cm이다. 성벽 바깥으로 보존 상태가 아주 좋은 치가 존재한다. 외성에는 9개의 성문이 있는데, 남쪽에 3개, 동·서·북쪽에 각각 2개씩이다. 서벽 북쪽의 성문이 가장 잘 보존되어 있으며, 옹성 구조를 띠고 있다. 성 안 서남과 동남 모서리에 사원과 주거지가 분포하고 있다.

내성은 외성 중간에 위치하며, 서벽과 남벽이 비교적 잘 남아있다. 성의 평명형태는 장방형이고, 둘레는 약 3,000m이다. 내성의 축조 연대는 외성보다 선행한다. 궁성은 가장 북쪽에 위치하며, 불규칙한 형태를 띠고 있다. 외성의 북벽이 곧 궁성의 북벽이고, 내성의 북벽이 바로 궁성의 남쪽 끝이다. 현지인들은 보루성과 같이 다소 불규칙한 형태의 이 성을 '가한보(可汗堡)'라고 부른다.

고창고성은 폐기된 이후 점차 경지로 개간되어 대부분의 지상 건축물이 사라지고 말았다. 성 내에는 현재 4기의 건축대지가 존재하는데 상태가 좋지 않다. 4기중 고성 북부 정중앙에 위치한 궁성 내에 2기가 존재한다. 그중 1기는 고대 위에 건립된 높이 15m에 달하는 방형의 탑형 건축물이고, 그 서쪽으로 그리 멀지 않은 곳에 지하 1층, 지상 1층 구조의 2층 건축물이 존재한다. 현재는 지하 부분만 남아 있고, 남·서·북 3면에 넓은 계단식 문도가 출입구로 사용되고 있다. 비록 규모가 크지는 않지만 당(唐) 교하고성(交河故城)의 가장 호화로운 관서 건축과 그 형식이 동일한 점으로 보아 궁전 건축으로 추정된다.

신중국 성립 이전 독일 조사대가 궁성 동남 모서리에서 북량(北凉) 승평(承平)3년(445) 저거안주조사공덕비(沮渠安周造寺功德碑)를 발견하였다. 그래서 이곳이 당시의 궁성으로 추정되었고, 왕실 사원도 존재하는 것으로 밝혀졌다.

다른 2곳의 건축대지는 외성 안에 위치하는데, 불교사원지이다. 외성 서남 모서리의 사원지는 면적 10,000m² 정도의 규모로 대불사지(大佛寺址)로 알려져 있다. 대문, 정원, 강당, 장경루(藏經樓), 대웅전(大雄殿), 승방(僧房) 등으로 이루어져 있다. 대전은 중심축선의 후면부에 위치하며, 그 중심 탑주 4면에 불감(佛龕)을 만들고 그 안에 소조불상이 남아 있다. 건축 특징과 잔존 벽화의 연주문(連珠文) 도안을 분석한 결과, 6세기에 건축된 것으로 추정된다. 사원 주변에는 '방(坊)'과 '시(市)' 유구가 남아 있는데, 소규모 수공업 공방과 시장으로 생각된다. 외성 동남 모서리의 사원 유적은 1기의 다변형탑과 예배굴만이 남아 있는데, 성내에 유일하게 벽화편이 남아 있는 곳이다. 벽화의 풍격과 탑의 조형으로 볼 때, 고창위구르(高昌回鶻) 후기인 12-13세기의 건축으로 여겨진다.

고창성은 BC 1세기에 전한(前漢) 왕조의 둔전(屯田) 부대가 거사전국(車師前國) 경내에 건설한 성이다. 『한서漢書』에 "지세가 높고 평평하며, 사람들이 창성하니 고창이라 이름하였다."는 구절이 있어 명칭의 유래를 알 수 있다. 한(漢), 위(魏), 진(晉) 3대에 걸쳐 이 성에 무기교위(戊己校尉)를 주둔시키며 둔전을 관리하였기에 '무기교위성(戊己校尉城)'이라 불리기도 하였다. 고창군 시기의 고창성은 현존 내성에 존재하고, 외성의 성벽은 국씨고창국(麴氏高昌國) 시기에 축조된 것이다.

성 북부 교외에서 출토된 이 시기 문서 중에는 '북방중성(北坊中城)', '동남방(東南坊)', '서남방(西南坊)' 등의 기록이 있는데, 이는 당시 이 성이 이미 외성과 중성의 구분이 있었고, 동서남북의 구별이 있었음을 입증하는 것이다.

문서에 보이는 성문으로 청양문(靑陽門), 건양문(建陽門), 현덕문(玄德門), 무덕문(武德門), 금장문(金章門), 금복문(金福門) 등이 있다. 돈황막고굴(敦煌莫高窟)의 장경동(藏經洞)에서 발견된 『서역도경西域圖經』에는 "성인탑(聖人塔)이 자성(子城) 동북 모서리에 있다"라는 기록이 있는데, 자성이 있었음을 보여 주고 있다. 조기의 궁성은 지금의 '가한보' 내에 있었고, 국씨고창국 시기에 외성이 축조됨에 따라 궁성이 점점 북부로 옮겨져서 수당 시기 장안성의 구조와 유사하게 되었다.

출토유물 가운데 보석인장은 채집된 것으로 정면을 향해 있는 몸에 오른쪽을 바라보고 있는 측면 얼굴의 남성 입상이 타원형의 테두리 안에 양각되어 있다. 투명도가 있는 홍색의 마노는 비교적 양질로 판단된다. 이 보석 안에 표현된 남성은 가슴까지 닿는 긴 곤봉을 쥐고 있으며, 무릎까지 닿는 긴 카프탄(Caftan)을 입고 발에는 무릎 위까지 올라오는 긴 부츠를 신고 있다. 얼굴의 세부 표현을 보면 높은 코가 인상적이며 턱에는 긴 수염이 나있고, 귀에는 도드라지는 원형의 귀걸이를 착용하고 있다.

양각남성입상보석인장에 대해서 중국에서는 당대(唐代) 묘장과 관련하여 제작 시기를 7-8세기로 보고 있다. 반면 사산조페르시아로 보는 견해와 에프탈(Ephtal)로 보고 5세기 혹은 5세기 중반으로 그 연대를 보는 견해가 있다. 이와 관련하여 이 인물이 입은 V자로 목이 여며진 카프탄은 서부 중앙아시아를 지배하였던 에프탈의 지배자인 킨길라(Khingila)의 카프탄과 형식이 같은 점에서 에프탈이 투루판을 확보하였던 5세기 후반에 제작된 것으로 보는 견해가 있다.

사산조페르시아 은화는 정면 중앙에 국왕의 반신상을 새겼으며, 머리에 연주문으로 짜여진 왕관을 쓰고 있다. 오른쪽 주연에 명문이 있다. 하나는 페르시아왕 아르다시르2세(Ardashir Ⅱ, 재위379-383) 은화이고, 또 다른 것은 샤푸르2세(ShapurⅡ, 재위309-379) 의 은화이다.

페르시아 은화는 사산조 페르시아 시기에 제작된 화폐로, 실크로드를 통해 중국의 실크와 서방의 유리기, 향로, 보석, 은기, 모직물 등이 은화와 함께 동방의 중국으로 유입되었다. 이 은화의 단위는 드라크마(drachma)로 평균 중량이 한 매당 4g 정도이다. 현재 신장위구르자치구박물관에 소장되어 있다.

참고문헌

祁小山·王博, 2008,『絲綢之路: 新疆古代文化』, 新疆人民出版社.
祁小山·王博, 2016,『絲綢之路: 新疆古代文化(續)』, 新疆人民出版社.
국립문화재연구소미술문화재실(편), 2019,『실크로드 연구사전 동부: 중국 신장』, 국립문화재연구소.

그림 Ⅲ-35. 중국(中國)China 고창고성(高昌故城)Gaochang castle
1. 고창고성(高昌故城) 원경(遠景)
2. 고창고성(高昌故城) 유구(遺構) 배치도(配置圖)

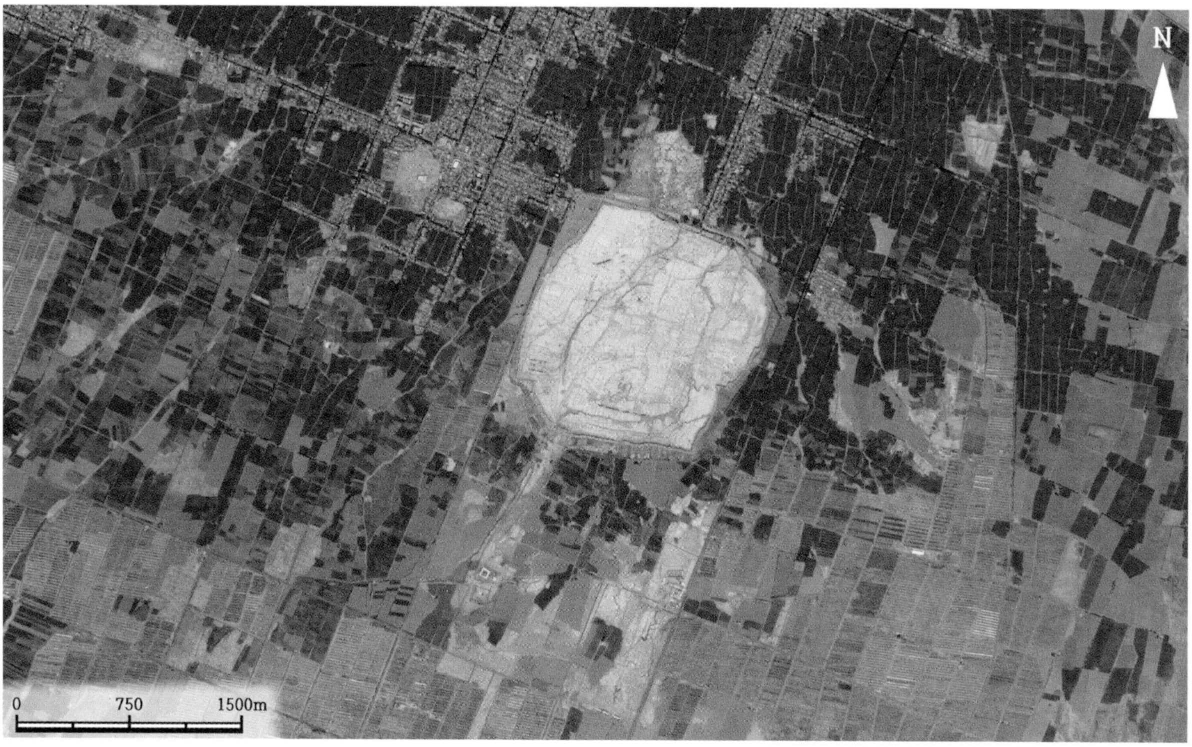

11. 중국中國, China의 유적遺蹟과 유물遺物

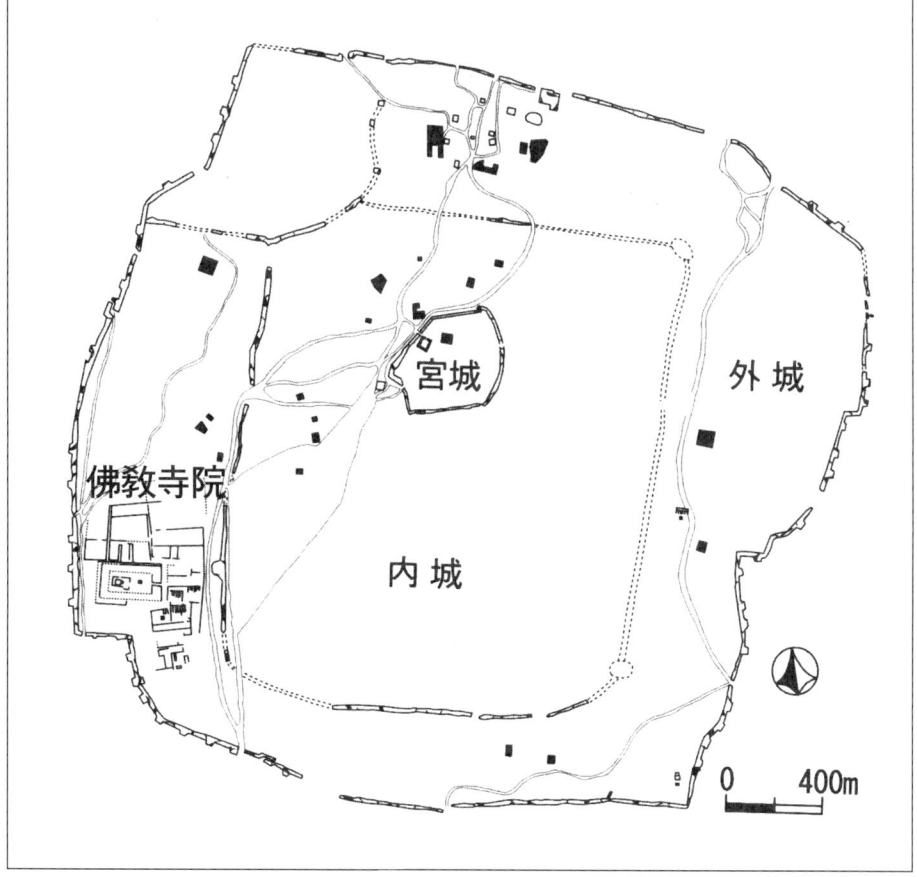

Ⅲ. 유라시아歐亞 사막로沙漠路의 유적遺蹟과 유물遺物

11. 중국中國, China의 유적遺蹟과 유물遺物

3. 당(唐) 현장법사상(玄奘法師像)
4. 외성벽(外城壁)
5. 내성(內城) 서벽(西壁)
6. 내성벽(內城壁)
7. 궁성(宮城)
8. 강경당(講經堂)
9. 동남소사(東南小寺)
10. 고창고성(高昌故城) 마니교(Manichaeism) 벽화(壁畵)
11. 북량(北涼) 석탑(石塔)
12. 사산조페르시아(Sassanian Persia) 은화(銀貨)와 인물문(人物文) 인장(印章)

231

Ⅲ. 유라시아歐亞 사막로沙漠路의 유적遺蹟과 유물遺物

12) 아스타나고분군阿斯塔那古墳群, China Astana tombs

아스타나고분군은 신장위구르자치구(新疆維吾爾自治區) 투루판시 고창구(高昌區) 삼보향(三堡鄕)에 위치한다. 이 고분군은 서진(西晉) 시기부터 당대(唐代)까지 고창국 거주민들의 고분군으로 추정되며, 분포 면적은 동서 약 5km, 남북 약 2km이다. 1950년이래 총 400여 기의 고분이 발굴되었다. 1963-1965년 신장위구르자치구박물관(新疆維吾爾自治區博物館)이 아스타나고분군에서 42기의 묘장(墓葬)을 발굴하였다. 그 가운데 38호분이 벽화묘였다.

1972년 신장위구르자치구박물관과 투루판문물보관소(吐魯番文物保管所)가 아스타나 고분군 동남단에서 당대(唐代) 서주(西州) 호족(豪族) 가문인 장씨(張氏)가족묘원을 발굴하였다. 그 가운데 187·188·230호분에서 채회견화가 발견되었다.

이 고분군에서는 문서, 실크, 모, 면, 마직물, 고분군, 화폐, 목제용(木雕俑), 도기, 목기명(木器皿), 그림, 농작물, 과일 식품 등 약 10,000점의 다양한 유물이 출토되었다.

아스타나지역의 7-8세기 회화는 655년 이후에 조성된 아스타나-카라호자 고분군의 대형묘에서 주로 출토된 병풍식(屛風式) 벽화와 목광(木框) 병풍화를 말한다. 병풍식 벽화는 묘실 후벽에 그려졌다. 견(絹) 바탕에 그려진 병풍화는 묘주인의 생전 거주하던 상탑(床榻)을 상징하는 시상(屍床)에서 출토되었다. 병풍화의 주제는 사녀(仕女), 화조(花鳥), 목마(牧馬), 수하인물(樹下人物) 등이다.

벽화는 아스타나38호묘의 육선병풍식(六扇屛風式) 수하인물도(樹下人物圖), 216호묘의 육선병풍식 감계도(鑑戒圖)와 217호묘의 육선병풍식 화조도가 있다. 견화는 230호묘 장예신(張禮臣, 655-702)묘의 무악도(舞樂圖), 187호묘의 귀족부녀의 위기사녀도(圍棋仕女圖), 188호묘의 목마도(牧馬圖)가 있다.

이 고분군에서는 목제품이 다수 유존하며 그 가운데 쌍육반(雙六盤)이 출토되어 주목된다. 7-8세기에 당대(唐代) 인기 있던 쌍육반으로 높이 7.5cm, 길이 20.8cm, 폭 10cm이다. 쌍육은 두 사람 이상이 쌍육반 앞에 마주 보고 앉아 주사위 두 개를 던져 나오는 숫자만큼 말을 움직여 노는 놀이이다. 이 쌍육반은 목제로 제작하였으며 전체적으로 장방형이다. 상면(上面)에는 목제에 상아, 녹송석을 감입하거나 다른 목제를 채색하여 장식하는 목화(木畵)기법을 사용하여 다양한 문양을 장식하였다. 먼저 상면의 중앙 부분은 길게 장방형의 형태로 구획한 후 3부분으로 나누었다. 중앙의 화문을 중심으로 날개를 펼친 조문(鳥文)과 화문을 대각선으로 대칭이 되도록 배치하였는데, 골각(骨角)과 녹송석을 감입한 것이다. 상면의 상하

양측에는 초승달 모양을 중심으로 두고 각각 6개의 화문을 대칭적으로 배치하였다. 초승달은 상아로 감입하였고 화문은 골각과 녹송석을 감입하여 만든 것이다. 상면을 꾸민 화문과 조문(鳥文)의 양식은 같은 고분에서 출토된 화조문궤에 나오는 것과 동일하다. 도안화된 비조(飛鳥)와 화훼(花卉)가 대칭적으로 나타나는 구성은 당대 공예품 문양의 특징 중 하나이다.

일본 쇼소인(正倉院)에는 같은 종류의 쌍육반 2점이 전래되어 오는데, 『국가진보장國家珍寶帳』에 북창(北倉)에 소장중인 자단목화쌍육반(紫檀木畵雙六盤)이 소개되어 있다. 이 자단목화쌍육반은 자단(紫檀) 바탕에 목화(木畵)로 장식하였는데 상아, 자단, 흑단, 대나무 등을 사용하였다. 상면의 양 장측 중앙에 초승달 모양을 넣고 좌우로 6엽의 화문을 배치하였다. 상면의 중심부에는 문양이 없어 아스타나 출토품과 차이를 보이지만 문양의 종류나 구성, 제작기법이 유사하다. 아스타나 출토 쌍육반은 당대 목공예품의 문양구성과 장식 기법을 살펴볼 수 있을 뿐만 아니라 실크로드상 교류의 측면을 확인할 수 있는 중요한 자료이다.

아스타나고분의 문서에는 많은 소그드인들이 상업을 하였던 당시의 상황과 유목민과의 관계도 기록되어 있다. 시신의 입안에 넣은 비잔틴과 사산조의 전화, 마스크에 사용된 위금(緯錦) 등의 유물도 투루판과 서방과의 문화교류를 뒷받침할 귀중한 자료이다.

참고문헌

祁小山·王博, 2008, 『絲綢之路: 新疆古代文化』, 新疆人民出版社.
祁小山·王博, 2016, 『絲綢之路: 新疆古代文化(續)』, 新疆人民出版社.
국립문화재연구소미술문화재실(편), 2019, 『실크로드 연구사전 동부: 중국 신장』, 국립문화재연구소.

Ⅲ. 유라시아歐亞 사막로沙漠路의 유적遺蹟과 유물遺物

그림 Ⅲ-36. 중국(中國)^{China} 아스타나고분군(阿斯塔那古墳群)^{Astana tombs}
1. 아스타나고분군(阿斯塔那古墳群) 원경(遠景)
2. 아스타나고분군(阿斯塔那古墳群)
3. 제215호분 입구(入口)
4. 제217호분 현실(玄室) 복원(復元)

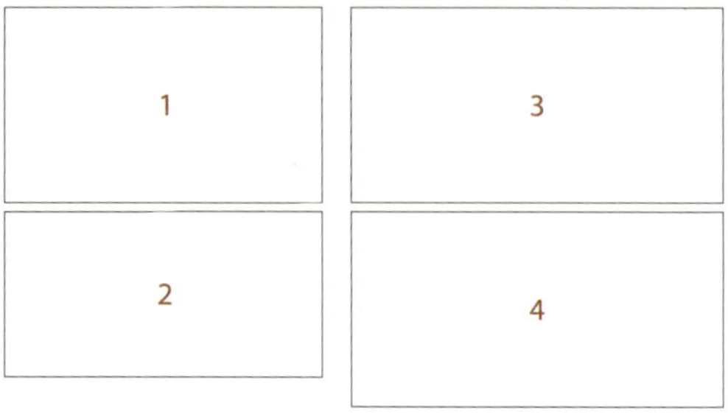

| 1 | 3 |
| 2 | 4 |

11. 중국中國, China의 유적遺蹟과 유물遺物

5. 아스타나고분군(阿斯塔那古墳群) 도용(陶俑)
6. 제206호분 쌍육반(雙六盤)
7. 아스타나고분군(阿斯塔那古墳群) 바둑판(碁盤)
8. 아스타나고분군(阿斯塔那古墳群) 연주문천마(連珠天馬文) 직물(織物)
9. 아스타나고분군(阿斯塔那古墳群) 연주문마문호(連珠文壺)

11. 중국中國, China의 유적遺蹟과 유물遺物

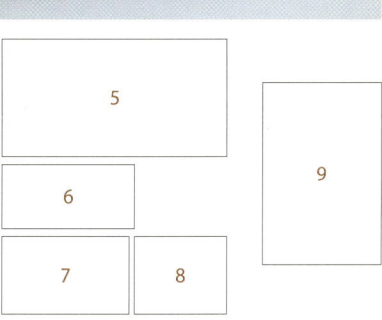

237

13) 잉판유적營盤遺蹟, Yingpan site

잉판유적은 신장위구르자치구(新疆維吾爾自治區) 파음곽방몽고자치주(巴音郭楞蒙古自治州) 위리현(尉犁縣)에 위치한다. 타클라마칸사막의 동쪽 공작하(孔雀河)연안의 위리현(尉犁縣)의 남동쪽 150km, 동쪽 200km에 누란(樓蘭)유적이 있다.

누란고성(樓蘭故城)과 함께 한(漢)-위진(魏晉) 시기에 서역남로에서 번성하였던 누란국(樓蘭國)의 대표적인 성지-고분복합 유적이다. 일찍이 20세기 초반부터 스벤 안데르스 헤딘(Sven Anders Hedin), 마크 오렐 스타인(Mark Aurel Stein) 등의 외국학자가 조사하였고, 그 뒤를 이어 황문필(黃文弼)도 조사한 바 있다. 카로슈티 문서, 한자 목간, 전폐 등이 출토되었다. 1989년부터는 신장문물고고연구소(新疆文物考古硏究所)에서 잉판유적을 조사하였다. 모직, 가죽 등과 함께 다량의 실크제 유물도 같이 발견되었다. 잉판고성(營盤古城)은 그 둘레가 900m에 달하는 평면 원형이며 판축기법으로 건설하였고, 성벽의 높이는 현재 잔존 기준 5.6m 정도이다. 성벽의 동서로 성문이 나와 있으며 성벽 서편 바깥에는 높이 10m 정도의 봉수가 있다. 잉판고성은 크게 성곽, 대불탑, 봉화대, 고분군 등의 4부분으로 이루어져 있다. 성의 북편에는 고분군과 사원(寺院)유적이 발견되었다.

잉판고분군은 위리현 남동쪽의 공작하(孔雀河)의 북편 기슭에 위치하고 있다. 고분군의 범위는 동서 800m, 남북 170m에 위치한다. 고분군은 1995년과 1999년 두 차례에 걸쳐 132기가 발굴되었다. 고분군은 나무로 표시를 해서 그 위치를 쉽게 파악할 수 있다. 고분은 장방형의 수혈이 있고, 일부 고분은 분구가 조영되었다. 수혈은 2단으로 만들었으며, 고분은 수혈묘(竪穴墓)과 고분을 한쪽 옆으로 다시 묘실을 파들어가서 만든 수혈토갱편동실묘(竪穴土坑偏洞室墓)의 2종류로 나뉜다. 고분은 주로 반원형이나 마름모꼴에 가까운 관을 짜서 넣었다. 시신은 앙신직지장(仰身直肢葬)으로 두향은 동향 또는 동북향이다. 주요 유물로는 유리기, 견직물 등이 있으며, 기타 초본류로 만든 고분 장구(葬具)와 부장품 등이 발견되었다. 그 연대는 대체로 후한(後漢) 시기에서 위진 시기에 걸친다.

M9호묘 출토 절자문완(切子文盌)은 무색 불투명하다. 외면에 3열에 걸쳐 원문을 커트하여 시문하였다. 구연부는 마연하여 편평한 것으로 전형적인 사산조 페르시아 유리기이다.

잉판 유적은 성지, 사원, 봉화대, 고분군으로 구성되었으며, 돈황에서 누란을 거쳐 서역의 중심에 이르는 교통, 무역의 요충이다.

참고문헌

新疆文物考古硏究所, 2001, 「新疆尉犁營盤墓地」, 『新疆文物』1·2, 新疆文物考古硏究所.

祁小山·王博, 2008, 『絲綢之路: 新疆古代文化』, 新疆人民出版社.

祁小山·王博, 2016, 『絲綢之路: 新疆古代文化(續)』, 新疆人民出版社.

국립문화재연구소미술문화재실(편), 2019, 『실크로드 연구사전 동부: 중국 신장』, 국립문화재연구소.

蒙古
內蒙古自治
昌吉市
乌鲁木齐市
烏魯木齊
天山北路
吐鲁番
吐鲁番市
哈密市
哈密
库尔勒市
庫爾勒
西域北路 (天山南路)
營盤
羅布泊
樓蘭
新疆維吾爾自治區
甘肅省
瓜州
敦煌
嘉峪關
嘉峪关市
酒泉市
若羌
西域南路
青海省
0 70 140km

그림 Ⅲ-37. 중국(中國)China 잉판고분군(營盤古墳群)Yingban tombs
1. 잉판(營盤),누란(樓蘭)유적(遺蹟) 위치(位置)
2. 잉판고분군(營盤古墳群)
3. 제15호묘 남성(男性) 미라

Ⅲ. 유라시아歐亞 사막로沙漠路의 유적遺蹟과 유물遺物

4. 잉판고분군(營盤古墳群) 출토 직물(織物)
5. 제9호묘 사산조페르시아(Sassanian Persia) 절자문유리배(切子文琉璃杯)

14) 자룬루커고분군扎滾魯克古墳群, Zaghunluq tombs

자룬루커고분군은 신장위구르자치구(新疆維吾爾自治區) 체르첸현(且末縣) 서남쪽 이금산(阿爾金山) 북쪽 산기슭 체르첸하(且末河) 중류 서안 서쪽 녹지와 사막 인접한 곳을 포함하는 유적이다.

1930년대 체르첸현 자룬루커촌(扎滾魯克村) 서쪽의 2km에 위치한 구릉에서 발견되었다. 차말현의 서쪽으로 약 5km 지점에 넓은 지점에 유물이 분포하고 있다.

이 고분군은 그중에서 자군루커촌 서남쪽에 위치하는 1호분의 규모가 가장 크고, 묘장은 지세가 비교적 높은 대지 위에 분포하고 있다. 분포 범위는 남북 1,000m, 동서 700m이다. 1985-1998년에 걸쳐 발굴된 고분은 160여 기이다. 고분은 장방형(長方形), 방형(方形)의 수혈토갱묘(竪穴土坑墓), 수혈묘(竪穴墓), 수혈토갱편동실묘(竪穴土坑偏洞室墓) 등이 있다. 전기 묘장은 대부분 다인합장묘이며 매장방식은 앙신굴지(仰身屈肢) 위주이다. 후기 고분은 단인(單人) 혹인 합장 형태이며 일부 고분은 목관이 있다. 부장품은 주로 도기, 목기, 골기와 의복 등이다. 전기 고분은 BC 1000년부터 한대(漢代)까지이며 후기 고분은 후한(後漢)부터 위진(魏晉)시대까지이다.

절자문유리배는 1995년 체르첸현 자군루커49호분에서 출토되었다. 원추형의 기형에 타원형 절자문이 투명한 담록색의 기면 전체에 반복하여 장식되었다.

자군루커49호분에서 출토된 유리배는 4세기로 보고 있다. 스타인이 수집한 유리기 편, 니야유적에서 발견된 유리편이 발견된 지역과 『한서漢書』「서역전西域傳」의 정절국(精絕國)과 관련하여 2세기 말-4세기 말로 편년하는 의견이 있다. 또한 자군루커49호분에서 출토된 칠이배 등의 칠제품이 중국 남경(南京)의 상산(象山)7호분의 것과 비슷하여 4세기로 보기도 한다. 동진(東晉 317-420) 왕씨가족묘(王氏家族墓)의 하나인 상산7호분은 왕이(王廙 276-322)의 고분으로 보고 있는데, 왕이의 활동연대를 감안하여 322년 이전으로 편년되기 때문이다.

자룬루커49호분에서 출토된 절자문유리배는 사산조 페르시아 유리기로 보는 견해도 있으나, 전기 사산조 페르시아 절자문배에 보이는 구연부를 평탄하게 가공한 것이 보이지 않는 점에서 로마 유리기이다. 즉 앞에서 본 잉판 M9호묘 출토품과 다른 형식이기 때문이다.

참고문헌

新疆維吾爾自治區博物館, 2003, 「1998年扎滾魯克第三期文化墓葬發掘簡報」, 『新疆文物』1, 新疆文物考古硏究所.

王博·魯禮鵬, 2004, 「扎滾魯克和普拉山古墓出土玻璃器」, 『新疆文物』1·2, 新疆文物考古硏究所.

成倩·王博·鄭金龍, 2011, 「新疆且末扎滾魯克墓地出土玻璃杯硏究」, 『文物』7, 文物出版社.

국립문화재연구소미술문화재실(편), 2019, 『실크로드 연구사전 동부: 중국 신장』, 국립문화재연구소.

11. 중국中國, China의 유적遺蹟과 유물遺物

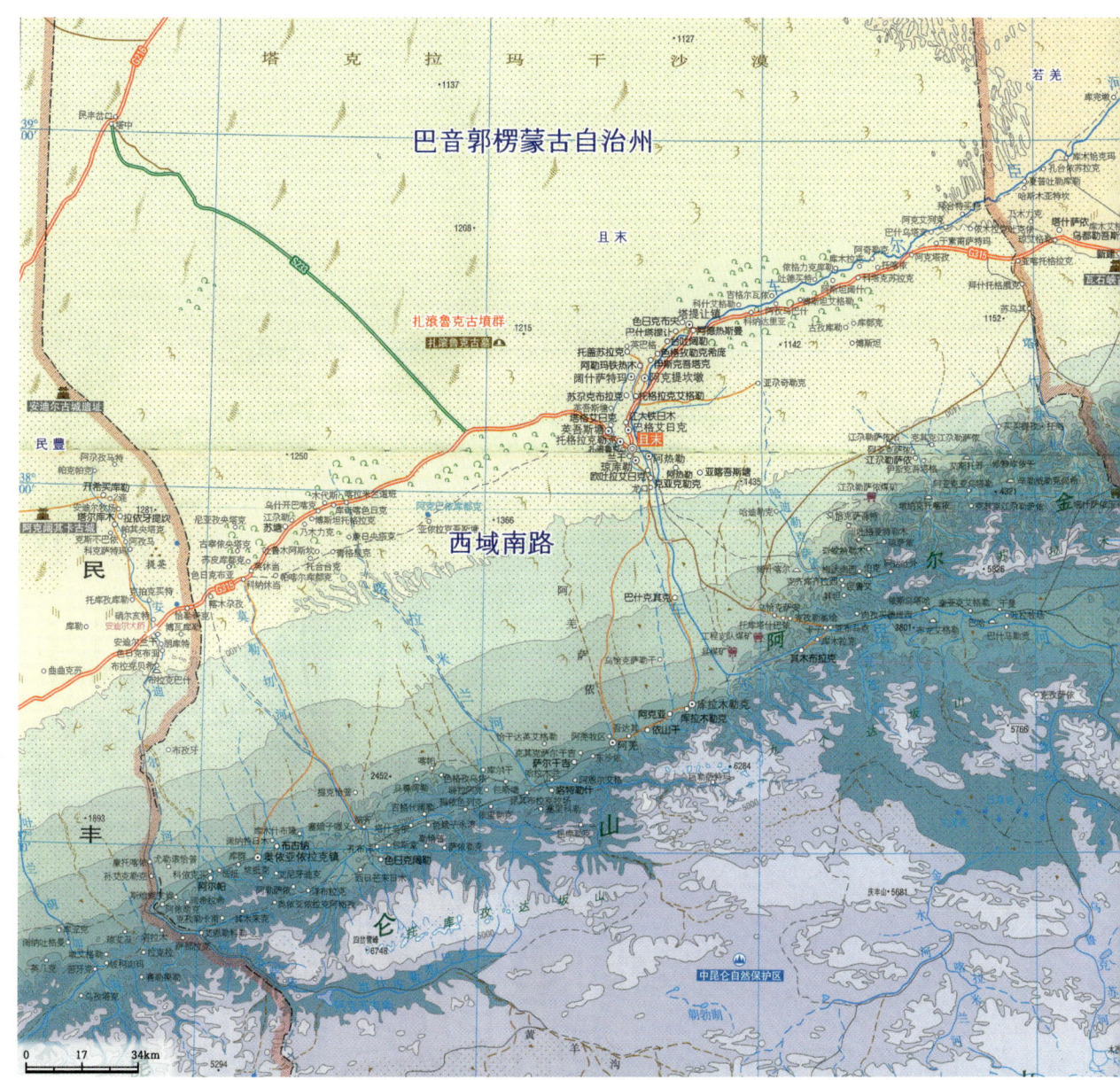

그림 Ⅲ-38. 중국(中國)^{China} 자룬루커고분군(扎滾魯克古墳群)^{Zaghunluq tombs}
1. 자룬루커고분군(扎滾魯克古墳群) 위치(位置)

11. 중국中國, China의 유적遺蹟과 유물遺物

2. 자룬루커고분군(扎滾魯克古墳群) 위치(位置)
3. 자룬루커고분군(扎滾魯克古墳群)
4. 자룬루커고분군(扎滾魯克古墳群) 진열실(陳列室)
5. 제1호묘지 49호묘 로마(Rome) 절자문유리배(切子文琉璃杯)
6. 자룬루커고분군(扎滾魯克古墳群) 직물(織物)

Ⅲ. 유라시아歐亞 사막로沙漠路의 유적遺蹟과 유물遺物

15) 누란유적樓蘭遺蹟, Roran site

누란유적은 신장위구르자치구 타클라마칸 사막의 동쪽에 위치한다. '로프노르'이라는 염호 부근 일대를 BC 2세기부터 누란 왕국이 지배하였다.

이 지역에서는 BC 2000년경부터 사람이 살았던 흔적이 확인되고 있다. 소하(小河)묘지 부근의 철판하고묘(鐵板河古墓)로 발견된 「누란의 미녀」로 유명한 여성의 미라는 밤색의 쪽진 머리와 높은 콧날, 움푹 패인 눈과 같은 외모를 가진 코카소이드의 얼굴 생김새를 하고 있다.

누란의 이름은 『사기史記』 「흉노열전」에서 흉노의 모돈선우(冒頓單于)가 한의 무제에 보낸 편지에서 처음으로 보인다. 본래는 '크로라이나(Kroraina)'라는 국명이었으며, '누란'은 중국식 발음이다. 진(秦)대에는 월지(月氏)의 영향력 아래 있었으며, 한(漢)대에는 교통의 분기점 역할을 하였다. 이로 인해 한과 흉노에게 공격을 당하기도 하였다. BC 77년 한(漢)이 누란국을 침탈하여 선선국이라는 이름으로 국호를 바꾸게 된다. 누란은 그 수도를 현재의 미란(米蘭) 지역으로 옮겼다. 1세기 후반에는 독립하여 5세기까지도 번영을 누렸으며, 니야(尼雅)까지 지배하여 호탄과 국경을 접하는 강대국으로 성장하기도 하였다. 전성기 동서로 약 900km에 달하는 대국이었던 누란은 자연환경과 교통로가 변하고 유목민의 침입 등으로 인하여 5세기 말이 되면 쇠퇴한다. 이는 현장(玄奘)이 이 지역을 방문했을 때에는 사람이 전혀 없었던 것이 『대당서역기大唐西域記』에 기록되어 있어 알 수 있다.

환상의 호수 로프노르(Lop nor 羅布泊)호의 탐색은 19세기 말 유럽 탐험가의 관심이었다. 20세기 초 스웨덴의 헤딘(Sven Anders Hedin)에 의해 확인되어 「방황하는 호수」라고 불렸다. 하천의 유량(流量)으로 위치가 변화하여 현재는 호수 그 자체가 사라지고 있다.

1901년 스웨덴의 스벤 안데르스 헤딘(Sven Anders Hedin)이 탐험대를 조직하여 로프노르 호수에서 조사를 하던 중 누란고성을 발견하였다. 대량의 한문 목간(木簡), 소량의 카로슈티(kharosthi) 문자 문서, 화폐, 목기 등의 유물을 발견하였다. 헤딘은 카로슈티 문서 가운데 현지어인 크로란(Kroran)의 지명이 누란과 유사함에 주목하여 중국 문헌기록에 나오는 '누란'으로 추정하였다. 이후 영국의 마크 오렐 스타인(Mark Aurel Stein), 일본의 오타니 고즈이(大谷光瑞) 등이 누란 유적을 조사하였고, 신장문물고고연구소(新彊文物考古研究所)가 1979-1989년 조사를 진행하였다. 누란고성은 평면 형태는 방형으로 동벽은 333.5m, 남벽은 323m, 서벽과 북벽은 각각 327m이다. 성벽은 판축하였는데, 80cm 간격으로 판축층 안에 갈대와 붉은 버드나뭇가지를 섞은 부엽공법으로 판축하였다. 성벽의 잔존 높이는 1-6m, 너비는 2.5-8.5m이다. 4벽의 중앙에는 개구부가 있어서 성문이 있었음을 추정할 수 있다. 서성벽 중앙에는 3개의 토돈이 남아 있는 것으로 보아 옹성 구조였던 것으로 추정된다. 성의 전체 면적은 약 100,000m²이다. 성 안에는 서북쪽에서 동남쪽으로 비스듬히 흐르는 하도가 있어서 성지를 서남구와 동북구로 나누고 있다. 성내 건축은 동북구와 서북구, 남구로 구분되고, 성 동부에는 불탑이 존재한다. 흙벽돌과 목재를 사용한 불탑은 잔존 높이는 10.4m 정도이다. 탑의 기단은 방형이고, 매변의 길이는 19.5m이며, 탑신은 원주형이다. 불탑 주위의 불교사원지에서는 목재들이 발견되는데, 이러한 목재들은 주두와 주신을 나선형으로 만드는 등 정교하게 가공하여 장식목주로 사용하였다. 성 북부에는 삼간방(三間房) 등의 주거 건축이 있는데, 유일하게 보존 상태가 양호한 건물이며 흙벽돌을 쌓아 만들었다. 이 건축물은 5개의 방으로 배열되어 있는데, 중간에 3칸짜리 방이 남향으로 놓여 있고, 동서 양측에 각 1칸씩 있다. 중앙에는 작은 광장이 있고, 직접 남쪽 성문을 향하고 있다. 이 건축물은 동서 길이 12.5m, 남북 너비 약 8.5m, 총면적 106.25m²이다. 이 건축물은 당시 누란고성의 통치자가 머물렀던 관아로 추정된다. 성의 서부와 남부는 거주 구역으로 주거 건축이 남아있는데, 중앙아시아의 건조한 지대에서 흔히 보이는 목재구조의 건축법을 채용하였다. 벽체는 갈대와 붉은 버드나뭇가지를 종횡으로 배열한 후 껍질이나 풀 등을 섞어 만든 새끼줄로 묶었고, 벽 바깥과 지붕에 진흙을 바른 방식이다.

　고성에서 발견된 유물로 중요한 것은 대량의 카로슈티 문자 목간과 한문 목간, 문서 등이다. 고성에서 가장 먼저 발견된 한문 목간과 문서는 1901년 헤딘 탐험대가 발견한 한문 목간이 120매, 종이 문서가 35건이었다. 1906년 영국의 스타인 탐험대가 이곳에서 발견한 한문 목간은 161매, 종이 문서가 50건이었다. 1980년 신장문물고고대가 발견한 한문 목간과 문서는 60여 건이었다. 이러한 한문 목간과 문서 가운데 명확한 기년 연호가 쓰여 있는 것이 38건인데, 가장 이른 연호는 삼국시대 위(魏) 제왕(齊王) 조방(曹芳)의 가평 4년(嘉平)(252)에 해당하는 것이다. 목간과 문서의 주요 내용은 위진(魏晉)시기 이곳에 설치한 서역장사부(長史府)의 둔전(屯田) 건립을 중심으로 한 것이다. 카로슈티 문자 목간과 문서는 누란고성에서 발견된 것이 48매인데, 고대 선선국(鄯善國) 국왕의 조서, 공문서, 각종 계약서, 장부와 개인 서신, 소량이나마 종교 관련 문서 등이다.

　이 밖에 누란고성에서 발견된 유물은 선사시대 세석기 등을 비롯하여 전형적인 한(漢) 왕조의 것들이 있는데, 동경편, 칠이배(漆耳杯), 흑도반(黑陶盤), 반량전(半兩錢)과 오수전(五銖錢), 신(新) 왕망(王莽) 대천오십(大泉五十) 등 화폐가 있다. 또한 금, 은동 등으로 제작한 각종 장식품과 채색 유리구슬, 유리편 등이 있다.

고성 바깥에는 동북쪽에 두 곳의 양한(兩漢) 시기 무덤이 분포하는데, 수혈식 토광묘이고, 화살, 목기, 도기 및 중원의 동경, 면, 견, 칠기 등이 출토되었다.

누란지역은 고대 실크로드의 길목에 위치하여 동서 문화 교류의 중요한 역할을 하고 있다. 누란고성은 문헌 기록에서 선선국(鄯善國)의 도성으로 보는 견해가 대부분이지만, 위진(魏晉)시기 전량(前涼)의 서역 장사(長史)의 치소로 보는 견해도 있다.

누란 불교사원지는 로프노르(Lop-Nor)의 서쪽에 위치하며, 사원지의 동남쪽에는 누란고성이 소재한다. 마크 오렐 스타인(Mark Aurel Stein)은 누란고성과 그 일대 유적지의 위치를 표시한 전체 도면에서 누란고성을 LA유적으로 표기하였고, 서북쪽에 위치한 불교사원지는 LB유적이라 명명하였다. 현존하는 유적을 기준으로 판단하면, LB 유적에 불교 사원은 최소한 4개소가 존재한다. 누란 불교사원지의 건립연대는 4세기 중반으로 추정되고 있다. 누란은 고대 선선국(鄯善國)이 소재한 지점으로 타림(Tarim 塔里木)분지 남쪽지역의 불교 중심지 중 한 곳이었다. 400년 구법을 떠난 법현(法顯)은 이 곳을 지나갔으며, 그는 『법현전法顯傳』에 "선선국왕은 불법을 받들고 4,000여 명의 승려가 소승불교를 숭배하였다."고 기록하였다. 누란 LB사원은 고대 선선국의 발전된 불교와 불교예술을 전해준다. 특히 불탑은 간다라 지역의 2-3세기 불탑과 깊은 관련을 보여 준다. 쿠샨(Kushan 貴霜)왕조 대월지(大月氏)인들 가운데 소승과 대승불교의 충돌 속에서 당시 소승불교를 신봉한 사람들은 누란 지역까지 왔다고 한다. 그들이 이 지역의 불교와 불교미술의 발전을 가져왔던 것으로 평가되고 있다.

누란고성에서는 한의 문서, 아람 문자에서 유래한 카로슈티(Kharosthī) 문서가 대량으로 발견되어 당시 사람들의 활동을 전하고 있다. 그중에서도 1909년 제2차 오타니(大谷) 탐험대가 발견한 이백(李栢 328년)문서는 유명하며 일본 류코쿠(龍谷)대학에 소장되어 있다.

누란유적의 유리구슬, 바다조개, 산호, 쿠샨 동전 등은 인더스강 하구로부터 파미르를 넘어온 것으로 실크로드 교역의 실태를 잘 보여준다.

참고문헌

祁小山·王博, 2008, 『絲綢之路: 新疆古代文化』, 新疆人民出版社.
祁小山·王博, 2016, 『絲綢之路: 新疆古代文化(續)』, 新疆人民出版社.
국립문화재연구소미술문화재실(편), 2019, 『실크로드 연구사전 동부: 중국 신장』, 국립문화재연구소.

11. 중국中國, China의 유적遺蹟과 유물遺物

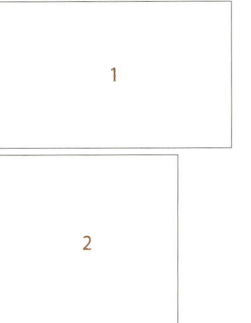

1. 누란(樓蘭)유적(遺蹟) 위치(位置)
2. 누란고성(樓蘭故城) 배치도(配置圖)

그림 Ⅲ-39. 중국(中國)China 누란유적(樓蘭遺蹟)Roran site

252

3. 불탑(佛塔) 삼칸방(三間房), 봉화대(烽火臺)
4~5. 누란고성(樓蘭故城) 북쪽 벽화묘(壁畫墓)
6. 누란(樓蘭)유적(遺蹟) 직물(織物)

16) 돈황敦煌, China Dunhuang

돈황(敦煌)은 감숙성(甘肅省) 하서회랑(河西走廊)의 가장 서쪽에 위치하며, 사주(沙州)라고도 불린다. 이 도시는 삼위산(三危山)과 오사산(鳴沙山)에 둘러싸인 오아시스 도시이다. 한(漢)의 초기에 흉노(匈奴)가 월지(月氏)를 물리치고 이 땅을 정복하였고, 이후 한 무제(武帝)가 흉노를 쫓아내고 주천(酒泉), 무위(武威), 장예(張掖), 돈황(敦煌)의 하서사군(河西四郡)을 설치하였다. 오호십육국(五胡十六國)시대에는 중원으로부터 많은 난민이 서방으로 흘러들어와 인구가 크게 증가하였다. 이 지역에는 전량(前涼), 서량(西涼), 북량(北涼) 등의 정권이 들어섰지만, 이후 북위가 북방을 통일하고 돈황도 직접 지배하에 두었다. 수(隋)·당(唐)대에도 중국 왕조의 지배하에 있었으나 안사(安史)의 난의 혼란기에 토번(吐藩)이 점령하였고 그 후 감숙(甘肅)위구르의 세력하에 들어간다.

돈황은 한대에는 중원 왕조 세력범위 최서단으로 당시에는 서역(西域)이라고 불리고 있었다. 양관(陽關)은 서역 남도, 옥문관(玉門關)은 서역 북도의 관문이다. 양관은 현재는 봉수대만이 남아있으며, 옥문관은 한혈지마(汗血之馬)를 얻기 위해 대완국(大宛國) 페르가나(Fergana)에 원정을 간 이광리(李広利)가 패배해서 돌아왔을 때 한 무제가 격노하여 옥문관 안으로 들어오지 못하게 하였다는 것이 『사기史記』에 기록되어 있다. 현재 소방반성(小方盤城)이라고 불리는 유적이 있으며 평면 정방형으로 한변 길이 약 25m 높이 10m정도의 성벽이 남아있다. 옥문관 동쪽 11km에 있는 마권만(馬圈湾)봉화대에서는 한(漢)대의 생활용품과 문자를 기록한 목간(木簡)이 출토되었다 하창성(河倉城)은 옥문관 동쪽 15km 소근하(疏勤河) 부근에 위치하며 대방반성(大方盤城)이라고도 불리기도 한다. 이 성은 고대에는 창고로 이용되었던 것으로 본다.

현천치(懸泉置)유적은 돈황 시가의 동쪽 60km 삼위산 북쪽 기슭에 위치하고 있다. 목간이 1만점 이상 발굴되었으며 전한(前漢)에서 위진(魏晋)대까지 안서(安西)와 돈황 사이를 잇던 역참(驛站)으로 밝혀졌다. 그 외에도 무기, 공구, 일용품, 농작물, 동물뼈 등이 대량으로 출토되었으며 전한(前漢)의 마지(麻紙)가 발견되어 마권만(馬圈灣)의 출토 사례와 같이 종이의 기원에 대한 단서를 제공하기도 하였다.

돈황시내의 서쪽에는 기가만(祁家湾), 동쪽에는 불야묘만(佛爺廟灣)이라고 불리는 묘지가 있는데 10km 이상의 범위에 수많은 고분이 분포하고 있다. 불야요만에서 발굴된 서진(西晋) 초기의 고분에서는 화상전(画像塼)이 발견되었는데 묘문 바로 위의 외벽이나 묘실의 무문전

(無文塼)사이에 끼어 넣었다. 화상전 1점당 1장면이 그려져 있으며 묘실의 벽에는 고분 주인의 장원(莊園)에서의 생활, 묘문의 벽에는 사신 등의 신금이수(神禽異獸)가 표현되었다. 이 화상전은 무덤벽화가 유행하기 이전의 회화자료로 당시의 사람들의 생활상을 엿볼 수 있는 자료이다.

쇄양성(鎖陽城)은 돈황 시가에서 동쪽으로 약 100km 떨어져 있는 주천시(酒泉市) 호주현(瓜州縣) 쇄양성진(鎖陽城鎮)에 위치한다. 이 성은 서진(西晉)이래 1000년 이상 동안 하서회랑(河西回廊)의 중요한 행정·경제·문화 중심지였다. 성곽은 내외의 이중성 구조로 외성은 판축으로 쌓아 올린 것이 확인되었다. 성벽의 길이는 동 530m, 서 649m, 북 1,178m, 남 950m이며 높이 11m이다.

막고굴(莫高窟)은 돈황에서 가장 유명한 유적으로 돈황 시가의 동남쪽 25km의 명사산(鳴沙山)동쪽 기슭에 있다. 절벽을 약 1.5km에 걸쳐 개착한 거대한 석굴군으로 492기의 굴이 현존하며, 그 안에 그려진 벽화는 4.5만m에 이른다. 석굴은 남, 북의 2구역으로 구분되며 번호가 부여된 석굴은 남쪽구역에 위치하며, 북쪽구역에는 석굴이 200여 기 있으며 대부분 번호도 부여되지 않았고 벽화도 그려지지 않았다.

돈황석굴의 불교 예술은 초기(북량北涼-북주北周)·중기(수隋-당唐)·후기(오대五代-원元)의 3기로 구분된다. 초기에 해당하는 굴은 36기이며 불전도(佛傳圖), 본생도(本生圖), 설법도(說法圖), 공양자상(供養者像) 등이 그려졌으며 중국풍과 서역풍의 양식이 혼재해 있다. 중기에 해당하는 석굴은 300여 기 이상으로 막고굴의 절반 이상을 차지하고 있으며 벽화의 주제는 경변도(経変圖)와 수하설법도(樹下說法圖)가 유행하며 밀교(密敎)에 관한 소재도 출현한다.

북조시대의 굴착된 석굴은 모두 36기로서 그중 35기가 남쪽 구역에 조성되었다. 제268, 272, 275굴은 북량시기에 조성되었는데 남북으로 연결된 구조이다. 275굴은 평면 장방형, 천장은 계단형이며, 전후실로 되어있다. 주존은 보살교각상으로 좌우에 사자상이 있으며, 협시상은 회화로 표현되었다.

제254굴은 북위시기에 조영되었으며 굴의 평면 장방형으로 석굴 중앙에 방형 탑주를 두었고 전벽에는 명창(明窓)이 있다. 탑주의 전벽은 단층 감, 그 외 3벽은 2층 감을 파고 조상(造像)하였다. 탑주의 전면은 인자피(人字披)천장이며, 목재건축물을 흙으로 빚어 표현하였다. 탑주의 전면 감의 주존은 미륵 교각상을 안치하였다.

당대에 조영된 것으로 보이는 200여기이다. 이 중 제45굴은 성당시기 개착되어 중당, 오대에 보수되었는데 전실과 용도에 있는 벽화는 오대의 것이다. 주실은 평면 방형이며, 서벽에는 대형 감을 조영하고 채색 조상을 안치하였다. 남벽에는 관음경변도, 북벽에는 관무량수경변도가 그렸고 동벽에는 남쪽에 관음보살, 북쪽에 지장보살, 관음보살이 묘사되었다.

제16, 17굴은 만당시기에 조성되었으며 남쪽구역의 북단에 위치한다. 제17굴은 제16굴의 용도(甬道)의 북쪽에 위치하며 한변 길이, 그리고 높이가 3m인 정육방형의 석굴로 1900년 도교 도사 왕원록(王圓籙)에 의해 발견되었다. 이곳에서는 북조부터 송대에 걸친 한문의 불경, 문서, 역사, 문학, 천문, 지리, 의학서와 함께 티베트어, 몽골어, 위글어, 서하어, 산스크리트어 등 다양한 언어로 기록된 문서와 목판인쇄본(木版印刷本), 견화(絹畵), 자수(刺繡) 등이 무려 50,000여 건이나 발견되었다.

러시아 지리학자 오브루체프(Vladimir A. Obruchev)는 막고굴 제17굴에서 대량의 문서가 발견되었다는 소문을 듣고 돈황까지 왔다. 당시 중앙아시아의 조사 여행을 하고 있던 영국의 스타인(Mark Aurel Stein)도 유적조사를 위해 돈황에 와있었는데, 마침 막고굴 제17굴에서 문서의 소문을 듣고 왕원록과 며칠간의 협상 끝에 여기서 출토된 문서를 입수하였다. 당시 스타인은 불과 몇냥의 마제은(馬蹄銀)을 대가로 고문서나 불화 등 수천 점이나 매입하는데 성공하였다. 또 프랑스의 펠리오(Paul Pelliot)는 왕원록을 회유하여 장경동(藏經洞)을 조사하고 그 중에서 가치가 높은 것만 매입하여 파리로 보냈다. 펠리오가 반출한 문서 가운데에는 신라 승려인 혜초의 『왕오천축국전往五天竺國傳』이 포함되어 있었다. 이후 일본의 오타니(大谷)탐험대도 돈황 문서를 손에 넣기 위해 막고굴로 왔으며 왕원록은 굴 내에 숨겨놨던 문서를 오타니 탐험대에 매각하였다. 돈황문서에 대한 연구는 「돈황학」이라고 총칭되어 현재도 학계에 한 분야를 형성하고 있다.

참고문헌

平凡社, 1990, 『中国石窟 敦煌莫高窟』, 平凡社.

岡內三眞(편)·박천수(역), 2016, 『실크로드의 고고학』, 진인진.

경상대학교 실크로드 문화지도 DB 구축 사업던, 2017, 실크로드 역사문화지도(Historic Cultural Atlas of the Silk Road).

유홍준, 2019, 『나의 문화유산답사기 중국편2 막고굴과 실크로드의 관문』, 창비.

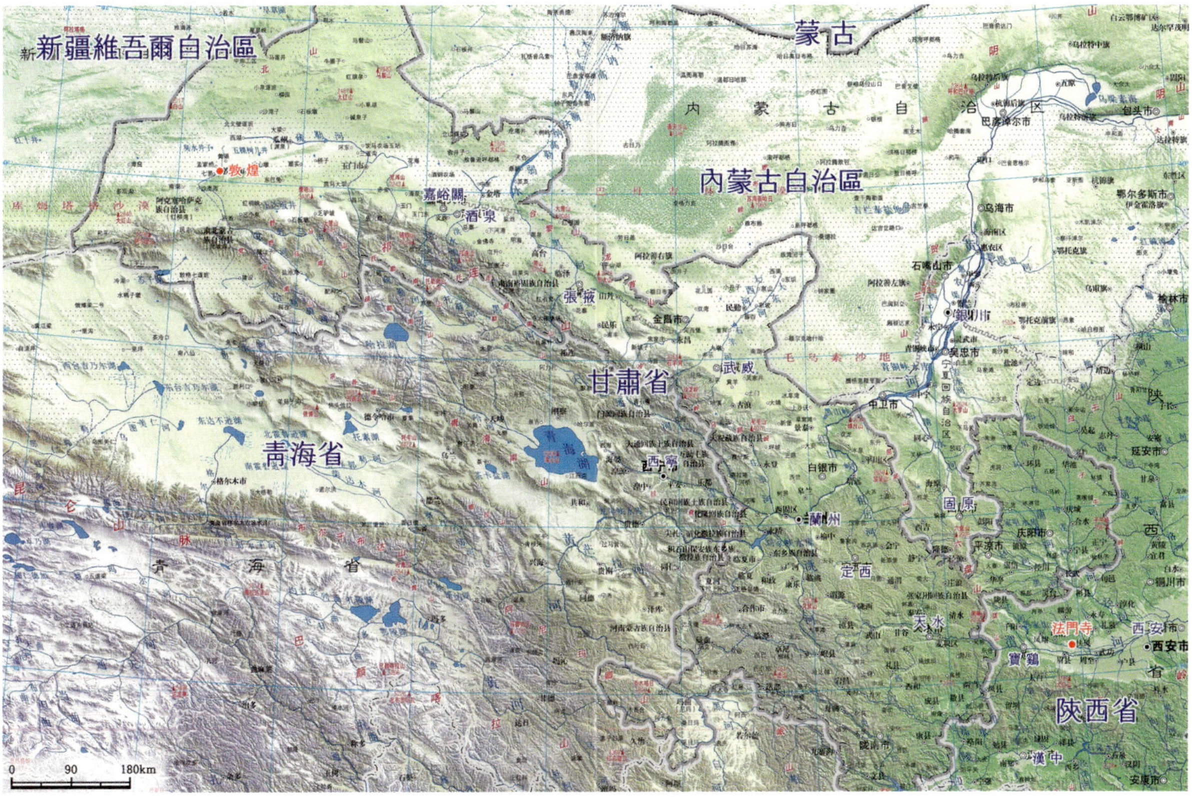

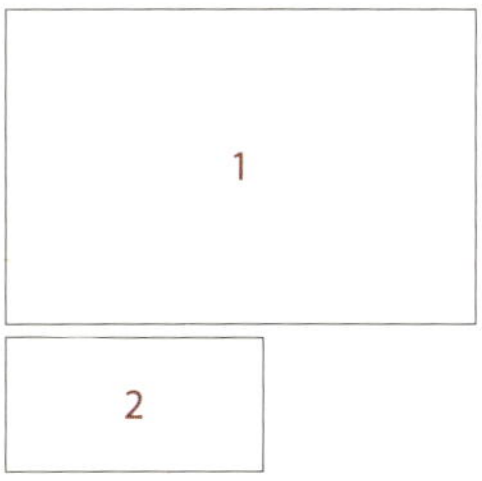

11. 중국中國, China의 유적遺蹟과 유물遺物

그림 Ⅲ-40. 중국(中國)China 돈황(敦煌)Dunhuang
1. 돈황(敦煌)과 법문사(法門寺) 위치(位置)
2. 돈황(敦煌) 약도(略圖)

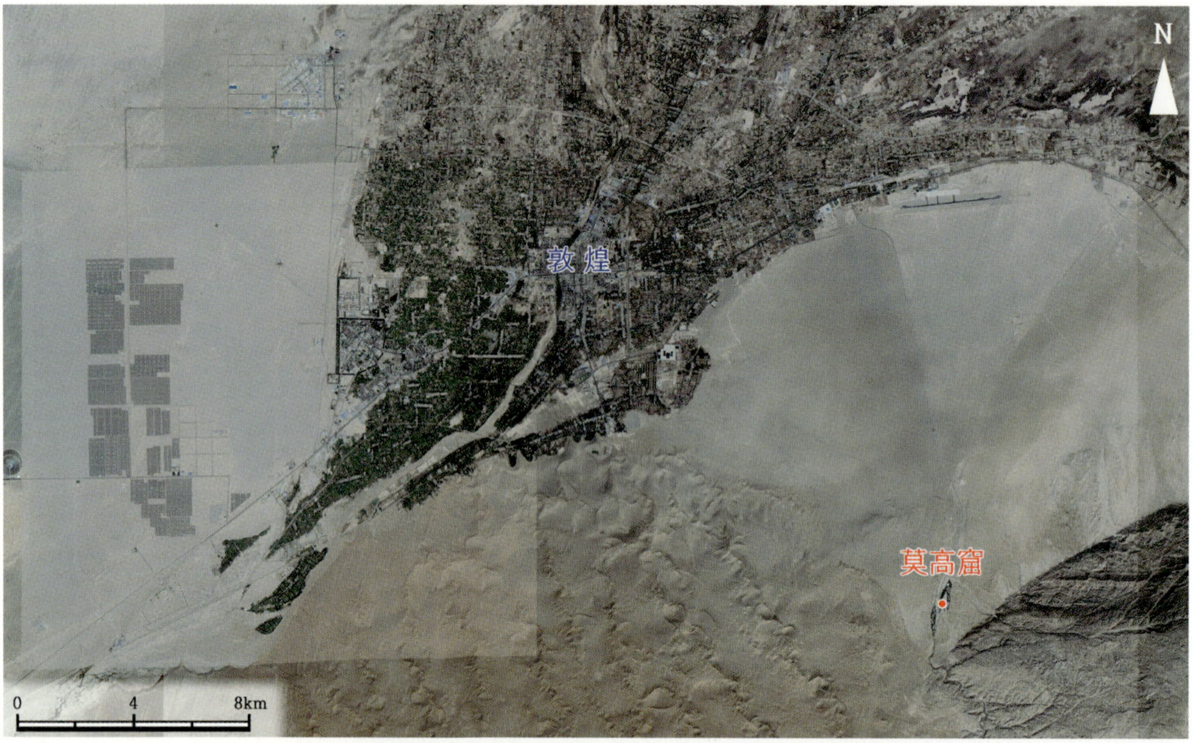

Ⅲ. 유라시아歐亞 사막로沙漠路의 유적遺蹟과 유물遺物

3. 막고굴(莫高窟) 위치(位置)
4. 막고굴(莫高窟)
5. 막고굴(莫高窟)
6. 제320굴 천장(天障)
7. 제320굴 남벽(南壁)
8. 제320굴 북벽(北壁)
9. 제320굴 서벽(西壁)

11. 중국中國, China의 유적遺蹟과 유물遺物

10. 제275굴 북벽(北壁) 보살상(菩薩像)
11. 제285굴 벽화
12. 제17굴 장경동(藏經洞) 입구(入口)
13. 제17굴 장경동(藏經洞) 발견
   혜초(慧超) 왕오천축국전(往五天竺國傳)

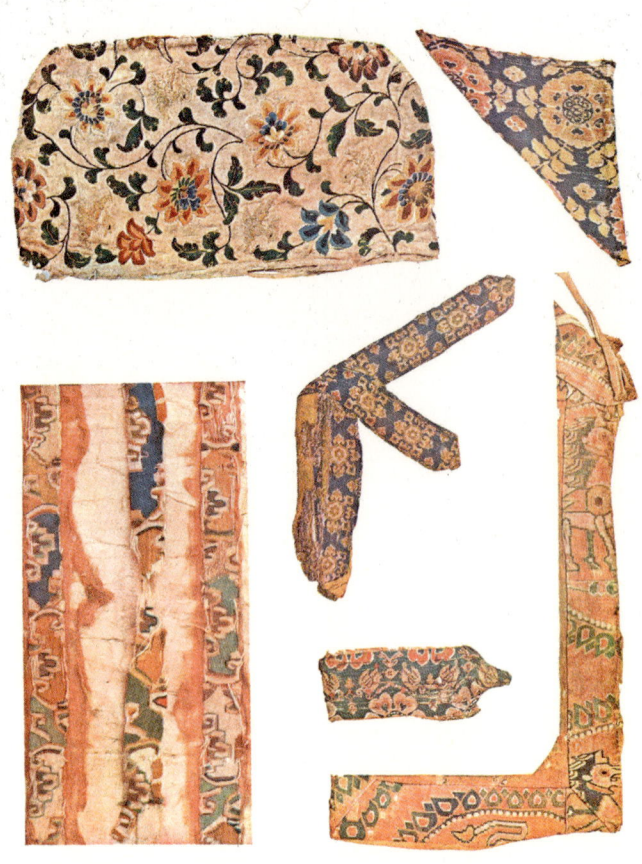

14. 막고굴(莫高窟) 직물(織物)
15. 월야천(月夜川)
16. 쇄양성(鎖陽城)
17. 쇄양성(鎖陽城) 성벽(城壁)

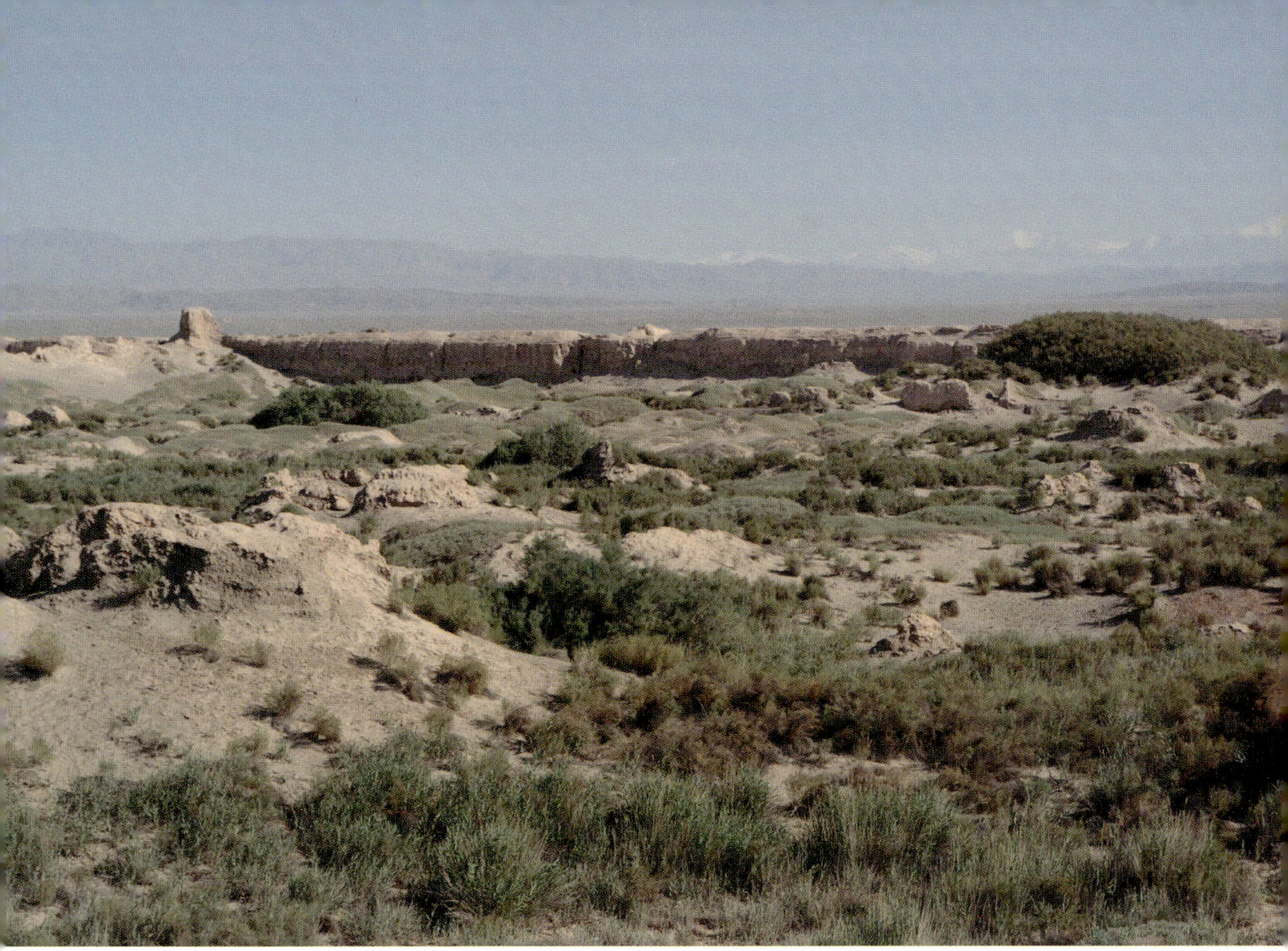

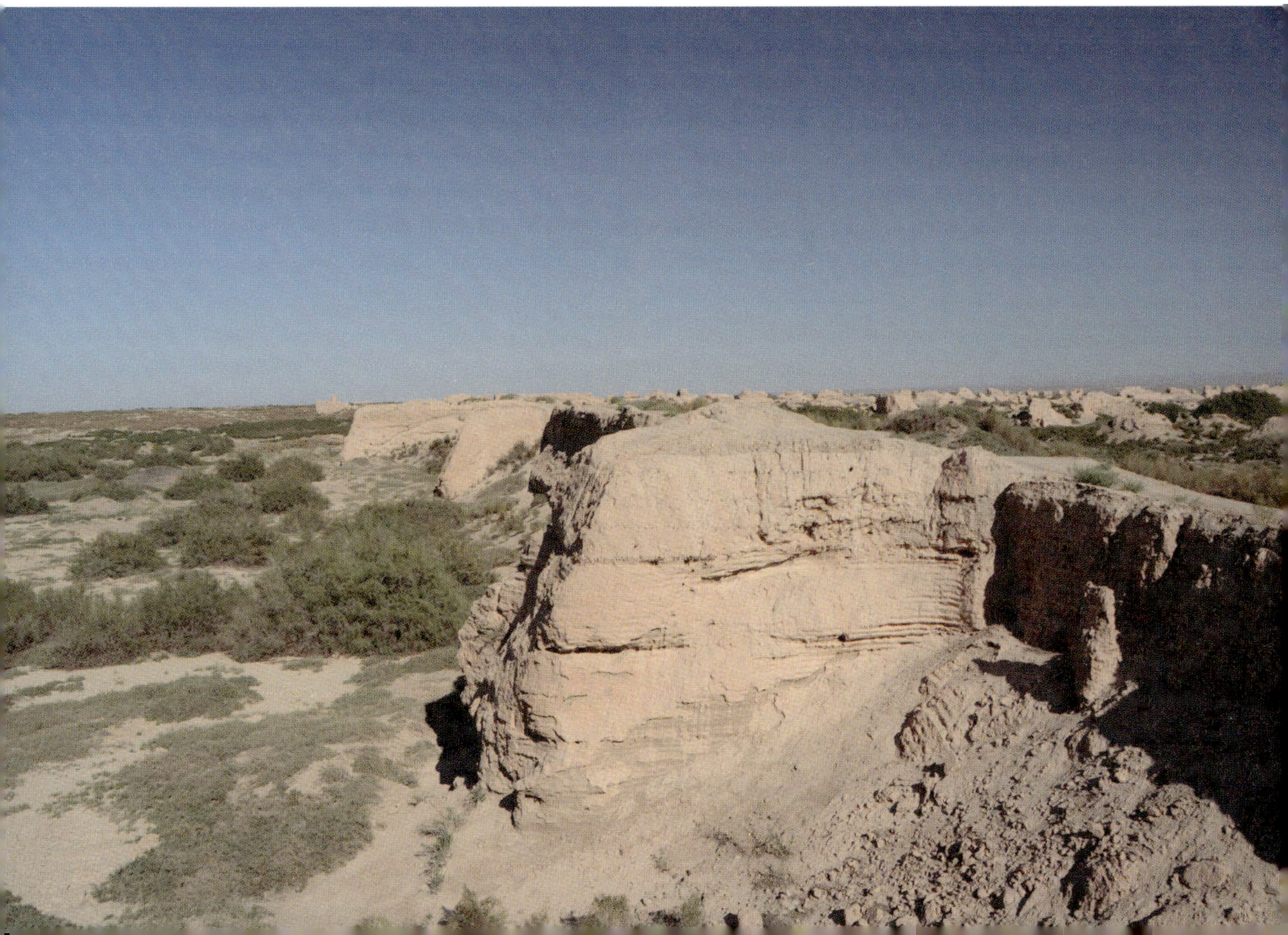

17) 은천銀川, China Inchan

은천은 영하회족자치구(寧夏回族自治區)의 북부에 위치한다. 은천 평야 중부에 위치하고 동쪽으로는 오르도스 서변, 서쪽으로는 하란산(賀蘭山)이 있으며, 황하(黃河)가 은천(銀川) 동부를 서남에서 동북 방향으로 관통하여 흐른다. 574년 북주(北周)는 은천 동남쪽에 회원현을 설치하고 회원군에 속하게 하였으며, 당(唐)대에 지금의 시 중심부에 성을 신축하여 치소를 이전하였다. 송(宋)대에 회원진이 되었으나, 함평 연간(998-1003) 탕구트족 수령 이계천에 의해 점거되었다. 그의 뒤를 이은 이덕명이 1020년 회원진에 홍주를 세워 수도를 영주로부터 옮긴 이래, 이후 홍경부로 승격되고 중흥부로 개칭되는 등 서하 멸망까지 수도였다. 원대에 이르러 영하로를 두었으니 후대의 '영하(寧夏)'라는 지명은 여기서 유래한 것이다. 명에서는 영하부를 설치하고 위소를 두었는데, 명말에 이 지역의 황하 및 그 연안 평원의 관개 지구를 '은천'으로 묘사한 것이 이후 이 도시의 별칭이 되었을 뿐만 아니라 도시명이 되었다.

은천이 실크로드의 주요 도시가 된 계기는 서하(西夏)의 수도(首都)가 되면서부터이다. 본래 토번의 하서 지배 이후 장안에서 중앙아시아로 나아가는 교역로는 북쪽의 영주(榮州)를 경유하여 우회하는 노선으로 변경되었는데, 이러한 노선은 송초에까지 지속되고 있었다. 그런데 홍경부가 서하의 수도가 되면서 정치적 중심이 되었을 뿐만 아니라 상업교통 면에서 영주가 지녔던 중추적인 지위를 대체하게 되었다. 즉, 홍경부를 중심으로 서하 국내의 새로운 지역적 교통망이 형성되었던 것이다. 특히, 하서회랑을 서하가 장악하게 되면서, 하서지방에서 오르도스를 횡단하여 산서 북부에서 내몽골를 거쳐 중국 동북으로 빠져나가는 경로가 실크로드의 동단부로서 활발해졌다.

시가에서 서쪽으로 35km 지점인 하란산(賀蘭山)의 인근에 서하능원이 위치한다. 서하(西夏)는 1032년에서 1227년까지 중국 북서부의 감숙성(甘肅省)에서 섬서성(陝西省)에 걸쳐 있었던 티베트계 탕구트족의 왕조이다. 전성기에는 북으로는 고비사막, 남으로는 난주, 동으로는 황하, 서로는 옥문에 이르는 영토를 가지고 있었다. 국교는 불교이며 한자에서 파생된 문자인 서하 문자를 가지고 있었다. 따라서 서하 왕릉구에서는 가릉빈가나 경당과 같은 불교와 관련된 유물이 다수 확인되고 있으며 서하문자가 새겨진 비석편도 다수 확인되고 있다.

서하의 왕릉구에서 왕릉은 9기가 확인되고 있다. 9기의 왕릉은 각각 1대 황제인 태조에서부터 9대 황제인 양종까지로 비정되고 있다. 따라서 10대 황제인 신종부터 마지막 황제인 남평왕까지는 능이 확인되지 않는 것은 능을 조성하기 전에 서하가 멸망하였기 때문으로 보고있다.

　　능원은 1호묘에서 부터 북쪽으로 올라가며 능이 축조되며 각 능의 주변에서 배장묘가 확인된다. 3호분이 가장 보존상태가 양호하며 제 4구역의 8호분과 9호분의 경우 지표면의 건축물이 70년대 건물이 들어서면서 모두 파괴되어 능탑을 제외하고는 확인이 불가능하다.

　　서하의 능원의 구성은 1호분에서 9호분까지 모두 동일한 형태를 하고 있다. 능원은 동, 서, 남, 북 모서리에 돈대와 같은 큰 대를 가지고 있으며 능원은 흙을 판축으로 쌓아 올려 만든 능성을 가지고 있다. 능성은 동, 서, 남, 북에 문을 가지고 있지만 능의 정문은 남쪽에 있는 문이다. 남문의 앞에는 월성이라고 부르는 성이 능성 벽에 바로 붙어서 있으며, 그 내부에서는 석상을 세웠던 기단과 석상편이 발견된다. 월성의 문은 남쪽에서만 확인되며, 이 문으로 나가면 그 동, 서편에 비정(碑亭)이 있다. 비정에서는 서하문자로 쓰여진 비편이 다수 발견되었으며 한문으로 새겨진 비편도 일부 확인되고 있어 두 가지 문자를 병행해서 사용했던 것이 확인된다. 비정의 앞으로 나가면 다시 동, 서편에서 궐대가 확인되는데 이 궐대의 상부에서 와당과 전(塼)이 확인되는 것으로 볼 때 판축기법으로 만들고 그 상부를 전(塼)으로 덮은 것임을 알 수 있다. 능성 내부에서는 선왕에게 제사를 지내던 헌전과 함께 능탑이 확인된다.

　　능탑은 그 상부에서 기와가 다수 확인되는 것으로 볼 때 판축으로 만든 다음에 기와를 덮은 건물이다. 헌전의 정면에 지하궁으로 들어가는 묘도가 확인되는데 상부가 하부보다 폭이 넓으며 그 입구에서 묘로 가면 갈수록 상부의 폭이 넓어지는 형태를 하고 있다.

　　서하 왕릉에 대한 조사는 1호분부터 9호분까지 모두 이루어졌으나, 세부조사의 경우 3호분과 6호분에서만 이루어졌다. 매장주체부인 묘실에 대한 조사는 6호분에서만 이루어졌다. 6호분은 묘도와 연도, 묘실, 동, 서 측실로 구성되어있다. 묘도의 바닥은 지표에서 24.6m 지점에 위치하고 있으며 묘도의 길이는 49m, 폭은 묘도의 입구에서는 위쪽이 4m, 아래쪽이 3.9m 묘실 입구에서는 위쪽이 8.3m, 아래쪽이 4.9m로 갈수록 넓어지는 형태이다. 전(塼)과 자기편 와편과 석수두상이 일부 출토되었다.

　　연도는 길이 6.2m, 폭 2.3m이며 바닥에는 전(塼)이 확인된다. 석상과 동제 단추와 갑주편이 출토되었다. 묘실은 지표면 하 24.86m에 위치한다. 평면은 제형으로 앞쪽이 6.8m 뒤쪽이 7.8m로 북쪽이 더 넓어지는 형태를 하고 있다. 남북으로 5.6m이다. 묘실 상면에 전(塼)을 깔았다. 동령과 구슬(料珠), 동제 단추, 갑주편, 철검 등이 출토되었다.

　　동측실은 장폭 약 1.8m의 짧은 통도를 가지고 있으며, 단폭 2m, 장폭 3m이다. 바닥에서 전(塼)이 일부 확인된다. 동측실에서는 갑주편과 동제단추와 동령이 출토되었다. 서측실의 경우 묘실보다 0.08m 높다. 장폭 약 1.8m의 짧은 통도를 가지고 있다. 폭은 단폭 2m 장폭 3m이다. 바닥에서 전(塼)이 확인된다. 도금 은장식과 동제단추 그리고 동령이 출토되었다. 측실의 벽에서 목주의 흔적과 목판의 발견되고 있어 벽면에 목재로 된 장식을 설치하였던 것으로 추정된다.

서하왕릉은 장엄한 능원건축물로서 실크로드를 지배한 서하의 국력을 상징한다. 능원의 구조가 하남성 공의시 북송황제릉과 유사한 구조를 보여 양국간의 교류를 알 수 있다.

참고문헌

許成·杜玉冰, 1995, 『西夏陵』, 宁夏文物考古硏究所.

宁夏文物考古硏究所·銀川西夏陵區管理处, 2007, 『西夏三號陵』, 科學出版社.

宁夏文物考古硏究所·銀川西夏陵區管理处, 2013, 『西夏六號陵』, 科學出版社.

경상대학교 실크로드 문화지도 DB 구축 사업단, 2017, 실크로드 역사문화지도(Historic Cultural Atlas of the Silk Road).

11. 중국中國, China의 유적遺蹟과 유물遺物

그림 Ⅲ-41. 중국(中國)China 은천(銀川)Inchan
1. 은천(銀川)과 고원(固原) 이현묘(李賢墓) 위치(位置)

2. 서하(西夏)1호 왕릉(王陵)
3. 서하(西夏)2호 왕릉(王陵)
4. 서하(西夏)3호 왕릉(王陵)
5. 서하(西夏)4호 왕릉(王陵)

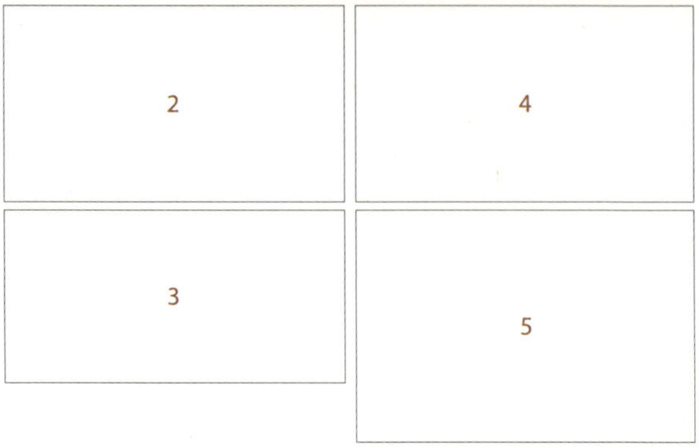

2	4
3	5

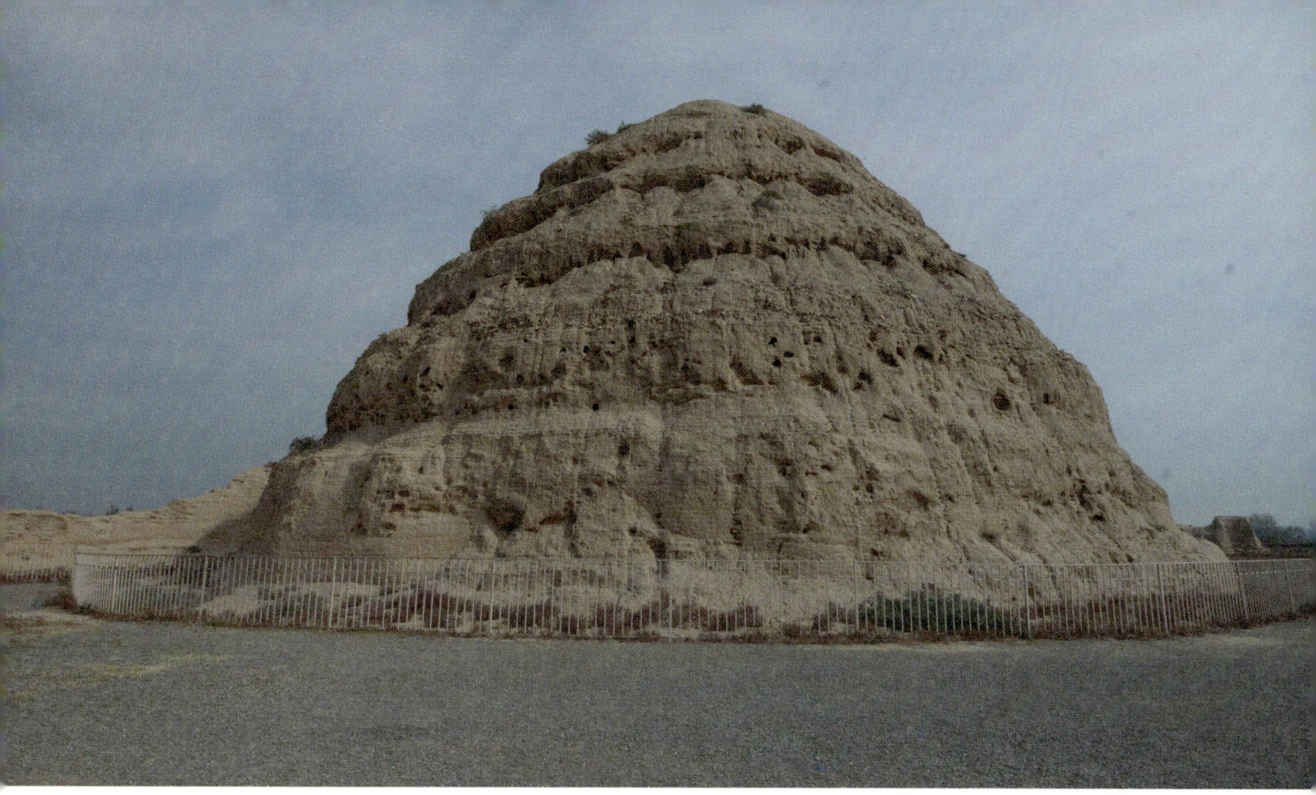

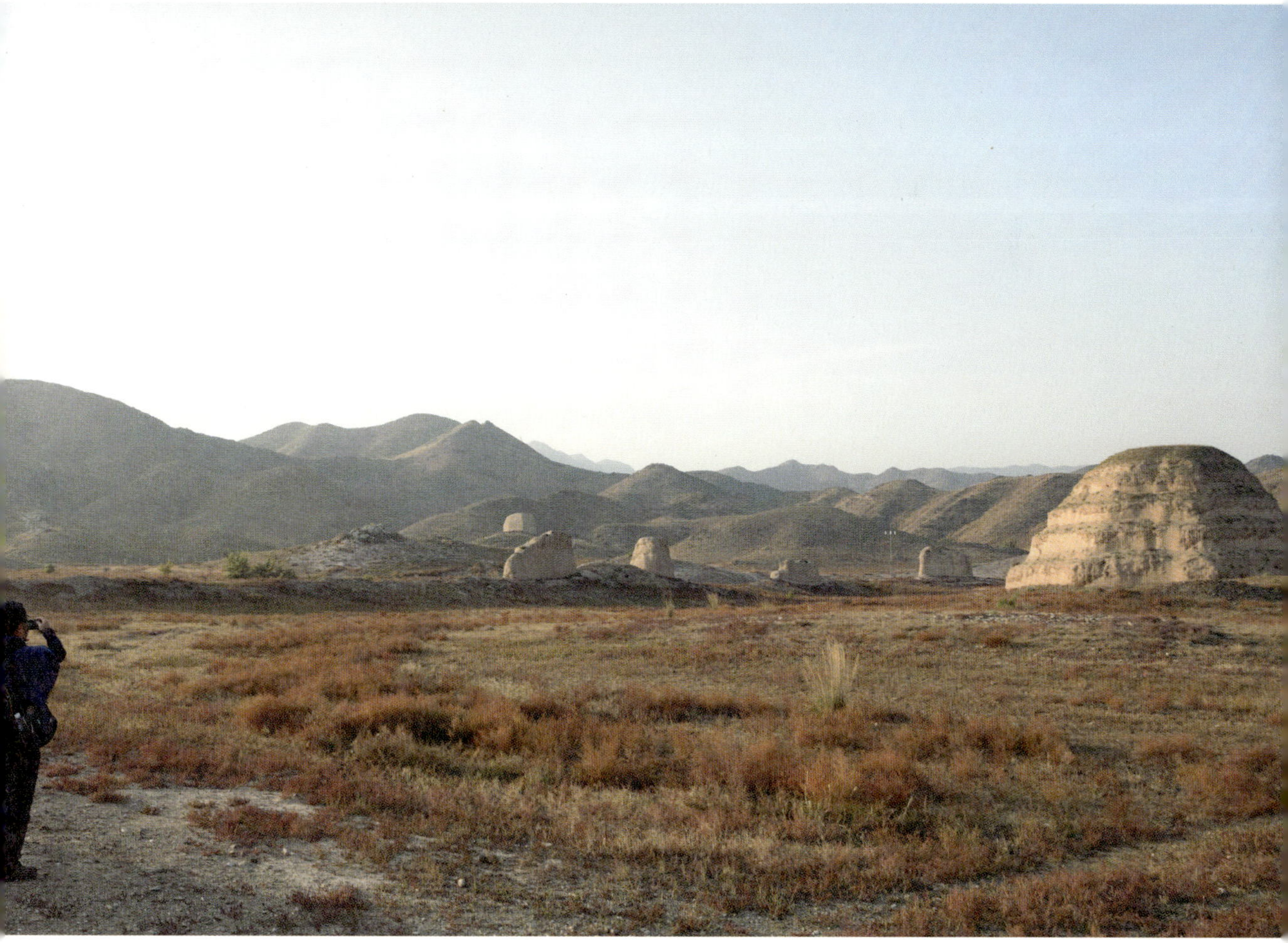

Ⅲ. 유라시아歐亞 사막로沙漠路의 유적遺蹟과 유물遺物

11. 중국中國, China의 유적遺蹟과 유물遺物

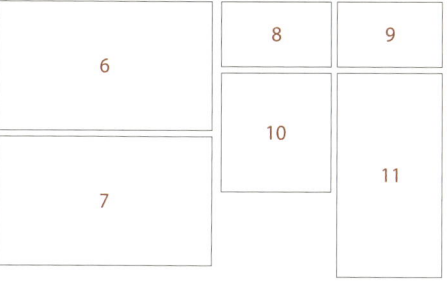

6. 서하(西夏) 6호 왕릉(王陵) 매장주체부(埋葬主體部) 복원(復元)
7. 서하(西夏) 왕릉(王陵) 능원(陵園) 복원(復元)
8. 서하(西夏) 왕릉(王陵) 청동제(青銅製) 황소상(牡牛像)
9. 서하(西夏) 왕릉(王陵) 녹유장식와(綠油裝飾瓦)
10. 서하(西夏) 왕릉(王陵) 가릉빈가상(迦陵頻迦像)
11. 요(遼) 해보탑(海寶塔)

18) 이현묘 李賢墓, Lixien tomb

이현묘는 영하회족자치구(寧夏回族自治區) 고원현(固原縣) 서교(西郊)의 향심구촌(鄕深溝村) 남쪽 0.5km 육반산(六盤山)의 산록에 위치하며, 암반을 굴착한 지하식동실묘(地下式洞室墓)이다. 북주(北周)의 천화4년(天和4年, 569) 몰(沒)한 원주자사(原州刺史) 이현(李賢)과 서위(西魏) 대통13년(大統13年, 547) 몰(沒)한 부인인 오휘(吳輝)의 합장묘이다.

1983년 영하회족자치구박물관(寧夏回族自治區博物館)과 고원현문물공작참(固原縣文物工作站)에 의해 발굴조사되었다. 분구는 직경 12.5m, 높이 5m이며, 묘실의 상면(床面)은 지하 14m에 있다. 묘는 묘도, 천장, 연도, 단실로 구성되어있다. 연도와 묘문, 묘실의 상면에 전을 사용하였으며, 묘문과 관곽은 목조이다. 연도의 상부에는 누각(樓閣), 묘도와 연도의 양측에는 무인(武人), 묘실내에는 시종(侍從), 기악(伎樂) 등이 있으며 44폭 중 23폭만이 잔존하였다.

묘지석(墓誌石)과 도용은 연도와 묘실 입구부분에서 출토되었다. 묘실의 일부가 도굴당했으나, 천장이 붕괴된 부분에서 이현의 관과 그 주변에서 옥기와 옥류, 은장환두대도, 부인의 관과 그 주변에서 금제청금석상감지륜(金製靑金石象嵌指輪), 절자문유리기와 도은금호병(銀鍍金胡甁)이 출토되었다.

이현의 선조는 한(漢) 이릉(李陵)의 자손을 칭하고 있으나, 탁발선비가 후에 이씨성을 칭한 것으로 보고 있다. 이현의 가계는 북위, 북주에 걸친 3대의 유력 귀족으로, 이현은 북주(北周)를 개국한 우문태(宇文泰)의 중신(重臣)이었다. 부인인 오휘(吳輝)는 북주 황실의 인척이다. 이현은 562년에는 돈황자사(燉煌刺史)로 부임하였으며, 사후 사지절주국대장군대도독십주제군사원주자사(使持節柱國大將軍大都督十州諸軍事原州刺史)에 추증되었다.

부장품가운데 은도금호병(銀鍍金胡甁)은 트로이전쟁의 발단이 된 그리스신화의 세 장면을 고부조로 묘사한 것으로 기형과 연주문 등으로 볼 때 사산조 페르시아양식이다. 신화속의 인물은 남녀 2인이 3조로 구성되어 있다. 좌측에서 우측으로 전개되는 인물도의 첫번째 인물군상은 좌측이 트로이 전쟁에 보이는 파리스에 의한 헬레네의 약탈로서 헬레네가 파리스의 손을 잡고 배에 오르는 장면, 두 번째 인물 군상은 금관과 귀걸이를 착장한 아프로디테와 양손에 사과를 든 파리스, 세 번째 인물군상은 헬레네가 그 남편인 메네라오스에게 돌아가는 장면을 묘사한 것으로 보고 있다.

절자문돌출원문배(切子文凸出圓文杯)는 동부에 2단으로 상단 8개, 하단 6개, 저부에 1개의 돌출 원문을 절삭(切削)하여 시문한 것으로, 커트기법, 기형으로 볼 때 전형적인 후기 사산조 페르시아 유리기이다. 기형은 반구형으로 담록색(淡褐色)이며 투명도가 높고 두껍다. 구연부(口緣部)는 끝이 반원형(半圓形)이다. 기면에는 동부(胴部)에 2단으로 상단 8개, 하단 6개, 저부에 1개의 돌출 원문을 절삭(切削)하여 시문하였다.

금제청금석상감지륜(金製靑金石象嵌指輪)은 U장형으로 된 천평봉(天坪棒)에 짐을 진 인물을 음각한 것으로, 유사한 지륜이 동위(東魏) 이희종(李希宗)묘(540년 몰)에서 데오도시우스2세와 유스니야누스1세의 금화와 공반된 것에서 비잔틴제국산으로 보고 있다.

은장환두대도는 길이 86cm이며, 칼집(鞘)에는 통금(筒金)과 일체화된 현패용(懸佩用)의 산형(山形)금구 소위 P자형금구가 부착된 것이다. 우즈베키스탄의 아프랍시압 벽화의 고구려 사절이 착장하고 있는 대도, 당 이적(李勣)묘 출토품과 유사하며, 사산조 페르시아계 환두대도이다.

이현묘 출토품은 사막로를 통하여 사산조페르시아, 에프탈, 비잔틴의 문물이 교역된 점, 그 중계지로서 고원(固原)의 중요성을 알 수 있다. 또한 이현은 돈황자사를 역임하고 그 부인은 북주황실의 인척인 점에서 외래 사치품이 황제(皇帝)와 중신(重臣)간의 신속관계를 규정하는 위신재(威信財)로서 활용된 된 것을 알 수 있다.

참고문헌

寧夏回族自治區博物館·寧夏固原博物館, 1985, 「寧夏固原北周李賢夫婦墓發掘簡報」, 『文物』 11, 文物出版社.

吳焯, 1987, 「北周李賢墓出土鎏金銀壺考」, 『文物』5, 文物出版社.

B. I. マルシセク·穴澤咊光, 1989, 「北周李賢墓とその銀製水瓶について」, 『古代文化』44-4, 古代學協會.

이송란, 2007, 「중국에서 발견된 고전신화가 장식된 서방 은기」, 『중앙아시아의 역사와 문화』下, 솔.

274

11. 중국中國, China의 유적遺蹟과 유물遺物

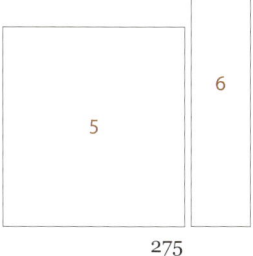

그림 Ⅲ-42. 중국(中國)^{China} **이현묘(李賢墓)**^{Lixien tomb}
1. 이현묘(李賢墓) 출토 도금(鍍金) 인물문(人物文) 은병(銀瓶)
2. 은병(銀瓶) 세부(細部)
3. 전(傳) 이란(Iran) 출토 은병(銀瓶)
4. 이현묘(李賢墓) 사산조페르시아(Sassanian Persia) 절자문유리완(切子文琉璃盌)
5. 이현묘(李賢墓) 장식대도(裝飾大刀)
6. 이현묘(李賢墓) 도용(陶俑)

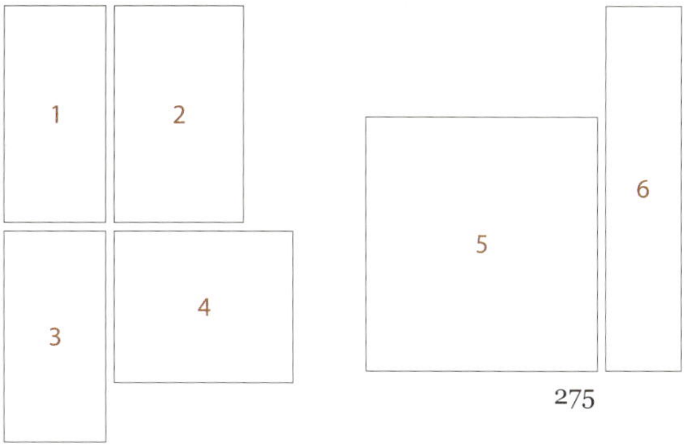

275

Ⅲ. 유라시아歐亞 사막로沙漠路의 유적遺蹟과 유물遺物

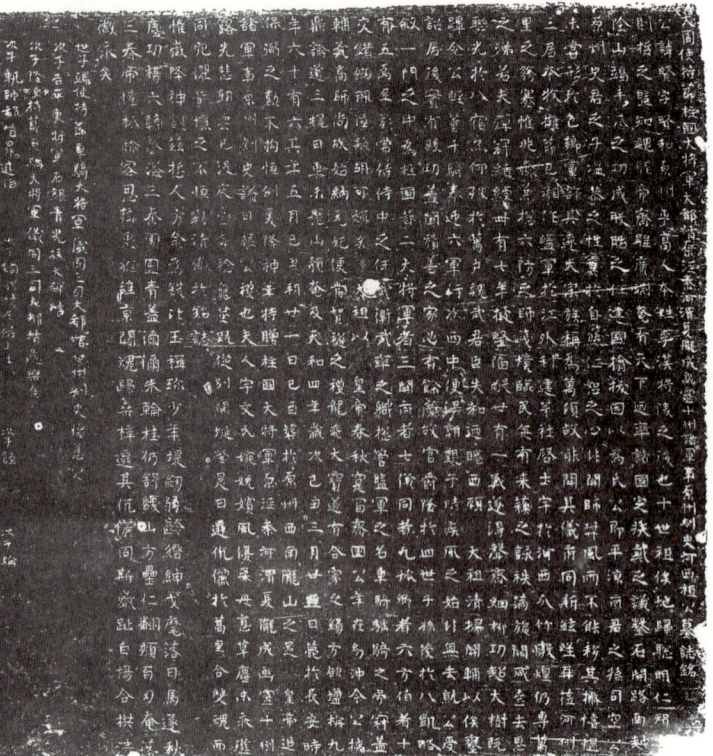
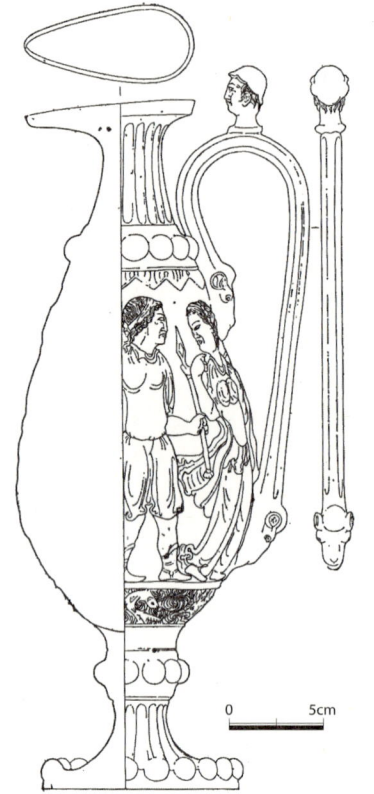

7. 이현묘(李賢墓) 묘지(墓誌)
8. 은병(銀瓶) 실측도(實測圖)
9. 은병(銀瓶) 인물도(人物圖)

19) 법문사法門寺, Pamensu temple

　법문사는 섬서성(陝西省) 부풍현(扶風縣)에 위치한다. 처음에는 아소카왕을 딴 아육왕사로 불리었으며, 583년 수(隋) 문제시기 성실사(成實寺)로 개명되었다. 당(唐) 고종시기 부처의 지골(指骨)사리를 봉안하게 되면서 법문사로 개칭되었다.

　창건은 서위(西魏) 공제(恭帝)2년(555) 주원(周原)일대를 통치하는 기주(岐州)의 장관이었던 탁발육(拓跋育)에 의한 것으로 보고 있다. 서위의 우문태(宇文泰)는 주(周)를 계승한 것으로 자칭하였으며, 법문사는 그 본거지인 주원(周原)의 중심에 해당하는 곳에 위치하는 것과 관련된다. 549년 양(梁)이 멸하고 서위(西魏)에 의해 554년 후량(後梁)이 정복되어 그 지배층이 장안으로 이주하면서 남조(南朝)의 사리 신앙이 이입된 것을 계기로 볼수 있다. 법문사는 전성기 승려가 500인 이상, 24개의 원이 있는 장안에서 가장 많은 수의 건물이 있는 사원이었다.

　1981년 건립된 법문사의 8각 13층 전탑이 반파된 것을 계기로 1987년 기단부를 보수하는 과정에서 판석으로 축조한 지궁(地宮)에서 900여 점의 유물이 출토되었다. 지궁이 발견된 전탑은 당대(唐代)에는 4층 목탑이었으나, 명대(明代)에 들어서 전탑으로 재건하였다. 지궁은 동전(銅錢)이 산란하는 계단을 따라 내려가면 연도와 같은 수도(隧道)에 연결된 봉문(封文)이 나오며, 각 문이 있는 전실, 중실, 후실과 후실비감(後室秘龕)이 있다. 전실의 봉문 앞에는 진신지문비(眞身誌文碑), 의물장비(衣物帳碑)를 세웠으며, 그 내부에 사자상, 아육왕탑, 중실에는 대리석제 영장(靈帳), 사리함, 향로, 청자 등이 출토되었다. 후실에는 사리함, 유리기, 금은기, 석장(錫杖), 견직물 등이 매납되었다.

　당 황실에 의해 행해진 법문사의 사리공양의식은 총 9회가 알려져 있는데, 631년 태종 때 시작해서 지궁이 폐쇄되는 874년까지 30-40년 간격으로 행해졌다.

　사리는 총 4과가 봉안되었으나, 그중 하나는 진신사리인 석가의 지골(指骨)이며 나머지는 원체를 보호하기 위한 영골(影骨)이다. 후실의 팔중 보함(寶函)은 당 의종이 하사한 것으로, 각각 은정(銀錠)으로 시정되어 견직물에 싸서 중첩하게 납입하였으며, 빈 공간은 향료(香料)로 충전(充塡)하였다. 제8함은 백단(白檀)제로 석가설법도와 아미타정토도가 조각되고 채색되었다. 제7함은 사천왕을 부조한 도금은제, 제6함은 은제, 제5함은 여래상을 부조한 도금은제, 제4함은 관음상을 조작한 금제, 제3, 2함은 녹송석, 마노, 진주로 장식한 금제, 제1함은 사리가 안치된 금제 탑형으로 저판에 은주(銀柱)를 설치하여 제1사리를 안치하였다. 제2사리는 중실의 영장(靈帳)내 철함, 제3사리는 후실의 비감(秘龕)내 철함, 은함, 향목함, 수정곽, 옥곽, 제4사리는 전실의 아육왕탑내에서 철관에 안치되었다. 그런데 진신사리는 그 재질과 명문으로부터 제3사리로 밝혀졌다.

지궁에 소장된 금은기는 121점에 달한다. 이들은 주로 당 황제들의 사리 공양의식에 사용된 것들로 정교하고, 명문이 새겨진 것이 많다.

더욱이 지궁에서는 이슬람 유리기가 20여 점이 출토되어 주목된다. 접시(皿)는 기하학문을 절자한 청색의 것과 황색의 러스터(luster)문의 고급품으로 구성되었으며, 첩부문병(貼附文瓶)은 담황색이며 투명하고 기포가 밀집되어 있다. 구연부가 반구형이며 견부가 세장하다. 긴 동체부에 융착한 낮은 대부(臺部)가 있다. 동부에는 4열에 걸쳐서 유리띠로 융착한 문양을 시문하였다. 견부에 1줄의 유리띠를 돌리고 그 밑에 8개의 청색의 이중원문을 시문하였다. 동부의 중앙에는 유리띠로 별문양을 6개, 그 밑에는 기면과 같은 이중원문을 6개 시문하였다. 최하단에는 청색의 플라스크형의 문양을 6개 시문하였다.

법문사 출토품은 당(唐) 말 873-874년에 사리를 공양할 때 의종(懿宗)과 희종(僖宗)이 봉납한 것들이다. 법문사는 진신사리 중 유일하게 지골사리를 봉안하고 있는 곳이며, 당 황실의 사리공양이 이루어진 국가적으로 중대한 사찰이다.

법문사 출토 이슬람 유리기 가운데 첩부문병(貼附文瓶)과 러스터(luster)문이 베트남 꾸라오참(Cu Lao Cham)에서 출토되어 해로를 통하여 이입되었을 가능성이 있어 주목된다.

참고문헌

新潟県立近代美術館(外), 1999, 『中国の法門寺宮殿の秘宝-唐皇帝からの贈り物-』, 新潟県立近代美術館・朝日新聞社文化局・博報堂.

稲畑耕一郎・尹夏清・佐藤浩一(著)・劉煒(編), 2006, 『図説中國文明史6隋・唐開かれた文明』, 創元社.

陝西省考古研究院, 2007, 『法門寺考古發掘報告上下』, 文物出版社.

그림 Ⅲ-43. 중국(中國)China 법문사(法門寺)Pamensu temple
1. 법문사(法門寺) 위치(位置)
2. 법문사(法門寺) 복원(復元)

11. 중국中國, China의 유적遺蹟과 유물遺物

3. 법문사(法門寺) 지궁(地宮)
4. 지궁(地宮) 후실(後室)
5. 전실(前室) 아육왕탑(阿育王塔)
6. 후실(後室) 동탑(銅塔)
7. 후실(後室) 제7중(重) 사리함(舍利函)
8. 후실(後室) 제1중(重) 사리함(舍利函)
9. 후실(後室) 이슬람(Islam) 첩부원문유리병(貼付圓文琉璃瓶)
10. 후실(後室) 이슬람(Islam) 러스터문유리명(luster文琉璃皿)
11. 후실(後室) 이슬람(Islam) 기하학문유리명(幾何學文琉璃皿)

Ⅲ. 유라시아歐亞 사막로沙漠路의 유적遺蹟과 유물遺物

12. 후실(後室) 향로(香爐)
13. 사리공양도(舍利供養圖)

20) 당 황제릉唐皇帝陵, Tang emperor tombs

당 황제릉은 섬서성(陝西省)의 서안시(西安市)의 북쪽 함양시(咸阳市) 삼원현(三原縣)에서 건현(乾縣)에 걸쳐서 동서로 위치한다.

당을 건국한 1대 황제 태조 이연의 헌릉은 함양시(咸阳市) 삼원현(三原縣) 동북 약 20km 지점 서목원(徐木原) 영합촌에 위치한다. 헌릉은 정복두형으로 판축으로 성토하여 축조하였다. 높이 19m, 길이 동서 139m, 남북 110m이며, 능원은 방형으로 동서 781m, 남북 470m이다.

건축물로는 내성과 하궁이 존재한다. 내성의 사방 담장은 동서 467m, 남북 470m이다. 능대 주위로 청룡, 주작, 백호, 현무의 사신문이 있다.

하궁은 묘주를 공양하기 위한 음식과 물품을 보관하는 곳이다. 또 후대 제왕들이 능원에 와서 잠시 머무르는 곳으로 사용했으며 능을 지키는 관원과 평소 시봉하는 사람들이 거주하는 곳이다.

헌릉에 원래 설치된 석각으로는 사신문 외에 각각 석호 1쌍이 있다. 남문 밖 357m에 달하는 신도 양측으로 화표석 1쌍, 석서우 1쌍과 석인 등이 있었다. 양쪽으로 41.2m의 간격을 두고 병렬하고 있다. 현재 능묘 안에는 12기의 석각이 있다.

능묘 안에 있는 사신문 밖으로 4.5m 부근에 석호 1쌍이 좌우로 마주보고 있다. 모두 4쌍의 석호가 있었는데 현존하는 것은 5기이다. 몸체가 둥글고 머리가 매우 크고 목 부분을 짧다. 등은 넓고 평평하며 네 다리를 세우고 꼬리를 내려뜨린 모습이며 배 아래쪽에 문양을 새겨 넣었다.

코뿔소 석상은 석주 북쪽 70m 지점에 서로 마주보게 배치되었다. 헌릉 신도 서쪽 코뿔소 석상은 땅 속에 묻힌 상태이며, 동쪽 석상은 1960년에 서안 비림박물관(碑林博物館)으로 옮겨졌다. 코뿔소의 석상과 받침돌은 하나의 몸체로 이루어졌다. 코뿔소가 능묘의 석각으로 사용된 예는 그 이전에 없었는데, 헌릉에 세워진 것은 중국인들에게 코뿔소가 상서로운 짐승으로 여겨졌기 때문일 것이다. 기록에 의하면 태종 시기 임읍(林邑) 왕이 코뿔소를 당 왕조에 조공했다는 내용이 보이는데, 즉 이는 고대 중국의 외교관계를 상징하는 기념물이라고 할 수 있다.

석인은 현재 3개가 있으며 모두 사마도 동쪽에 늘어서 있고 그 높이는 2.2m이다. 석인은 헌릉 능묘 사신문 밖, 특히 남신문 밖 신도 양측에 서 있는 석인와 같은 방법으로 만들어진 것인데 이후 당대 여러 황제들의 능묘에 설치하는 석각의 기본 양식이 되었다.

　　화표석은 남신문 밖 석호가 있는 남쪽으로부터 380m 지점에 위치하며 동서로 나뉘어 배치되어있다. 동쪽 화표석의 보존 상태가 비교적 양호하며 서쪽은 이미 심하게 훼손되었다. 석주의 높이는 7.32m이며 상, 중, 하 세 부분으로 구성되어 있다. 하부의 사면에 화문이 새겨져 있는데 윗부분은 수미가 맞물린 형태의 두 마리 교룡이 서로 둘러싸여 조각되어있다. 주신은 팔각형을 띠는데, 각 면의 폭이 0.45m이고 덩굴 문양을 새겨져있다. 상부는 팔각형 덮개로 되어 있고 그 상부에 웅크리고 있는 석사자상이 있으며 높이는 0.9m이다.

　　당 2대황제 태종 이세민의 소릉은 예천현(禮泉縣) 동북 22.5km 지점의 구종산(九嵕山) 주봉에 위치한다. 정관(貞觀)10년(636) 7월 28일, 문덕황후 장손씨가 장안성 입정전에서 세상을 떠나자 태종은 조서를 내려 본인이 평소 생각해 두었던 구종산에 능침을 조성하도록 했다. 이후 정관 23년(649) 7월 10일, 태종이 세상을 떠나자 고종은 태종의 유지를 받들어 구종산에 장례를 지내고 이곳을 소릉이라고 했다.

　　소릉은 사방으로 성곽이 둘러져있고 네 모퉁이에는 각루가 설치되어있다. 그리고 북쪽의 각루 중간에는 주작문(南門), 사마문(北門)이 설치되어있다. 능원 안에는 헌전과 북사마원 그리고 능침으로 이루어져 있다. 능침은 구종산(九嵕山) 남쪽 정상 부근 단애에 잔도(桟道)를 설치하여 굴착하여 조영하였으나, 도굴되었다.

　　북사마원 위치는 산릉의 북쪽이며, 이곳에 소릉육준과 14개국 군왕상이 있다. 소릉은 능 남쪽이 험준하여 석각은 능산 북궐 앞에 집중적으로 배치되어 있고, 동서 양쪽에는 태종이 생전에 타고 다닌 여섯필의 말인 소릉육준이 있다. 이 소릉육준은 태종 이세민이 수없이 전쟁터를 누비고 다닐 때 애용했던 여섯 마리의 준마를 소재로 돌에 새긴 뛰어난 예술작품이다. 동쪽에는 특근표, 청추, 십벌적이 있으며 서쪽에는 삽로자, 권모과, 백제오가 있다.

　　6준과 함께 북궐에 14국 군왕상이 수립되어있다. 석상 뒷면에는 모두 초당시기 서예가 은중용이 예서체로 쓴 제명이 새겨져 있는데 오랫동안 땅 속에 묻혀 있었기 때문에 선명하게 글자가 그대로 남아있다. 그 가운데 신라 진덕여왕상이 있다.

　　능산을 중심으로 황족, 공신 이적(李勣), 위지경덕(尉遲敬德) 등의 배장묘가 분포되어 있다. 배장묘의 피장자는 신분이 밝혀진 것은 73기이고 대다수가 부부합장묘로 되어있으며 총 인원은 모두 200명이 넘는다. 소릉의 능원은 주변 길이가 60km에 달하며 총 면적은 약 2만 ha에 이른다. 능침은 구종산 주봉에 위치하는 구조는 황궁이 장안성 북쪽에 있는 것과 같다. 서안 비림박물관에 소릉 출토 석사자 1점이 전시되고 있다.

당 3대 황제 고종 건릉은 함양시(咸陽市) 건현(乾縣) 양산(梁山)에 위치한다. 능침은 양산(梁山) 남쪽 정상 부근 석회암을 굴착하여 조영하였으며, 유일하게 도굴되지 않았다. 산 정상에 오르면 동쪽으로 구종산이 보인다. 능묘 건축 구조는 당 장안성 구조와 같이 내성, 외성, 배장묘 세 부분으로 이루어져있다. 즉, 장안성의 궁성, 황성, 외곽성의 구조를 취한 것이다.

건릉의 내성 4문 밖에는 석상이 배치되어 있다. 건릉 내에 배치된 석각의 수량은 모두 124건에 이른다.

화표석은 8각형 기둥이며 높이는 약 7.8m, 직경 1.12m, 무게는 약 40톤에 이른다. 당대 건릉에서부터 모든 제왕의 능묘에는 반드시 익마 한 쌍을 배치했다. 서역에서 전래된 말의 기상을 보여주는 강렬한 표정을 음영 기법을 사용하여 잘 드러냈다. 양쪽 어깨부위는 소용돌이 문양을 중첩하여 조각했다.

타조는 익마가 있는 곳에서 북쪽으로 약 230m 지점에 위치하고 좌우 대칭으로 배치되어있다. 장마와 견마석인은 타조 북쪽에 위치한다. 황제 능묘에 석마를 배치하는 건축양식은 후한 광무제의 능에서부터 시작되었다. 건릉 사마도에 배치된 5쌍의 장마 중 한쌍은 보존 상태가 완전하지만 나머지는 모두 훼손되었다.

견마석인은 말 머리에서 북측으로 서 있다. 현존하는 것은 8기이며 그 중 완전한 상태로 남아있는 것은 2기 뿐이다. 석인상은 모두 머리 부분이 없다. 석인은 둥근 목깃에 소매가 짧은 옷을 입고 있으며, 허리띠를 차고 장화를 신고 있다. 가슴에 두 손을 모으고 건장하게 서 있는 모습이다.

관검석인상은 모두 10쌍이다. 주작문 밖 사마도 양측에 위치하며 보존상태가 양호하다. 석인은 머리에 관을 쓰고 있고, 허리띠를 매고, 소매가 크고 폭이 넓은 도포를 입고 있다. 큰 키에 풍만한 두상, 八자형 수염을 하고 있으며, 양 손은 짚고 있는 칼 위에 가지런히 두고 두 눈은 정면을 주시하고 있다.

군왕상은 주변 제국 군왕을 표현한 것이다. 주작문 앞 동, 서 양쪽에 위치하며 원래 64개 석상이 있었는데 현재 60개가 남아있다. 석인상은 등신대로 조각되어있다. 석인은 거의 둥근 목, 좁은 소매의 옷을 입고 있거나 접힌 옷깃과 좁은 소매의 무사복을 입고 있다. 양손은 홀을 잡고 있거나 또는 홀을 잡고 손을 가슴앞에 모은 형상이다. 많은 석상들이 허리띠를 차고 있으며, 허리에 작은 주머니 또는 어대를 차고 있다.

건릉에서부터 능묘에 석사자가 1쌍씩 세워졌다. 건릉에는 원래 4쌍의 석사자가 있었다. 현존하는 석사자 중 주작문 앞에 있는 1쌍은 조각기술과 조형미가 뛰어나다. 웅크려 앉아 있는 모습이며 한 덩어리의 푸른 옥석으로 조각하였다. 근육은 우뚝 솟아나 있고 단단하다. 머리는 크며 곱슬머리를 하고 있다. 사자상은 페르시아에서 중앙아시아에 전래되어 소그드인들에 의해 북조에 도입된 후 당의 능원 석각으로 성립한 것으로 판단된다.

건릉의 군왕상가운데 신라인으로 추정되는 석상이 있어 주목된다. 동편 석상군 마지막 열에 홀로 서있으며, 석상 왼손에는 한민족의 주된 무기인 활(弓)을 들고 있다. 이 석상의 복장은 외관상 3벌 복장을 하고 있는데, 당 건릉의 배장묘인 장회태자묘(章懷太子墓) 예빈도(禮賓圖) 조우관(鳥羽冠)을 쓴 사신의 복장과 유사하여 신라사 또는 고구려사로 보고 있다.

참고문헌

来村多加史, 2001, 『唐代皇帝陵の研究』, 學生社.

沈睿文, 2009, 「唐陵的布局」, 北京大學出版社.

橿原考古學研究所付屬博物館, 2010, 「大唐皇帝陵」, 橿原考古學研究所付屬博物.

유향양(저)·추교순(역), 2012, 「중국 당대 황제릉 연구」, 서경문화사.

제동방(저)·이정은(역), 2012, 「중국고고학: 수·당」, 사회평론.

경주시·한국전통문화대학교, 2013, 「신라왕릉 3」, 『중국 역대 황제릉 조사』, 경주시·한국전통문화대학교.

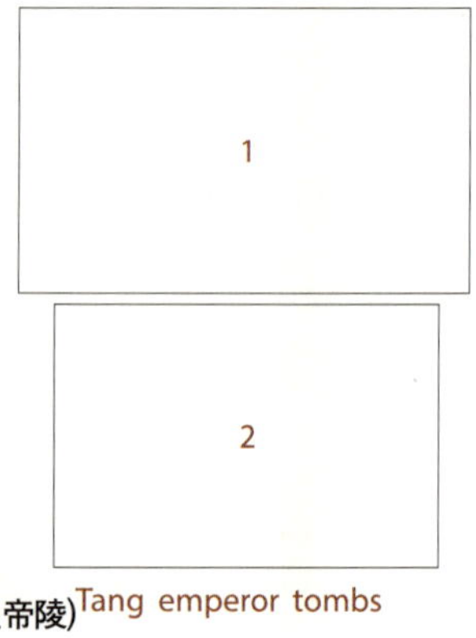

그림 Ⅲ-44. 중국(中國)China 당 황제릉(唐皇帝陵)Tang emperor tombs
1~2. 당황제릉(唐皇帝陵) 분포도(分布圖)

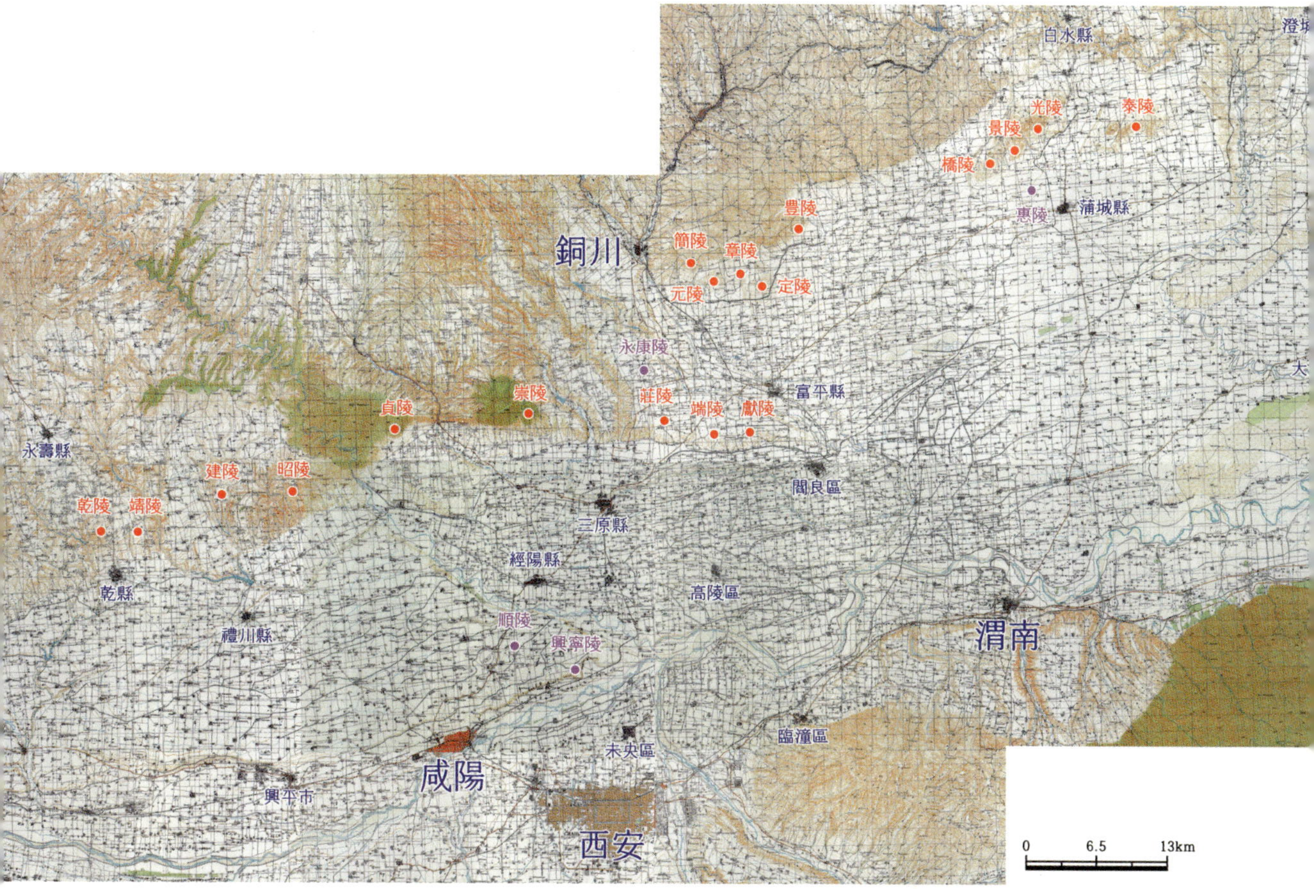

11. 중국中國, China의 유적遺蹟과 유물遺物

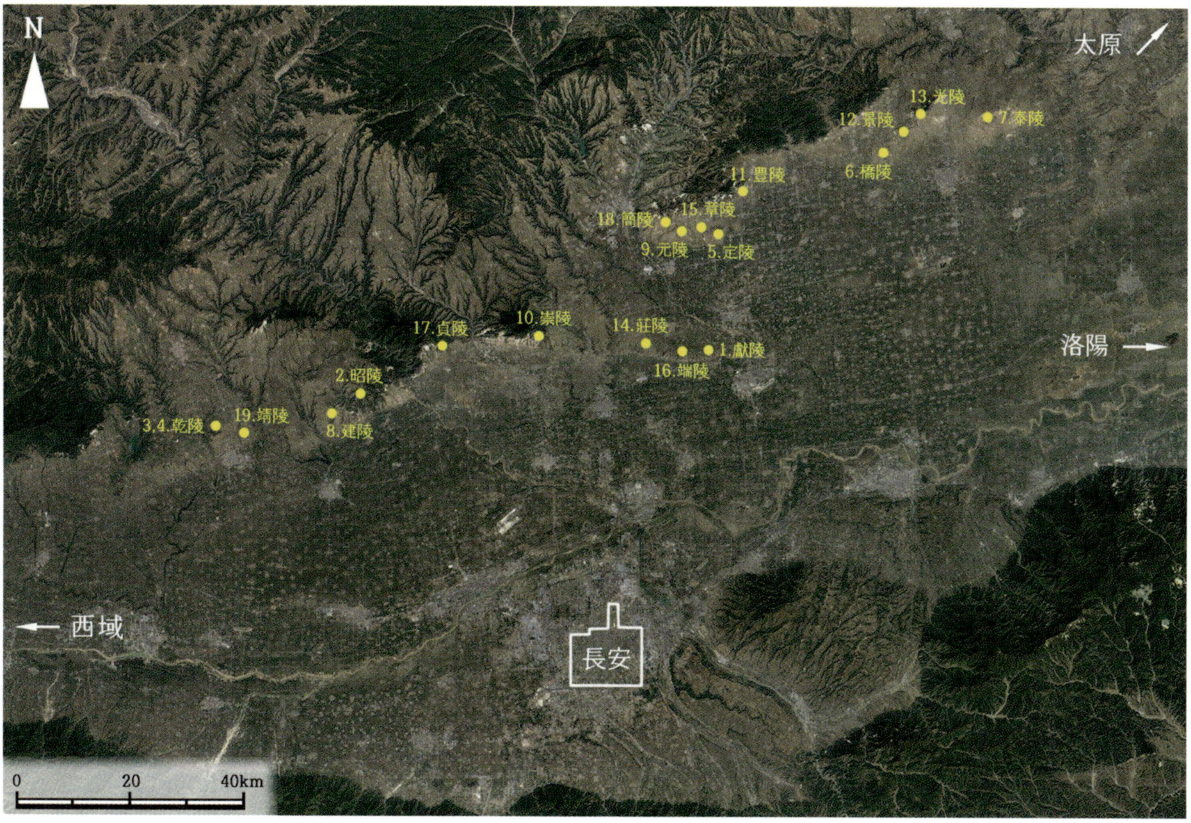

3. 고조(高祖) 헌릉(獻陵)
4. 헌릉(獻陵) 화표(華表)
5. 헌릉(獻陵) 석호(石虎)
6. 헌릉(獻陵) 석서우(石犀牛)

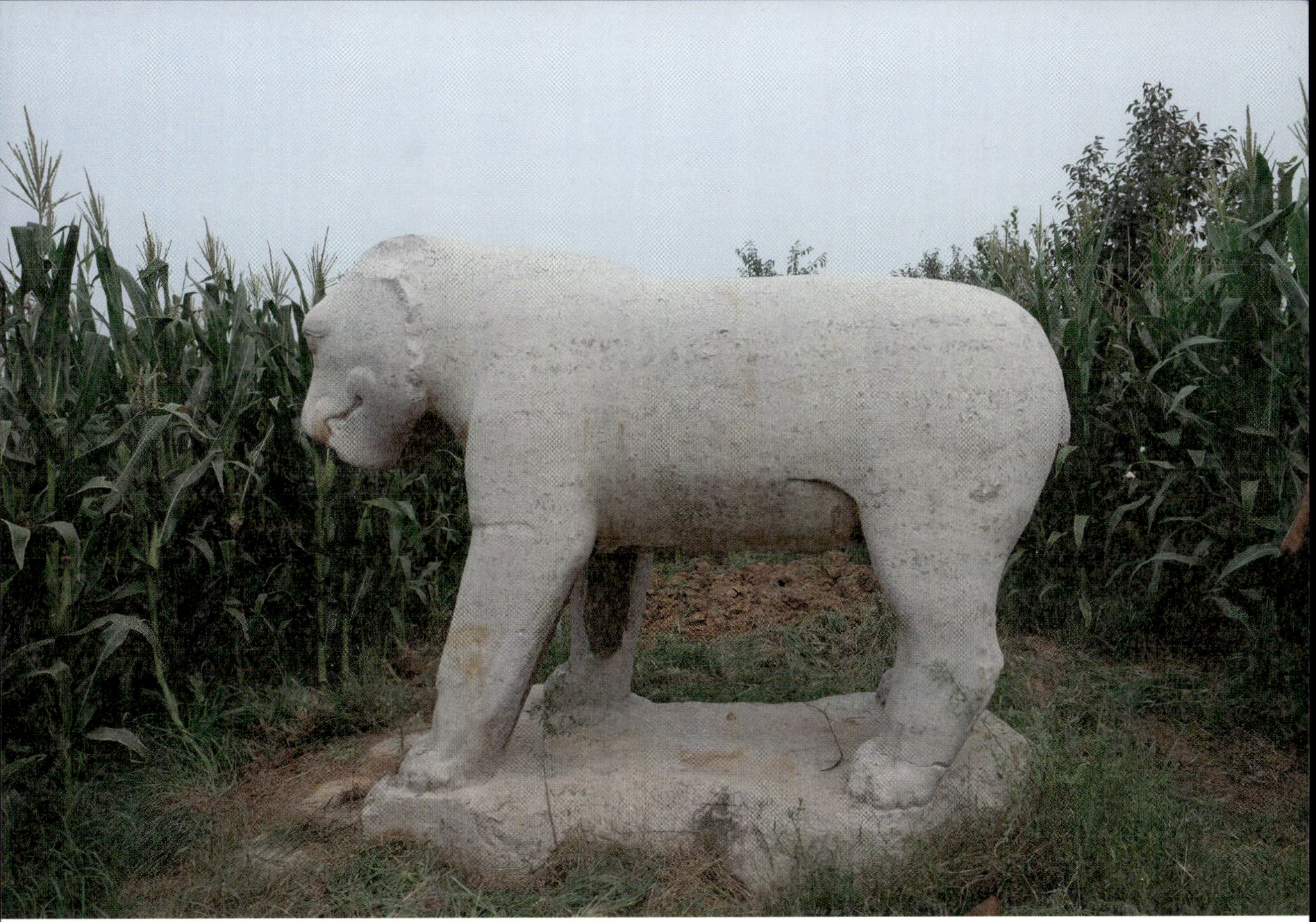

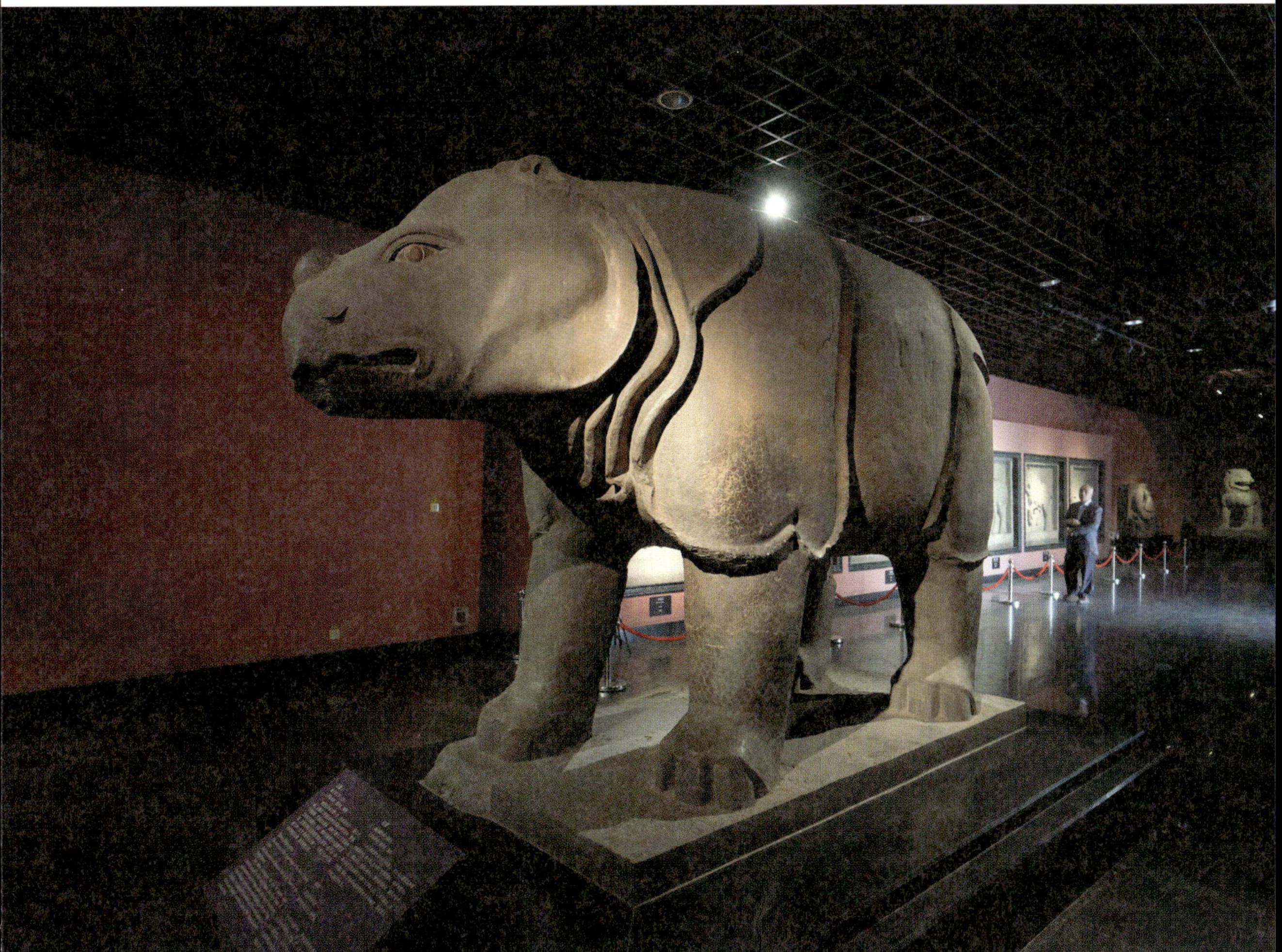

7. 태종(太宗) 소릉(昭陵)
8. 소릉(昭陵) 사마문(司馬門)
9. 소릉(昭陵) 석사자(石獅子)
10. 소릉(昭陵) 진덕여왕상(眞德女王像)
11. 진덕여왕상(眞德女王像) 명문(銘文)

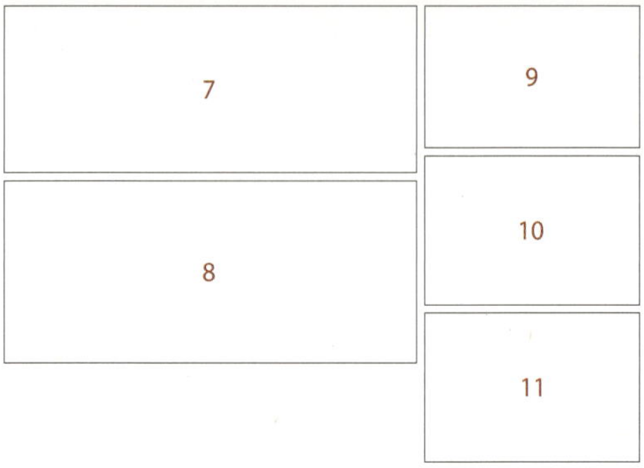

Ⅲ. 유라시아歐亞 사막로沙漠路의 유적遺蹟과 유물遺物

12. 고종(高宗) 건릉(乾陵) 동측면(東側面)
13. 건릉(乾陵) 북면(北面)
14~15. 건릉(乾陵) 남면(南面)

| 12 | 14 |
| 13 | 15 |

11. 중국中國, China의 유적遺蹟과 유물遺物

16. 건릉(乾陵) 군왕상(君王像)
17. 건릉(乾陵) 신라인상(新羅人像)

21) 서안西安, Xian

서안은 섬서성(陝西省)의 성도로 진령(秦嶺)산맥의 북쪽, 위수(渭水)의 남쪽에 위치한다. 지리적으로는 황하유역의 관중 평야 중부에 위치하며 토지가 비옥하여 고대 중국 왕조의 정치적 중심지였다.

한 무제 시기 실크로드가 개척되면서 중심지가 되었고, 위진남북조시기 불교 순례자들과 불경 번역자들이 머물며 불교 문화가 동아시아 지역에서 확산되는 종교적 중심지였다. 서안이 실크로드의 중심도시로 알려지기 시작한 것은 7-10세기이다. 당제국의 경제 문화적 번영에 따라 서안은 국제 무역의 중심지가 되었다. 실크로드를 따라 중앙아시아, 서아시아, 인도 등 서방의 각지에서 온 민족들이 함께 거주하며 이들이 가져온 문화, 상품이 유통되는 국제적인 도시로 세계적인 명성을 얻게 되었다.

이곳에 장안(長安)이라는 이름으로 수도(首都)를 최초로 둔 것은 전한(前漢)이다. 전한의 장안성은 현재 서안 시가의 서북 약 7km의 곳에 있다. 전한 이후 장안은 서방세계에도 알려지게 되어, 4세기 초에는 소그드인 사이에서 「쿠무단」의 이름으로 불리고 있었다. 또 4-5세기의 전진(前秦)·후진(後秦)왕조 하에서는 수도 장안에 구마라집(鳩摩羅什) 등 서방의 불교승이 많이 모여 불전의 번역·연구의 일대 거점이다. 수(隋)대에는 한의 장안성 동남지역에 신도시를 건설하여 대흥성(大興城)이라 칭했다.

당(唐)대 장안은 새로운 전기를 맞게 된다. 수도 장안성은 수(隋)의 대흥성을 계승해 완성한 것으로 현재의 서안 시가를 포함해 동서 9,721m, 남북 8,651m, 면적 840,000㎡의 거대한 도성이다. 성내에는 남북 11, 동서 14본(本)의 대로(大路)가 있으며, 바둑판과 같이 구획한 108방으로 구획되어 있었다. 장안성은 궁성, 황성, 외곽성으로 구성되어 있다. 황제가 거주하며 정치하는 공간인 궁성은 성의 북부 중앙의 태극궁(太極宮)과 북동쪽의 대명궁(大明宮), 동쪽의 흥경궁(興慶宮)이 있다. 황성은 태묘(太廟), 태사(太社), 중앙관청이 있으며 궁성의 남쪽에 있다. 외곽성은 거주구와 상업구로 구분되며 동서에 시(市)가 있다. 장안은 당제국의 팽창과 활발한 대외교류에 따라 인구 100만을 넘는 최대의 국제 도시로서 번영했다.

10세기 초 당 말기 장안은 전란으로 파괴되었다. 후에 성내 북서부의 일부가 시가로서 재건되었고, 명대에는 서안으로 불리게 되어 현존의 성벽이 쌓아 올려졌다.

서안 동쪽에는 시황제릉, 병마용갱, 화청지가 있다. 진 시황제릉은 서안의 동쪽 약 36km 지점에 있다. 분구는 높이 43m이며 내외 이중의 능상으로 둘러싸이고 동서 930m, 남

Ⅲ. 유라시아歐亞 사막로沙漠路의 유적遺蹟과 유물遺物

북 2,220m이다. 진시황이 즉위한 BC 246년부터 37년에 걸쳐 축조되었다. 진시황릉의 동쪽 약 1.5km거리에는 병마용갱이 있다. 용(俑)이란 사람과 동물을 본떠 만들어진 것이다. 병마용은 진시황의 부장품으로서 진(秦)의 군단을 본떠서 만들어져 땅속의 갱도에 묻혀 있던 것으로 1974년 우연히 발견되었다. 유적은 1·2·3호 갱이고, 최대 1호 갱은 동서 230m, 남북 62m. 12기의 수혈에 모두 10,000점의 병사용이 묻혀 있다. 병마용은 도제로, 등신대(等身大)에서 매우 사실적으로 만들어졌다. 병사용은 보(步)·노(弩)·차(車)·기(騎)의 네 가지 병종으로 나뉘어 궁시와 쇠뇌, 창 등 무기를 들고, 갑주을 장착하고 직립하거나 마차를 타는 등의 모습으로 실물 군장을 하면서 정연히 짜여져 있다. 현재 병마용갱은 시황제 병마용 박물관으로서 공개되고 있다.

화청지(華淸池)는 서안의 동쪽 약 25km의 약산 북록에 있다. 여기는 주대부터 온천으로 유명해 여러 왕조가 별궁을 지었다. 당 정관 연간에 별궁을 짓고 이를 현종이 확장하고 화청궁으로 하였다. 이곳을 무대로 한 현종과 양귀비의 이야기 백거이의 "장한가(長恨歌)"에도 나온다. 현재 화청지의 건축물은 청대(淸代)부터 최근까지 재건된 것으로, 주위의 나무들의 녹색과 소나무까지 아름다운 경관을 이루고 있다.

서안 시가에서 서북쪽으로 약 50km에 법문사가 있다. 당대에 불사리를 안치한 절로서 유명하고, 역대 황제의 의한 사리공양이 수차례 행해졌다. 1989년 발굴조사에서 당대의 지궁이 발굴되었다. 지궁에서 부처의 진신사리와 함께 금은기·유리기·청자기·다기·견직물 등의 문물이 발굴되었다. 이것들은 당말에 873-874년간의 불사리공양을 할 때, 의종(懿宗)·희종(僖宗) 양 황제에 의해 봉납된 것이다. 현재 이것들은 법문사 박물관에서 볼 수 있다.

서안 시가의 남쪽에는 당대의 건축물로서 남아있는 것은 시가 남부의 대안탑과 소안탑이다. 시가에서 남쪽으로 약 20km 지점에 종남산이 있다. 명승 고적이 많은 북록에는 흥교사와 화엄사·향적사의 유적이 있다. 흥교사는 시안의 남쪽 약 20km에 위치하고 5층으로 된 현장의 공양탑이 있는 것으로 유명하다. 탑은 현장의 유골이 669년에 이 땅에 이장됐을 때 세워졌다. 경내에는 그 외에 현장의 제자 규기와 원측의 묘탑, 대웅보전·법당·장경루 등이 있다. 화엄사는 서안의 남쪽 약 14km 거리에 있어 당대의 전탑(塼塔) 두기가 남아 있다. 향적사는 서안의 남쪽 약 17km 거리에 있다. 경내에는 선도대사(善導大師)의 사리탑이 현존한다. 높이 22m, 10층의 전탑이다.

서안의 서북에는 함양시 일대에 진 왕궁과 전한·당 왕조의 다수의 황제릉이 있다. 서안의 서북 약 25km, 위하(渭河)의 북안에 위치한다. BC 4세기 중엽부터 진왕궁이 있으며 도읍을 두었다. 진왕궁은 현재 함양시의 동쪽 15km거리에 있어 진 멸망 시(BC 206년)에 항우에 파괴됐으나 최근 그 유적이 발굴되고 있다.

위하 북방에 점재하는 전한의 여러 황제릉에서 가장 큰 것이 무제(재위 BC 141-87년)의 무릉(茂陵)으로 서안의 서쪽 약 40km거리에 있다. 능의 동북 500m에는 무제 시대에 흉노족 토벌에서 활약한 장군 곽거병과 흉노왕자인 김일제의 배장묘가 있다.

서안의 서북 약 60km의 구종산 위에는 당 태종(재위 626-649년)의 능묘, 소릉(昭陵)이 있다. 최상부는 해발 1,188m, 둘레는 60km이다. 능의 북쪽에 제단에는 당에 조공한 외국의 군장(君長)의 석상 14개체가 수립되었으며, 또 부근에는 준마 여섯 마리의 뛰어난 부조 석각이 있었다.

서안의 서북으로 약 80km거리에는 당 고종(재위 649-683년)과 측천무후의 합장묘인 건릉(乾陵)이 있다. 능은 해발 1,048m의 양산 위에 있으며, 그 주위에 이중의 성벽과 네 개의 문이 있었다. 능의 약 500m의 신도의 좌우에는 비석과 각종 동물의 석상 외에 고종의 장례식에 참석한 외국 군왕의 석상이 나란히 놓여 당 왕조의 국제성을 보여 준다.

서안에는 많은 박물관이 있으며, 그 가운데 실크로드 관련 최고의 자료관은 섬서성역사박물관(陝西省歷史博物館)이다. 이곳에는 섬서성에서 출토한 11만 3천 점의 유물이 수장되고 있어 전시품도 매우 풍부하다. 선진(先秦)시대의 청동기·석기로 부터 한(漢)대와 수당시대의 유명한 우품(優品)이 있다. 예를 들어 장안 남교의 하가촌(何家村)에서 출토한 금은기는 사산조 미술의 영향도 받아 그 유려한 의장과 문양이 아름답다. 지하에는 장회태자묘(章懷太子墓), 의덕태자묘(懿德太子墓), 영태공주묘(永泰公主墓)의 벽화가 보존되고 있다.

삼학가(三學街) 15호에 있는 비림박물관(碑林博物館)은 1087년에 공자묘(孔子廟)를 고쳐 역대 대서도가(大書道家)의 뛰어난 비문과 묘지 등을 모았다. 전시실 입구에는 현종황제 직필의 효경과 자주(自注)를 조각한 높이 5m의 석태효경이 있다. 제1실에는 유학 경전 12종을 조각한 개성석경(開成石經)이 늘어서 있다. 제2실에는 왕희지의 집왕성교서(集王聖教序), 안진경(顏眞卿)의 다보탑비, 안씨가묘비(顏氏家廟碑), 구양통(歐陽通)의 도인법사비(道因法師碑), 서호(徐浩)의 불공화상비(不空和尚碑), 유공권(柳公權)의 현비탑비(玄秘塔碑), 네스토리우스파 크리스트교인 경교의 동점을 전하는 대진경교파유행중국비(大秦景教派流行中國碑)가 있다. 그 외 당 헌릉의 코뿔소상과 당 소릉의 사자상 등의 능묘 석각도 전시되어 있다.

Ⅲ. 유라시아歐亞 사막로沙漠路의 유적遺蹟과 유물遺物

참고문헌

史念海(編), 1996, 『西安歷史地圖集』, 西安地圖出版社.

세오 다쓰히코(저)·최재영(역), 2006, 『장안은 어떻게 세계의 수도가 되었나』, 황금가지.

稻畑耕一郞·尹夏淸·佐藤浩一(著)·劉煒(編), 2006, 『図説中國文明史6隋·唐開かれた文明』, 創元社.

卞麟錫, 2008, 『唐長安의 新羅事蹟』, 韓國出版情報(株).

제동방(저)·이정은(역), 2012, 『중국 고고학 수·당』, 사회평론.

岡內三眞(편)·박천수(역), 2016, 『실크로드의 고고학』, 진인진.

경상대학교 실크로드 문화지도 DB 구축 사업단, 2017, 실크로드 역사문화지도(Historic Cultural Atlas of the Silk Road).

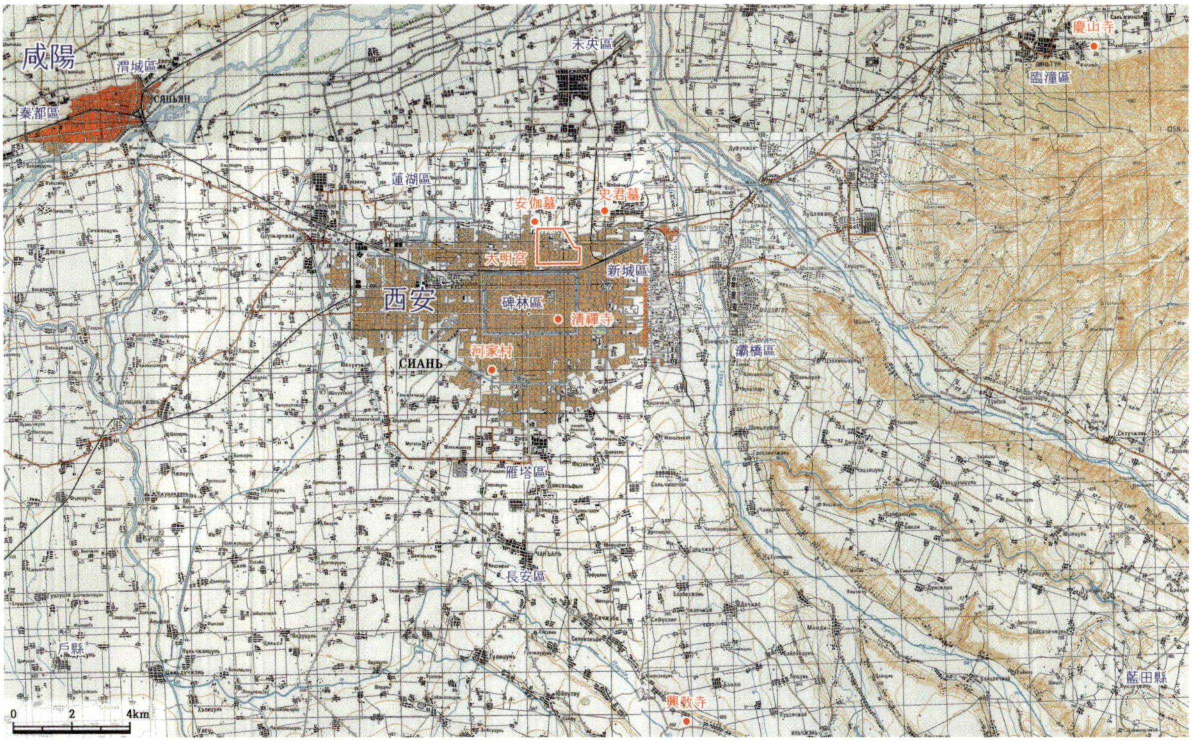

11. 중국中國, China의 유적遺蹟과 유물遺物

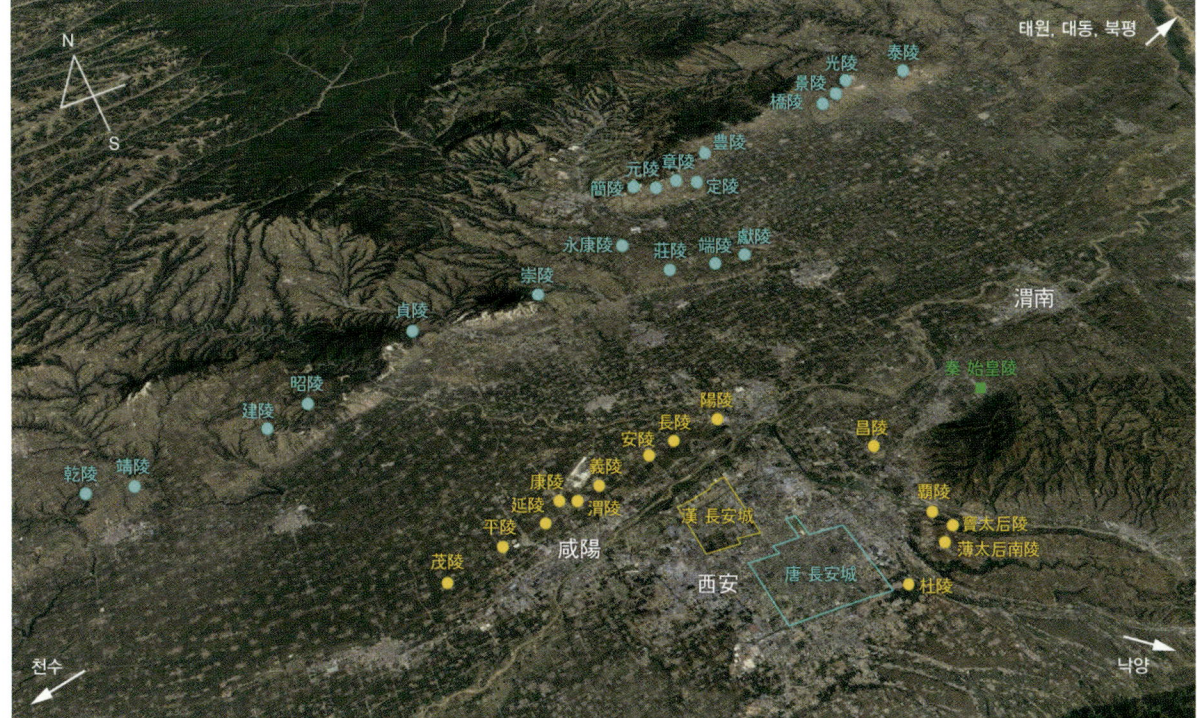

그림 Ⅲ-45. 중국(中國)^China 서안(西安)^Xian
1. 서안(西安)유적(遺蹟) 분포도(分布圖)
2. 서안(西安) 주변 황제릉(皇帝陵)

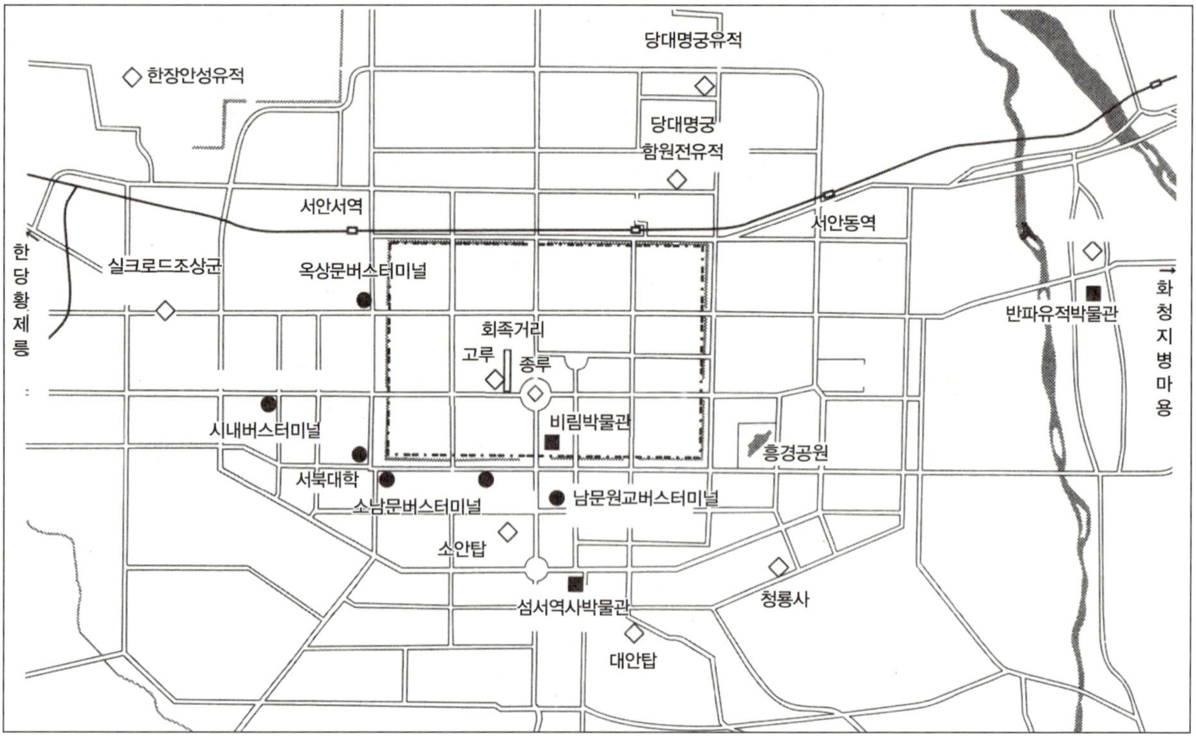

Ⅲ. 유라시아歐亞 사막로沙漠路의 유적遺蹟과 유물遺物

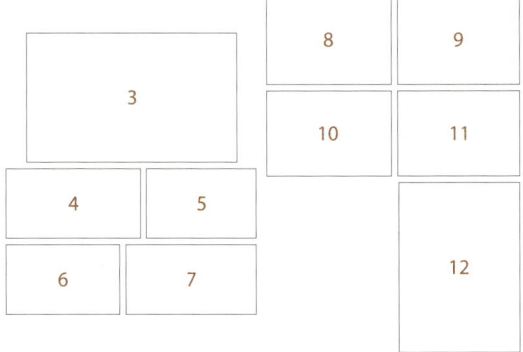

3. 서안(西安) 약도(略圖)
4. 서안(西安) 성벽(城壁)
5. 서안(西安)
6. 진시황릉(秦始皇陵)
7. 진시황릉(秦始皇陵) 병마용갱(兵馬俑坑)
8. 진(秦) 아방궁(阿房宮)
9. 한(漢) 장안성(長安城)
10. 한(漢) 무제(武帝) 배장(陪葬) 김일제묘(金日磾墓)
11. 당(唐) 대명궁(大明宮)
12. 초당사(草堂寺) 구마라집(鳩摩羅什) 사리탑(舍利塔)

13. 당(唐) 흥경궁(興慶宮)
14. 종남산(終南山)

22) 사군묘史君墓, Shijun tomb

사군묘는 섬서성(陝西省) 서안시(西安市) 북교(北郊) 미양구(未央區) 대명궁향(大明宮鄕) 정상촌(井上村) 동쪽에 있으며, 남쪽 1.6km에 당 장안성이 위치한다. 북주 안가묘와는 약 2.5km 떨어진 지점이다.

2003년 서안시 문물보호고고연구원에 의해 13기의 북주시기의 고분이 발굴조사되었다. 사군묘는 고분군의 동남쪽에 있으며 묘실내에 안치된 석관의 한자와 소그드문자로 각석된 현판에 의해 피장자의 신원(身元)이 확인되었다. 이 무덤의 피장자 사군(史君)은 원래 중앙아시아의 사국(史國) 즉 부하라 출신이지만, 중국으로 이주하여 장안에서 거주해 왔다. 그의 소그드식 이름은 위르칵(Wirkak)이며, 북위(北魏) 태화(太和) 17년(493)에 태어나서 579년 86세의 나이로 사망했다. 그는 북위, 서위, 북주를 걸쳐 살았던 인물로서 서위 문제 때에는 살보부(薩保府) 판사조주(判事曹主)를 지냈고, 북주 때에는 양주(凉州) 살보(薩保)를 지냈다. 그의 조부는 본국 즉 사국(史國)의 살보를 지냈다. 부인은 강(康)씨로, 519년에 결혼하고, 580년 이 무덤에 합장되었다. 부인은 센펜(senpen)이라는 지역에서 출생하였는데 중국 하서(河西)지구의 서평(西平)으로 보고있다

사군묘는 묘도와 한 개의 묘실로 이루어진 단실묘로, 전체 길이는 47.26m이다. 남쪽으로 개구하였으며, 묘도, 천장, 과동, 연도, 묘실로 구성되어 있다. 묘도는 경사지며 길이 약 16m이며, 가장 깊은 부분은 4.4m에 이른다. 묘도에는 5개의 과동과 천장이 있으며, 벽화가 일부 남아있다.

연도는 길이 2.8m, 폭 1.5m이며 천장은 아치형이다. 연도 내에는 2개의 문이 있는데, 전(塼)과 돌로 만들었다. 문미, 문주, 문짝, 문지방 등이 표현되어 있으며, 각 표면에는 부조가 새겨져 있다. 묘실은 동서 3.7m, 남북 3.5m이다. 묘실 천장 부분은 파괴되었으나 궁륭상으로 추정된다. 네 벽에는 벽화가 그려져 있었는데, 훼손이 심하여 알아보기 힘들다. 묘실 중앙에는 가형 석관이 북쪽으로 치우쳐 안치되었다. 석관 정면에는 비문이 새겨진 석판이 걸려있다. 이 석판은 길이 0.88m, 폭 0.23m의 긴 장방형으로, 오른쪽에 소그드문자 32행, 왼쪽에 한자 18행이 새겨져있다.

석관 내부는 벽화로 장식되어 있다. 4개의 내벽에는 벽화가 그려져 있는데 훼손으로 인하여 알아보기 힘들다. 또한 붉은색 안료를 이용하여 목조 건축의 지붕 결구를 표현하고 있다. 석관의 내부에서 석탑(石榻)을 비롯하여 금제 녹송석(綠松石) 상감(象嵌) 지륜(指輪), 금제

진주(眞珠) 수식(垂飾) 귀걸이(耳飾), 동로마 금화(金貨), 등잔 등의 부장품이 출토되었다. 인골이 석관 내외에 산재되어 있었으며 남녀 한 쌍의 것으로 보인다. 동물의 뼈도 함께 출토되었다.

연도에 설치된 2개의 문 중 석문에는 문미, 문주, 문짝, 문지방 등이 표현되어 있으며, 각 표면에는 신상, 괴수, 주악비천상 등의 도상이 새겨져 있다.

석관은 중국 전통 목조 건축 양식으로 지어진 것으로, 동서 길이 2.5m, 남북 1.55m, 높이 1.58m이다. 지붕에는 '석당(石堂)'으로 새겨져 있다. 석관은 대좌, 4개의 벽, 지붕으로 구성되어 있는데, 총 19개의 석판으로 이루어져 있다. 석관은 정면 5칸 측면 3칸의 건물로, 이익공을 얹은 주심포 양식이며, 인(人)자형 상인방을 사용하고 있다. 상인방과 공포 사이의 빈 공간에는 수호상이 새겨져 있다. 지붕은 팔작지붕으로, 네 벽 위에 석판 4개를 얹어 처마를 이루고 그 위에 또 하나의 석판을 얹었다. 석관 외벽에는 풍부한 내용의 부조가 새겨져 있다.

사군 석관에는 4개의 석관 본체를 구성하는 석판 외벽과 4개의 대좌 외면에 부조가 새겨져 있다. 석관 외에 용도에 설치되어 있던 석문에도 부조가 새겨져 있다. 사군묘에는 부조 외에도 많은 부분에 벽화가 남아 있다.

석관의 네 벽은 12개의 석판으로 이루어져 있다. 전면과 후면은 각각 4개의 석판으로 구성되어 있고, 양 측면은 각각 2개의 석판으로 구성되어 있다. 사군묘의 부조는 장면 간의 구획 없이 한 화면 안에 여러 장면이 묘사되어 있다.

남벽(南壁)은 원래 6개의 기둥이 있는 5칸짜리 공간인데, 화면 확보를 위해 4개의 기둥만 표현되어 있다. 5칸 중에 중간에 있는 3칸은 문과 신상이 묘사되어 있고 나머지 두 칸에는 종교의식 및 악단의 모습이 묘사되어 있다. 전체적으로 화면 중간에 새겨진 문을 기준으로 좌우대칭의 구성을 하고 있다. 문미 위에는 비문이 적힌 장방형의 석판이 걸려 있다. 문지방은 6개의 층계로 이루어졌는데, 양 끝에는 각각 2마리의 사자와 4명의 동자(童子)가 뒤엉켜 있다. 문기둥 양옆에는 팔이 네 개 달린 신상의 어깨에는 헤라클레스를 연상시키는 네 개의 날카로운 이빨을 드러낸 사자 머리 장식이 있으며, 바지 끝부분에는 뾰족한 상아를 가진 코끼리 머리 모양이 장식되어 있다. 신상들의 무릎 사이에는 날카로운 이빨을 드러낸 괴수의 얼굴이 묘사되어 있고, 그 아래에는 한 인물이 쪼그리고 앉아 양손으로 팔 네 개 달린 신상의 양발을 받치고 있다.

창문 아래에는 반인반조의 조로아스터교의 사제가 종교의식을 행하고 있다. 입에는 마스크를 쓰고 있으며 부젓가락(火筯)을 한 손에 들고서 앞에 놓인 화단(火壇)에 가져다 대고 있다. 양옆에는 시종으로 보이는 인물이 한 명씩 있는데, 손에 술병과 술잔을 들고 있다. 창문

위에는 4명으로 구성된 악단은 공후, 비파, 횡적, 배소, 피리 등을 연주하고 있다.

　부조는 인물의 방향과 내용으로 볼 때 다음과 같이 서-북-동쪽으로 전개된다. 서벽(西壁)은 4개의 기둥이 새겨진 3칸의 공간은 우측에 위치한 장면 A에는 기도하는 사람들의 모습이 보인다. 화면 윗부분의 오른쪽에는 무성한 칠엽수를 배경으로 광배를 한 신상이 연화좌위에 교각좌를 하고 앉아 있다. 신상의 좌우 주변에는 신자로 보이는 인물들이 앉아 있다. 화면 왼쪽의 중간 지점에는 맹수 두 마리가 화면 오른쪽을 향하여 바닥에 엎드려 있다. 맹수 아래에는 5명의 인물이 무릎을 꿇고 화면 오른쪽을 향하여 앉아 있다. 이들 맞은편에는 동물 5마리가 화면 왼쪽을 향하여 바닥에 누워있다. 수사슴, 숫양, 숫염소, 멧돼지 등이 있다. 화면 아래 연못에는 수금(水禽)들이 떠다니며, 연잎으로 보이는 식물이 보인다.

　중간에 위치한 장면 B에는 꽃잎 문양이 투각된 난간이 있는 정자 안 오른쪽에 앉은 남자는 두팔로 아이를 안고 있다. 왼쪽에 앉은 여자는 머리에 화관을 쓰고 있으며, 긴 치마를 입고 어깨 위에 장옷을 덧걸치고 있다. 건물 옆에는 시종으로 보이는 2명의 인물이 서 있다. 아랫부분의 오른쪽에는 마구를 갖춘 말 한 마리가 화면 왼쪽을 향해 서 있으며, 그 앞에는 한 남자가 무릎을 꿇고 앉아 있다.

　좌측에 위치한 장면 C의 윗부분에는 2명의 남자가 말을 타고 활과 매로 사냥을 하고 있다. 그 아래에는 오른쪽의 중간 지점에는 채찍을 들고 휘두르는 인물 앞에는 두 마리의 말이 짐을 가득 싣고 가고 있다. 짐을 실은 동물 앞에는 모자를 쓴 한 남자가 말을 타고 가고 있다. 오른쪽의 아랫부분에는 인물이 오른손에 망원경을 들고 전망을 살피며 말을 타고 가고 있다. 그 앞에는 카라반을 이끌고 가는 남자가 말을 타고 짐을 실은 낙타 두 마리와 가고 있다.

　북벽(北壁)은 6개의 공포가 표현된 5칸짜리 공간이며 우측에 위치한 장면 D에는 야외에서 연회를 즐기는 사람들과 카라반의 모습이 묘사되어 있다. 화면 윗부분에는 꼭대기를 연꽃으로 장식한 둥근 지붕의 천막안에 머리에 보관을 쓴 남자가 오른손에 원형배(圓形杯)를 들고 있다. 천막 밖에는 3명의 남자가 화면 위아래로 나란히 앉아있다. 중간 지점에는 인물이 걸어가고 말 한 마리가 뒤따르고 있다. 화면 아랫부분에는 중심에는 짐을 가득 실은 낙타 두 마리가 화면 오른쪽을 향해 바닥에 엎드려 쉬고 있으며 주변에는 3명의 남자가 있다.

　두 번째에 위치한 장면 E에는 정자 안에 남자가 보관을 쓰고 장형배(長形杯)를 들고 있다. 왼쪽의 여자도 보관을 쓰고 각배(脚杯)를 들고 있다. 주변에는 4명의 악사가 연주하고 있다. 여자 인물 오른쪽 악사는 공후를 연주하고 있다. 가옥 앞 왼쪽에 있는 각각 요고와 소라를 연주하고, 무용수는 짧은 머리에 소매가 긴 상의를 입고 허리에 끈을 묶고 춤을 추고 있다.

중간에 위치한 장면 F의 양쪽에는 기둥이 새겨져 있어 구획한다. 화면 윗부분에는 5명의 남자가 말을 타고 가고 있다. 화면 아랫부분에는 1명의 남자와 4명의 여자가 말을 타고 가고 있다.

오른쪽 네 번째에 위치한 장면 G에는 포도밭에서 연회를 즐기는 남녀의 모습이 묘사되어 있다. 윗부분에는 매우 큰 원형의 카펫이 깔려 있고 그 위에 5명의 남자가 쿠션에 기댄 채 술을 마시고 있다. 카펫 밖 5명의 악사는 비파, 횡적, 요고, 공후를 연주하고 있다. 화면 아랫부분에도 5명의 여인들이 카펫 위에 앉아 연회를 즐기고 있다.

오른쪽 다섯 번째 장면 H에는 윗부분에 한 노인이 동굴 안에 구부정한 자세로 앉아있다. 동굴 아래에는 비천이 화면 아랫부분을 향해 날아가고 있다. 아랫부분에는 2명의 비천이 연못 속에 빠진 2명의 인물에게 손을 내밀고 있다. 연못 왼쪽 아래에는 코끼리와 다른 괴수의 얼굴이 물 밖으로 나와 있다.

동벽(東壁)은 4개의 기둥이 새겨진 3칸 공간으로 구획되어 있으나, 이웃한 부조와 서로 이어지고 있다. 가장 오른쪽에 위치한 장면 I와 중간에 위치한 장면 J의 아랫부분에는 다리 위를 지나는 행렬의 모습이 묘사되어 있는데, 두 장면의 아랫부분을 모두 차지하고 있다. 장면 I와 장면 J의 아랫부분에는 긴 다리가 묘사되어 있다. 다리 입구에는 조로아스터교의 사제로 보이는 두 명의 인물이 입에 마스크를 쓰고 양손으로 긴 막대기를 들어 앞으로 내밀고 있다. 다리위에는 2명의 남자, 여자 1명과 아이 1명이 따르고, 그 뒤에는 말, 당나귀, 소, 양, 개, 낙타, 새 등 10여 마리의 동물들이 행렬하고 있다. 강에는 두 마리의 괴수가 다리 위 사람들을 향하여 눈을 부릅뜨고, 입을 벌려 이빨을 드러내고 있다.

장면 I의 윗부분의 중심에는 머리에 화관을 쓰고 오른손에는 삼지창을 들고 있으며 황소 세 마리로 구성된 대좌 위에 다리를 접은 채 앉아 신상 뒤 광배 양 옆으로 날개 달린 2명의 비천상이 이를 감싸고 있다. 이들 아래에는 오른쪽에 남녀 한 쌍이 앉아 있다. 이들 맞은편에는 화관을 쓴 3명의 인물이 모여 서 있다. 가장 앞에 있는 인물은 인도 복식의 긴 튜닉을 입고 있으며 날개가 달려 있다. 그 뒤에는 손에 꽃을 들고 있고 인물과 잔을 들고 있는 인물이 함께 서 있다.

장면 J의 윗부분에는 가장 윗부분에 비천이 하늘을 날고 있다. 비천 아래에는 한 남자가 등을 보이는 자세로 하늘에서 떨어지고 있는데, 화면 왼쪽에는 날개 달린 천마 두 마리가 위, 아래로 나란히 화면 왼쪽을 향해 날아가고 있다. 그중 아래쪽에 있는 말은 둥근 해와 초승달이 결합된 문양의 일월관을 쓰고 있다.

가장 왼쪽에 있는 장면 K에는 주악비천상, 남녀 한 쌍, 동물들이 화면 왼쪽을 향해 함께 날아가고 있다. 화면 중심에는 말 탄 남녀 한 쌍이 있다. 이들 주변은 6명의 주악 비천상이 있다.

대좌(臺座) 부조는 대좌의 4면에 새겨져 있다. 각 면의 양 끝에는 각각 날개 달린 비천이 두 팔을 벌리고 위로 향해 날아가고 있다. 남쪽벽에는 중심에는 뿔과 날개가 달린 숫양의 정면상이 묘사되어 있다. 양옆으로는 포도나무 잎과 열매가 묘사되어 있고, 그 옆에는 각각 5마리의 괴수 머리가 있다. 이들 사이에는 인동문이 새겨져 있다. 대좌의 양 측면에는 사냥 장면이 새겨져 있다.

서벽에는 왼쪽에는 말 탄 인물이 창을 이용하여 멧돼지를 공격하고 있다. 오른쪽에는 2명의 인물이 2마리의 사자를 향해 활을 겨누고 있다.

동벽에는 왼쪽에는 숫양 두 마리가 화면 왼쪽을 향하여 도망치고 있다. 그 뒤에는 두 명의 인물이 말을 타고 양들을 쫓고 있다.

북벽에는 중앙에 팔이 네 개 달린 신상이 커다란 배광을 하고 다리를 벌리고 앉아 있다. 이 신상을 중심으로 화면 오른쪽에는 사자와 신마가 묘사되어 있다. 그 뒤에는 말 머리에 생선꼬리를 가진 신마가 있다. 화면 왼쪽에는 호랑이와 코끼리가 묘사되어 있다.

사군의 직위인 살보(薩保)는 소그드(Sogd) 취락(聚落)을 관리(管理)하는 관직(官職)이었다. 사군(史君)의 성(姓)인 안(安)은 소무구성(昭武九姓)의 하나로서 중앙아시아 소그디니아(Sogdinia)의 사국(史國) 즉 우즈베키스탄를 본관(本貫)으로 한다. 사군묘는 소그드인의 생활상과 종교를 보여주는 매우 중요한 자료이다.

소그드인 석장구에는 사후세계에 대한 인식을 도상으로 표현하고 있다. 남녀연회도와 무인마, 사람들의 행렬, 다리, 제례 장면 등의 도상이 이를 증명한다.

그리고 이들 도상들은 소그드인들의 종교 교리에 입각하여 묘사되고 있는 것이다. 동벽(東壁)의 중간 하단의 행렬도에 보이는 것은 조로아스터교의 경전에 보이는 내용이다. 즉 사람이 죽으면 4일째 아침에 심판의 다리, 즉 친바드다리(Cinvato peretu)를 건너가는데 선자(善者)는 다리를 무사히 건너 천당으로 가지만 악자(惡者)는 다리 밑으로 떨어져 지옥에 간다는 것이다.

사군묘의 석관은 묘지석에 석당(石堂)으로 표기되어 있으며, 그 부조의 내용으로 볼 때 석관의 내부가 천당(天堂) 즉 천상의 전당을 표현한 것으로 파악하는 견해가 있다. 즉 부조로 볼 때 묘주가 생전의 생활에서 사후의 영혼이 천국에 이르는 과정과 천국에서의 생활을 묘사한 것으로 보고 있기 때문이다.

　　이와 같이 소그드인 무덤 석장구에는 사후세계에 대한 묘사가 등장한다. 특히 사군(史君)묘 부조에는 조로아스터교의 종말론을 반영한 심판의 다리와 죽은 이를 천국으로 인도하는 여신의 모습이 등장한다. 소그드 현지의 장례 미술에서는 이와 같은 사후세계에 대한 표현이 등장하지 않는다. 사후세계에 대해 적극적으로 표현하는 것은 중국 장례 미술의 영향을 받은 것이나, 그 상장관을 받아들인 것은 아니다. 사후 세계를 표현하는 중국 전통의 틀을 가져와 조로아스터교의 종교관을 표현하고 있다.

참고문헌

정완서, 2009, 『6세기 후반 중국 내 소그드인 무덤 미술 연구: 석장구의 도상을 중심으로』, (한국예술종합학교 석사학위논문), 한국예술종합학교 대학원.

曾布川寬·吉田豊(編), 2011, 『ソグド人の美術と言語』, 臨川書店.

西安市文物保護考古硏究院, 2014, 『北周史君墓』, 文物出版社.

쉐빈, 2020, 『소그드 상인의 실크로드 무역 연구』, 우석대학교 대학원 박사학위 논문.

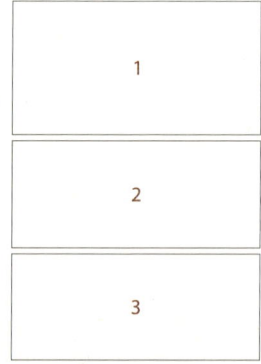

그림 Ⅲ-46. 중국(中國)China 사군묘(史君墓)hijun tomb
1. 사군묘(史君墓) 석관(石棺)
2. 석관(石棺) 남벽(南壁)
3. 묘지석(墓誌石)

Ⅲ. 유라시아歐亞 사막로沙漠路의 유적遺蹟과 유물遺物

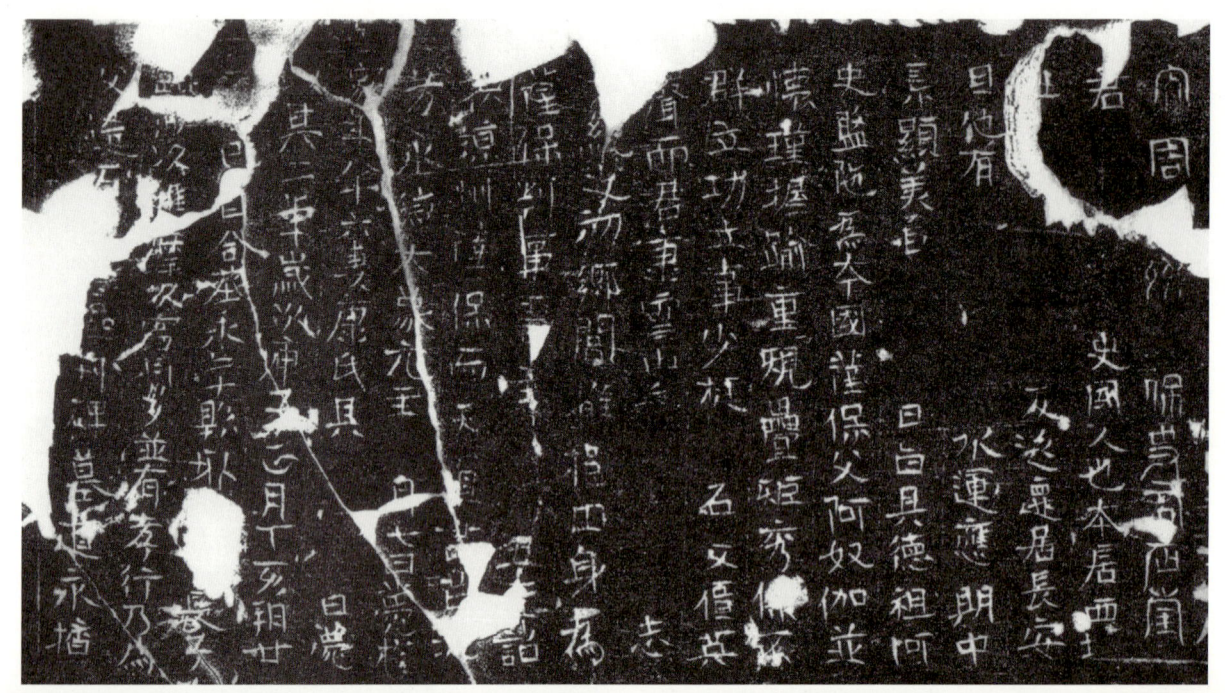

11. 중국中國, China의 유적遺蹟과 유물遺物

4. 묘지석(墓誌石)
5. 석관(石棺) 남벽(南壁)
6. 남벽(南壁) 우측(右側) 조로아스터교(Zoroastrianism) 사제도(司祭圖)
7. 남벽(南壁) 좌측(左側) 주악도(奏樂圖)
8. 남벽(南壁) 대좌(臺座) 산양도(山羊圖)
9. 석관(石棺) 동벽(東壁)

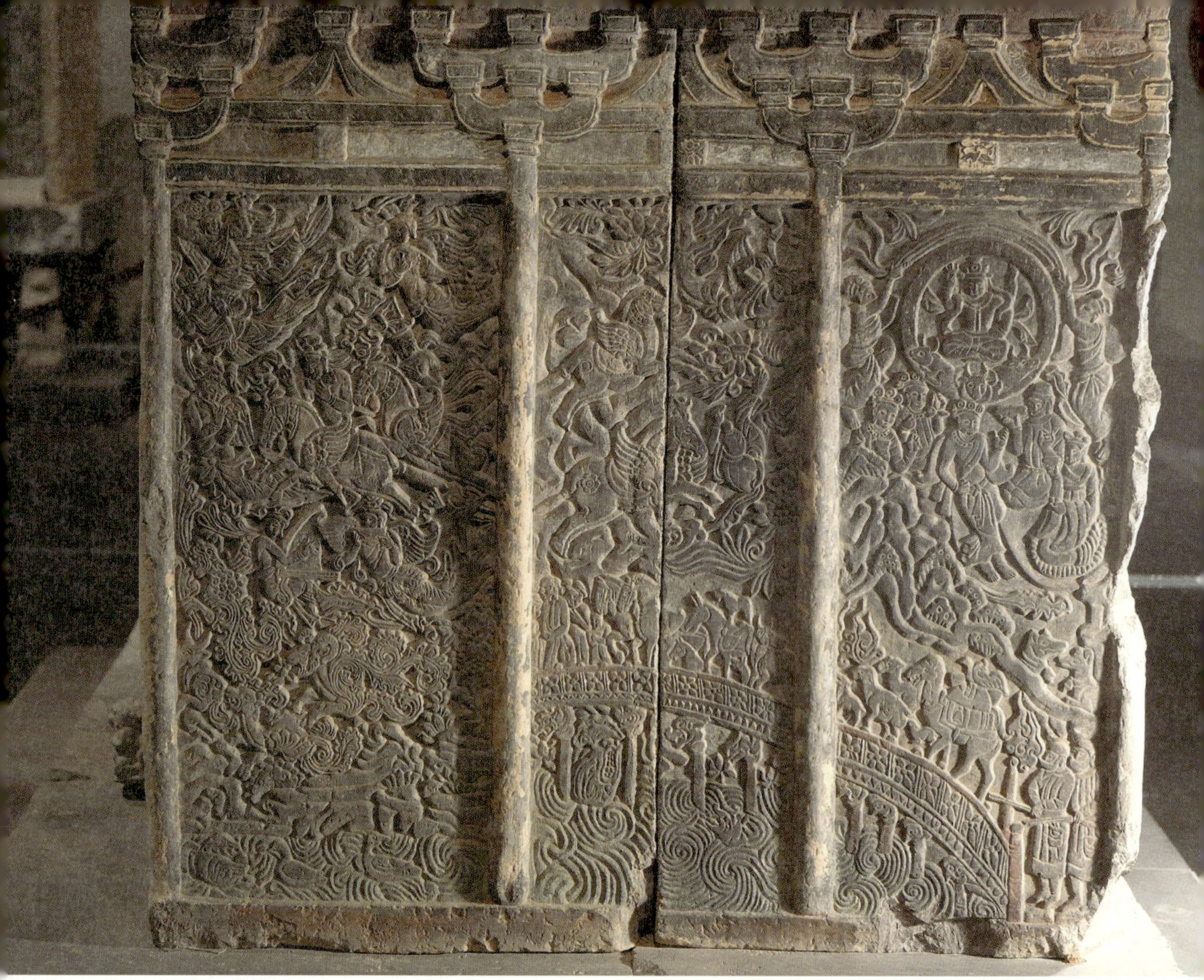
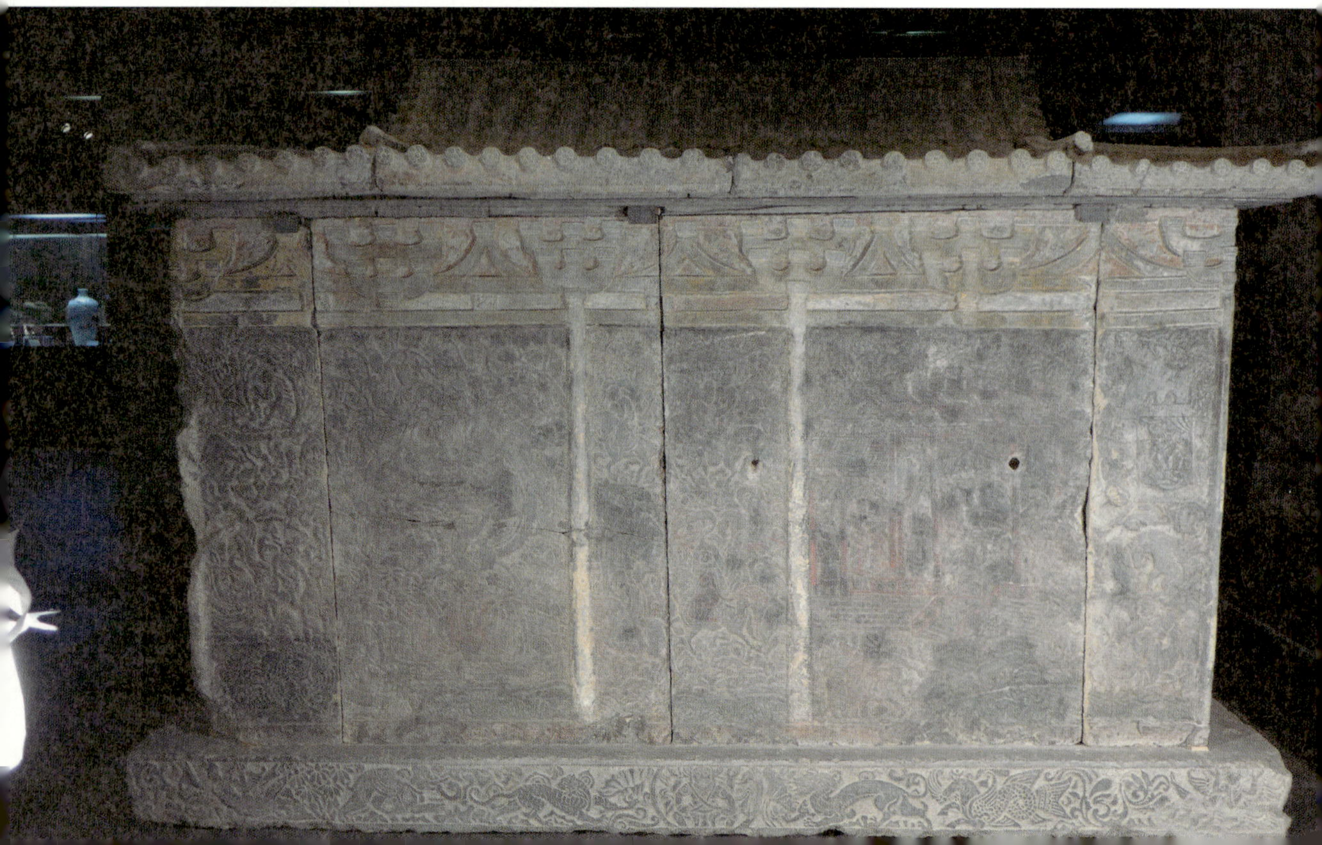

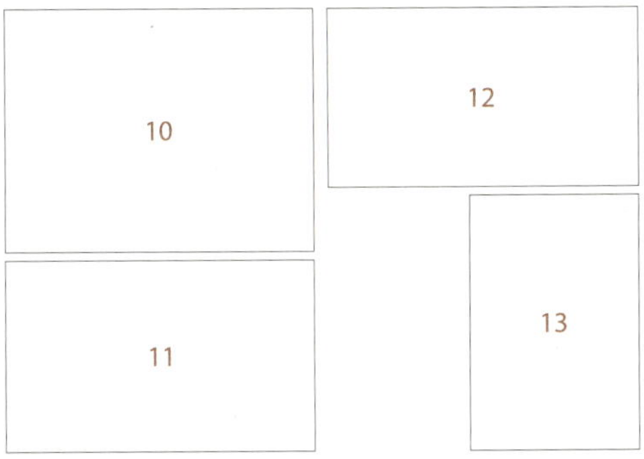

10. 석관(石棺) 동벽(東壁)
11. 석관(石棺) 북벽(北壁)
12. 북벽(北壁) 연회도(宴會圖)
13. 북벽(北壁) 상매도(商買圖)

14. 석관(石棺) 서벽(西壁)
15. 서벽(西壁) 수렵도(狩獵圖)
16. 서벽(西壁) 대좌(臺座) 수렵도(狩獵圖)

23) 안가묘 安伽墓, Aanzia tomb

안가묘는 섬서성(陝西省) 서안시(西安市) 북교(北郊) 미양구(未央區) 대명궁향(大明宮鄉) 항저채촌(炕底寨村) 북서쪽 약 300m 지점에 위치한다. 북주 장안성의 서쪽, 당 대명궁의 북쪽에 해당한다.

안가묘는 남북방향의 경사묘도, 천장, 과동, 연도, 묘실로 구성되어 있으며 북주(北周)의 대형묘이다. 묘실에는 북쪽에 석제 시상(屍床)과 병풍(屛風)이 설치되었다. 전체 길이 35m, 묘도 길이 8.1m, 폭 1.4m, 연도 길이 2.56m, 폭 1.2m이다. 묘실은 남북 길이 3.64m, 동서 폭 3.68m, 높이 3.3m이다. 시상(屍床)인 석탑(石榻)과 이를 장식하는 병풍(屛風)은 폭 2.28m, 길이 1.03m, 높이 1.17m이며 11매의 청석제 판석으로 구성되었다.

연도에 석문이 있으며 그 내측에서 묘지석과 인골이 출토되었다. 묘지명에 따르면 피장자인 안가(安伽)는 고장(姑藏) 즉 감숙성(甘肅省) 무위(武威) 창송(昌松) 출신이며 섬서성(陝西省) 대려(大荔)일대의 살보(薩保) 대도독(大都督)에 임명된 소그드(Sogd)인이었다. 살보(薩保)는 소그드(Sogd) 취락(聚落)을 관리(管理)하는 관직(官職)이었다.

안가묘는 전(塼)으로 연도는 터널형, 현실은 궁륭형으로 쌓았으며 석문으로 봉하였다. 문의 좌우에는 높이 28cm의 석사자를 배치하였다. 직사각형의 석문위에는 반원형의 문액(文額)이 있으며 조로아스터교의 제사 장면을 채색 부조로 조각하였다.

중앙에는 3두의 낙타(駱駝)가 복련(覆蓮)위에 올린 원반(円盤)을 등에 올리고 연화좌상(蓮華座上)에 서있다. 낙타 등의 원반(円盤)에는 장작(薪)에 의한 화염이 불타오르고 있으며, 화단(火壇)의 좌우(左右) 구름이 자욱한 천상(天上)에는 대칭적(対称的)인 하늘을 나는 기악(伎楽)을 하는 천인(天人)이 있다. 우자(右者)는 비파(琵琶), 좌자(左者)는 공후(箜篌)를 연주하고 있다.

낙타(駱駝)의 좌우에는 긴 수염(長鬚), 움푹한 눈과 높은 코(深目高鼻), 마스크를 쓰고 양날개(両翼), 꼬리(尾)를 가진 응족(鷹足)의 반인반조(半人半鳥)의 사제(司祭) 두 손(両手)에 신장(神杖)을 공물을 올린 삼족상(三足床)에 올리고 있다. 상위(床上)에는 병(瓶), 접시(皿), 배(杯) 등이 있으며, 병(瓶)과 호(壺)에는 연화(蓮花) 등의 꽃(花)을 꽂았다. 사제(司祭)의 족하(足下)에는 좌우(左右) 1인이 무릎을 꿇고 좌측은 장발의 인물이 두 손(両手)으로 금훈로(金燻炉)를 잡고 있으며, 우측(右側)은 모자(帽子)를 쓴 인물이 오른손은 훈로(燻炉)를 잡고 왼손은 책자(冊子)를 잡고 경전(經典)을 암송하고 있다.

이 장면은 조로아스터교의 제사 장면을 묘사한 것으로 연화좌의 배화단을 향하여 좌우의 반인반조의 사제가 공물(供物)을 바치며 제사를 집행하고 있다. 위에는 천인에 의해 성스러운 음악이 연주되고 밑에는 공양자가 향을 피우며 조로아스터교의 경전인『아베스타』를 암송하고 있다. 조로아스터교에서는 불은 가장 신성한 것으로 오염을 방지하기 위해 사제는 입을 마스크로 가리고 있다.

묘실의 석탑(石榻)과 병풍(屛風)은 전면은 4개, 후면은 3개의 다리에 의해 지탱되는 1매의 석판위에 정면과 좌우에 3매의 석판을 세워서 병풍을 구성하였다. 화폭은 좌우가 각 3폭, 정면이 6폭으로 합계 12폭이다. 각 화면은 부조한 후 채색하였으며, 각 면은 독립된 화제(畵題)로 구성되어있다. 그래서 각 화면을 좌, 정면, 우로 나누고 시계방향으로 좌1-3, 정면1-6, 우1-3으로 편의상 구분하여 설명하고자 한다.

12폭의 화제는 그 외 출토된 석탑(石榻)과 병풍(屛風)을 종합하여 연음악무도(宴飮樂舞圖), 묘주부부도(墓主夫婦圖), 수렵도(狩獵圖), 생활도(生活圖) 등으로 구분되며 1폭에 복수의 화제가 조각된 경우도 있다.

연음악무도(宴飮樂舞圖)는 야외(좌3, 전면1, 2 우2)와 가내에서 행해진 경우(정면3, 6)가 있으며, 약간의 차이는 있으나 비파(琵琶), 공후(箜篌), 적(笛) 등의 악기의 연주와 창가와 함께 호선무(胡旋舞)가 행애지고 이를 주인과 관객이 보면서 연회를 하는 구도이다.

묘주부부도(정면3)은 부부가 집안에서 술을 마시는 장면으로 정면의 중앙에 배치되었다. 수렵도는 말에 기승하여 활과 창을 손에 들고 사자 등을 사냥하는 장면(좌2, 정면2)을 묘사하고 있다.

출행도는 우차와 기마를 타고 가는 장면(좌1, 우3)이 각 1폭으로 조각되었다.

대상도는 하물을 실은 낙타와 말을 밖에 두고 이민족의 장막내에서 음주하는 장면(정면5), 말위에서 이민족간에 우호적으로 인사를 나누는 장면(정면4)이다.

안가(安伽)의 성(姓)인 안(安)은 소무구성(昭武九姓)의 하나로서 중앙아시아 소그디니아(Sogdinia)의 안국(安國) 지금의 우즈베키스탄 부하라를 본관(本貫)으로 한다. 소그드(Sogd)의 소무구성(昭武九姓)은 강(康), 안(安), 석(石), 조(曹), 하(何), 미(米), 사(史)의 구성(九姓)이며, 『북사北史』서역전(西域傳)에 의하면 이들은 이란계의 월지인(月氏人)으로 원래는 감숙성(甘肅省)의 기련산맥(祁連山脈) 북록의 소무성(昭武城)에 이주하여 정착하였으나 흉노(匈奴)에 괴멸(壞滅)적인 타격(打擊)을 입고 서방(西方)으로 이동하여 중앙아시아의 파미르고원을 넘어 소그디니아(Sogdinia)에 정착하여 강국(康國 사마르칸트), 안국(安國 부하라), 석국(石國 타시켄트) 등을 건국하였다고 기록되어 있다. 그러나 이들이 소무성(昭武城)을 원향으로 한다는 것은 중국측의 설명이며, 실상은 중국에 이주한 소그드인들이 출신지의 오아시스마다 고유의 중국성을 가졌다고 보고 있다.

안가묘(安伽墓)는 소그드인 석각 가운데 가장 풍부하고 전형적이면서 정치(精致)한 중국 거주 소그드인의 생활상을 보여주는 도상으로 소그인 연구의 귀중한 자료이다.

참고문헌

陝西省考古研究所, 2003, 『西安北周安伽墓』, 文物出版社.

정완서, 2009, 『6세기 후반 중국 내 소그드인 무덤 미술 연구: 석장구의 도상을 중심으로』, (한국예술종합학교 석사학위논문), 한국예술종합학교대학원.

曾布川寬·吉田豊(編), 2011, 『ソグド人の美術と言語』, 臨川書店.

쉐빈, 2020, 『소그드 상인의 실크로드 무역 연구』, 우석대학교 대학원 박사학위 논문.

그림 Ⅲ-47. 중국(中國)China 안가묘(安伽墓)Aanzia tomb

1. 안가묘(安伽墓) 현문(玄門)
2. 현문(玄門) 사자상(獅子像)
3. 안가묘(安伽墓)
4. 묘지석(墓誌石)

大周大都督同州蓮保安君墓誌銘
君諱伽字大伽姑藏昌松人其先黃帝之苗裔
族自居飨太世酒門風代增家慶父宏達冠軍
...

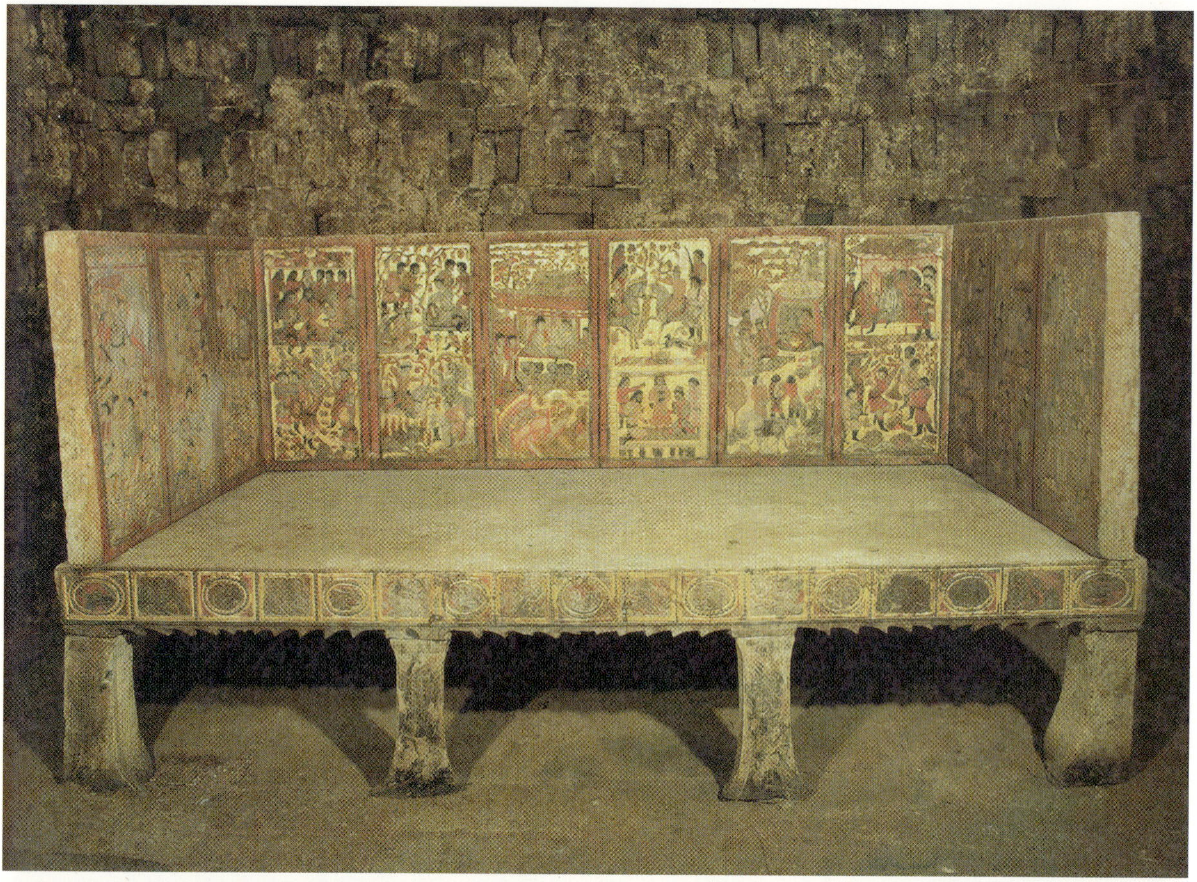

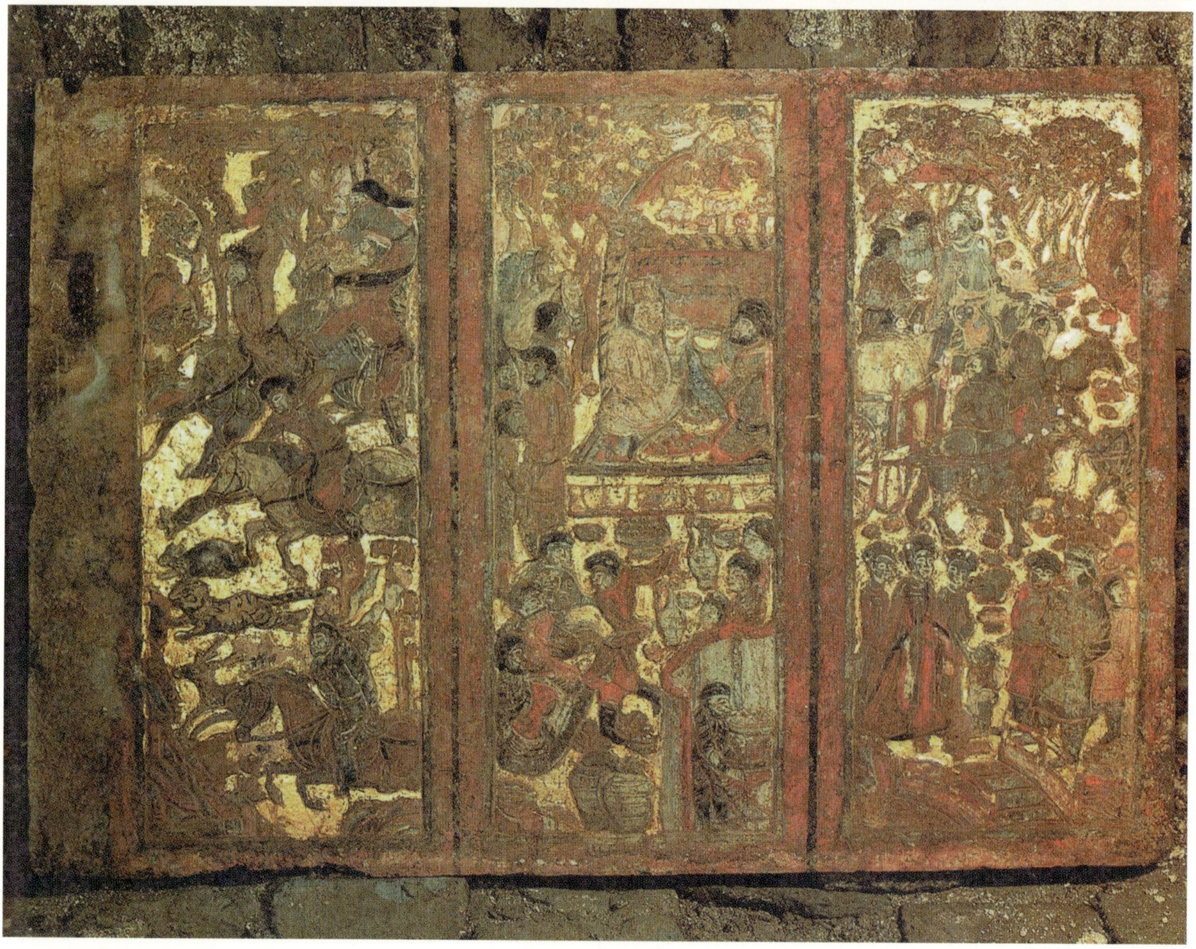

11. 중국中國, China의 유적遺蹟과 유물遺物

5. 석상(石床) 정면(正面)
6. 석상(石床) 정면(正面)
7. 석상(石床) 우면(右面)
8. 석상(石床) 정면(正面) 제3폭(幅)

9. 석상(石床) 정면(正面) 제4폭(幅)
10. 석상(石床) 좌면(左面)

24) 하가촌교장유적 河家村窖藏遺蹟, Hejiachun cellar site

하가촌교장유적은 섬서성(陝西省) 서안시(西安市) 남교(南郊) 하가촌(河家村)에 위치한다. 1970년 하가촌에서 깊이 2m, 길이 2m의 장방형 수혈로 된 교장(窖藏)의 대형토제호 2점과 은제호 1점 내부에서 금은기를 비롯한 1,000여 점의 다양한 유물이 확인되었다. 270여 점 출토된 금은기는 주로 7-8세기 후반에 제작된 것으로 종류도 매우 다양하다.

기락문팔릉금배(伎樂文八綾金杯)와 기락문팔릉도금배(伎樂文八綾鍍金杯)는 각 면을 비파, 생황, 현금 등의 악기를 든 악사로 장식하고, 경계부분과 각부의 주연을 연주문(連珠文)으로 장식하였다. 파수 상단에는 호인(胡人) 얼굴을 덧붙였으며, 소그드 지역에서 유행한 은배를 당에서 모방 제작한 것이다. 이는 소그드에서 제작한 전형적인 은제호형파수부배(銀製壺形把手附杯)가 같이 출토된 점에서도 알 수 있다.

원앙문은제이배(鴛鴦文銀製耳杯)는 화문(花文)와 넝쿨문(蔓文)를 비롯하여 기러기와 원앙 한 쌍이 새겨져 있으며, 홍안문은제이(鴻雁文銀製匜)는 기러기를 새겼다. 그리고 각화적금완(刻花赤金碗), 쌍사자문연판은완(雙獅子蓮瓣銀碗), 겹사단화금배(掐絲團花金杯), 무기팔릉금배(舞伎八棱金杯), 사녀수렵문팔판은배(仕女狩獵文八瓣銀杯) 등이 있다. 그리고 규화(葵花)형의 은반으로 유금봉조문육곡은반(鎏金鳳鳥文六曲銀盤), 유금비렴문육곡은반(鎏金飛廉文六曲銀盤), 유금웅문육곡은반(鎏金熊文六曲銀盤) 3점이 출토되었다. 규화(葵花)형 기물은 7세기 말에 유행하기 시작하여 은반(銀盤), 은합(銀盒), 동경(銅鏡) 등에서 나타난다. 또 복숭아 모양의 은반 역시 2점 출토되었는데, 유금쌍호문도형은반(鎏金雙狐文雙桃形銀盤)과 유금구문도형은반(鎏金龟文桃形銀盤)이다.

중국에서 금은기를 사용하는 것은 실크로드 개통 이후 서방의 영향을 받아 남북조 시기부터 점차 발전해 당에 이르러 최고조에 다다랐다. 이는 서아시아와 중앙아시아 금은기의 영향을 받은 것으로 볼 수 있다.

옥대구(玉帶銙), 호마노제각배(縞瑪瑙製角杯), 수렵문고족은배(狩獵文高足銀杯), 마노기, 유리기, 수정기, 화폐 등도 출토되었다. 그 외 종유석, 단사(丹砂), 호박, 산호 등이 있다. 호마노제각배(縞瑪瑙製角杯)는 산양으로 장식한 리톤(rhyton)으로 사산조 페르시아식으로 원석은 인도산이며, 제작지는 페르시아 또는 당이다. 그 외 호마노제장배(縞瑪瑙長杯)도 같은 곳에서 제작된 것이다.

유리기는 원환을 첨부한 형식의 후기 사산조페르시아산으로, 칠곡군 송림사, 나라현 쇼소인(正倉院)에 유례가 있으며, 당 장안에서 신라를 거쳐, 일본으로 이입된 것을 알 수 있다.

화폐는 춘추전국시대부터 당대에 이르기까지 총 39종 466점이 출토되었는데, 사산조 페르시아, 동로마, 아랍, 고창(高昌), 일본 등의 것들이 포함되어 있었다.

매납은 비잔틴 금화(헤라클리우스 Heraclius 610-641년)와 사산조 페르시아 금화(호스로 Khosrau2세 590-627년)의 연대로 볼 때 7세기경에 이입된 것도 있으나, 708년에 주조된 일본의 화동개진(和同開珎)과 금은기의 양식으로 볼 때 8세기 중엽을 전후하는 시기로 판단된다.

하가촌유적은 당 장안성의 남쪽 주작대로 부근 흥화방(興化坊)의 서남부에 위치하며, 이 부근에는 고종의 손자이며 장회태자(章懷太子)의 아들인 이수례(李守禮)의 저택인 빈왕부(邠王府)가 있었던 곳이다. 출토 유물은 그 위치와 국제색이 풍부한 호화로운 구성으로 볼 때 빈왕부(邠王府)와 관련된 것으로 보인다. 안사(安史)의 난(亂)(755-763년) 시기에 난(亂)을 피하기 위해 매납된 것이다.

하가촌유적 출토품은 사산조페르시아, 동로마, 중앙아시아 등으로 구성된 국제색이 풍부한 것으로, 당대(唐代)의 실크로드를 통한 문화 교류를 알 수 있게 한다. 출토 유물은 섬서역사박물관(陝西歷史博物館)에 전시되고있다.

참고문헌

陝西省博物館革委會寫作小組·陝西省文管會革委會寫作小組, 1972, 「西安南郊何家村发现唐代窖藏文物」, 『文物』1, 文物出版社.

齊東方, 1999, 『唐代金銀器研究』, 中國社會科學出版社.

陝西省博物館外, 2003, 『花舞大唐春-何家村遺寶精髓-』, 北京, 文物出版社.

齊東方, 2011, 「中國文化におけるソグドとその銀器」.

曾布川寬·吉田豊(編), 2011, 『ソグド人の美術と言語』, 臨川書店.

국립경주박물관, 2012, 『중국 섬서역사박물관 소장 당대 명품전』, 국립경주박물관.

11. 중국中國, China의 유적遺蹟과 유물遺物

그림 Ⅲ-48. 중국(中國)China 하가촌교장유적(河家村窖藏遺蹟) Hejiachun cellar site
1. 하가촌교장(河家村窖藏) 위치(位置)
2. 하가촌교장(河家村窖藏) 위치(位置) 세부(細部)

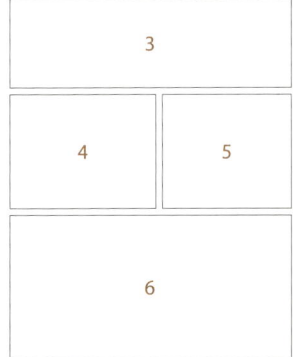

3. 하가촌교장(河家村窖藏) 용기(容器)
4. 사산조페르시아(Sassanian Persia)
   원환문유리배(圓環文琉璃杯)
5. 사산조페르시아(Sassanian Persia) 은화(銀貨)
6. 비잔틴(Byzantium) 금화(金貨)
7. 호마노(縞瑪瑙)제 리톤(Rhyton)
8. 호마노(縞瑪瑙)제 과대(銙帶)
9. 금배(金杯)

Ⅲ. 유라시아歐亞 사막로沙漠路의 유적遺蹟과 유물遺物

10. 금배(金杯)
11. 도금은완(鍍金銀盌)
12~13. 은기(銀器)

25) 청선사탑 淸禪寺塔, Cheongchan Temple pagoda

청선사탑은 섬서성(陝西省) 서안시(西安市) 동교(東郊) 유림(楡林)지구 청선사지(淸禪寺址)에 위치한다. 청선사(淸禪寺)는 수(隋) 대흥성(大興城)의 흥령방(興寧坊)에 위치하며 당(唐) 대명궁의 동남쪽, 흥경궁의 북쪽에 해당한다.

1986년 서안사변유지 기초공사중 발견되어 조사되었다. 유구(遺構)는 남북방향이 주축으로 장방형 전(塼) 20매로 조성한 길이(長) 89cm, 폭(幅) 37cm, 높이(高) 36cm의 세장방형 전곽(塼郭)이며, 전곽(塼郭)상부에서 방형전(方形塼)으로 된 사리탑기(舍利塔記)가 출토되어 사리탑(舍利塔)의 하부에 사리를 안치한 지궁(地宮)으로 밝혀졌다.

이 명문전(銘文塼)은 파손되어 전체 내용을 알 수 없으나 잔존(殘存) 명문은 다음과 같다. 수(隋) 개황(開皇)9년(589年)에 사리불골 8립과 망보를 안치하고 십급부도(十級浮圖)를 건립하였다. 명문중에는 興寧坊淸禪寺主人□□□曇崇하는 내용이 있다. 청선사의 주지인 담숭(曇崇)은 『속고승전續高僧傳』권 17의 청선사(淸禪寺) 석담숭(釋曇崇)으로 보고 있다. 고당공이 자신의 저택을 분할하여 사찰로 삼고 담숭(曇崇)을 거주하게 하고 황제가 사액을 내려 청선사라고 하였으며 11층의 부도를 세웠다고 한다. 사리탑은 『속고승전續高僧傳』과 사리탑기(舍利塔記)로 볼 때 개황(開皇) 9년(589)에 시작하여 황제의 후원을 받아 개황(開皇) 14년(589)에 완공한 것으로 보고 있다. 사리가 안치될 때는 10층이었으나 5년뒤 완성할 때는 1층이 더해진 것이다.

청선사지 사리탑 지궁(地宮)에서는 돌출절자문유리병(突出切子文琉璃甁) 1점, 유리(琉璃)·마노제쌍육구(瑪瑙製雙六駒) 각(各) 13점과 백자(白瓷) 1점, 화형금제장식판(花形金製裝飾板) 3점이 출토되었다.

유리기는 제작기법과 문양으로 볼 때 전형적인 페르시아의 절자문유리기(切子文琉璃器)로서 사리병(舍利甁)으로 사용되었다.

특히 주목되는 것은 공반(共伴)된 유리(琉璃)·마노제쌍육구(瑪瑙製雙六駒)이다. 쌍육구(雙六駒)는 원추형(圓錐形)으로 그 유례(類例)가 페르시아의 유리, 마노제품과 이슬람 유리제품에서도 확인(確認)되어 유리기(琉璃器)와 함께 이입된 것으로 추정된다. 쌍육(雙六)의 동방으로의 전파를 알 수 있는 중요한 자료이다.

청선사지의 동쪽에 천남생택(泉男生宅), 서북쪽에 왕모중택(王毛仲宅)이 있었으며, 신라 승려 현범(玄范)이 주석하였다.

청선사지 사리탑은 수문제와 황후가 후원한 점이 주목된다. 그래서 페르시아 문물은 수

(隋) 황실(皇室)에서 사여(賜與)한 것으로 추정되며, 그 이입과 분여과정을 알 수 있는 점에서 중요하다.

참고문헌

鄭洪春, 1988, 「西安東郊隋舍利塔淸理簡報」, 『考古與文物』1, 陝西省考古硏究所.

史念海(編), 1996, 『西安歷史地圖集』, 西安地圖出版社.

周炅美, 2003, 『中國佛舍利莊嚴硏究』, 一志社.

卞麟錫, 2008, 『唐長安의 新羅事蹟』, 韓國出版情報(株).

11. 중국中國, China의 유적遺蹟과 유물遺物

그림 Ⅲ-49. 중국(中國)^{China} 청선사탑(淸禪寺塔)Cheongchansu Temple pagoda
1. 청선사탑(淸禪寺塔) 지궁(地宮) 사산조페르시아(Sassanian Persia) 절자문유리병(切子文琉璃瓶)
2. 사산조페르시아(Sassanian Persia) 호마노(縞瑪瑙), 유리(琉璃) 쌍육말(雙六駒)

26) 경산사탑慶山寺塔, Chingzansu temple pagoda

경산사는 섬서성(陝西省) 임동현(臨潼縣) 신풍진(新風鎭) 강원촌(姜源村)에 위치하며 진시황릉의 북쪽에 해당한다. 1985년 벽돌공장의 인부들이 벽돌 제작을 위한 흙을 채취하는 과정에서 전(塼)으로 쌓아 올린 곽이 발견되었다. 묘실 안에서 "대당개원경산지사"와 "상방사리탑"이라는 글자가 새겨져 있는 비석이 출토되었고 그 비문의 내용을 통해서 이곳이 당대 경산사 지궁이었던 것으로 밝혀졌다.

경산사의 사리구는 석재 보장, 은곽, 금동관 그리고 유리병으로 구성되어 있다. 석회암으로 만든 보장은 뚜껑에 보주가 얹혀 있고 그 아래에 "석가여래사리보장"이라는 글자를 음각하였다. 몸체의 사면에는 각각 석가설법도(정면), 열반도(우측면), 화장도(뒷면), 분사리도(좌측면)를 선각하여 열반경도를 표현하였다. 분사리도에는 조우관을 쓴 인물이 보인다.

보장의 하부는 원형의 연화좌와 방형의 수미좌로 되어 있다. 수미좌의 앞부분에는 금속제 연화, 뚜껑의 네 모서리에는 보리수를 꽂아 장식하였다. 그리고 보장 안에는 은곽, 금동관, 유리병 그리고 사리가 순서대로 봉안되었다. 사리구의 은곽은 난간과 안상이 투각된 장방형의 금동제 수미좌 위에 안치되어 있다. 은곽의 뚜껑은 백옥, 홍마노 그리고 나선형 은실로 만든 보양연화로 장식하고 가장자리는 진주를 금실에 꿰어 늘어뜨렸다. 은곽의 앞쪽은 포수와 두 개의 문을 선각하고 그 위에 두 구의 금동제 보살상과 법륜이 그려진 불족을 붙였고 뒤쪽은 도금한 마니보주를 붙여 장식하였다. 양측에는 부처의 열반을 의미하는 비통한 모습의 5명의 승려상을 붙였다. 은곽 안에 들어 있던 금동관의 뚜껑에는 보석, 진주, 도금한 보상화문을 붙여 장식하고 가장자리에는 물방울 모양의 보석을 늘어뜨렸다. 금동관 전체는 진주와 보석으로 만든 꽃으로 장식하고 앞쪽 하단에는 도금한 사자 한 쌍을 붙였다. 금동관 안에 안치된 초록색 유리병 2점은 크기가 각각 4.5cm, 2cm로 세장한 경부에 구형의 동체가 붙어 있는 형태로 그 안에 석가여래 불사리가 담겨 있었다.

공양구는 불구(佛具), 향구(香具) 그리고 생활용구 등으로 분류할 수 있다. 불구로는 발, 정병, 석장 등이 있다. 발과 정병은 본래 스님이 지니는 18가지의 물품으로서 경산사 지궁에서는 흑유 발 4점과 동제 발 1점, 동제 정병 1점과 도제 정병 2점이 발견되었다. 동제 석장은 머리부분을 4개의 굵은 은실로 붙여서 만들고 각각 3개의 작은 고리를 달아서 만든 4지 12환 형식으로 되어 있다.

경산사 지궁에서는 동제 다족형 향로가 출토되었다. 뚜껑은 복발형으로 연이 흘러나오는 구멍이 뚫려 있다. 노신에는 선문이 돌려졌고 하단에 여섯 개의 포수와 동물형의 다리가 달려있다. 또한 경산사 지궁에서는 도자기, 금속기, 유리기, 금속제 연화와 보리수, 호박, 유리 구슬 등이 매납되었다.

반투명한 흑갈색으로 된 유리병은 굵고 짧은 경부와 원구형의 동체로 되어있고 기면을 망목문으로 장식한 사산조 페르시아 유리기이다.

인면문호병은 높이 29.5cm로 새 부리 모양의 구연부, 세장한 경부, 여섯 면의 얼굴이 장식된 동부 그리고 나팔형의 대각으로 구성되어 있고 구연부와 복부는 S자형의 손잡이로 연결되어 있다. 구연부는 새 부리처럼 돌출되어 있는데 앞부분은 둥글고 뒷부분은 방형의 형태로 그 중앙에 복부로 이어지는 손잡이가 부착되어 있다. 가는 경부는 아래로 갈수록 벌어지는 나팔형으로, 상단부분과 복부와 연결되는 부분에 각각 선문이 둘려있다. 동부에는 여섯개의 고부조로 된 인면이 서로 연결되어 있다. 전반적으로 얼굴이 풍만하고 눈썹은 둥글게 휘었으며 눈은 부리부리하고 코는 가늘고 뾰쪽하며 입은 작고 도톰하다. 머리카락은 이마의 한 가운데에서 반으로 나누어 양쪽 귀밑머리로 모아 땋아서 묶었다. 동체의 바닥에 용접하여 덧붙인 원형의 동편의 흔적이 남아 있는데 이는 여러 차례 수리하여 오랫동안 사용하였다는 것을 짐작하게 한다. 그리고 구연부에서 복부의 인면상으로 이어지는 S자형의 손잡이는 윗부분이 굵고 아랫부분으로 갈수록 얇아지며 상단에 삼각형 모양의 잎사귀 하나가 뒤로 약간 휘어진 모습으로 붙어있다.

인면문호병은 복부에 장식된 얼굴이 인도인과 매우 흡사하다고 하여 그와 관련된 것으로 보기도 하였으나, 새 부리형의 구연부, 용모양의 손잡이, 그 손잡이의 상단이 구연부에 바로 연결되고 짧으면서도 두꺼운 대각의 표현에서 소그드 계통의 금속기로 보고 있다.

경산사 지궁에서 출토된 호병은 중앙아시아 전통의 황동 공예로 제작되었고 기형적으로 소그드 계통의 금속용기로 분류할 수 있으며 복부에 표현된 여섯 면으로 된 인면상은 서북부 인도인과 유사하다. 따라서 이 호병의 제작지는 인도문화와 소그드문화, 그리고 불교문화가 함께 융합되어 있었던 인도 서북부 지역으로 볼 수 있을 것이다.

참고문헌

周炅美, 2004, 「唐代 慶山寺 地宮 出土 佛舍利莊嚴의 新硏究」, 『中國史硏究』29, 중국사학회.
趙康民(編), 2014, 『武周皇刹慶山寺』, 陝西旅遊出版社.
최국희, 2020, 「당대(唐代) 경산사(慶山寺) 지궁(地宮) 출토 인면문호병(人面文胡甁) 연구」, 『동양미술사학』11, 동양미술사학회.

Ⅲ. 유라시아歐亞 사막로沙漠路의 유적遺蹟과 유물遺物

그림 Ⅲ-50. 중국(中國)China 경산사탑(慶山寺塔)Chingzansu temple pagoda
1. 경산사탑(慶山寺塔) 복원(復元)
2. 경산사탑(慶山寺塔) 지궁(地宮)
3. 사리탑비(舍利塔碑)
4. 사리외함(舍利外函)
5. 사리함(舍利函)
6. 사리내함(舍利內函)
7. 사리내함(舍利內函) 분사리도(分舍利圖)

11. 중국中國, China의 유적遺蹟과 유물遺物

Ⅲ. 유라시아歐亞 사막로沙漠路의 유적遺蹟과 유물遺物

8. 사리함(舍利函)
9. 인물문병(人物文瓶)
10. 사산조페르시아(Sassanian Persia) 망목문유리병(網目文琉璃瓶)
11. 향로(香爐)
12. 병(瓶)

27) 흥교사興敎寺, Chingziasu temple

흥교사는 섬서성(陝西省) 서안시(西安市) 남교(南郊) 20km 장안구(長安區)의 소릉원(少陵原) 반천(樊川)에 위치한다. 바로 약 10km 남쪽에 유명한 종남산(終南山)이 위치한다.

창건(創建)은 총장(総章)2년(669)으로 현장(玄奘)의 유골(遺骨)을 안치하기 위해 건립되었다. 현자으이 유골은 인덕(麟德)원년(664)에 서안시(西安市) 동교(東郊) 백록원(白鹿原)에서 반천(樊川)의 풍서원(風栖原)으로 개장(改葬)하였다. 당(唐)의 반천팔대사원(樊川八大寺院)의 하나이다.

현장삼장(玄奘三藏)의 유골(遺骨)을 안치(安置)하는 오층(五層) 사리전탑(舍利塼塔)이 사내(寺內)에 있으며, 현장탑을 중심으로 우측에 현장(玄奘) 제자(弟子)인 신라승 원측(円測)과 좌측에 법상종의 시조인 규기(窺基)의 삼층(三層) 사리전탑(舍利塼塔)이 있다.

원측탑은 그 안에 초상이 새겨져 있으며, 후대에 송복(宋復)이 지은 대주서명사고대덕원측법사불사리탑명(大周西明寺故大德圓測法師佛舍利塔銘)이 있다. 원측은 신라 왕손으로서 속명이 문아(文雅)이며 15세인 627년(진평왕 49년) 당(唐)에 건너가 장안에서 법상(法常)·승변(僧辨)에게 유식론(唯識論)을 배웠다. 그 후 천축(天竺, 인도)에서 돌아온 현장삼장(玄奘三藏)의 문하생으로 역경(譯經)과 학문에 정진해 그의 수제자가 되었다. 스승과 함께 우주만물의 본질을 인식하는 유식학(唯識學)을 깊이 터득해 중국 불교의 핵심인 법상종을 일으켰다. 중국어·산스크리트에 능통하여 당 태종(太宗)으로부터 도첩(度牒)을 받고 원법사(元法寺)에서『비담론毘曇論』, 『성실론成實論』,『구사론俱舍論』등을 탐구, 고금의 장(章)·소(疏)에 정통하였다.

676년 인도의 승려 지바하라(地婆訶羅)가 가져온 산스크리트본(本)의 18부 34권의 경전 번역에 참여하였고, 693년에는 인도의 보리류지(菩提流志)가 가져온 산스크리트본『보우경普雨經』을, 695년에는 우전국(于闐國)의 실차난타(實叉難陀)가 가져온『화엄경華嚴經』을 번역하였다.

원측은 장안의 서명사(西明寺)에 주석하다가 84세에 입적하였다. 그의 유해는 향산사(香山寺)에서 다비(茶毘)되어 백탑(白塔)에 봉안되었다가, 송대인 1115년에 다시 분골해 현장탑 옆 '측사탑(測師塔)'에 안치되었다.

흥교사에는 그 외 도증(道證), 신곽(神廓), 의적(義寂), 도륜(道倫), 신방(神昉), 지인(智仁), 현범(玄范), 승장(勝庄) 등의 신라승들이 있었다.

흥교사의 현장(玄奘)과 제자(弟子)들의 사리탑(舍利塔)은 실크로드를 통하여 인도(印度)·서역(西域)과 중국(中國)의 교류(交流) 유적(遺蹟)으로 평가되어 2014년 실크로드: 장안(長安)-천산회랑(天山回廊)의 교역로망(交易路網)의 하나로서 세계유산에 등록되었다.

참고문헌

卞麟錫, 2008,『唐長安의 新羅事蹟』, 韓國出版情報(株).

Ⅲ. 유라시아歐亞 사막로沙漠路의 유적遺蹟과 유물遺物

그림 Ⅲ-51. 중국(中國)China 흥교사
(興敎寺)Chingziasu temple

1. 흥교사(興敎寺)
2. 흥교사(興敎寺) 현장법사(玄奘法師) 사리탑(舍利塔)
3. 규기법사탑(窺基法師塔)
4. 원측법사탑(圓測法師塔)
5. 흥교사(興敎寺)에서 본 종남산(終南山)

28) 대동大同, Tatung

대동은 중국의 북서쪽 산서성(山西省)에 위치한다. 이곳은 중국의 북방에 속한 지역으로 춘추시대에는 이른바 '북적(北狄)'의 거주지였고, 전국시대에 이르러 조(趙)의 영역으로 편입되었다. BC 221년 진시황이 중국을 통일하고 군현제(郡縣制)를 실시하면서 대동은 안문군(雁門郡)과 대군(代郡)지역이 되었고, 한(漢)에서도 마찬가지였다. 삼국시대 대동지역은 오환(烏桓)과 선비(鮮卑)의 근거지였다. 선비 왕조인 북위(北魏)의 탁발규(拓跋珪)는 398년에 지금의 대동인 평성(平城)으로 천도하여 황제를 칭하고 천흥(天興)이라는 연호를 사용하였다. 그리고 대규모 도성 건설을 추진하였다. 당(唐) 말에는 사타(沙陀)와 토욕혼(吐谷渾)이 각축하는 땅이 되었으며 이극용(李克用) 부자가 여기에서 발흥하기도 했다. 요(遼)가 대동을 포함하는 이른바 '연운 16주'를 영유한 이후에 대동지역은 거란, 여진, 몽골로 이어지는 비한족 왕조의 땅으로 장기간 유지되었다. 937년에 요가 운주(雲州)를 점령했고, 1044년 운주(雲州)를 서경(西京)이라고 개칭하여, 대동은 요의 배도(陪都)가 되었다. 1122년 금(金)이 대동을 점령한 후에도 여전히 서경(西京)으로 유지되었고, 이 명칭은 원대까지 사용되었다.

대동이 역사적으로 가장 중요한 위상을 차지한 시기는 역시 북위(北魏)의 도성이었던 시기였다. 『위서魏書』「태조기太祖紀」나 『책부원귀冊府元龜』의「제왕부帝王部」에는 위(魏) 태조(太祖) 탁발규(拓跋珪)가 평성으로 천도하고 궁성(宮城)을 건축하고, 종묘(宗廟)와 사직(社稷)을 세웠다는 내용이 기록되어 있다. 또한 외곽(外廓)의 축성에 대한 기사도 보인다. 평성은 중국의 도성사에서도 중요한 위치를 차지하고 있다. 북위(北魏)를 포함하는 북조(北朝) 시기는 대동의 불교 미술의 전성기이기도 하다. 이미 한(漢) 명제(明帝) 시기에 이 지역에 통광사(通光寺)라는 절이 건립되었다는 기록이 있지만, 북조(北朝) 시기에 조성된 운강석굴로 대표되는 불교 유적은 불교 전파의 중요한 물질적 유산으로 남아있다. 또한 대동은 『원사元史』와 『명사明史』에 나타나듯이 마시(馬市)가 열리는 대표적인 도시로서, 유목 지역과 농경 지역의 경계에서 이루어지는 교역의 장소였음을 알 수 있다.

영고릉(永固陵)은 대동시(大同市)에서 북쪽으로 약 20km의 방산(方山)에 위치하는 북위의 능묘역이다. 해발 약 1,450m 편평한 현무암용암대지 남쪽에 조영되어 대동 시가를 조망할 수 있으며, 시가에서도 바라보인다. 북쪽에서부터 만년당(萬年堂), 영고릉(永固陵), 초당산유지(草堂山遺址)의 순서로 위치한다. 만년당은 효문제(孝文帝)가 처음에 선정한 수릉(壽陵)이고, 영고릉은 문명황태후(文明皇太后) 풍씨(馮氏)의 능묘이다. 그 외에 효문제가 조영한 사온불사(思溫佛寺) 등으로 구성되는 능원(陵園)을 형성하였다.

영고릉의 분구는 22.87m의 원형이며, 기저부는 남북 117m, 동서 124m의 방형기단을 갖추고 있다. 매장시설은 남쪽으로 입구를 낸 전실(塼室)이며, 묘도와 전실(前室), 통도(通道), 주실(主室)로 구성되어 있다. 전체 길이는 23.5m, 묘실은 봉토 내 중앙에 위치하며 남북 6.4m, 동서 6.83m에 달한다. 네 벽은 사행하는 동장형이며 천장은 위로 올라갈수록 좁아지는 방추형을 보인다. 고분의 내부는 수 차례의 도굴로 인하여 부장품이 거의 남아있지 않았다. 영고릉에서 북쪽으로 약 600m에 위치하는 만년당은 분구 높이 13m의 원분이며 한 변의 길이는 약 60m이며 방형기단을 갖추고 있다. 매장시설은 전실(塼室)이며 영고릉과 거의 동일한 구조를 갖추고 있다. 묘실의 형태는 남북 5.68m, 동서 5.69m의 방형으로 도굴의 피해를 많이 당했다.

영고릉을 비롯한 방산 일원에서 출토된 유물은 주로 기와와 석제 조각품 파편, 소조상 등이 있다.

문명황태후 풍씨(馮氏)는 하북의 장락군 신도 기현 출신이며 북연의 2대왕 풍홍의 손녀이다. 5대 문성제(文成帝)의 황후이자 6대 헌문제(獻文帝)의 적모(嫡母)로 466년 헌문제를 옹립해 수렴청정을 시작했다. 후에 헌문제에게 장남 굉(宏) 즉 효문제(孝文帝)가 태어나자 잠시 물러났으나 효문제의 생모를 죽인 일로 헌문제와 대립해 헌문제를 폐위하고 효문제를 옹립했다. 문명황태후는 계속 수렴청정을 하면서 봉록제(封祿制), 삼장제(三長制), 균전제(均田制) 등의 제도를 실시하여 중앙집권화와 한족화를 추진했다.

영고릉과 만년당은 비교적 그 능원의 형태와 구조가 잘 남아있어 초기 북조의 능묘제 연구에 결정적인 자료를 제공하고 있다. 특히 영고릉은 선비계유목민인 탁발선비가 처음으로 장성(長城)을 넘어 왕릉을 조영한 것으로, 이후 화북왕조 왕릉의 조영에 있어 하나의 모델이 된 거대한 능묘라는 점에 그 의의가 있다. 『위서魏書』에 의하면 영고릉은 481년에 조영되기 시작하였다는 점에서 5세기 후엽에는 분구와 이를 구성하는 건축물, 묘역의 구성 등 능묘와 사원이 조합되었음을 알 수 있다.

대동남교북위고분군(大同南郊北魏古墳群)은 5세기 전반까지 북위의 수도였던 대동의 남쪽에 위치하는 유적이며 구조는 대부분 묘도를 가진 동실묘이며, M107호묘는 중형묘에 속하며 유리기와 도금인물문은기 등이 출토되었다.

유리기는 동부에 4단으로 종장타원형문을 구갑상으로 배치하고, 저부는 중앙에 대형 원문을 중심으로 그 주위에 동일한 6개의 원문을 시문한 것으로, 커트기법, 기형으로 볼 때 전형적인 사산조 페르시아산으로 판명되었다.

이 고분에서는 에프탈제로 보는 도금은제 인문물배가 공반되었으며, M109호묘에서도 출토되었다. 대동시(大同市) 북위 봉화돌묘(封和突墓)(504년)에서는 전형적인 사산조 은기인 수렵문반이 부장되었다.

시가의 동쪽에 위치하는 항안가(恒安街)의 북위묘(北魏墓)인 M13호묘에서는 아프카니스탄 틸리아 테페(Tilla Tepe)2호묘 출토 여신(女神)과 용(龍)을 조합한 금제 수식(垂飾)과 유사한 문양의 금제 수식부이식(垂飾附耳飾)이 출토되었다. 이는 박트리아(Bactria)에서 제작된 문물이 북위(北魏)에 이입된 것을 보여준다.

시가의 중심에 위치하는 북위 평성유지에서도 박트리아제로 추정되는 은기가 다수 출토되었다. 대동의 서쪽에는 북위시기부터 굴착된 운강석굴이 위치한다.

사막로를 통한 사산조 페르시아의 문물의 그 수입 주체가 북위이며, 신라에 이입된 문물의 주된 경유지가 그 수도인 대동(大同)임을 알 수 있다.

참고문헌

大同市博物館·山西省文物工作委員會, 1978, 「大同方山北魏永固陵」, 『文物』7, 科學出版社.
山西大學歷史文化學院(編), 2005, 『大同南郊北魏墓群』, 科學出版社.
이송란, 2007, 「중국에서 발견된 고전신화가 장식된 서방은기」, 『중앙아시아의 역사와 문화』, 솔.
大同市考古研究所, 2015, 「山西大同恒安街北魏墓(11DHAM13)發掘簡報」, 『文物』1, 科學出版社.

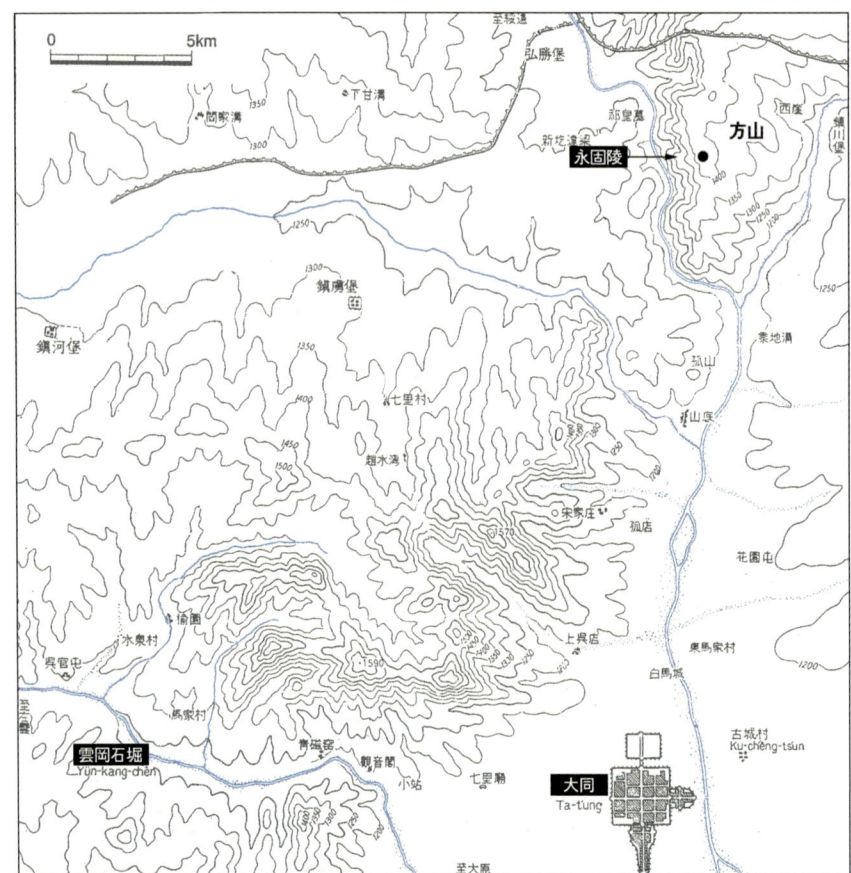

그림 Ⅲ-52. 중국(中國)China 대동(大同)Tatung

1. 대동(大同) 위치(位置)
2. 대동(大同)유적(遺蹟) 분포도(分布圖)
3. 영고릉(永固陵) 입지
4. 대동(大同)
5. 영고릉(永固陵) 원경(遠景)

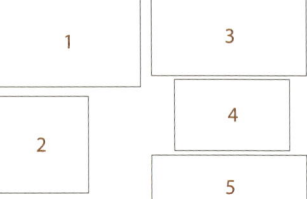

大同　　　　　　　　　　　　　　　　　　　　　　　　　　　　　　　　　　雲岡石窟

永固陵 →

大同

6. 영고릉(永固陵)과 장성(長城)
7. 영고릉(永固陵) 능원(陵園)
8. 북위(北魏) 평성(平城) 유지(遺址) 인물문(人物文) 도금은기(鍍金銀器)
9. 북위(北魏) 봉화돌묘(封和突墓) 출토 사산조페르시아(Sassanian Persia) 수렵문(狩獵文) 은기(銀器)
10~11. 대동남교(大同南郊)M107호묘 인물문(人物文) 은기(銀器)와 사산조페르시아(Sassanian Persia) 절자문유리완(切子文琉璃盌)
12. 항안가(恒安街) 북위묘(北魏)M13호묘 금제(金製) 용인물문(龍人物文) 수식부이식(垂飾附耳飾)

29) 운강석굴雲岡石窟, China Yunkang cave

운강석굴은 대동(大同)의 서쪽 16km 지점인 운강진(雲岡鎭)의 무주산(武周山) 남쪽 기슭에 위치한다. 석굴은 동서 1km에 걸쳐 있으며, 대굴 21기, 중굴 20기를 비롯한 252기로 이루어져 있으며, 석굴 안에는 51,000기가 넘는 석상들이 있다.

석질은 밝은색의 사암(砂岩)으로 대부분 북위(北魏)시대에 조성된 것이며 벽에 직접 조각하여 채색하였다. 하북을 통일했던 북위는 강남의 남조와 대치했고, 그 후 1세기 반에 이르는 남북조시대가 대동에서 시작되었다.

석굴에 대한 본격적인 조사는 1937-1944년 대동을 점령한 일본군의 비호하에 동방문화학원(東方文化學院)의 미즈노 세이치(水野淸一)와 나가히로 토시오(長廣敏雄) 등에 의한 조사가 행해졌다.

석굴은 45기의 대형 석굴과 이에 부속된 1,100여 기 소형 석굴 및 51,000기의 감, 조각으로 구성된다. 석굴은 위치와 구성에 따라 동부(제1-4굴), 중부(제5-13굴), 서부(제14-45굴)으로 구분된다.

북위는 원래 유목민족과 같이 잡복(雜卜), 무술(巫術), 다신교(多神敎)를 숭배하였다. 그런데 398년 수도를 평성(平城) 즉 대동(大同)으로 천도하면서 불교를 숭상하기 시작하였다. 북위는 정복지로부터 지식인과 기술자를 수도에 조직적으로 이주시키는 정책을 취하였으며, 특히 439년에 북량(北涼)을 멸하고 양주(涼州)로부터 다수의 승려와 공인을 대동으로 이주시켰다. 북량을 평정한 이후 대국이 된 북위에 서역 각국은 사절을 파견하였다. 특히 구자국(龜玆國)을 비롯한 서역의 불교 미술이 전래되었다. 『위서魏書』 석노지(釋老志)에는 북위 태안(太安 455-459)시기 사자국(師子國) 승려 5명이 3구의 불상을 가지고 왔으며, 소륵국(疏勒國)의 승려가 평성에 도착하였다. 또한 북위 화평(和平) 원년(460)에 사문통(沙門統) 담요(曇曜)의 발의로, 석가불, 미륵불, 아미타불, 약사불, 비로자나불의 5대불(五大佛)을 석굴에 조성하였다는 기록이 보인다. 오대불은 태조 이하 5명의 황제를 위해 조성한 것으로 보고 있다.

제1기의 460-465년에 조영된 담요5굴(曇曜五窟)은 주존불상이 크고 웅장하며 석굴의 중요한 위치를 점한다. 석굴의 평면형은 마제(馬蹄)형 또는 타원형이며, 천장은 궁륭형으로 인도의 건축양식이 전래된 것이다. 담요5굴은 삼세불(三世佛)을 주상으로 한다. 두 시기로 구분되며, 먼저 제19굴을 중심으로 제18, 20굴이 개착되고, 후에 제16, 17굴이 조영되었다.

제19굴은 높이 16.5m의 좌불본존(坐佛本尊)을 중심으로 좌우협동(左右脇洞)으로 되어 있고, 협동에는 협시불(脇侍佛)이 배치되었다. 이 굴은 규모가 가장 크고 최초로 조영되었다.

제18굴은 동서 17.3m, 남북 7.4m, 천장은 돔형이다. 명창(明窓)이 커서 밖에서 본존불이 보인다. 높이 16.38m 편단우견(偏袒右肩)의 대의(大衣)를 입은 본존 입상을 중심으로 좌우에 협시 입상이 있고, 협시와 본존 사이에는 보살이 있으며 위쪽에는 십대제자가 있다. 본존의 대의(大衣)는 얇고 몸에 밀착하는 조각은 인도 갠지스강 유역의 굽타양식으로 보고 있다.

제20굴은 담요5굴의 서쪽 끝에 위치하며 앞쪽 벽이 무너져 높이 13.5m의 좌불이 노출되어 있다. 석굴은 동서로 긴 말각 대형이며 동서 21.5m, 남북 7.2m이며, 제19굴의 3/2정도 면적이다. 어깨 폭이 넓은 상체, 편단우견(偏袒右肩)의 대의(大衣)와 융기선으로 된 주름의 표현은 아프카니스탄 바미안석굴의 대불과 같은 중앙아시아 불상을 연상시키며, 평평하면서 강한 얼굴 모양은 운강 초기의 특징을 보여준다.

제16굴의 본존은 높이 13.5m의 입상이며, 얼굴과 체구는 풍만하고 법의는 얇아서 굽타양식과 중앙아시아의 여러 기법을 종합한 운강 특유의 양식을 보여준다.

제17굴의 본존은 높이가 16.25m에 두 다리를 교차시킨 교각의 미륵상이다.

제2기는 문성제 사후부터 효문제가 낙양으로 천도하기 이전 시기인 466-494년이며, 중구의 동부에 위치한 제9, 10굴, 제5, 6굴, 제11, 12, 13굴 및 동구의 제1, 2, 3굴이 조영되었다. 이 시기는 효문제의 한화정책에 의해 석굴의 구조가 중원의 누각, 전당 건축으로 변한다. 석굴의 평면은 대부분 방형으로 전, 후실을 가지며, 천장은 궁륭형에서 평천장으로 변한다. 제9, 10, 11굴은 석굴 전면에 열주가 있으며 세 개의 문이 있다. 석굴 외부와 감에도 중원의 목조 건축을 도입하였다. 본존불은 중심을 차지하지 못하고 다양한 형상으로 바뀐다. 제5, 6굴은 탑을 중앙에 배치한 탑굴로서 인도의 양식의 영향이 남아있는 것이다.

제3기 494-524년은 효문제가 낙양으로 천도한 이후 시기로서 대형 석굴은 감소하고 단실의 중, 소형 석굴과 소형 불감(佛龕)이 주류를 이룬다. 제20굴의 서쪽에 분포하며, 제4, 14, 15굴 등도 포함된다. 낙양에서의 불사가 증가하나, 한편 대동에서는 쇠퇴한다.

운강석굴은 최초로 중원식 왕릉인 풍태후묘의 대동 영고릉의 조영과 함께 북위의 왕권 강화책의 일환으로 축조되었다. 북위는 정복지로부터 지식인과 기술자를 수도에 조직적으로 이주시키는 정책을 취하였으며, 439년에 북량을 멸하고 양주로부터 다수의 승려와 공인을 대동으로 이주시켰다. 운강석굴의 발원자인 담요(曇曜)도 양주 출신의 승려이다. 따라서 운강석굴의 초기에 보여지는 조상은 돈황 등 하서(河西)지역의 양식과 공통점이 많으나, 낙양으로 천도하는 후기가 되면 장안계의 공인에 의한 중국풍의 조상이 주류가 된다. 이 새로운 양식은 천도 후에 굴착된 낙양의 용문석굴에 인계되어 북위 후기의 불교미술은 중국식의 조상이 주류가 되어 가는 것이다.

운강석굴은 인도에서 시작된 석굴이 중앙아시아를 거쳐 중국에 도달하는 과정을 알 수 있게 하며, 또한 북위 불교가 고구려를 통하여 신라에 미친 영향을 알 수 있는 중요한 유적이라 할 수 있다.

참고문헌

水野淸一·長廣敏雄, 1952-56, 『雲岡石窟: 西曆五世紀における中國北部仏敎窟院の考古學的調査報告: 東方文化硏究所調査』全16卷, 京都大學人文科學硏究所雲岡刊行會.

월간미술, 1999, 「운강석굴」, 『세계미술용어사전』.

마스창외(저)·양은경(역), 2006, 『중국 불교석굴』, 다할미디어.

岡村秀典, 2017, 『雲崗石窟の考古學』, 東京, 臨川書店.

그림 Ⅲ-53. 중국(中國)China 운강석굴(雲岡石窟)Yunkang cave

1. 운강석굴(雲岡石窟)
2. 제20굴
3. 제3굴
4. 제10굴
5~6. 제12굴

7. 제17굴
8. 제16굴
9~10. 제18굴
11. 제19굴
12. 제20굴

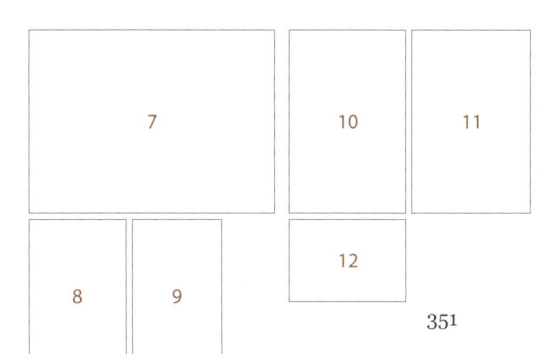

30) 우홍묘虞弘墓, Yuhong tomb

우홍묘는 산서성(山西省) 태원시(太原市) 진원구(晉源區) 왕곽촌(王郭村)에 위치한다. 서쪽에는 현옹산(懸甕山)이 있으며, 동쪽에는 분하(汾河)가 있다. 이는 우홍 부인의 묘지(墓誌)중에 "오른쪽으로는 현옹에 가깝고 왼쪽에는 분천을 끼고 있다(右臨懸甕 左帶汾川)"라고 기록되어 있는 것과 실제 위치가 정확히 들어맞는다. 이곳에서 서남쪽으로 600m 떨어진 곳에 북제(北齊) 동안왕(東安王) 누예(婁叡)의 묘가 있으며 북쪽으로 5km 떨어진 곳에는 당 진양성(晋陽城) 유적이 있다.

1999년 산서성고고연구소 등에 의해 발굴되었다. 묘지석에 의하면 묘주는 우홍(虞弘)으로 자는 막향(莫潘), 고향은 소그드지방인 어국(魚國)의 위흘(尉紇)이다. 조부(組父) 북위 영민추장(領民酋長)을 지냈는데, 이는 북방의 유목민족을 관리하는 관직으로, 후에 어국 영민추장까지 지냈다. 부(父)는 유연국의 막하법분(莫賀法汾)이었다. 우홍은 유연국왕에 의해 막하불(莫賀弗)로 임명되어, 페르시아, 토욕혼 등의 나라에 대사로 보내졌다. 마지막으로 북제(北齊)에 대사로 왔을 때 중국에 정착하였다. 그는 북제(北齊), 북주(北周), 수(隋)에 걸쳐 중국에 거주하면서 다양한 관직을 지냈다. 북주에서는 검교살보부(檢校薩寶府)를 지내기도 했다. 수(隋) 개황 12년(592년)에 58세의 나이로 사망한다.

우홍묘는 묘도, 묘실로 이루어진 단실묘로 전체 길이는 13.65m이다. 묘실은 서남쪽을 향하여 개구되었으며, 남쪽 토갱내에서 석제 사자상이 출토되었다. 묘도는 길이 8.5m이며, 묘실을 향해 경사져 있다. 연도는 폭 0.8m 길이 1.25m로 전(塼)으로로 만들었다. 묘도와 연도 사이에는 문이 하나 있다. 묘실은 장방형으로, 4면의 벽은 모두 전(塼)을 쌓아 만들어졌으며, 각 벽의 길이는 3.5m에서 4m로 각기 다르다. 남아 있는 벽 중에서 가장 높은 부분은 1.73m 정도이다.

묘실 중앙에는 흰 대리석으로 만들어진 석관이 북쪽으로 약간 치우쳐서 안치되어 있었다. 묘실 및 석관 내부에서 남녀 인골이 출토되었다. 석관 주변에는 두 기의 묘지석이 출토되었다. 우홍의 묘지 덮개는 길이와 폭이 약 73cm, 두께는 약 8cm이며, "大隋故儀同虞公墓誌"라는 9자가 새겨져 있으며 주변에는 연화문 장식이 있다. 우홍의 묘지는 오른쪽 하단의 일부가 떨어져 나간 상태이며 총 625자가 새겨져 있다.

석관의 외관은 지붕, 마룻대, 추녀마루 등을 갖춘 중국의 전통적인 가옥의 형태를 하고 있다. 지붕은 3개의 흰 대리석으로 조합되어 있는데, 총 길이는 2.95m, 폭은 2.2m, 높이는

0.51m이다. 본체는 9개의 석판으로 구성되어 있다. 남벽에 2개, 북벽에 3개, 동서벽에 각각 2개씩의 석판이 사용되었다. 높이는 모두 96cm로 일정하지만, 폭은 다양하다. 대좌는 4개의 석판이 4면을 구성하고 있다. 아래에는 사자머리가 조각된 좌점(座垫)이 있는데, 한 모서리에 두 개씩 총 8개의 좌점이 대좌를 받치고 있다. 총 높이는 57cm, 길이는 2.48m, 폭은 1.38m 이다. 따라서 대좌까지 포함한 석관의 총 높이는 2.17m이다.

석관 본체를 구성하는 9개의 석판에 새겨진 부조와 후면을 제외한 전면과 양 측면 외벽에 새겨진 대좌의 부조가 있다. 석관의 남벽의 좌우 외면과 동서벽 및 북벽의 내면에는 9개의 장면이 석판 한 개에 한 장면씩 묘사되어 있다. 화면의 2/3를 차치하는 상단에는 수렵도, 연회도, 출행도 등이 묘사되어 있는 반면, 1/3을 차지하는 하단에는 리본 달린 새, 사자 등 이란 혹은 소그드 문화를 상징하는 개별 도상들이 묘사되어 있다. 편의상 남벽의 우측을 기전으로 반시계 방향으로 9개의 도상을 살펴보고자 한다

남벽(南壁)은 좌우 두 개의 석판으로 구성되어 있으며 중간 부분은 비어있어 석관 내부를 살펴볼 수 있다. 제1면 우측 상단에는 말 앞의 한 인물이 양손으로 말의 고삐를 잡고있고, 말 뒤에는 3명의 남자가 서 있다. 하늘에는 두광을 하고 목에 리본을 맨 새 2마리가 날아다니고 있다. 하단에는 신마(神馬)가 날개가 달고 목걸이를 하고 있다. 제9면인 좌측 상단에는 두광을 하고 둥근 해와 초승달이 결합된 보관을 쓰고 머리 뒤로 리본이 펄럭이며 말을 탄 남자가 화면 우측을 향해 가고 있다. 남자는 심목고비(深目高鼻) 얼굴에 콧수염이 있으며 귀걸이와 목걸이를 하고 있다. 원령착수장포를 입고 있다. 말 꼬리와 네 다리는 리본으로 장식되어 있다. 화면 왼쪽에는 인물이 산개를 들고 있는데 앞서가는 말 탄 인물의 머리 위를 씌워주고 있다. 화면 우측에는 또 다른 인물이 다가오는 말을 향하여 서 있다. 하단에는 사자가 소에게 달려들어 등을 물고 있다.

동벽(東壁)의 제2면에는 누각 위에서 세 명의 인물들이 서로의 팔을 이어 잡고 춤을 추고 있다. 하단에는 왼쪽의 사자가 몸을 곧게 편 채로 맞은편 말에게 달려들고 있다. 오른쪽의 신마는 날개가 달려 있고 목 뒤로 스카프가 펄럭이고 있다. 제3면에는 낙타를 탄 남자가 활을 이용하여 사자를 사냥하고 있다. 하단에는 한 인물이 입으로 뿔 나팔을 불고 있다.

북벽(北壁) 제4면의 우측 상단에는 긴머리를 늘어뜨린 남자가 낙타를 타고 몸을 뒤로 돌려 사자를 향해 활시위를 당기고 있다. 그 앞에는 사자 한 마리가 낙타에게 달려들어 목을 물고 있다. 하단에는 사슴 한 마리가 화면 왼쪽을 향하여 힘차게 뛰어 가고 있다. 제5면 북벽의 중앙에는 연회를 즐기는 남녀 한 쌍과 악사 및 무용수의 공연 모습이 묘사되어 있다. 하단

에는 사자와 사람이 싸우는 장면 두 개가 좌우 대칭으로 새겨져 있다. 제6면 북벽의 좌측에는 머리에 보관을 쓴 인물이 구슬이 달리 깔개와 꾸미개 등으로 장식한 코끼리를 타고 칼을 들어 사자를 공격하고 있다. 코끼리 아래에는 사자 한 마리와 개 한 마리가 뛰어다니고 있다. 하단에는 목에 리본은 묶은 새 한 마리가 서 있다.

서벽(西壁) 제7면의 우측 상단에는 술잔을 든 인물이 화면 왼쪽을 향해 말을 타고 서 있다. 말 앞에는 다른 남자가 두 손으로 음식이 가득 담긴 접시를 들어 말 탄 인물을 향해 앞으로 내밀고 있다. 하단에는 염소 한 마리가 있다. 제8면 서벽 좌측 상단에는 한 남자가 오른쪽을 향해 앉아 오른손에 술잔을 들고 의자에 앉아 있다. 그 뒤에는 또 다른 인물이 일어서서 비파를 연주하고 있다. 하늘에는 리본을 맨 새 한마리가 화면 왼쪽을 향해 날아가고 있다. 하단에는 큰 뿔이 달린 수사슴이 있다.

대좌(臺座)는 조각한 후에 적색, 백색, 초록색 등으로 채색을 하고 부분적으로 첩금(貼金)으로 장식하였다. 상하단으로 구분되며 좌우 대칭으로 구성되어 있다. 악기 연주, 사냥, 연회 등의 주제가 주를 이룬다. 남벽에는 11개의 장면이 새겨져 있다. 상단의 6개의 장면은 4단 기둥을 경계로 서로 구분되어 있다. 연꽃 기둥 사이의 2명의 인물은 서로 다른 악기를 연주하거나 춤을 추고 있다. 여섯 장면에 등장하는 인물들은 심목고비의 얼굴에 검은색 머리, 흰색 두광을 하고 있으며, 양 어깨에 긴 천을 두르고 머리 뒤로는 리본이 펄럭인다. 하단의 5개의 장면 가운데 중간에는 반인반조(半人半鳥)의 사제가 화단(火壇)을 사이에 두고 마주보고 있다. 반인반조 도상 양 옆에는 연꽃 모양의 벽감 속에 각각 연회를 즐기는 인물 2명씩 있다. 하단의 양 끝에는 사각의 벽감 속에 긴 막대기를 든 인물이 한 명씩 대칭을 이루고 있다. 후벽의 상단에는 6개의 장면, 하단에는 2개의 장면이 그려져 있다. 상단의 장면은 연꽃잎 장식의 3단 기둥으로 구분되어 있는데, 문미로 이어진 두 개의 기둥 사이 공간에 각각 2명씩 있다. 등장인물들은 악기를 연주하거나 술을 마시거나, 춤을 추고 있는 것으로 보인다. 하단에는 2개의 연꽃 모양 벽감내에 말을 타며 창을 들고 산양을 사냥하는 사람과 말을 타고 활을 쏘며 사슴을 사냥하는 인물이 있다.

동서벽의 대좌에는 각각 5개의 장면이 상, 하단으로 나뉘어 배열되어 있다. 상단에 있는 3개의 장면은 주로 사냥하는 모습을 묘사하고 있는데, 남벽과 마찬가지로 4단 기둥을 경계로 서로 구분되어 있다. 각 장면의 전체적인 구성 역시 남벽 상단 부조와 유사다.

석관 본체 외벽에는 인물들이 그려져 있다. 북벽의 석판 3개와 동서벽의 석판 4개에 그려져 있는데, 석판 한 개에 한 명씩 총 7명의 남녀인물이 있다. 이들은 심목고비 얼굴을 하고 있으며 주로 서 있거나 무릎을 꿇고 앉아 있는 모습이며 간단하게 표현되었다.

부장품은 석재 인물용(人物俑), 석등 받침대, 백자, 동전 등 모두 100여 종이 있다. 인물용은 한백옥과 사암 두 종류의 석재로 만들어진 16종이 있었고, 시종용(侍從俑), 기악용(伎樂俑), 주검용(拄劍俑) 세 종류로 나눌 수 있다.

시종용(侍從俑)은 사암으로 채색하지 않았으며, 남자 둘, 여자 둘 모두 4종이 있다. 술 주전자를 잡고 있는 남자용은 호인(胡人)의 모습으로, 머리에는 뾰족하고 둥근 펠트 모자를 쓰고 있고, 가지런한 귀와 짧은 머리, 깊은 눈과 오똑한 코를 가지고 있으며, 몸에는 둥근 깃에 소매는 좁은 긴 겉옷을 입고 있다. 허리에는 띠를 매고 있고, 양옆에는 각기 다른 모양의 작은 칼을 차고 있으며, 주머니에는 7개의 패물을 달고 있다. 수건을 든 여자용은 오른쪽 어깨 부분이 손상되었고, 두 갈래로 쪽진 머리를 하고 두 눈은 아래로 처져있으며 귀는 가늘고 길다. 옷깃이 있고 소매가 좁은 긴 치마를 입고 있고, 겉에는 둥근 깃이 달린 저고리를 덧입고 있으며 두 손은 가슴 앞에서 긴 수건을 받치고 있다.

기악용(伎樂俑)은 한백옥으로 채색을 하였고, 전부 10종이 있는데, 남·여로 구성되어 있으며 모두 한인(漢人)의 모습이다. 기악용은 연꽃좌(蓮花座) 위에 서이다.

주검용(拄劍俑)은 한백옥으로 채색을 하였고, 관을 쓰고 대도를 양손에 잡고 있다.

우홍은 페르시아(Persia), 토육혼(土浴渾) 등의 나라에서 유연국의 대사로 활동하였다. 그는 이후 북제, 북주, 수대에 거쳐 중국에 살면서 다양한 관직을 지냈다.

우홍묘에는 묘주가 생전에 체험한 서아시아, 중앙아시아, 중원의 문화가 종합적으로 표현되어 있어, 동서문화교류와 함께 소그드인들의 생활방식을 이해하는데 중요하다.

참고문헌

山西省考古硏究所, 2005, 『太原隋虞弘墓』, 文物出版社.

정완서, 2009, 『6세기 후반 중국 내 소그드인 무덤 미술 연구: 석장구의 도상을 중심으로』, (한국예술종합학교 석사학위논문), 한국예술종합학교 대학원.

曾布川寬·吉田豊(編), 2011, 『ソグド人の美術と言語』, 臨川書店.

이위, 2020, 『중국 거주 소그드인의 화상석각(畵像石刻) 문양에 대한 연구: 우홍묘(虞弘墓)를 중심으로』, (박사학위논문), 우석대학교 대학원.

內蒙古自治區
鄂爾多斯
朔州
忻州
榆林
太原
陽泉
晉中
虞弘墓
陝西省
呂梁
山西省
延安
臨汾
長治
0 25 50km

0 5 10厘米

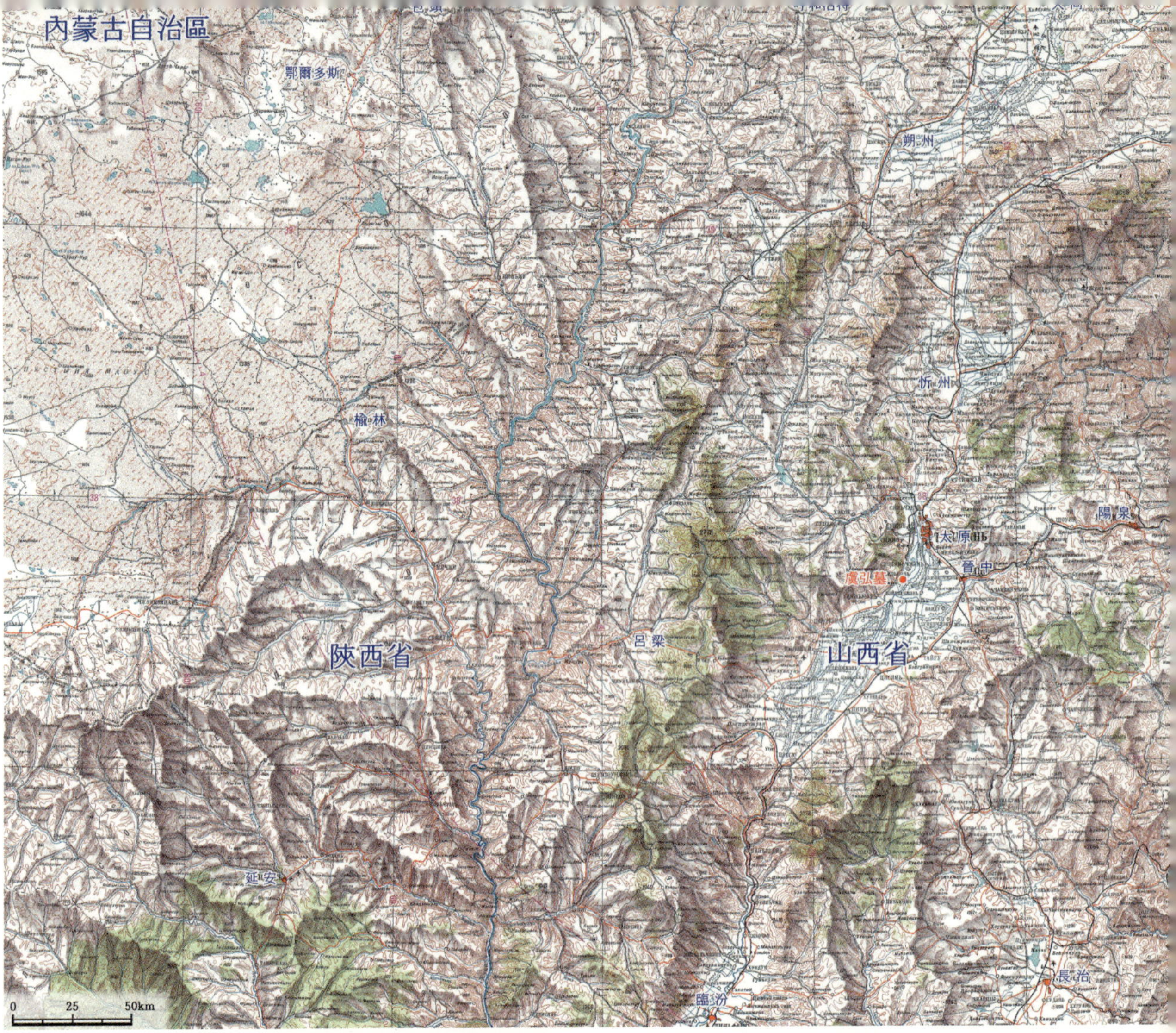

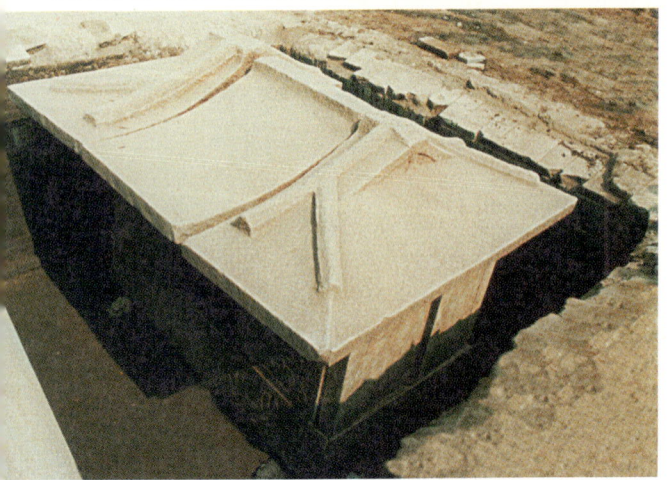

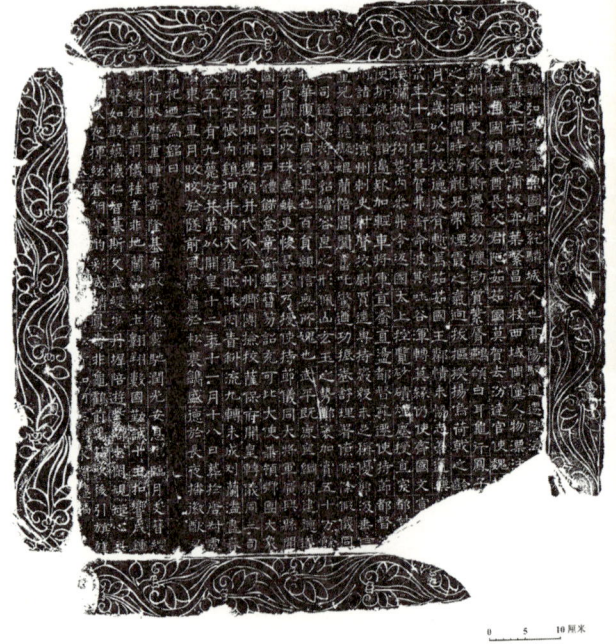

그림 Ⅲ-54. 중국(中國)China 우홍묘(虞弘墓)Yuhong tomb

1. 우홍묘(虞弘墓) 위치(位置)
2. 석관(石棺)
3. 묘지석(墓誌石)
4. 남벽(南壁)
5. 북벽(北壁) 연회도(宴會圖)
6. 남벽(南壁) 대좌(臺座) 주악도(奏樂圖)
7. 북벽(北壁) 수렵도(狩獵圖)

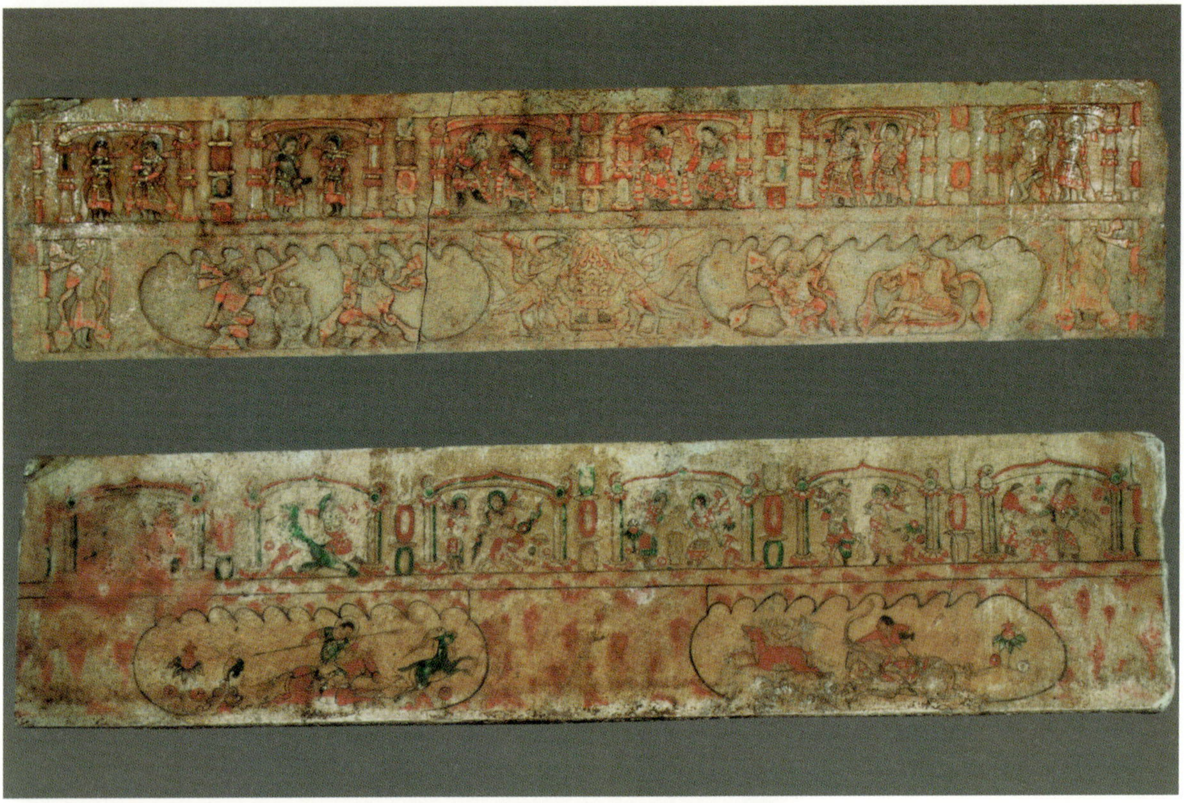

8. 남북벽(南北壁) 대좌(臺座)

9. 북벽(北壁) 수렵도(狩獵圖)

31) 낙양洛陽, Luyang

하남성(河南省)에 위치한 낙양은 중국 문명의 초기부터 중요한 도시였으며, 많은 왕조의 수도이거나 수도에 준하는 지위를 누렸다. 낙양(洛陽)이라는 이름은 황하의 지류인 낙수(洛水)의 북쪽이라는 뜻이다. 이리두(二里頭) 유적을 비롯한 낙양 및 근교의 수많은 유적에서 보이듯이 이 지역은 중국 문명이 태동한 핵심지역이었으며, 초기국가 시기부터 중요한 도시들이 자리 잡고 있었다.

낙양은 주(周)의 평왕(平王)이 천도한 이후에 동주(東周)의 수도였으며, 한(漢)의 고조(高祖)도 장안으로 수도를 옮기기 전 낙양에서 왕조를 개창하였다. 이후 후한(後漢)의 광무제(光武帝)가 낙양을 도읍으로 삼았다. 삼국 위(魏)의 문제(文帝) 역시 낙양을 수도로 하였으며 위를 이은 서진(西晉)도 수도를 바꾸지 않았다. 탁발선비 국가인 북위(北魏)는 평성(平城)에서 낙양으로 천도했으며, 수(隋)의 양제(煬帝)도 낙양으로 천도하고 낙양성을 새로이 건설했다.

한과 북위의 낙양성은 시가의 중심지인 낙하(洛河)의 북안에 위치한다. 낙양으로 천도한 북위는 도성과 함께 황제릉을 축조하였다. 북위 황제릉은 시가의 서쪽과 북쪽에 분포하는데, 그 중에서 효문제 장릉은 맹진현(孟津縣) 조양향(朝陽鄉) 관장촌(官庄村)의 동남편에 위치한다. 효문제(孝文帝)는 문명황태후(文明皇太后) 풍씨(馮氏)의 능원을 조영한 이후 493년 낙양으로 천도하면서 평성(平城)에 귀장하는 것을 금지하고, 자신도 낙양 북쪽의 망산 구릉에 능묘를 조영하였다..

장릉은 북서에서 남동으로 이어지는 낮은 구릉의 정상부에 입지하며 능역의 범위는 동서 443m, 남북 390m의 범위를 보이고 있다. 능원은 판축의 담장으로 둘러졌는데, 이 중 서쪽과 남쪽 담장의 중앙에서 문지(門址)가 확인되었다. 분구는 이 능원의 중앙에서 약간 북쪽으로 치우쳐 축조되었으며, 현존 직경 109m, 높이 21m의 원분이며 판축으로 구축되었다. 분구 주변으로 원형의 주구가 돌려진 것으로 볼 때, 원래 분구의 규모는 주구의 외연 직경인 111.5m에 달하였을 것으로 추산된다. 분구의 정부에는 남북 14.6m, 동서 15.2m의 평탄면이 조영되어 있으며 분구의 아래로는 매장주체부로 향하는 경사식 묘도가 확인된다. 분구 남쪽 21m 지점에서 석상의 기초부로 판단되는 초석 한 쌍이 12m 이격되어 나란히 위치하고 있다.

한편, 남쪽에서 길이 22m, 폭 2.2m의 장방형 토갱(土坑)이 25m 간격으로 두 줄 확인되었는데, 묘도, 초석과 일직선 상으로 배치되는 점에 미루어 신도(神道)로 추정된다.

493년, 효문제는 수도를 평성(平城)에서 낙양으로 천도 후 대대적인 호한 융합 정책을 추진했다. 그는 선비족의 복장과 언어를 금지하고, 황실의 성씨를 원씨(元氏)로 고치고, 구품관인법(九品官人法)을 부분 채용하여 남조를 모방한 북조 귀족 제도를 만들었다. 선비족과 한족과의 통혼을 장려하면서 한족 문화와 동화하는 정책을 추진하여 북위의 문화는 크게 발전하였으나, 일면 지금까지 내려온 선비족 고유의 소박한 상무 정신은 사치와 문약으로 바뀌게 되었다.

선무제 경릉은 낙양시(洛陽市) 망산향(邙山鄉) 총두촌(塚頭村)의 동쪽에 위치한다. 분구 주변에서 묘지명(墓誌銘)이 출토되었는데 이에 따라 피장자는 북위(北魏) 선무제(宣武帝) 원각(元恪)임을 확인할 수 있었다. 경릉의 묘주 선무제는 북위 제6대 황제인 효문제(孝文帝)의 차남으로 모(母)는 고구려 왕족 출신의 문소황태후이다. 효문제가 붕어(崩御)한 499년에 즉위한 후 515년에 매장되었다. 1991년 발굴조사가 진행되었고, 현재 경릉 동쪽에 낙양고묘박물관(洛陽古墓博物館)이 위치하고 있으며, 경릉 내부는 개방되어 관람이 가능하다.

경릉의 분구는 직경 105-110m, 잔존 높이 24m이며 판축으로 조성하였다. 분구 정상부에는 토단(土壇)이 잔존하는데, 그 규모는 남북 13m, 동서 11.5m이다. 매장주체부는 전실묘이며 묘도와 통도(通道), 묘실로 구성되었으며, 규모는 전체 길이 54.8m, 묘실의 남북 6.73m, 동서 6.92m이다. 묘실의 평면형태는 방형으로 중심부가 볼록한 동장형으로 벽면은 전(磚)을 2평1수로 쌓아 올라가다가 일정 높이부터 일률적으로 가로쌓기를 하여 천장부로 향하면서 점차 좁아지는 방추형이다. 벽석에 사용된 전(磚)돌의 규격은 모두 동일하며 서로 엇갈리게 쌓았다. 묘실 서쪽의 관대 상부에서 석관이 확인되고 계수호 등의 도기가 출토되었다. 분구의 남쪽으로 약 10m의 묘도 연장선상의 서쪽에 높이 2.89m 석인상 1기가 확인되었다. 현재는 복원된 석상과 한 쌍을 이루어 분구 전면에 세워져 있다.

선무제 원각은 북위 8대 황제로 효문제 원굉의 차남이다. 황태자였던 맏형 원순(元恂)이 효문제의 한화 정책에 반대해 반란을 모의했다가 태자에서 폐위되어 사사당했고, 원각이 대신 황태자가 되어 499년 17세 나이로 즉위했다. 재위 중에는 양(梁)을 공격해 사천지방으로 영토를 확대하였고 북방으로는 유연(柔然)을 공격하여 타격을 주었다.

낙양의 동쪽 언사시(偃師市)에 당(唐) 고종의 태자인 이홍(李弘)의 공릉(恭陵)이 있다.

낙양은 당대(唐代)에는 동도(東都)로 불리었으며 많은 황제들이 장안이 아닌 낙양에 머무르기도 했다. 당대의 천보(天寶) 연간이나 무측천(武則天) 시기처럼 동경(東京)이나 신도(新都)로 불리던 때도 있었다. 이후 오대(五代)의 여러 왕조가 낙양을 부도(陪都)로 삼았고, 송대(宋

代)에는 서경(西京), 금대(金代)에는 남경(南京)으로 삼았다. 그러나 원대(元代) 이후로는 다시 수도나 부도로서의 지위를 가지지 못했다.

이처럼 낙양은 오랫동안 중심지로서의 역할을 수행했기 때문에 활발한 문화교류의 장이었다. 낙양을 수도나 그에 준하는 도시로 삼았던 왕조 중에서는 여러 호족(胡族) 왕조도 포함되어 있었다. 『후한서後漢書』「오행지五行志」의 기사에서 보이듯이 이미 후한 시대부터 각종 호풍(胡風)이 유행하기도 했다.

그리고 불교의 전파와 유행의 중심에 있던 도시이기도 했다. 『자치통감資治通鑑』의 기사에는 낙양을 서역으로 '구법승(求法僧)'이 출발하는 도시라 기록한 바 있으며 불교 미술이 고도로 발전한 곳이었다. 시가의 동북쪽에는 후한대에 창건된 백마사가 있으며, 남쪽에는 용문석굴이 있다.

또한 『위서魏書』에 따르면 서역(西域)에서 진물(珍物)이 도착하는 장소이기도 했으며, 『구당서舊唐書』「음악지音樂志」의 기사에 나타난 것처럼 서역의 음악이 전파되어 유행하기도 했다.

참고문헌

中國社會科學院考古研究所洛陽漢魏城隊·洛陽古墓博物館, 1994, 「魏宣武帝景陵發掘調査報告」, 『考古』9, 北京, 科學出版社.

洛陽市第二文物工作隊, 2005, 「北魏孝文張長帝的調査和鑽探」, 『文物』7, 北京, 科學出版社.

경상대학교 실크로드 문화지도 DB 구축 사업단, 2017, 실크로드 역사문화지도(Historic Cultural Atlas of the Silk Road).

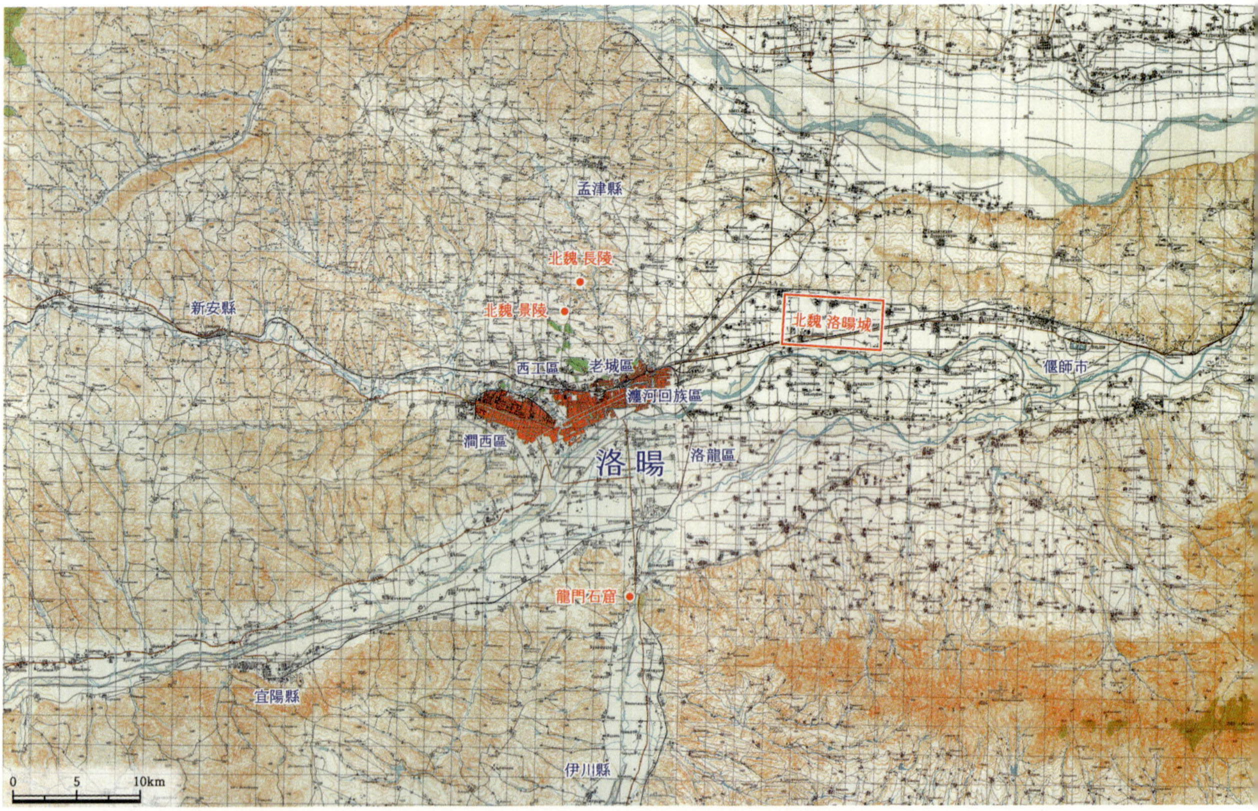

Ⅲ. 유라시아歐亞 사막로沙漠路의 유적遺蹟과 유물遺物

362

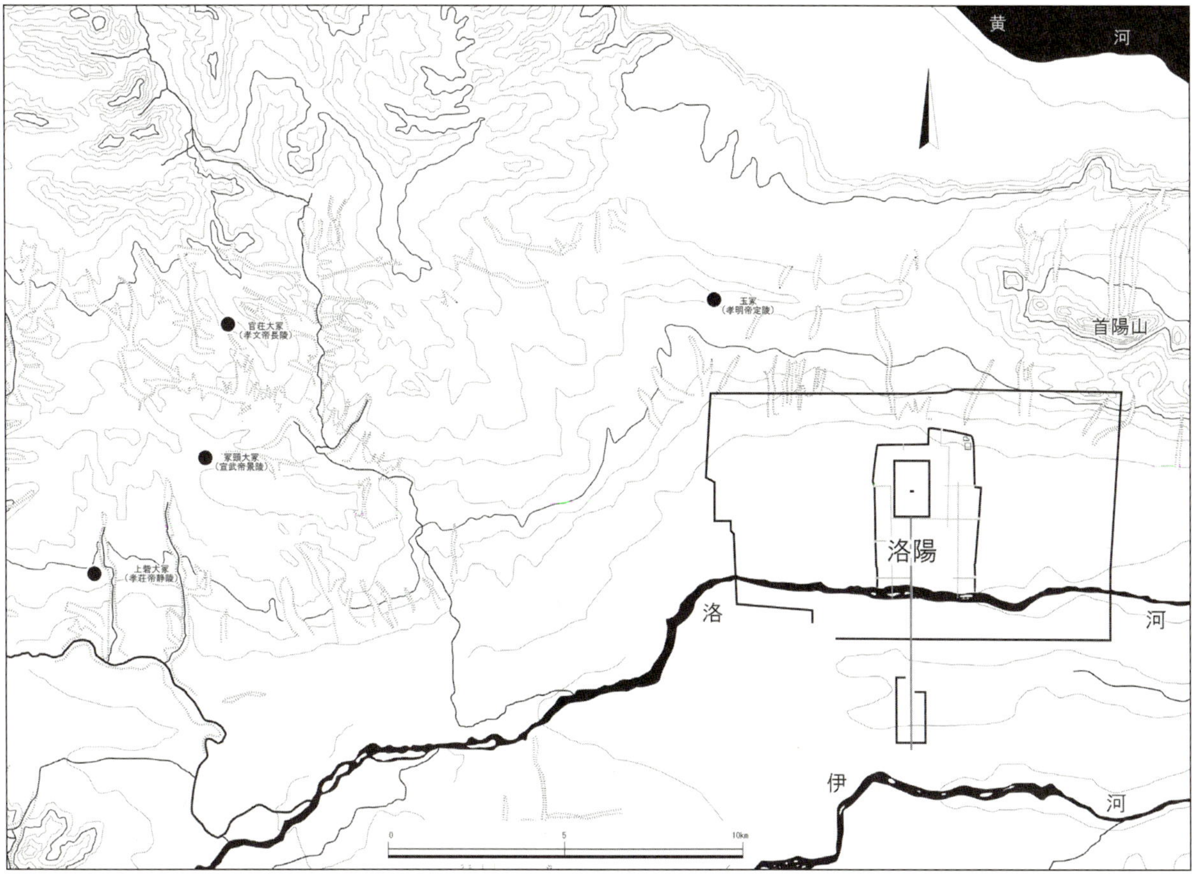

11. 중국中國, China의 유적遺蹟과 유물遺物

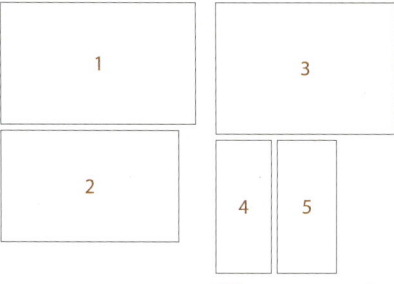

그림 Ⅲ-55. 중국(中國)^{China} 낙양(洛陽)^{Luyang}

1. 낙양(洛陽)유적(遺蹟) 분포도(分布圖)
2. 낙양(洛陽)
3. 낙양(洛陽) 북위(北魏)유적(遺蹟) 분포도(分布圖)
4. 후한(後漢) 광무제릉(光武帝陵)
5. 낙양(洛陽) 후한묘(後漢墓) 로마(Rome) 호문유리병(鎬文琉璃瓶)

363

Ⅲ. 유라시아歐亞 사막로沙漠路의 유적遺蹟과 유물遺物

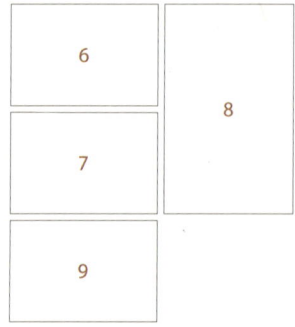

6. 북위(北魏) 효문제(孝文帝) 장릉(長陵)
7~8. 북위(北魏) 선문제(宣文帝) 경릉(景陵)
9. 경릉(景陵) 현실(玄室)
10. 당(唐) 공릉(恭陵)

32) 용문석굴龍門石窟, Lungmen cave

용문석굴은 하남성(河南省) 낙양(洛陽)의 시가에서 남쪽으로 13km 지점 서쪽 용문산(龍門山)과 동쪽의 향산(香山)에 둘러싸인 이하(伊河) 양안의 석회암벽(石灰岩壁)에 위치한다. 북위(北魏) 효문제(孝文帝)가 낙양으로 천도한 494년부터 북송(960-1127) 초기까지 조영되었다.

대형 굴은 용문산(龍門山)에 28기, 향산(香山)에 7기, 그 외에도 2,000여 기의 작은 굴과 감실이 있다. 주요 석굴은 다음과 같다.

재불동(齋祓洞) 제1동. 잠계사동(潛溪寺洞)이라고도 한다. 당(唐) 정관(貞觀)15년(641) 위왕(魏王) 이태(李泰)의 발원으로 조영되었다. 폭 9.4m, 안길이 6.7m, 거의 타원형인 평면과 원형 천장으로 높이 10.6m. 본존의 좌불상과 좌우에는 협시의 나한·보살·신왕이 있다.

빈양동(賓陽洞) 제2(북), 3(중), 4(남)동. 북위 선무제의 발원으로 정시(正始)2년(505)에 시작하여 중동(中洞)은 북위 말까지 조영되었다. 입구의 폭 5.2m, 안길이 6m, 안벽의 폭 7.7m. 본존은 좌상대불. 좌우에 보살·나한, 좌우에 사자, 좌우벽에 삼존상이 있다. 원형천장에는 큰 연꽃을 둘러싼 주악비천, 앞벽 상단에 유마문수(維摩文殊)의 문답, 중단(中段)에 본생도(本生圖), 하단에 황제 황후의 예배, 요벽에 10신의 부조가 있고 마루에도 연화문과 구갑문이 조각되어 있다. 외벽 좌우에는 반육조(半肉彫)의 금강역사상이 있다. 남동과 북동의 본존은 좌상의 오존상. 원형 천장으로, 중동(中洞)과 닮은 장엄한 형식이며 남동(南洞)은 북제-수, 북동은 수-초당에 걸쳐 조영하였다. 정관(貞觀)15년(641) 위왕(魏王) 이태(李泰)가 빈양 중동(賓陽中洞) 남쪽벽에 잠문본(岑文本) 찬(撰), 저수량(褚遂良) 필(筆)의 이궐불감비(伊闕佛龕碑)를 새겼으며, 생모 문덕황후(文德皇后)를 위하여 빈양동(賓陽洞)을 보수, 재불동(齋祓洞)을 조영한 것을 기록하였다.

경선사동(敬善寺洞) 제5동. 당·정관18-현경3년(644-658)에 걸쳐 조영하였다. 폭·길이 모두 약 3.2m인 방형평면이다. 본존좌불과 좌우에 소보살, 좌우벽에 나한·공양자·보살·신왕과 연꽃 가지 위의 소보살을 배치했다.

만불동(萬佛洞) 제9동. 당·영륭원년(680) 대감조신상과 내도장지운선사 발원의 조각명이 있고, 영륭동이라고도 한다. 주실의 폭 5.8m, 안길이 6.8m이다. 중앙 팔각대좌상의 좌불과 반육조 협시로 된 오존불, 좌우벽에 신왕, 주위벽 전체에 1만5천 체의 소불을 조각하였다.

사자동(獅子洞) 제10동. 바깥벽에 불탑의 석각이 있고 '탑동'이라고도 한다. 당·상원2년(675)의 각명(刻銘)이 있다. 폭 2.4m, 안길이 2m의 사각형 평면이다. 본존은 네모난 좌대 위에 앉아 있고, 두발(頭髮)은 와권상(渦卷狀). 좌우에 보살, 전좌우에 사자가 있다.

혜간동(惠簡洞) 제11동. 남벽 동쪽 구석에 당·함형4년(673) 서경법해사(西京法海寺)의 승(僧) 혜간(惠簡) 발원의 각명(刻銘)이 있다. 폭 3.8m, 안길이 3m. 미륵의 상(倚像)을 중존으로 하는 5존상이 있다.

연화동(蓮花洞) 제13동. 북위 말 정광(520-525) 초년에 완성하였다. 그후 좌우벽에 6비천이 조각되었고, 상감(像龕)은 북제-초당에 조영하였다. 입구에 화염첨공(火焰尖拱)의 선조(線彫)가 있고 동굴 내부는 폭 5.5m, 안길이 9.8m의 장방형 평면이다. 본존은 석가입상을 중심으로 천장에는 큰 연꽃 부조가 있다.

위자동(魏字洞) 제17동. 북위 말 정광-효창(520-527)경에 만들었다. 폭 3.9m, 안길이 3.2m. 보단 위에 5존상이 있고, 천장에는 비천부조가 있다. 좌우벽에도 5존상의 불감이 있고 그 주위와 앞벽에 걸쳐서는 석가·미륵·관음의 상감(像龕)이 정연하게 늘어섰다.

당자동(唐字洞) 제18동. 초당시기에 만들었으나 내부는 미완성 상태. 외벽에 목조건물과 같은 처마(軒)가 조각되고, 그 밑 입구 좌우에는 많은 상감(像龕)이 있다. 동굴 내부는 폭 4.5m, 안길이 3.5m인 방형평면이다.

봉선사동(奉先寺洞) 제19동. 용문산 중앙을 폭 38.7m, 길이 38.7m, 높이 40m을 굴착하고 3벽에 높이 17.14m의 비로자나불(毘盧舍那佛)을 중심으로 가섭(迦葉), 아난(阿難), 2 보살(菩薩), 2 천왕(天王), 2 역사(力士)의 9상(像) 조각하였다. 『대로사나상감기大盧舍那像龕記』에 의하면 고종(高宗)의 발원과 측천무후(則天武后) 원조로 함형(咸亨)3년(672) 조영이 개시되어 상원(上元)2년(675)에 완공된다. 본존인 비로자나불(毘盧舍那佛)은 중층연판(重層蓮瓣)의 8각대좌에 앉아 있으며, 대의(大衣)를 좌우의 어깨를 덮은 통견(通肩)의 복식인 점이 주목된다. 이를 인도 굽타양식의 영향에 의한 것으로 보고 있기 때문이다. 가섭(迦葉), 아난(阿難)과 보살(菩薩)상은 정적인데 비하여 남북 양벽의 천왕(天王)과 역사(力士)상은 역동적이다. 양당개(兩當鎧)의 갑옷을 착장한 천왕(天王)은 보탑을 오른손에 들고 두발은 악귀를 밟으며 분노의 표정을 짓고 있다. 역사(力士)는 허리를 좌우로 굽히고 공격적인 자세를 취하고 있으며, 온몸의 근육으로 분노를 표출하고 있다. 두 상은 비로자나불(毘盧舍那佛)의 수호신으로서의 역할을 잘 보여주는 걸작이다.

약방동(藥方洞) 제20동. 문양측에 북제의 도읍사(都邑師) 도흥(道興)의 치질방(治疾方), 외벽 좌우에는 대비천과 역사(力士)를 배치한 북제시대의 부조가 있다. 석굴은 폭 3m, 길이 3m의 방형의 평면이다. 본존은 보단(寶壇) 위에 좌불과 환조의 협시 보살·나한으로 된 수 양식의 5존상. 좌우벽에도 같은 5존상을 봉납하는 불감이 있으며, 주위의 소상감(小像龕)에는 북위 말(北魏末)부터 당초(唐初)까지의 조상명(造像銘)이 있다.

고양동(古陽洞) 제21동. 노군동(老君洞)이라고도 한다. 용문에서 이른시기에 조영된 석굴이다. 태화18년(494년) 경에 착공. 선무제(재위 499-515) 말년에 완성하였다. 동굴내는 폭 6.75m, 안길이 13m의 마제형(馬蹄形) 평면으로, 원형천장이며 높이는 약 11m. 정면의 2단 보단상(寶壇上)에 본존좌불, 후벽 좌우구석에 양협시보살의 입상, 앞쪽 좌우에 사자상이 있다. 주위벽의 상감(像龕) 감(龕) 중에 북위의 것은 석가좌상 24, 미륵교각상(交脚像) 29, 관음입상 11, 그외에 이불병좌상(二佛並坐像) 등이 있고 조상명(造像銘)은 『용문20품』을 비롯 당대(唐代)의 것을 포함하면 100여 기에 달한다.

극남동(極南洞) 제28동. 서산 최남단에 있고 입구는 동남쪽으로 열려 있다. 정토동(淨土洞)과 같이 측천무후기(690-705)에 조영되었다. 동굴내는 폭 4.7m, 안길이 3.45m. 본존은 5존상이다.

간경사동(看經寺洞) 동산의 만불구(萬佛溝) 북쪽에 있다. 성당(盛唐) 초기(700경)에 조영(造營)되었다. 한변 약 11m의 방형평면이다. 높이 약 6m인 평천장에는 대연화를 둘러싼 6비천의 부조가 있다. 본존은 통견(通肩)의 좌불이며 8각대좌 위에 앉아 있다. 좌벽의 4주요벽(四周腰壁)에는 거의 등신대의 행렬하는 나한 29체가 부조되어 있다.

뇌고대삼동(擂鼓坮三洞) 동산 만불구 남쪽에 있다. 남·중·북동굴 모두 남서로 면해 열려 있으며, 원래에는 성당 초기에 조영되었다. 남동은 폭 7.7m, 안길이 5.8m이다. 본존은 편단우견(偏袒右肩)인 좌불상이며, 방형(方形)대좌에 앉아 있다. 4벽의 연지상 천불체의 부조는 천장에까지 이른다. 중동굴은 폭 6m, 안길이 5m. 3기의 삼성보단(三成寶壇)에 본존인 수각(垂脚) 미륵과 양보살을 안치하였다. 좌우벽과 천장에 천체불(千體佛), 4주(四周)요벽에 25조사를 부조하였다. 북동은 한변 3m인 방형평면이며 둥근천장이다. 중앙과 좌우벽에 방좌상(方座上)의 좌불을 안치한다. 앞벽 우측의 11면4비관음, 좌측의 6비보살은 다면다비상의 한 예이다.

용문석굴은 북위(北魏) 효문제(孝文帝)가 낙양으로 천도한 태화 18년(太和, 494)에 조영되기 시작하였으며 동위(東魏), 서위(西魏), 북제(北齊), 북주(北周), 수(隋), 당(唐), 북송(北宋) 등 각 시대마다 계속하여 조성되었다.

북위(北魏) 선무제(宣武帝)가 효문제(孝文帝)와 모후, 자신을 위해 발원한 빈양남동(賓陽南洞)은 6세기 초 개착하였으나, 제2(북), 4(남)동은 정변에 의해 조영이 중단되었다. 고양동(古陽洞), 연화동(蓮華洞), 약방동(藥方洞) 등이 굴착되었으며, 동위, 북제에 이어 조영되었다. 수

(隋)대에는 감실 수기가 조영되는 정도이다.

당(唐) 고조(高祖)시기에는 조영되지 않다가, 태종(太宗)의 정관(貞觀)연간(627-649)부터 조영이 본격화된다. 정관(貞觀)15년(641) 위왕(魏王) 이태(李泰)가 빈양남동(賓陽南洞) 후벽에 본존을 추가하고, 중단된 북, 남동의 조상을 완성하였다. 초당(初唐) 말기는 용문석굴의 최성기로서 경선사동(敬善寺洞), 쌍동(雙洞, 제7, 8동), 만불동(萬佛洞), 사자동(獅子洞), 혜간동(惠簡洞), 노용동(老龍洞), 봉선사동(奉先寺洞) 등이 모두 이 시기에 만들어졌다. 당 고종(高宗)대에 축조된 봉선사동의 비로자나불과 주변 상들은 이 시기 최대의 것으로, 그 규모와 조각기법은 세계제국으로 당을 표상하는 대 기념물이라 할 수 있다.

용문산(龍門山)에서 개착되어 측천무후시대(690-705) 말기에 정토동(淨土洞), 극남동(極南洞) 등이 남쪽 끝까지 이르러 석굴을 뚫을 공간이 없게 되어, 향산(香山)에 간경사동(看經寺洞), 뇌고대동(擂鼓臺洞) 3동 등의 석굴이 조영되었다.

용문산의 중간 경선사동과 만불동의 사이 위치하는 제484굴에는 신라상감(新羅像龕)명의 소형 석굴이 있으며, 본존불과 각 2구의 제자, 보살, 역사(力士)상이 안치되었던 흔적이 있다. 신라 승려가 수행한 곳으로, 군위 삼존석굴의 원형으로 보고 있다. 봉선사동의 불상 배치를 석굴암의 조형으로 보기도 한다.

용문석굴은 인도에서 출현한 석굴사원이 중앙아시아를 거쳐 중국에 도달하여 완성된 유라시아 불교미술의 정화로서, 통일신라의 석굴암 축조에 지대한 영향을 미쳤다.

참고문헌

水野清一·長廣敏雄, 1941, 『河南洛陽龍門石窟の研究』, (東方文化研究所研究報告第16冊), 東方文化研究所.

百橋明穗·中野徹(編), 1997, 『世界美術大全集東洋編4隋·唐』, 小學館.

한국사전연구사편집부, 1998, 「용문석굴」, 『미술대사전』

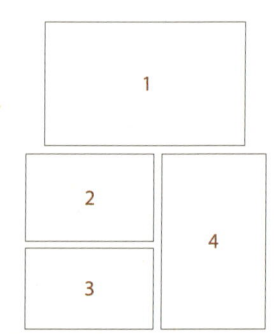

그림 Ⅲ-56. 중국(中國)China 용문석굴(龍門石窟)Lungmen caves

1. 용문석굴(龍門石窟) 위치(位置)
2. 용문석굴(龍門石窟)
3~4. 봉선사동(奉先寺洞) 비로자나불(毘盧舍那佛)

11. 중국中國, China의 유적遺蹟과 유물遺物

龍門石窟

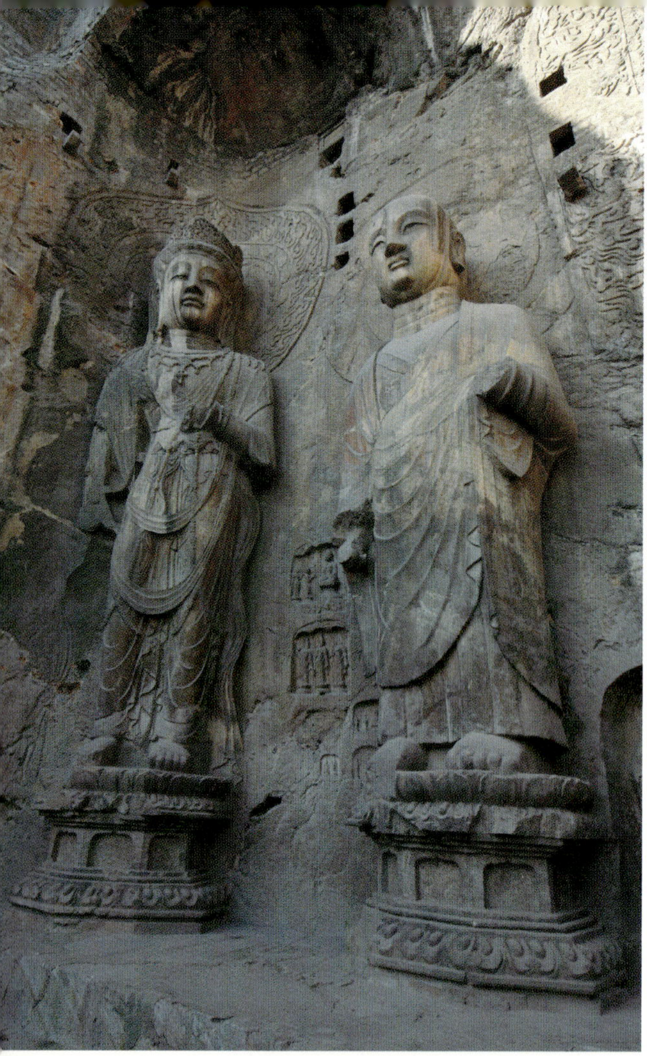
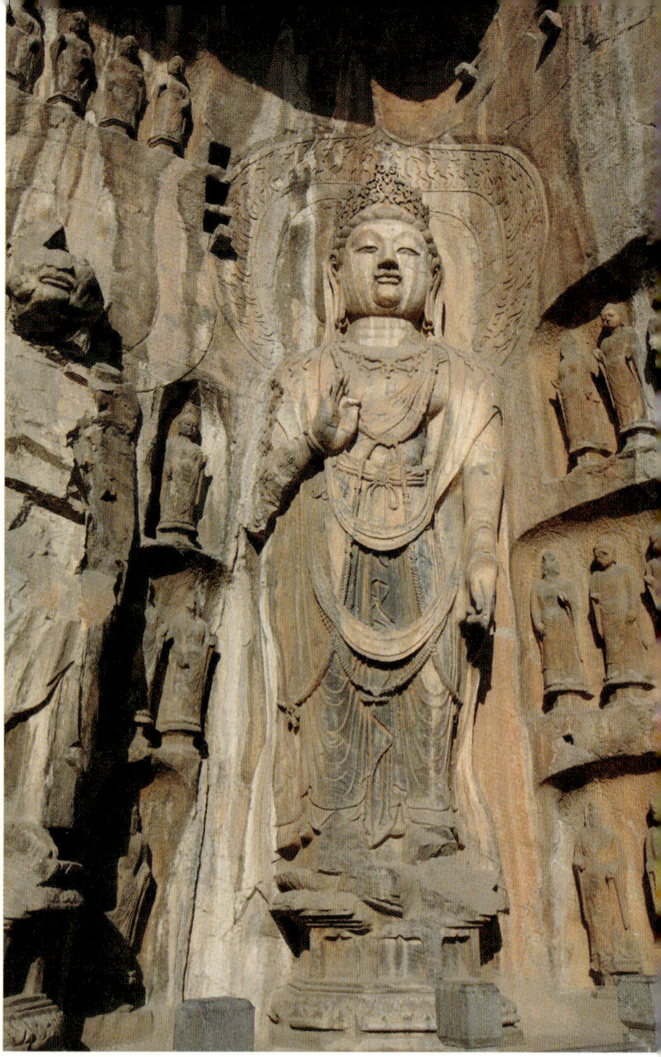
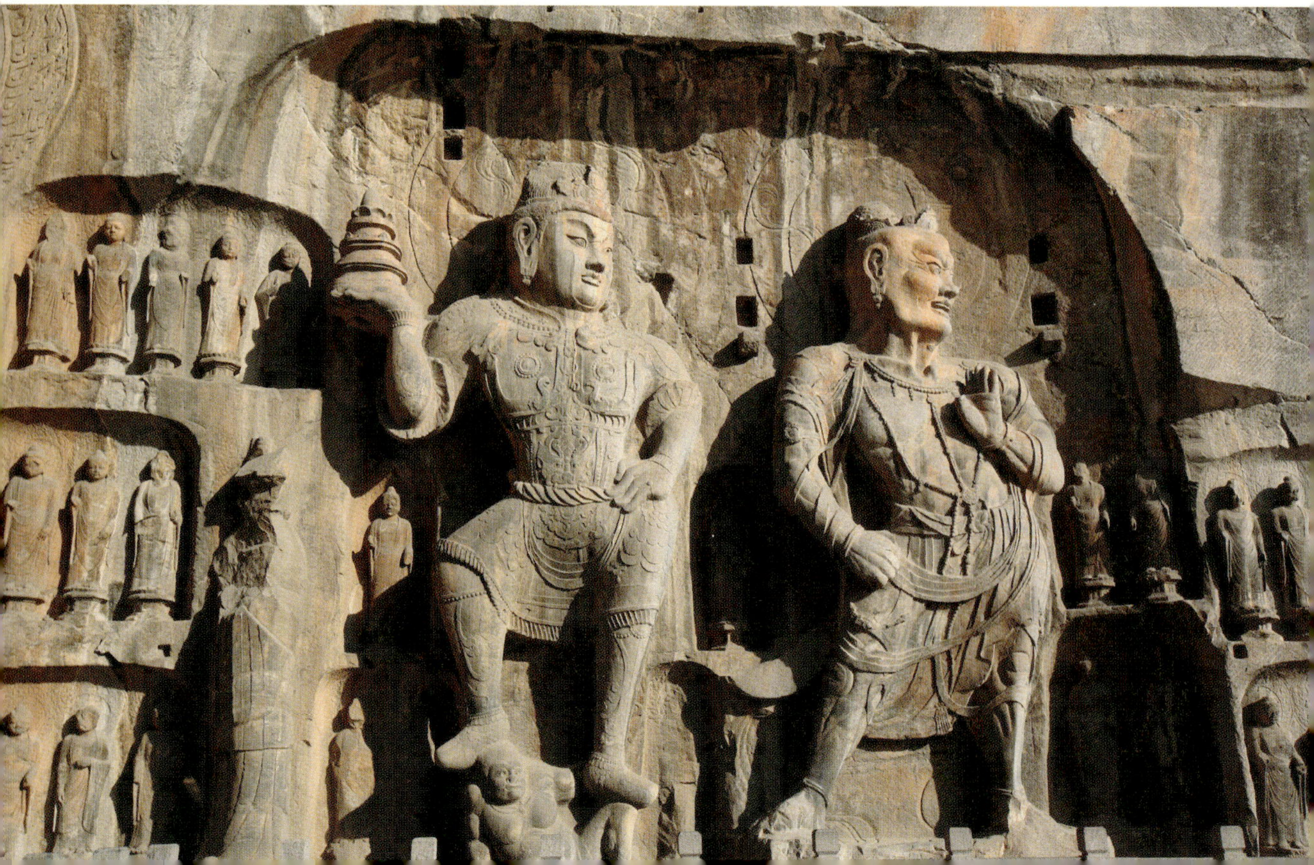

33) 북송황제릉 北宋皇帝陵, Beisong emperor tombs

북송황제릉은 하남성(河南省) 공의시(鞏義市)의 서남부에 위치한다. 북송황릉의 조영은 태조(太祖)의 아버지 조홍은(趙弘殷)의 영안릉(永安陵)에서부터 시작하였다. 즉 건덕 2년(964년)부터 시작하여, 북송이 멸망할 때까지 160년 동안 조영되었다. 황제릉은 태조(太祖) 영창릉(永昌陵), 태종(太宗) 영희릉(永熙陵), 진종(眞宗) 영정릉(永定陵), 인종(仁宗) 영소릉(永昭陵), 영종(英宗) 영후릉(永厚陵), 신종(神宗) 영유릉(永裕陵), 철종(哲宗) 영태릉(永泰陵) 등 7명의 황제릉에 선조(宣祖) 조홍은의 영안릉(永安陵)까지 포함하여 7황제 8릉이다.

북송능원은 동쪽으로는 동경(東京) 북송의 수도였던 개봉(開封)이 약 122km 거리에 위치하고, 서쪽으로는 서경성(西京城) 낙양시(洛陽市)가 약 55km 지점에 위치한다. 즉 동경과 서경을 오갈 때 반드시 지나가는 곳이다. 이곳은 지리적으로 숭산(嵩山)과 이낙하(伊洛河)사이의 깊지 않은 산과 구릉 지역이다. 능원은 오늘날의 지전진(芝田鎭) 송대 영안현치(永安縣治)를 중심으로, 동으로는 청룡산을 접하고 있다. 서로는 회곽진까지 닿으며, 남쪽은 지전진 팔릉촌, 북으로는 효의진에 이르는 지역이다. 동서로는 13km, 남북으로 12km이고, 총면적은 156km² 정도이다.

이 지역이 지형과 방위가 송 황실의 풍수지리관, 즉 한, 당대 황릉의 위치가 배산임수인 것과 달리 북송의 임산배수사상에 적합한 곳이었다. 숭산 소실 산맥을 마주보고 이락하를 뒤로 하고 있다. 지세는 남쪽과 북쪽이 높으며, 이는 북송대 성행했던 음양풍수의 영향을 받은 것이다. 또한 이지역의 토질이 깊은 수혈을 파기에 적합하고, 부근에 돌의 산이 많아 석상을 깎는데 편리했기 때문에 이곳을 황릉 구역으로 정한 것으로 보인다.

북송 황릉의 능원과 그 주변 시설의 축조방법은 유사하다. 각 능의 면적은 8ha이상이다. 모두 능대(陵臺)을 가지고 있으며, 능대와 신원(神垣)을 둘러싼 능장, 각 모퉁이 사방에 누각이 있다. 사방 벽의 가운데 신문(神門) 열려있다. 동, 서, 북의 세 신문의 밖에는 각각 한 쌍의 석조 사자가 놓여 있다. 남쪽 신문 밖에는 마침 주축 선상에 마련된 신도의 양쪽으로 석조군이 나란히 있다.

북송황릉은 주로 4개 구역으로 나누어 분포한다. 복송 황릉군의 구역을 나눈 이유는 송 황실의 풍수지리에 따른 것이며, 어떤 구역에서는 묘지가 부족했기 때문에 군이 형성된 듯하다.

북송 황제릉의 능묘 석각에는 특히 동남아시아, 남아시아인을 포함한 6기의 당대의 군왕상을 계승하는 객사상이 있어 송과 해로를 통한 교류를 알 수 있다.

참고문헌

河南省文物考古硏究所(編), 1997, 『北宋皇陵』, 中州古籍出版社.

羅哲文(著)·杉山市平(訳), 1989, 『中國歷代の皇帝陵』, 德間書店.

양관(저), 장인성·임대희(역), 2005, 『중국역대 陵寢(황제릉) 제도』, 서경문화사.

淡得胜(編), 2016, 『中國石刻藝術 北宋皇陵』, 中國文史出版社.

진대수(저)·이정은(역), 2017, 『중국 고고학 송·원·명』, 사회평론.

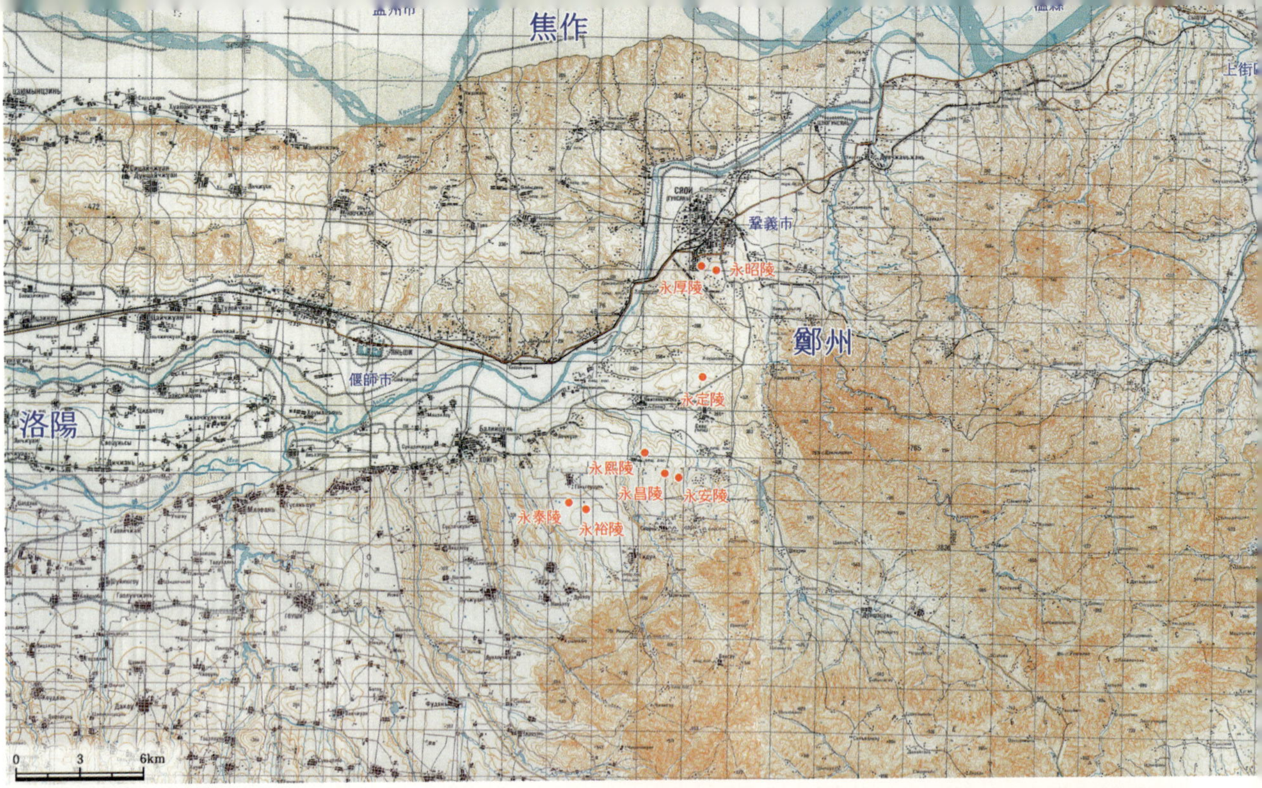

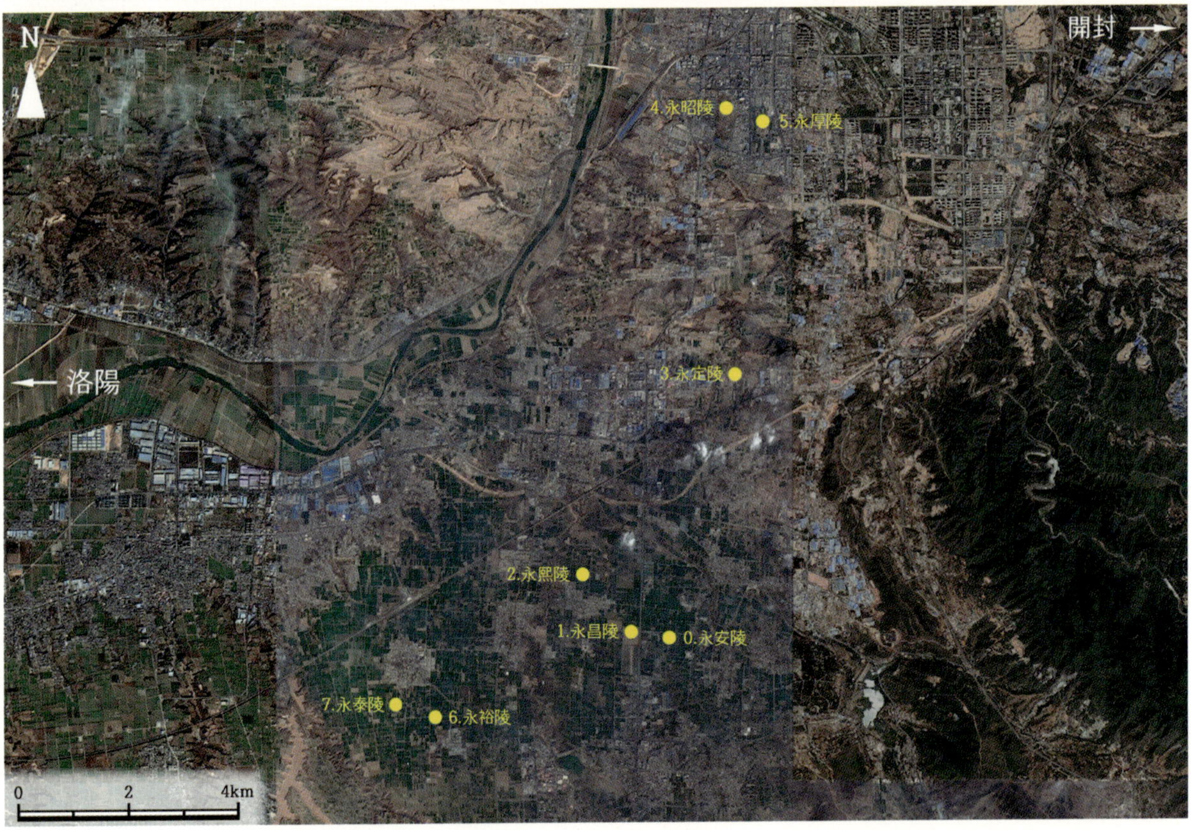

그림 Ⅲ-57. 중국(中國)China 북송황제릉(北宋皇帝陵)Beisong emperor tombs

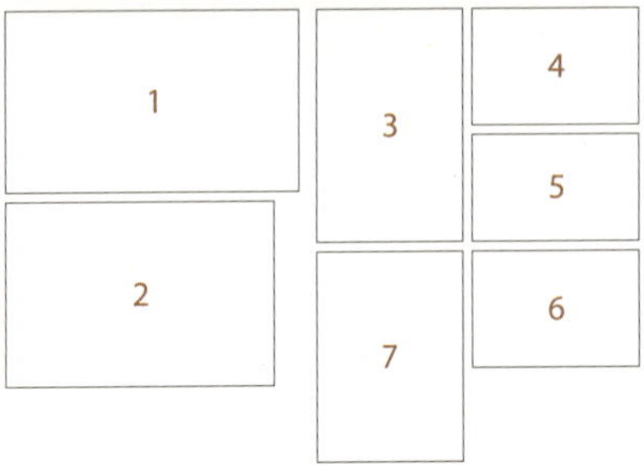

1. 북송황제릉(北宋皇帝陵) 분포도(分布圖)
2. 북송황제릉(北宋皇帝陵) 분포도(分布圖)
3. 태조(太祖) 영창릉(永昌陵) 무신상(武臣像)
4. 영창릉(永昌陵) 사자상(獅子像)
5. 태종(太宗) 영희릉(永熙陵)
6. 영희릉(永熙陵) 사자상(獅子像)
7. 영희릉(永熙陵) 코끼리상(象像)과 종자상(從者像)

8. 인종(仁宗) 영소릉(永昭陵)
9. 영소릉(永昭陵) 능원(陵園) 석각(石刻)
10. 영소릉(永昭陵) 무신상(武臣像)
11. 영소릉(永昭陵) 사자상(獅子像)
12~14. 북송황제릉(北宋皇帝陵) 객사상(客使像)

Ⅲ. 유라시아歐亞 사막로沙漠路의 유적遺蹟과 유물遺物

34) 화탑華塔, Hua pagodas

화탑은 하북성(河北省) 정주시(定州市) 성내(城內) 동북쪽에 위치하는 북위(北魏) 탑기(塔基)이다. 1964년 하북성문화국문물공작대(河北省文化局文物工作队)에 의해 탑기(塔基)의 지표하 석함(石函)내에서 사리 장엄구가 출토되었다.

탑의 기단은 잔존(殘存) 동서(東西) 12m, 남북(南北) 20m, 높이(高) 4m이었다. 안쪽에 치우친 1.5m하 판축기단에 출토된 석함(石函)은 석회암(石灰岩)을 가공한 것으로 함개(函盖)는 장방형(長方形)이며 상면(上面)에 각명(刻銘)이 있었다.

명문(銘文)은 12행, 268자이었으며, 태화(太和) 5년(481)북위(北魏)의 효문제(孝文帝)와 문명태후(文明太后)가 이곳에 행재(行幸)하여 오급불도(五級佛圖)를 건립하였다는 내용이다.

석함(石函)내에서는 금(金), 은(銀), 동(銅), 유리(琉璃), 옥(玉), 마노(瑪瑙), 수정(水晶), 패(貝), 산호(珊瑚) 등 91건, 계 5,657점이 출토되었다. 금제품은 금제 수식부이식 1쌍, 금제 박엽 5, 은제품은 사산조페르시아 은화가 41매, 은제 보병 5, 상감 지륜 2점이 있다. 은화는 야즈데게르드2세(Yazdegerd 재위 438-457년) 3, 야즈게르드2세식 에프탈(Heptal) 1, 페로즈페로즈(Peroz 재위 459-484년) 37매로 구성되어 있다. 동제품은 군사마인(軍司馬印), 위창령인(魏昌令印) 등의 방형인장, 숟가락(匙) 3점, 동경편 1점, 동촉 등이 있다.

유리기(琉璃器)는 청색으로 기포가 많고 불투명한 점과 사료로 볼 때 북위에서 제작된 것으로 추정된다.

정주(定州) 화탑(華塔) 출토품은 5세기 후반 북위와 페르시아와의 교류를 보여주며, 나아가, 북위를 매개로 한 사산조 문물의 이입과정을 알 수 있게 한다.

참고문헌

夏鼐, 1966, 「河北定縣塔基舍利函中波斯薩珊朝銀幣」, 『考古』1, 考古雜誌社.

河北省文化局文物工作隊, 1966, 「河北定縣出土北魏石函」, 『考古』5, 考古雜誌社.

岡崎敬, 1973, 『東西交涉の考古學』, 平凡社.

桑山正進, 1982, 「東方におけるサーサーン朝銀貨の再檢討」, 『東方學報』54, 京都大學人文科學硏究所.

周炅美, 2003, 『中國佛舍利莊嚴硏究』, 一志社.

東北亞歷史財團(編), 2010, 『譯註中國正史外國傳7魏書 外國傳 譯註』, 文東北亞歷史財團.

韩立森·朱岩石·胡春華·岡村秀典·廣川守·向井佑介, 2013 「河北省定州北魏石函出土遺物再研究」, 『考古學集刊』19.

11. 중국中國, China의 유적遺蹟과 유물遺物

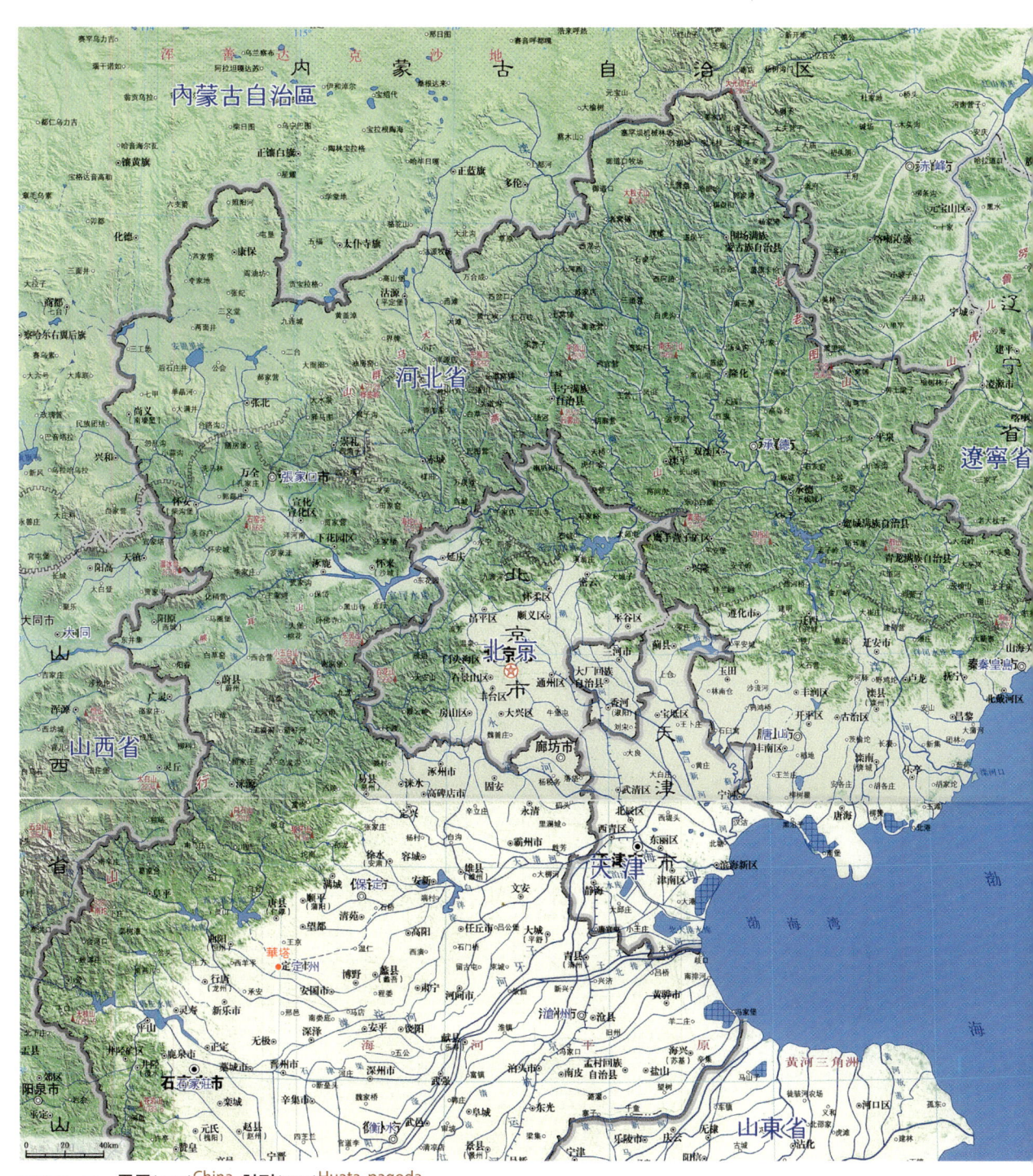

그림 Ⅲ-58. 중국(中國)China 화탑(華塔)Huata pagoda
1. 화탑(華塔) 위치(位置)

2. 화탑(華塔) 지궁(地宮) 조성기(造成記)
3. 지궁(地宮) 금제품(金製品)
4. 지궁(地宮) 사산조페르시아(Sassanian Persia) 은화(銀貨)
5. 지궁(地宮) 유리기(琉璃器)

12. 한국韓國, Korea의 유적遺蹟과 유물遺物

1) 능사陵寺, Neungsa, 백제금동대향로百濟金銅大香爐

능사는 충청남도 부여군 능산리 백제의 서쪽 계곡 안쪽에 입지한다. 뒤로는 산을 앞으로는 작은 강을 두고 있어서 풍수에 입각하여 입지가 선정되었음을 알 수 있다. 동·서·남쪽을 회랑으로 두르고 그 안에 건물을 배치하였다. 계곡은 건축에는 부적합한 저습지임에도 곡부에 조영한 것은 동쪽의 능산리고분과 관련된 것으로 본다.

공주에서 부여로 538년 천도한 단계에는 왕릉은 부여 즉 사비에는 축조되지 않았다. 그 첫 조영은 성왕릉에서 시작되었다고 볼 수 있다. 여기서 주목되는 것은 성왕릉 위치이다. 열반경에 보면 석가모니가 죽은 후, 동문 밖에 무덤을 썼다고 전한다. 능산리고분군은 바로 사비도성을 둘러싼 나성의 동문 바로 밖에 위치한다. 성왕을 석가모니와 등치시킨 불국토를 지향한 백제의 의도를 엿볼 수 있다.

백제금동대향로(百濟金銅大香爐)는 1993년 능산리사지 2차 발굴조사에서 공방지Ⅰ 중앙실의 목곽수조 안에서 발견되었다. 백제금동대향로는 동아시아 고대 금속공예의 백미로 완결성과 뛰어난 조형미를 보여주고 있다.

백제금동대향로의 뚜껑 꼭대기에는 봉황이 앉아 있다. 그 주변에 5명의 악사가 현악기와 관악기, 타악기 5종을 합주하고 있다. 그 다음을 5마리의 새가 앉아 있다. 그 아래에는 신비한 작은 산이 여럿 솟아 있고 산마다 사람과 짐승이 묘사되어 있다. 아래 그릇은 향로를 받들 듯이 연잎을 묘사하였다. 연 잎마다 역시 짐승을 그려 넣었다. 대체로 뚜껑 쪽은 들짐승, 그릇 쪽은 물짐승이 많다. 그 외에 전설상의 동물이나 신선들도 있다. 그릇 아래를 용이 받쳐들고 있다.

백제금동대향로에 표현된 용은 승천할 듯한 태세로 꿈틀거리며 입을 크게 벌린 채 입속의 간주(竿柱)로 향로의 몸체를 받치고 있다. 용은 자신의 위엄을 보이듯 한쪽 발은 치켜들고 나머지 발과 꼬리로 둥근 원을 형성하여 안정감을 더하고 있다. 3층의 연꽃잎을 중첩하여 두른 몸체는 반원형의 대접 모양을 하고 있다. 각각의 연꽃잎은 끝을 살짝 반전하였고, 그 끝 부분에 짧은 선들을 음각하여 꽃잎을 사실적으로 묘사하고 있다. 각 연꽃잎과 연꽃잎 사이에 27마리의 짐승과 2명의 인물을 도드라지게 부조하였다. 뚜껑에는 74곳의 봉우리와 식물, 바위 등이 배치되었고 그 사이사이로 산길과 시냇물, 폭포 등이 표현되었다. 그 속에 상상의 동물과 호랑이·멧돼지·원숭이·황새 등의 현실 속의 각종 짐승과 인물 등이 묘사되어 있다. 인물들은 참선이나, 사냥, 낚시 등을 하거나 말 또는 코끼리를 타기도 하였다. 인물의 대부분은 도포를 입은 신선(仙人)들의 모습처럼 보인다. 뚜껑에는 짐승과 사람들이 자연과 더불어 마치 신선의 세계에서 어울려 살아가는 듯한 장면을 연출하고 있다.

백제금동대향로는 중국 한대 신선들이 산다는 삼신산을 상징적으로 표현한 박산향로의 전통을 계승하면서 백제적인 요소를 가미하여 그 예술의 정수를 보여준 작품이다. 또한 향로를 받치고 있는 수중 동물인 용은 음을 대표하며 승선(乘仙)의 매개체로서 표현되었다면 꼭대기의 봉황은 양을 대표한다. 이러한 음양사상을 바탕으로 하여 뚜껑에 표현된 신선세계로 대표되는 도교사상과 더불어 하나의 연꽃을 상징하는 몸통과 뚜껑, 몸통에 장식된 연꽃잎 등으로 표현된 불교사상의 복합적인 요소를 지녔다고 볼 수 있다.

향로는 향을 피우는 그릇으로 신과 인간을 연결시켜주는 매개체이다. 이 향로에는 불교와 도교적 요소와 음양오행사상이 복합적으로 들어 있다고 해석한다. 향로의 산은 그 모습이 부여의 산수문전에 보이는 산과 비슷하며, 향로에 보이는 용과 봉황 역시 부여 출토 전(塼)에서 찾아볼 수 있다. 산은 신선 혹 도교적 사상이요, 용이나 봉황은 사신도에서 보이는 음양오행사상으로 보고있다.

향로는 또한 금당에서 부처님을 경배하는 데 사용되어 속세와 극락을 이어주는 역할을 한다. 극락을 묘사한 아미타경을 잘 보면, 극락에는 아름다운 음악이 흐르며, 6마리의 새가 있다고 되어 있다. 그런데 향로에서 봉황과 다섯 마리의 새를 합하면 6마리의 새가 된다. 또 아미타경에는 5란 숫자가 자주 보이는데, 향로에서 악사들의 숫자도 5명이다.

향로의 산에 대한 해석은 방장산이나 봉래산, 혹은 수미산 어느 쪽으로 보더라도, 신선이 사는 곳이며 이상향이다. 불교적 관점에서 보면 향로의 뚜껑은 극락을 묘사한 것이다.

능사는 성왕이래 백제 왕들의 원찰로서 역할을 하였으며 금동대향로는 왕들의 제사에 사용된 것이다. 금동대향로의 도상에 보이는 코끼리(象), 악기, 산, 수렵 등은 사산조 페르시아에서 기원하는 것으로 소그드인들에 의해 북조에 전래되어 백제에 이입된 것으로 판단된다.

금동대향로의 제작지에 대하여 중국산 설이 제기되었으나, 공주 무령왕릉과 부여 왕흥사, 익산 미륵사지에 보이는 금속공예품과 선각을 새긴 연판 문양이 유사한 점에서 6-7세기 백제 왕실 내지 관영공방에서 제작된 것이다. 금동대향로는 백제 사비기 능사에서 죽은 왕들을 위로하기 위한 향로로 사용된 것으로 보인다.

금동대향로 백제와 장대한 유라시아의 교류를 상징하는 의기로서 앞으로의 연구가 기대된다.

참고문헌

국립부여박물관, 1996, 『백제금동대향로와 창왕명석조사리함』, 통천문화사.

최응천·김창균, 1999, 「백제 금동용봉향로의 조형과 편년: 능산리 출토유물의 비교를 중심으로」, 『동원학술논문집』 2, 한국고고미술연구소.

국립부여박물관, 2003, 『백제금동대향로 발굴 10주년 기념 연구논문자료집』, 국립부여박물관.

국립부여박물관, 2003, 『백제금동대향로 발굴 10주년 기념 특별전-백제금동대향로-』, 국립부여박물관.

국립부여박물관·부여군, 2000, 『능사: 부여 능산리사지 발굴조사 진전보고서, 1-2』, 국립부여박물관·부여군.

국립부여박물관, 2010, 『백제 중흥을 꿈꾸다 능산리사지』, 국립부여박물관.

서정록, 2020, 『백제금동대향로』, 학고재.

그림 Ⅲ-59. 한국(韓國)^{Korea} 능사(陵寺)^{Neungsa}

1. 한국(韓國) 중남부(中南部)유적(遺蹟) 분포도(分布圖)
2. 능사(陵寺)와 능산리(陵山里)고분군
3. 능사(陵寺) 백제(百濟) 금동대향로(金銅大香爐)

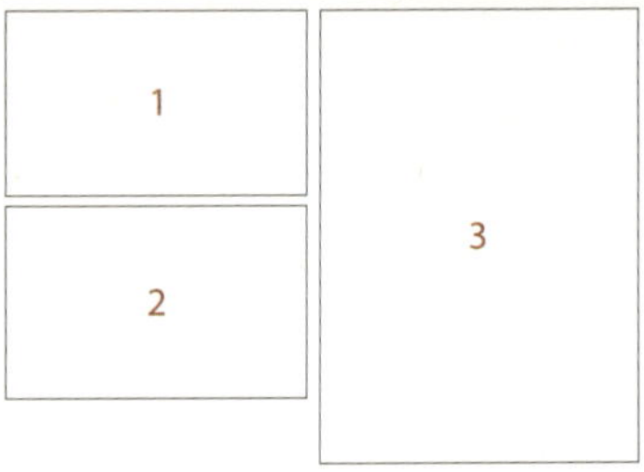

4. 금동대향로개(金銅大香爐蓋)
5~9. 금동대향로(金銅大香爐) 악기(樂器)
10. 동물(動物)을 탄 사람(人)
11. 기마수렵도(騎馬狩獵圖)

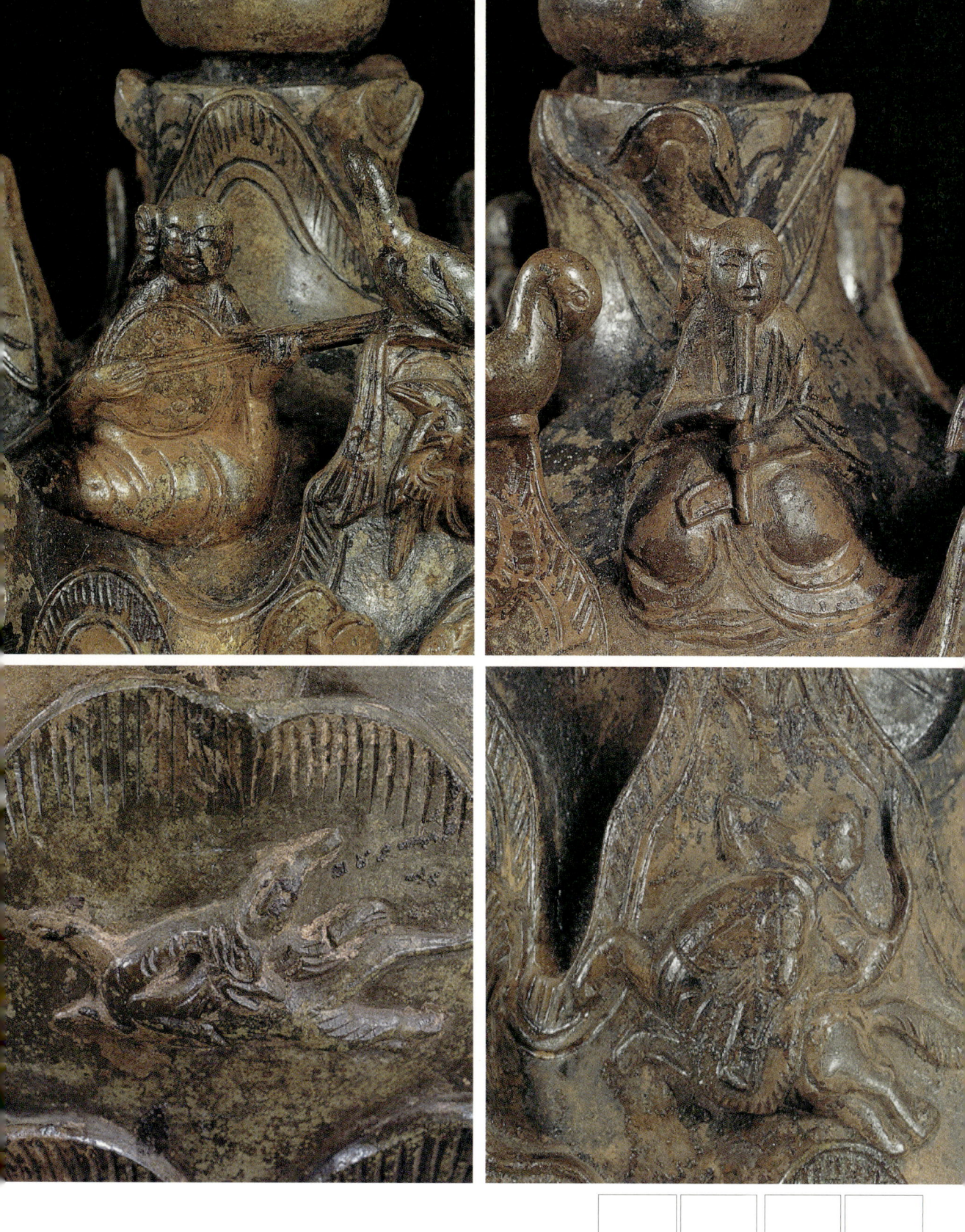

12. 사자(獅子)
13. 원숭이(猿)
14. 인면조신(人面鳥身)
15. 코끼리(象)

| 12 | 13 |
| 14 | 15 |

2) 식리총飾履塚, Sikri tomb

식리총은 경상북도 경주시 노동동126호분으로 봉황대고분의 남쪽에 금령총과 인접하여 위치한다. 1924년 우메하라 스에지(梅原末治)에 의해 발굴되었다.

식리총은 발굴조사 전에 이미 크게 파괴를 입어 민가 사이에 봉토가 동북-서남으로 길게 길이 13m, 최고 높이 약 5.4m로 남아 있었으나, 원래 분구는 지름 30m, 높이 6m 정도였을 것으로 추정되었다. 분구를 제거하자 표면이 점토로 덮인 적석부가 나타났는데, 이는 목곽의 위로 축조한 상부적석으로, 동서 지름 약 9m로 평면 원형에 가까웠다. 목곽은 발굴 당시 지표에서 깊이 1.5m 내외의 묘광을 파고 목곽을 설치하였다. 목곽의 크기는 길이 5.25m, 폭 3.3m, 높이 약 1.2m로 장축은 동서방향이다.

목곽 바닥에는 중앙부에 목관이 안치되었고 그 동쪽은 주요 부장품 배치 구역이었다. 목관은 길이 약 2.4m, 폭 약 0.78m이다. 목관 안에서는 동쪽으로 머리를 둔 피장자가 착용하였던 금제 세환이식 2쌍과 경식(頸飾)·은제(銀製) 완륜(腕輪), 과대(銙帶)가 출토되었다. 그리고 피장자의 왼쪽에 착용된 요패 사이에서 환두대도가 출토되었다. 이 고분의 이름이 된 금동신 즉 식리는 목관 밖에 놓아둔 것으로 판단된다. 이 목관 동쪽에서는 이곳에는 바닥에 철솥과 토기, 그 위에 청동용기, 초두, 동완 등의 금속기와 칠기, 상층에 각종 마구와 일부 장신구가 출토되었다.

금동 식리는 상판(上板)과 바닥에 모두 귀갑형 구획을 베풀고 그 안에 여러 가지 동물문양을 배치한 것으로 좌우 상판의 접합방법과 함께 신라의 금동제 식리와는 다르다. 피장자가 착장하였던 환두대도는 쌍룡환두대도로서 대가야산이다. 청동 대합은 뚜껑 손잡이가 새 모양으로 된 특징이 있고, 용수병초두는 손잡이에는 용머리가 조각되고 몸체 외면에는 인동문과 봉황문이 선각되었으며 동완의 내면에는 연꽃과 초화문이 새겨졌다. 금동장 안교와 재갈에도 용봉문 또는 쌍룡문이 화려하게 투조되어 있다. 식리총의 축조시기는 출토 신라토기의 형식으로 보아 5세기 후엽으로 판단된다.

식리총의 피장자는 금관과 금제 과대보다는 한급 낮은 장신구를 착용하고 있어 그 신분이 당시 신라의 왕급에는 미치지 못하였을 것이나, 이와 같이 다른 신라고분에 비하여 국제성이 강하고 화려한 유물이 다수 부장되었다. 식리총 출토 식리에는 연주문에 구획된 구갑문과 같은 페르시아의 도상이 보여 주목된다. 이 도상은 소그드인을 통하여 북위에 전래된 후 고구려를 거쳐 신라에 이입된 것으로 보인다.

더욱이 식리총에는 경주시 식리총, 인왕동C1호분, 쪽샘41호분에서는 등에서 출토된 이중원문상감유리주(二重圓文象嵌琉璃珠)가 2점 부장되어 주목된다. 이 유리주(琉璃珠)은 단면이 동심원 모자이크 문양인 색조가 다른 유리봉을 잘라서 바탕에 붙인 것으로 이란의 북부 카스피해 연안 출토품에 보이는 사산조 페르시아 유리주(琉璃珠)의 특징이다.

식리총의 피장자는 페르시아산 상감유리주(象嵌琉璃珠)와 고구려 또는 백제계의 식리, 대가야산 용봉문환두를 부장한 점에서 신라의 대외 관계에 종사하였을 가능성이 크다. 더욱이 5세기 후엽 페르시아문화가 신라에 이입되었음을 알 수 있다.

참고문헌

梅原末治, 1932, 『大正十三年度古蹟調査報告第一冊慶州金鈴塚飾履塚發掘調査報告』, 朝鮮總督府.

馬目純一, 1980, 「慶州飾履塚古新羅墓の研究-非新羅系遺物の系統と年代-」, 『古代探叢Ⅰ』, 早稻田大學出版部.

최병현, 2009, 「식리총(飾履塚)」, 『韓國考古學 專門事典-古墳編-』, 國立文化財研究所.

최병현, 1992, 『신라고분연구』, 일지사.

김보상, 박정인, 2012, 「경주 쪽샘지구 E41호분 개요」, 한국고고학회, 유적조사발표회.

그림 Ⅲ-60. 한국(韓國)Korea 식리총(飾履塚)Sikri tomb
1. 식리총(飾履塚) 위치(位置)
2. 식리총(飾履塚) 금동제 식리(飾履)

3. 식리(飾履) 쌍조문(雙鳥文)
4. 식리(飾履) 동물문(動物文)
5. 식리(飾履) 인면조신문(人面鳥身文)
6~7. 식리총(飾履塚) 사산조페르시아(Sassanian Persia) 이중원문유리주(二重圓文琉璃珠)
8. 대릉원(大陵苑)41호분 사산조페르시아(Sassanian Persia) 이중원문유리주(二重圓文琉璃珠)

3) 연주사자공작문석 連珠獅子孔雀文石, Reliefof Pearl-Roundel, Tree-of-Life, Peacocks, and Lion

　연주사자공작문석(連珠獅子孔雀文石)은 경상북도 경주시 국립경주박물관에 소장되어 있다. 현재 안압지관 입구에 배치되어 있다. 이 석각은 조선총독부박물관의 코이즈미 아키오(小泉顯夫)에 의하면 1922년, 경주 '서경사(西慶寺)'라는 일본사찰에서 이 석각을 실견하였으며, 절로 옮겨 오기 전에는 경주읍성의 무너진 석벽의 잔해에 다른 석조물과 뒤섞여 있었다고 한다. 한편 사이토 타다시(齊藤忠)는 이를 경주시 흥륜사에 있었던 것으로 보고 있다.

　고이즈미 아키오(小泉顯夫)는 이 석각에서 세 개의 원형문양을 확인하고, 이 중 특히 상태가 좋은 가운데 문양의 주문(珠文), 화수(花樹), 상대(相對)하는 두마리(二羽)의 새(鳥) 즉, 쌍조(雙鳥)에 내해 이 문양이 사산조페르시아 계통이라는 견해를 피력하였다.

　이 석각은 가로 길이가 3m, 세로 높이가 0.79m인 화강석이다. 석각의 좌우, 상하의 길이나 두께가 균일하지 않고 일부 깨어져 나갔고 뒷면은 약간의 표면가공만 하고 가운데로 가면서 조금 숫아 있다. 문양이 조각되어 있는 앞면도 문양 부위를 제외하고는 전체적으로 표면이 거친 원석의 상태이다. 총 세 개의 원형 문양중 좌측 대형 환문은 표면이 훼손되었고 상반부를 잃어버렸다. 원문의 크기를 고려하면 위쪽으로 최소 30cm 이상은 더 있어 원래의 높이가 1m이었을 것으로 보인다.

　원형문양을 거석의 오른쪽으로 치우쳐 배치하고 비교적 깊은 양각새김기법으로 조각하였다. 좌측 환문은 얼핏 미완성으로 보이나 실제로 문양표면을 의도적으로 깎아 낸 상태이다.

　이들 문양의 주요 주제는 ① 연주문, ② 생명수 ③ 사자와 어린 동물, ④ 대면(對面) 공작한 쌍, ⑤ 나무를 받치는 좌우삼단 계단식 피라미드형태의 받침대이다. 이들 문양은 페르시아와 소그디아를 거점으로 한 페르시아문화의 영향권과 동아시아의 유물과 유적에서도 나타난다.

　사자공작문석의 두 문양에서 공통 요소는 가운데 서 있는 나무로서, 가장 중심이 되는 주제이다. 사자공작문석의 두 문양에 새겨진 나무는 위로 가면서 잎이 무성한 활엽수이다.

　이 석각의 용도는 확실하지는 않으나, 돌 자체의 생김새, 통일성이 결여된 문양의 크기와 배치, 새김방식 등으로 볼 때 부속품으로 보기도 한다. 즉 사이토 타다시(齊藤忠)는 석계단(石階段)의 측면석(側面石)으로 보고 있다.

　도상적으로는 문양들이 고대 페르시아의 시원도상(원형과 상징성)에 대한 정통적인 지식을 가진 석공이 페르시아 혹은 페르시아문화와 기독교문화의 접점지역으로부터의 이주민으로 신라에 정착하여 직물 공예나 석조 예술에 종사했던 것으로 추정하고있다. 그 활동 시기는 신라에서 연주문의 시작점인 670년경부터 통일신라 조각의 최성기인 8세기 중엽 사이로 보고 있다.

사자공작문석은 페르시아계 인물들의 경주 정착설과 통일신라문화의 국제성을 보여주는 유물이다. 신라제품인 오사카부(大阪府) 에이후쿠사(叡福寺)의 신라번과 함께, 신라사회에서 연주문 직물이 성행하였음을 방증한다.

참고문헌

小泉顯夫, 1986, 『朝鮮古代遺跡の遍歷』, 大興出版.

齊藤忠, 2007, 『齊藤忠著作選集1 アジア文化史の硏究』, 雄山閣.

김홍남, 2017, 「국립박물관 소장 사자공작문석 연구」, 『新羅文化硏究』10, 國立慶州博物館.

김홍남(편), 2015, 『문화창조원 전시콘텐츠-문양의 길 결과보고서-』, 국립아시아문화전당.

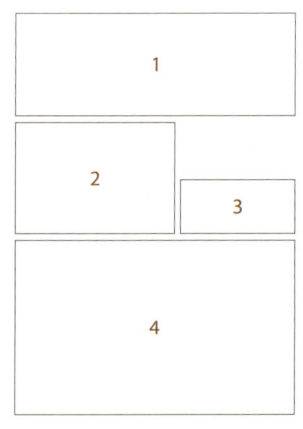

그림 Ⅲ-61. 한국(韓國)Korea 연주사자공작문석
(連珠獅子孔雀文石)Relief of Pearl_Roundel, Tree_of_Life, Peacocks, and Lion

1. 연주사자공작문석(連珠獅子孔雀文石)
2. 연주사자공작문석(連珠獅子孔雀文石)
3. 탁본(拓本)
4. 연주사자공작문석(連珠獅子孔雀文石)

Ⅲ. 유라시아歐亞 사막로沙漠路의 유적遺蹟과 유물遺物

4) 통일신라왕릉統一新羅王陵, Unified Silla king tombs

통일신라왕릉 가운데 실크로드와 관련된 왕릉 석각이 있는 원성왕릉(元聖王陵)과 흥덕왕릉(興德王陵)에 대하여 살펴보고자 한다.

원성왕릉은 경상북도 경주시 외동읍에 위치한다. 괘릉(掛陵)이라는 별칭으로 불리기도 하는 이 왕릉은 원성왕이 사망한 798년에 조영되었다. 원성왕릉에는 두 쌍의 석인상이 설치되었다.

한 쌍의 석인상은 성덕왕릉의 것과 유사한 관검석인상이며, 다른 한 쌍은 전형적인 동아시아 계통의 종족이 아닌, 중앙아시아 계통으로 상정되는 이국적인 석인상이다. 그러나 현재까지 통용되는 용어는 '호인상(胡人像)'이므로 여기에서는 이를 따르도록 하겠다. 원성왕릉 관검석인상과 호인상의 높이는 성덕왕릉의 것보다 약 0.5m 더 큰 2.5m 정도이다.

원성왕릉 관검석인상은 앞서 살펴본 성덕왕릉과 대체로 유사해 보이는 듯하나 관모의 표현방식에 있어서는 상당한 차이가 관찰된다.

원성왕릉 관검석인상의 관모는 두정부에 얹는 형태이다. 이는 눈썹 바로 위까지 착용하는 성덕왕릉 관검석인상과 차이가 있다. 또한 성덕왕릉 관검석인상 관모의 경우 앞은 낮고 뒤는 높은 형태인데, 그에 반해 원성왕릉의 것은 앞과 뒤의 높이차가 거의 없어 정부(頂部)가 평평한 형태이다. 관모의 장식은 전면부의 경우 오각형 내부에 매미가 날개를 펼친 장식이 있는 점은 성덕왕릉의 것과 유사하다.

그러나 측면부의 경우 원성왕릉에는 날개가 당초문(唐草文) 또는 화문(花文)과 조합되어 날개만 조각된 성덕왕릉과는 차이가 있다. 한편 중국의 갈관은 당 중엽 이후 새 날개 장식이 점차 퇴화하고 대신 당초문, 운문(雲文), 연주문(連珠文) 등의 장식이 부가되어 다양하고 화려한 장식이 특징인 진덕관(進德冠)의 형태와 유사해지는 경향을 띤다.

따라서 성덕왕릉과 원성왕릉 관검석인상 관모의 장식표현기법 차이는 중국 당대 관모의 변천양상을 참고하였을 때 시간성이 반영된 결과로 생각된다. 또한, 당 황제릉의 관검석인상 표현방식이 최초로 도입된 성덕왕릉 이후에도 당과 신라의 관검석인상 표현방식의 변천은 일정 부분 궤를 같이하였음을 알 수 있다.

호인상의 복식은 관모, 의복, 허리띠, 신발로 구분하여 살펴보도록 하겠다. 원성왕릉 호인상의 관모는 두꺼운 직물 또는 가죽으로 만든 머리띠이며 끈의 양단부를 후면부에서 묶어서 착용하는 방식이다. 매듭은 성덕왕릉, 원성왕릉 관검석인상 양당개 허리띠와 마찬가지로 두 번 옭매는 방식이며 묶인 끈은 목 뒤쪽까지 늘어져 있다. 머리띠가 이마에 닿는 부분은 대(帶)상으로 표현되었는데 내부에는 문양이 있으나 마멸이 심하여 상세한 관찰은 어렵다.

원성왕릉 호인상은 하반신의 측면부가 트여있는 단령장포(團領長袍)가운데 결과포(缺胯袍)를 입고 있다.

허리띠는 물건을 패용할 수 있는 첩섭대(貼韘帶)를 착용하였다. 그러나 의복 바깥에 착용하였던 첩섭대는 상당 부분이 의복에 가려진 모습으로 조각되었기 때문에 세부요소들을 관찰하기는 어렵다. 다만 호인상 허리춤의 좌측에는 허리띠 끝부분이, 우측에는 패용한 타원형의 주머니가 확인된다.

신발은 장화(長靴)를 착용하였다. 호인상이 착용하고 있는 장화는 앞코가 둥근 편이며 길이가 종아리까지 오는 긴 형태이다.

원성왕릉 호인상이 착용하고 있는 머리띠, 단령장포, 첩섭대, 장화의 구성요소는 호복(胡服)이라 불리는 북방 및 중앙아시아의 복식이다.

원성왕릉 호인상은 심목고비(深目高鼻)의 얼굴표현, 덥수룩한 수염, 단발로 자른 머리는 당에서 비중원계 인물을 표현하고자 할 때 적극적으로 반영한 요소이다. 따라서 원성왕릉 호인상은 석공(石工)이 호인을 직접 보고 조각하였거나, 적어도 호인의 형질적 특징을 알던 공인이 조각한 것으로 생각된다.

홍덕왕릉은 경주시 안강읍 육통리에 위치한다. 홍덕왕릉 또한 원성왕릉과 마찬가지로 관검석인상, 호인상이 각 한 쌍씩 설치되었다. 홍덕왕릉 석인상의 높이는 원성왕릉의 것에서 약 30cm 더 커져 280cm 정도이다.

홍덕왕릉 관검석인상의 관모는 눈썹 바로 위까지 착용하는 형태이다. 이는 성덕왕릉의 것과 유사하지만 앞과 뒤의 높이차가 나지 않는다는 점에서는 원성왕릉의 것과 비슷하다. 장식표현은 동편 관검석인상의 경우 전후좌우에 오각형의 장식판이 있으며 그 내부에는 전면과 양 측면에는 여의두문(如意頭文), 후면에는 화문이 시문되어 있다. 또한 전후 좌우의 하단부에 화문을 장식하기도 하였다.

서편 관검석인상의 경우 장식판은 확인되지 않는다. 전면에는 여의두문, 양 측면은 새날개 장식이 심하게 변형되어 거의 화문과 같은 모습을 보이고 있으며, 후면은 화문이 장식되었다.

갑옷으로 착용한 양당개는 상·하단의 가장자리에 화문을 장식하였는데 동편 관검석인상의 경우 상단의 중앙에는 하나의 화문을 장식하였고, 하단에는 상하로 교차되는 연속화문을 장식하였다. 서편 관검석인상의 경우 상단에만 세 송이의 화문을 장식하였다. 흉갑과 배갑을 연결하는 허리띠 매듭방식 또한 두 왕릉의 것과 다르다. 앞선 관검석인상들의 매듭은 고리를 형성하지 않고 두 번 옭매는 방법인데 반해 흥덕왕릉 관검석인상은 띠를 접어 두 겹으로 만든 후 두 번 옭맨 결과 두 개의 고리가 형성되었다. 이러한 매듭법은 기존의 것에 비하여 장식적 효과를 강조한 것으로 이해된다. 한편 흥덕왕릉 서편 관검석인상의 경우 허리띠에 능형문(菱形文), 사격자문(斜格子文), 집선문(集線文)을 시문하기도 했다. 신발에도 화문 혹은 여의두문의 장식이 확인된다. 이는 여타 왕릉 관검석인상의 경우 문양을 장식하지 않았다는 점과 대비되는 것이다.

이러한 흥덕왕릉 관검석인상은 여타 왕릉의 것에 비해 여러 문양을 시문하고 복잡한 매듭법을 사용함으로써 장식적인 요소를 강조하였다. 이러한 장식성 강조는 흥덕왕릉의 다른 능원석각에서도 확인되고 있다.

사자상은 목걸이를 착용시켜 장식적 요소를 부가하였다. 십이지신장상의 경우 천의(天衣)의 표현이 어깨선 위까지 올라간 모습으로 조각되어 화려함을 더욱 강조하였다. 따라서 흥덕왕릉 관검석인상에 나타나는 강조된 장식성은 능원석각 전체를 더욱 화려하게 조성하고자 한 의도 때문이라고 이해할 수 있을 것이다.

흥덕왕릉 호인상은 원성왕릉의 것과 관모와 허리띠에서 세부적인 차이가 관찰될 뿐이다. 원성왕릉 호인상 관모는 두꺼운 직물 또는 가죽을 사용한 머리띠인 반면, 흥덕왕릉의 경우에는 넓은 천을 띠 모양으로 움켜쥔 뒤 착용하여 2-3단의 주름이 형성되었다. 후면부의 매듭은 흥덕왕릉 관검석인상 허리띠 매듭과 마찬가지로 비교적 복잡한 방식을 채용하였다. 머리띠의 양쪽 끝은 연미형(燕尾形)이며 원성왕릉 호인상은 머리띠의 끝이 뒷목에서 그친 것과 달리 팔꿈치 높이까지 길게 늘어뜨리고 있다.

허리띠의 경우 패용물의 내용과 위치에서 변화를 관찰할 수 있다. 원성왕릉 호인상은 허리춤의 좌측에 허리띠 끝단이 위치하고 우측에 타원형 주머니를 패용하였다. 한편 흥덕왕릉 호인상은 허리춤의 좌측에 허리띠 끝단을 위치시키면서 타원형 주머니를 함께 패용하였고, 공간이 남는 우측에는 단검을 추가로 패용하였다.

이러한 흥덕왕릉 호인상은 원성왕릉의 것과 차이가 없지만, 흥덕왕릉 관검석인상과 마찬가지로 머리띠의 표현, 허리띠의 패용물을 추가하는 방식을 통하여 장식성을 강조하였다고 이해할 수 있을 것이다.

신라왕릉의 석각에 보이는 호인상은 구정동석실분 출토품과 함께 그 특징으로 볼 때 소그드인일 가능성이 크며, 신라에 호인이 거주했음을 보여준다. 또한 실크로드를 경유하여 당에 전해진 사자상이 신라에 도입된 것을 알 수 있다. 이렇듯 신라왕릉의 석각은 신라의 국제성과 천하관을 반영하는 것이다.

참고문헌

경주시·한국전통문화대학교, 2013, 『Ⅱ.신라왕릉 현황조사보고서 (도면편)』.

권준희, 2017, 「통일신라 왕릉의 석인상 복식 연구 (1)」, 『한복문화』 20, 한복문화학회.

권준희, 2018, 「통일신라 왕릉의 석인상 복식 연구 (2)」, 『한복문화』 21, 한복문화학회.

임영애, 2002, 「'서역인'인가 '서역인 이미지'인가-통일신라미술속의 서역인식」, 『미술사학연구』 236, 한국미술사학회.

임영애, 2012, 「신라하대 왕릉 조각의 완성, 원성왕릉 조각의 제작시기 재검토」, 『불교미술사학』 14, 불교미술사학회.

임영애, 2016, 「Ⅱ. 신라왕릉의 석인상」, 『조선왕릉 석물조각사Ⅰ-석인·비석』, 국립문화재연구소.

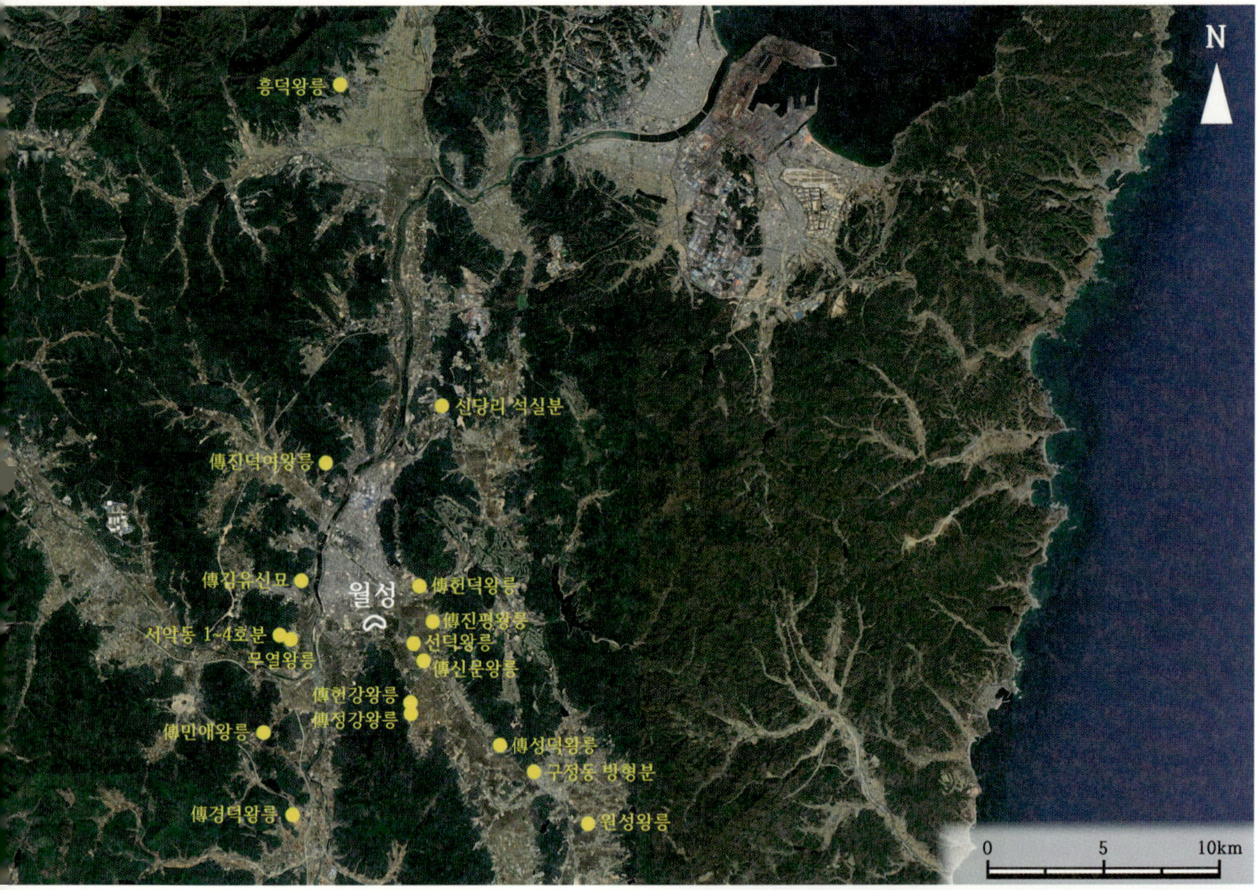

Ⅲ. 유라시아(歐亞) 사막로(沙漠路)의 유적(遺蹟)과 유물(遺物)

그림 Ⅲ-62. 한국(韓國)Korea 통일신라왕릉(統一新羅王陵)United Sinra king tombs

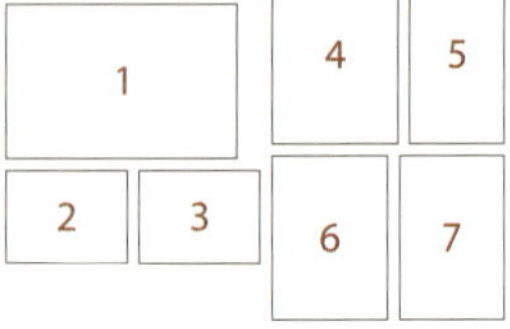

1. 신라왕릉(新羅王陵) 분포도(分布圖)
2. 원성왕릉(元聖王陵)
3. 원성왕릉(元聖王陵) 능원석각(陵園石刻)
4. 원성왕릉(元聖王陵) 서쪽(西) 소그드인상(Sogd人像)
5. 서쪽(西) 소그드인상(Sogd人像) 발식(髮飾)
6. 원성왕릉(元聖王陵) 동쪽(東) 소그드인상(Sogd人像)
7. 사자상(獅子像)

1		4	5
2	3	6	7

400

8. 흥덕왕릉(興德王陵) 능원(陵園)
9. 흥덕왕릉(興德王陵) 능원석각(陵園石刻)
10. 흥덕왕릉(興德王陵) 서쪽(西) 소그드인상(Sogd人像)
11. 흥덕왕릉(興德王陵) 동쪽(東) 소그드인상(Sogd人像)
12. 동쪽(東) 소그드인상(Sogd人像) 발식(髮飾)

13. 흥덕왕릉(興德王陵) 귀부(龜趺)
14. 흥덕왕릉(興德王陵)
15. 흥덕왕릉(興德王陵) 사자상(獅子像)

5) 석굴암石窟庵, Seokguram temple

석굴암은 경상북도 경주시 토함산(吐含山) 남동쪽 동해가 조망되는 곳에 위치한다. 석굴암은 통일신라의 김대성이 경덕왕 10년(751) 창건한 사찰이며 국보 제24호이다.

석굴암에 관한 가장 오래된 문헌으로는 일연(一然)의 『삼국유사』권5 대성효이세부모신문왕대(大城孝二世父母神文王代)를 들 수 있다. 석굴암의 창건에 관한 기록을 보면, 김대성은 현세의 부모를 위하여 불국사를 세우고 전생의 부모를 위하여는 석불사를 세웠다고 한다. 다만 김대성 사후에는 국가 주도로 공사를 이어 완공하게 된다. 석굴암 변천에 관한 기록은 조선시대 중기 이후의 『불국사고금창기佛國寺古今創記』와 정시한(丁時翰)의 『산중일기山中日記』가 있다. 『고금창기』는 1703년(숙종 29)에 종열(從悅)이 석굴암을 중수하고 또 굴 앞의 돌계단을 쌓았으며, 1758년(영조 34)에 대겸(大謙)이 중수하였음을 밝히고 있다. 정시한의 『산중일기』는 중수한 사실과는 직접 관계가 없으나, 기록할 당시의 석굴암의 현황을 자세히 기록하고 있어 석굴암의 역사를 아는 데 중요한 자료가 되고 있다. 이 외에도 석굴암을 주제로 한 여러 글이나 그림이 남아있는데, 영조 때 남경희(南景羲)는 「우중숙석굴雨中宿石窟」과 「석굴石窟」이라는 시를 지었고, 같은 시기의 이관오(李觀吾)는 「석굴암」, 최천익(崔天翼)은 「유석굴증등여상인遊石窟贈登如上人」이라는 한시를 통하여 당시 석굴암의 존재와 그 종교적 의의를 나타낸 바 있었다. 정선(鄭敾)은 1733년 명승지를 그린 「교남명승첩嶠南名勝帖」 2권 가운데에 경주의 골굴과 석굴을 그려 넣었다. 이 화첩은 전실(前室)이 있었음을 보여주고 있어 복원공사에서 석실 입구에 목조전실을 첨가하는 데 귀중한 자료의 역할을 하였다. 이는 200-300년 전까지만 해도 석굴암이 잘 보존, 유지되고 있었음을 입증한다.

석굴암 석굴의 구조는 입구인 직사각형의 전실(前室)과 원형의 주실(主室)이 복도 역할을 하는 비도(扉道)로 연결되어 있다. 전실에는 좌우로 4구(軀)씩 팔부신장상을 두고 있고, 비도(扉道) 좌우 입구에는 금강역사상을 조각하였으며, 좁은 통로에는 좌우로 2구씩 동서남북 사방을 수호하는 사천왕상을 조각하였다. 원형의 주실 입구에는 좌우로 8각의 돌기둥을 세우고, 주실 안에는 본존불이 중심에서 약간 뒤쪽에 안치되어 있다. 주실의 벽면에는 입구에서부터 천부상 2구, 보살상 2구, 나한상 10구가 채워지고, 본존불 뒷면 둥근 벽에는 십일면관음보살상이 서 있다. 본존불상 뒤의 벽에 새겨진 십일면관음보살상 위에는 거대한 원형 연판(蓮瓣)이 조각되어 있다. 이 원형 연판은 정면에서 보면 마치 본존불상의 후광인 듯한 인상을 준다. 이 연판 위쪽 벽에는 열 개의 감실들이 가로로 늘어서 있다. 감실 각각에는 보살이나 불자의 조각상이 놓여 있었으나, 현재 그중 두 개가 없어진 상태다. 돔형 천장을 구성하는 돌들은 주실 천장의 연판을 향해 모아지는 모습을 하고 있다. 본존불상인 석가여래좌상은 3.45m 높이로 연화좌(蓮花座) 위에 앉아 있다. 불상의 머리카락은 달라붙은 곱슬머리이며, 정수리에는 궁극의 지혜를 상징하는 육계(肉髻)가 돌기처럼 튀어나와 있다. 이마는 넓고, 초승달 같은 눈썹 아래로 반쯤 감은 눈은 동해(東海)를 응시하고 있다. 오른쪽 어깨에 걸쳐져 왼팔과 가슴을 덮은 모양의 법복은 섬세하다. 금강역사상, 팔부신장상, 천부상, 보살상, 십나한상, 사천왕상 등의 다른 조각들도 정교하게 조각되었다. 석굴암 본존불의 성격에 대해서는 석가불로 인식되었으나 이후 아미타불로 추정하는 견해가 새로이 제기되었다.

    석굴암은 군위의 삼존석굴이나 경주의 골굴암 등의 석굴사원에 비해 그중에서도 가장 정교함이 돋보인다. 석굴암은 인도의 아잔타에서 시작된 석굴이 파키스탄 바미안석굴, 중국 신장 키질석굴, 돈황의 막고굴, 대동 운강석굴, 낙양 용문석굴을 거쳐 경주에 도달하였음을 보여주며 실크로드의 종착지가 신라임을 웅변한다.

참고문헌

박찬흥, 2000, 「석굴암에 대한 연구사 검토」, 『신라문화제학술발표논문집』, 동국대학교 신라문화연구소.
강희정, 2008, 「'석굴' 패러다임과 석굴암」, 『미술사학』22, 한국미술사교육학회.
고웅곤, 2015, 「석굴암 본존불의 위상에 관한 고찰과 제언」, 『한국콘텐츠학회논문지』15, 한국콘텐츠학회.
한국학중앙연구원, 2017, 「경주 석굴암 석굴(慶州石窟庵石窟)」, 『한국민족문화대백과사전』, 한국학중앙연구원.

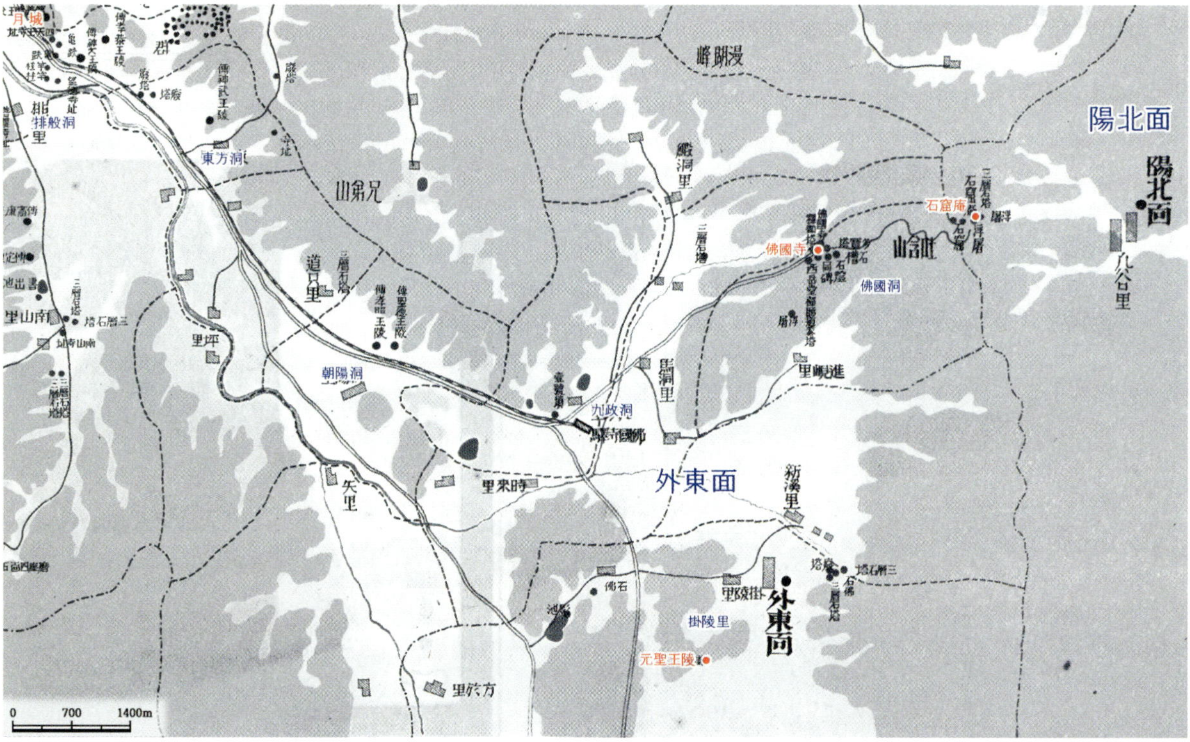

12. 한국韓國, Korea의 유적遺蹟과 유물遺物

그림 Ⅲ-63. 한국(韓國)Korea 석굴암(石窟庵)Seokguram temple
1. 석굴암(石窟庵) 위치(位置)
2. 석굴암(石窟庵) 전경

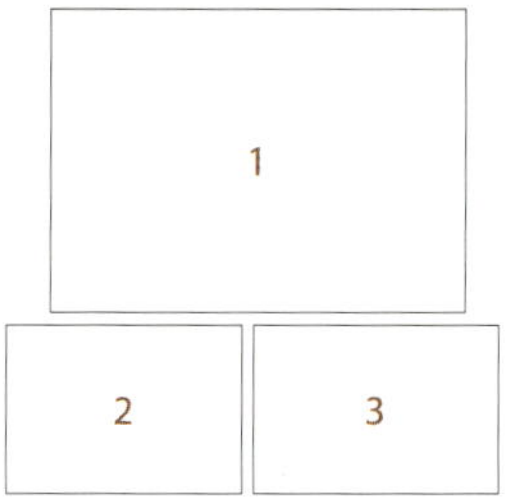

Ⅲ. 유라시아歐亞 사막로沙漠路의 유적遺蹟과 유물遺物

3. 주실(主室)과 금강역사상(金剛力士像)
4. 서(西) 금강역사상(金剛力士像)
5. 주실(主室) 동벽(東壁)
6. 주실(主室) 서벽(西壁)
7. 주실(主室) 북벽(北壁) 관음보살상(觀音菩薩像)
8~9. 석가여래상(釋迦如來像)

12. 한국韓國, Korea의 유적遺蹟과 유물遺物

6) 북지리불상 北枝里佛像, Bukjiri Statue of Buddha

북지리불상은 경상북도 봉화군 북지리의 구산동 속칭 '소북골거리'에 위치하였다. 불상 출토 지점은 높이 30m의 낮은 구릉(丘陵)이 남북(南北)으로 길게 뻗어 있어 계곡(溪谷)을 이루고 있으며 동쪽으로는 완만한 경사를 이루며 멀리 준령(峻嶺)이 조망된다. 가까이는 봉화(奉化)에 이르는 봉화천(奉化川)이 흐르고 있다. 이 대지(臺地)는 북지리(北枝里) 이구(二區)의 수월암(水月庵) 마애좌상(磨崖坐像)으로부터는 남쪽으로 1km 지점에 해당한다.

1965년 신라오악조사단의 북지리 마애불의 조사과정에서 마애불에서 1km 떨어진 남쪽 구릉에서 발견하였다. 현재 경북대학교 박물관에 소장되어 있으며 보물 제997호이다.

1966년 경북대학교박물관에 의한 출토지점에 대한 발굴조사에서 봉안지점(奉安地點)과 그 방법 및 상부목조가구(上部木造架構)의 존재와 그 규모의 일부를 확인하였다. 동시에 재명와편(在銘瓦片)을 포함하여 신라(新羅)와 고려(高麗)와 그 이후(以後)로 보이는 와류(瓦類)가 출토되어 상당 기간에 걸쳐서 이 불전(佛殿)이 존속된 것과 자연암면(自然岩面)을 깎아서 마련된 대좌(臺座)의 양식(樣式)도 밝혀졌다.

상반신은 보이지 않고 하반신과 원형(圓形)의 연화문족좌(蓮華文足座)만이 남아있으며, 잔존 높이 1.6m이다. 원래의 크기는 3m 이상으로 추정된다. 상반신은 상의를 벗은 듯하며, 하체에 표현된 법의(法衣)는 매우 얇아서 두 다리의 윤곽선이 그대로 드러난다. 반가좌 자세인 왼쪽 무릎 위에 올려놓은 오른쪽 다리는 무릎을 높게하여 강조하였다. 오른쪽 다리 밑에서 3단으로 형성된 옷주름이 유려하게 흐르며, 그 선들이 선명하게 도드라져 있어 생동감을 준다. 함께 발견된 족좌(足座)는 직경 약 0.7m 가량의 원반형으로 7개의 복련(覆蓮)이 새겨져 있다.

왼손의 위치, 오른쪽 무릎의 팽창 등 전체적으로 탄력 있고 당당하며, 양감이 강조된 독특하고도 사실적인 수법을 보여주는 7세기 중엽의 작품으로 추정된다.

북지리 불상은 유라시아 최대급 반가사유상으로 일본의 국보 1호인 쿄류사(廣隆寺) 목조반가사유상의 제작지에 결정적인 단서를 제공한다.

쿄류사(廣隆寺) 반가사유상의 제작지에 대해서는 신라산, 백제산, 일본열도산으로 나뉘어져 있으나, 경북대학교 소장 봉화군 북지리 출토 석조반가사유상이 쿄류사와 국립중앙박물관(國立中央博物館)소장품과 매우 유사한 점이 주목된다.

그런데 국보 83호 금동제 반가사유상이 쿄류사(廣隆寺) 반가사유상과 같은 양식이나 전자가 출토지 불명품이기 때문이다. 따라서 상반신은 결실되었으나, 양식이 같은 북지리 반가사유상은 7세기 신라 영역이 확실한 봉화지역에서 출토되었다.

더욱이 쿄류사(廣隆寺) 반가사유상에 일본열도의 불상에 사용되는 녹나무(楠)가 아닌 한반도산 적송(赤松)이 사용되었는데, 적송이 봉화군을 비롯한 경상북도 북부지역에 자생하는 점 등으로 볼 때 신라에서 제작된 것으로 판단된다.

참고문헌

尹容鎭, 1966, 「奉化半跏思惟石像址發堀槪要」, 『考古美術』7券10號, 考古美術同人會.
황수영, 1992, 『반가사유상』, 대원사.
박천수, 2016, 『신라와 일본』, 진인진.

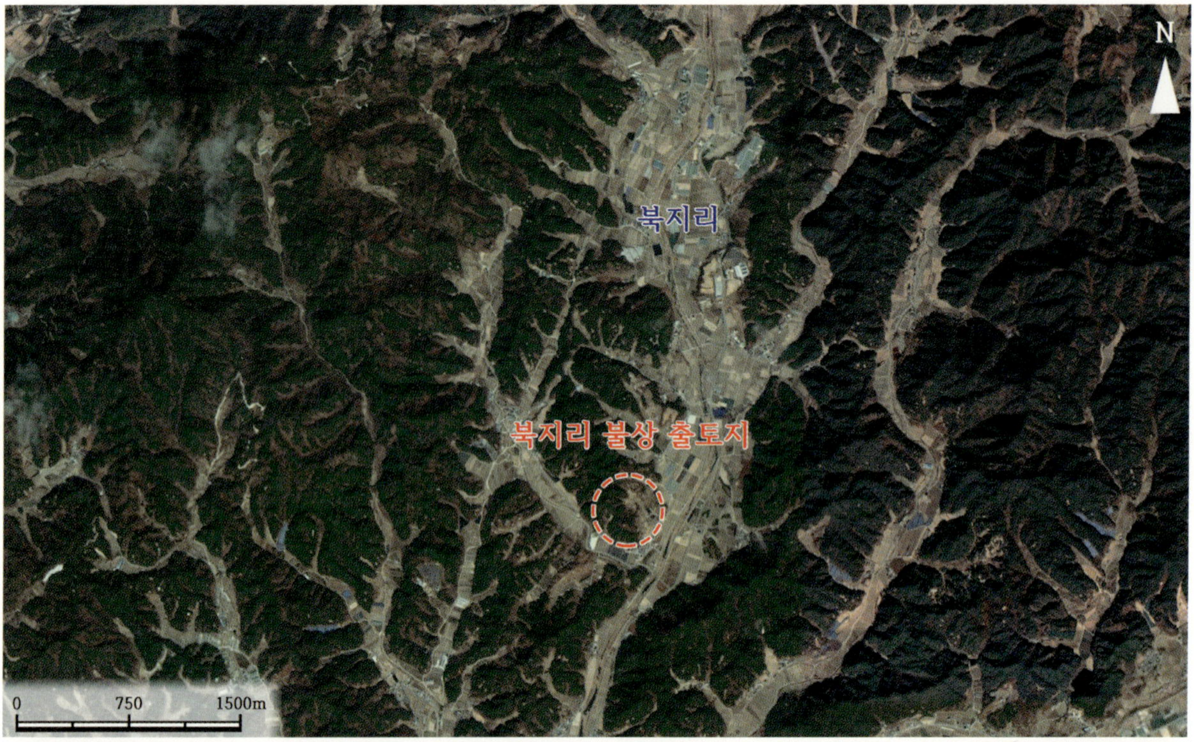

Ⅲ. 유라시아歐亞 사막로沙漠路의 유적遺蹟과 유물遺物

북지리

북지리 불상 출토지

그림 Ⅲ-64. 한국(韓國)Korea 북지리불상(北枝里佛像) Bukjiri Statue of Buddha
1. 북지리불상(北枝里) 반가사유상(半跏思惟像) 출토(出土) 위치(位置)
2. 반가사유상(半跏思惟像) 정면(正面)
3. 반가사유상(半跏思惟像) 우측면(右側面)
4. 반가사유상(半跏思惟像) 우측면(右側面)
5. 반가사유상(半跏思惟像) 후면(後面)
6. 반가사유상(半跏思惟像) 좌측면(左側面)

7) 송림사탑松林寺塔, Songlin temple pagoda

송림사는 경상북도 칠곡군 동명면에 위치하고 있다. 사찰은 팔공산의 서남쪽 자락에 자리잡고 있으며, 10여 동의 건물들이 배치되어있다. 송림사의 창건시기는 명확하지 않다.

송림사 5층 전탑은 경내 대웅전 남쪽의 평탄한 대지에 있으며 높이 16.13m, 폭 2.8m로 보물 189호로 지정되었다. 이는 현존하는 한국의 전탑 중에서 규모가 큰 편에 속한다. 또한 전탑은 총 6기가 남아 있는데 대부분 안동 지역에 집중되어 있다는 사실을 염두에 두면 칠곡에 위치한 송림사 전탑은 독특한 입지를 가지고 있다고 할 수 있다.

송림사 5층 전탑을 1958년 4월 해체·수리하던 중 탑 내에서 유물이 발견되었다. 특히 주목되는 것은 구갑형 석함 내에서 발견된 금제전각형사리용기이다. 2층 옥개석에서 발견된 거북형석함은 큰 거북 위에 작은 거북이 올라간 형상으로 큰 거북은 석함으로 작은 거북형상은 뚜껑으로 조형되어 있다. 거북의 머리에는 눈과 코만 약간 파서 조각되어있는데, 석함 내부 및 뚜껑의 내면은 호분을 바르고 그 위에 연화문을 비롯해 여러 가지 문양이 그려져 있다. 구갑형 석함 내에는 금제 전각형사리용기와 은제 도금영락수지형장식, 금제 동심원문 이전(耳栓) 2점, 녹색 유리배와 유리병, 각종 유리구슬, 일본열도 산의 비취제 곡옥과 벽옥제 관옥, 은환, 동남아시아산 향목 등이 들어 있었다.

금제 전각형사리기는 한국의 전각형 사리장엄 중에서 가장 대표적인 작품으로 중국의 전각형 사리장엄구의 기본형식을 변형시켜 만든 것으로 추정되고 있다. 이 사리기의 조성연대에 대해서는 7세기 전반으로 보기도 하고 그 후반으로 보기도 하는데 기본적으로는 감은사탑에서 출토된 사리기를 기준으로 한다.

금제 전각형사리기 안에는 녹색 유리배와 유리병 등이 들어 있었는데, 유리병은 황록색으로 유리배보다 더 진한 색을 띠며 투명도가 낮으며 기포가 많다. 유리배는 낮은 대부에서 완만하게 외반하며 구연부로 연결되는 광구완으로 녹색으로 투명하고 얇다. 동부에는 기면과 같은 소재로 만든 직경 2cm 전후의 원환을 3열에 걸쳐 12개를 붙여 장식하였다. 이 유리배는 형태로 볼 때 사산조 페르시아 유리기로 판단된다.

은제 도금영락수지형장식은 은판에 좌우대칭으로 뻗은 가지를 새겨 2백여 개의 영락을 달고 있는데 형식화된 보리수이자 머리에 꽂는 장신구이며, 백제 은화관식을 조형으로 한다.

직경 3cm 금제 이식인 이전(耳栓)도 2점 발견되었다. 경주 분황사모전석탑에도 은제가 보인다.

한편, 상륜부 복발 안에서는 고려시대 상감청자합이 발견되어 적어도 12세기 중엽에 탑이 수리되었던 것으로 추정되고 있다. 이 합 속에도 향목이 들어 있었다.

금제 사리함내에 안치된 원환문배(圓環文杯)는 그 내부에는 녹색(綠色) 사리병(舍利瓶)이 들어 있었다. 은제 화형관식, 일본열도산의 경옥제 곡옥과 벽옥제 관옥, 동남아시아산 향목 등과 함께 매납되었다.

송림사는 신라 오악의 하나인 팔공산의 서쪽 입구에 위치하고 사역이 넓은 점, 전탑내 페르시아 유리기가 봉납된 것에서 신라 왕실과 관련된 사찰로 볼 수 있다.

참고문헌

김재원, 1966, 「송림사전탑」, 『진단학보』29·30, 진단학회.

박천수, 2016, 「고대 동북아세아 출토 유리기의 이입경로와 역사적 배경」, 『한국고고학보』101, 한국고고학회.

손신영, 2006, 「송림사 5층전탑에 대한 고찰」, 『강좌미술사』27, 한국불교미술사학회.

이상훈, 2014, 「칠곡 송림사의 입지조건과 창건배경」, 『한국고대사탐구』18, 한국고대사탐구학회.

최원정, 2000, 「칠곡송림사 사리장엄구양식 연구」, 『문화사학』14, 한국문화사학회.

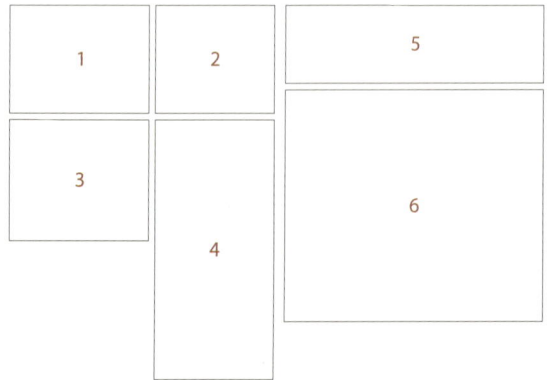

그림 Ⅲ-65. 한국(韓國)Korea 송림사탑(松林寺塔)Songlin temple pagoda

1. 송림사탑(松林寺塔)
2. 송림사탑(松林寺塔) 금제(金製) 사리함(舍利函)
3. 사산조페르시아(Sassanian Persia) 원환문유리배(圓環文琉璃杯)
4. 은화관식(銀花冠飾)
5. 금제(金製) 이전(耳栓)
6. 중국(中國) 돈황석굴(敦煌石窟) 막고굴(莫高窟)

417

Ⅲ. 유라시아歐亞 사막로沙漠路의 유적遺蹟과 유물遺物

13. 일본日本, Japan의 유적遺蹟과 유물遺物

1) 쿄류사廣隆寺, Kouryu temple

쿄류사는 쿄토부 우쿄쿠 우즈마사(太秦)에 위치한다. 일본의 국보 1호인 목조 반가사유상이 소장되어 있는 것으로 유명하다.

쿄류사는 7세기 전반 기타노하이사(北野廢寺)로 추정되는 곳에서 창건된 후 헤이안(平安)천도 전후한 즈음에 현재 지점으로 이전되었다는 설이 유력하였으나, 최근에는 이곳에서도 아스카시대의 기와가 출토되어 이에 대한 반론도 있다.

국보인 목조 반가사유상의 경우 한반도에서 전래되었다는 설과 일본에서 자체 제작하였다는 설이 있으나, 일본열도의 불상에 사용되는 녹나무(楠)가 아닌 한반도산 적송(赤松)이 사용된 점에서 한반도에서 제작된 것이 분명하다. 또한 반가사유상의 제작지에 대해서는 신라산, 백제산으로 나뉘어져 있으나 경북대학교 소장 봉화군 북지리 출토 석조반가사유상이 쿄류사와 국립중앙박물관(國立中央博物館)소장품과 매우 유사한 점, 적송이 경상북도 북부지역에 자생하는 점 등으로 볼 때 신라에서 제작된 것으로 판단된다. 그래서 이 불상은 『일본서기』의 스이코(推古) 11년(603)조에 보이는 쇼토쿠태자(聖德太子)에게 전해진 것, 또는 스이코 31년(623)에 신라로부터 받은 불상으로 비정하고 있다. 그래서 쿄류사는 『일본서기』등의 기록으로 볼 때 하타씨의 씨사(氏寺)로 지어진 것은 확실하다. 하타씨는 사가노지역을 중심으로 치수, 양잠, 양조 등에 종사하며 소가씨(蘇我氏)와 함께 양대 이주민 세력이다.

사가노 일대는 하타씨에 의한 일종의 자치 도시와 같은 신라계 이주민 씨족의 소세계가 형성된 것을 알 수 있다. 이 지역에는 하타씨의 직능을 보여주는 양조와 관련된 마츠오대사(松尾大社), 양잠과 관련된 고노시마(木島)신사 등이 신라계 이주민의 전승을 간직하고 내려오고 있다.

참고문헌

寺尾勇(著)·渡邊衆芳(寫眞), 1950, 『飛鳥彫刻細見』, 奈良美術硏究所·丸善株式會社大阪支店.
박천수, 2012, 『일본속 고대 한국문화-近畿地方-』, 동북아역사재단.
박천수, 2016, 『신라와 일본』, 진인진.

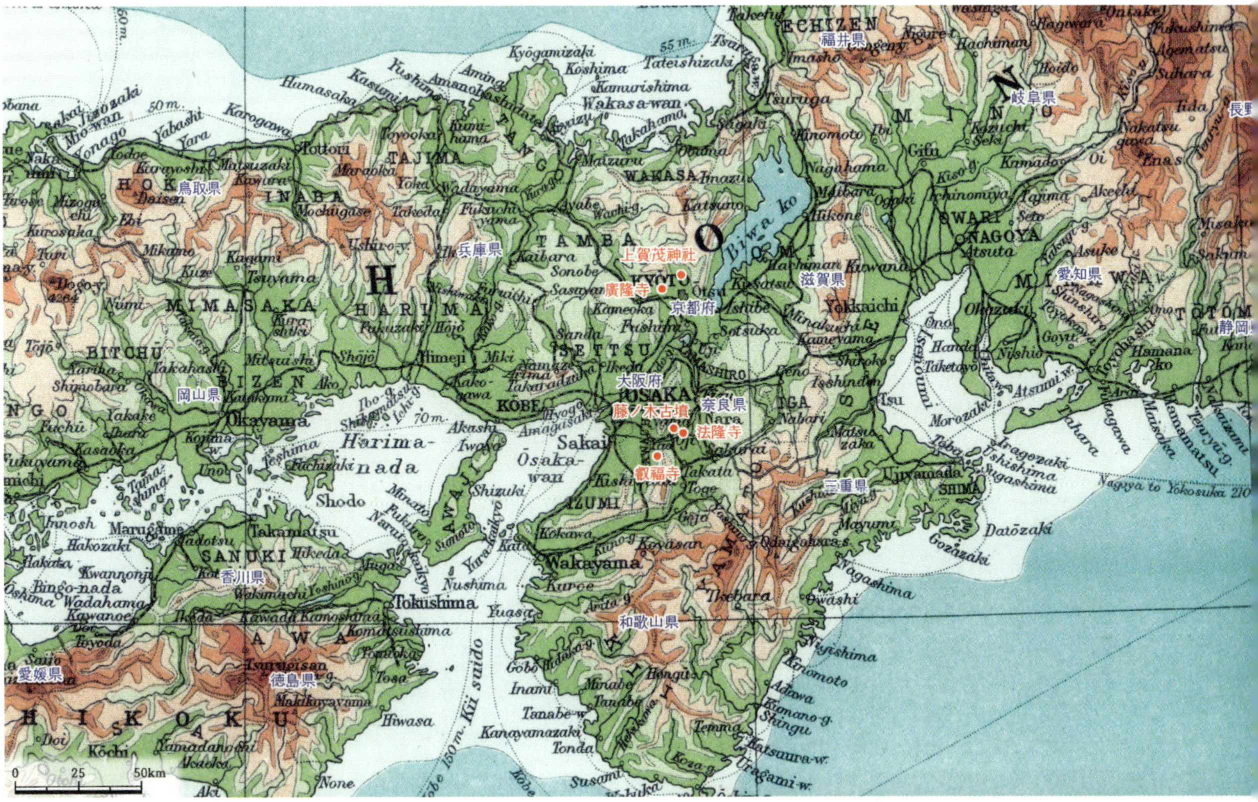

13. 일본日本, Japan의 유적遺蹟과 유물遺物

 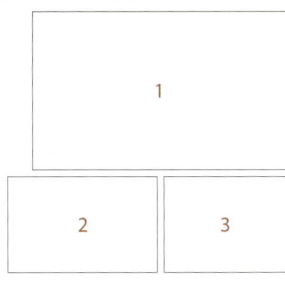

그림 Ⅲ-66. 일본(日本)^{Japan} 쿄류사(廣隆寺)^{Kouryuji temple}

1. 일본(日本) 긴끼(近畿)지역 유적(遺蹟) 분포도(分布圖)
2. 쿄류사(廣隆寺)
3. 쿄류사(廣隆寺) 목조(木造) 반가사유상(半跏思惟像)

Ⅲ. 유라시아歐亞 사막로沙漠路의 유적遺蹟과 유물遺物

4. 반가사유상(半跏思惟像) 정면(正面)
5. 반가사유상(半跏思惟像) 우측면(右側面)
6. 반가사유상(半跏思惟像) 좌측면(左側面)
7. 반가사유상(半跏思惟像) 후면(後面)

4	5
6	7

2) 카미가모신사 上賀茂神社, Kamigamo-jinja temple

카미가모신사는 쿄토시(京都市) 북구(北區) 카미카모모토야마(上賀茂本山)에 위치한다. 카모가와(賀茂川)변에 위치하며 고대 씨족인 카모(賀茂)씨의 씨신(氏神)을 모시는 신사로서 원명은 카모와케이카즈치신사(賀茂別雷神社)이다. 연희식(延喜式)에 기록되어 있는 곳의 하나로서 야마시로 국의 이치노미야(一宮), 22사의 하나이며 옛 사격은 관폐대사(官幣大社)이다.

카모씨의 조상신이자 천둥의 신인 카모와케이카즈치노오카미(賀茂別雷大神)를 모시는 신사이다. 정식 명칭은 카모와케이카즈치 신사(賀茂別雷神社). 쿄토 천도 이전부터 크게 세력을 이뤘고, 쿄토가 수도가 된 이후에는 시모가모신사와 함께 왕실에서 직접 관리하는 신사가 됐다. 본전(本殿)에 들어가기 전에 배례를 드리는 건물인 호소도노(細殿) 앞에는 모래로 만든 원뿔모양 조형물이 있다. 이는 신이 강림했다고 전해지는 카미가모 북쪽에 있는 코야마산(神山)을 형상화한 것이다.

카미가모신사(上賀茂神社)내 제사장인 금족지 부근에서 이중원문절자문완(二重圓文切子盌) 편이 채집되었다. 이 유리기는 반구형의 광구완 편으로 담록색(淡綠色)이며 투명도가 낮고 두껍다. 문양은 중앙에 돌출원문(凸出圓文)을 중심으로 그 주위를 원형(圓形)으로 깊게 절삭(切削)하여 시문한 전형적인 사산조 페르시아 유리기이다.

카미가모신사(上賀茂神社) 출토품은 사산조 페르시아 유리기인 점에서 일본열도로의 이입 시기는 후쿠오카현(福岡縣) 오키노시마(沖の島)7·8호유구로 볼 때 6세기 후반 이후로 추정된다. 그런데 카모씨(賀茂氏)와 신라로부터의 이주민으로 추정되는 하타씨(秦氏)가 혼인(婚姻) 관계인 점에서 카미가모신사(上賀茂神社) 출토품은 7세기 전반 진씨(秦氏)와 신라의 교섭을 통하여 도입되었으며, 이후 카모씨(賀茂氏)에게 전해진 것으로 추정된다.

참고문헌

박천수, 2012, 『일본속 고대 한국문화-近畿地方-』, 동북아역사재단.
박천수, 2016, 『신라와 일본』, 진인진.

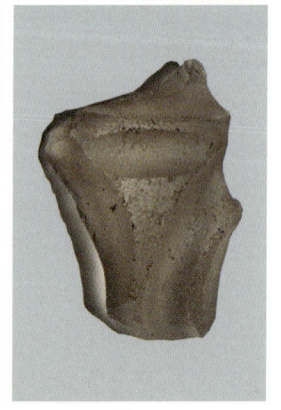

그림 Ⅲ-67. 일본(日本) Japan **카미카모신사(上賀茂神社)**Kamigamojinja shine

1. 카미카모신사(上賀茂神社)
2. 카미카모신사(上賀茂神社)
3. 카미카모신사(上賀茂神社) 금족지(禁足地)
4~5. 금족지(禁足地) 출토 사산조페르시아(Sassanian Persia) 절자문유리완(切子文琉璃盌)

3) 후지노키고분藤ノ木古墳, Hujinoki tomb

후지노키고분은 나라현(奈良縣) 이카루가정(斑鳩町)의 야마토가와(大和川)변에 위치하는 국가지정사적이다. 유명한 호류사(法隆寺)의 남서 약 350m 지점에 위치한다. 1985년 고분의 보존 정비를 목적으로 나라현립 카시와라고고학연구소(橿原考古學硏究所)에 의해 제1차 조사가 실시되었다.

이 고분은 도굴되지 않은 지름 약 45m, 높이 약 8m의 원분으로 확인되었다 매장주체부는 남동방향으로 입구가 열린 전체 길이 13.95m, 현실 폭 2.67m, 현실 높이 4.41m의 연도가 중앙에 있는 양수식(兩袖式)의 횡혈식석실로서 현실의 후벽에 접하여 전체를 주칠(朱漆)한 응회암제의 쿠리누키식(刳抜式) 가형석관(家形石棺)이 횡방향으로 안치되어 있었다.

석관의 주위에는 금동제 안장, 각종의 스에키(須恵器) 등의 부장품이 부장 당시의 모습대로 발견되었다. 이 안장은 인동당초문(忍冬唐草文), 용봉(龍鳳), 사자, 봉황(鳳凰), 코끼리, 토끼, 귀면(鬼面), 인도신화에 보이는 괴어(怪魚), 도끼와 칼을 가진 귀신상 등의 모습을 투조한 화려한 것이다.

1988년부터 시작된 석관내부의 제2, 3차 조사에서는 석관 내부가 도굴되지 않은 주칠된 상태의 당시 모습 그대로가 확인되었다. 석관내의 부장품은 풍부한 각종의 금공품과 1만점을 넘는 유리주, 그 외 장신구는 금동제의 광대식관(廣帶式冠帶)·식리(飾履)·대대(大帶)등의 금공품, 4면의 동경(銅鏡), 옥전대도(玉纒大刀), 검 등이 출토되었다.

당시 동아시아 최고의 공예품인 금동제 안장은 인동당초문, 봉황, 코끼리, 귀면 등의 모습을 투조한 것으로, 연구자에 따라 중국, 신라, 백제, 왜가 그 제작지로 논의되고 있다. 사자, 코끼리, 토끼, 괴어, 신상 등이 한반도의 마구에 보이지 않는 점을 들어 대부분의 일본연구자들은 중국 또는 일본열도 설을 주장한다. 그러나 이 고분의 마구는 안장의 중앙에 있는 주빈(洲浜)과 그 좌우의 기금구(磯金具)를 함께 만든 일체안(一體鞍)과 보요부입주식운주(步搖附立柱式雲珠) 및 금동제 심엽형경판과 종형행엽(鐘形杏葉) 등의 마구의 형태와 구금구(鉤金具)가 판상(板狀)인 점에서 신라산으로 판단된다. 3개의 다리를 가진 파수가 부착된 안교도 신라에만 보이는 특징이다.

피장자는 2인으로 17-25세가량의 남성으로 추정되고 있다. 후지노키고분의 피장자에 대해 한반도계 이주민으로 보는 견해도 있으나, 고분의 구조가 한반도의 석실과 판이하게 다르고 한반도에서 전혀 사용되지 않은 주칠(朱漆)한 가형석관이 사용된 점, 광대식관, 옥전대도와 같은 왜풍의 장신구가 다수 존재하는 점에서 그 가능성은 매우 낮다. 따라서 그 피장자는 당시 신라, 백제와 교섭 창구를 가진 왜(倭)의 왕족으로 보아야 할 것이다.

후지노키(藤ノ木)고분의 금동제 안교(鞍橋)는 그 구조적 특징과 공반 마구로 볼 때 신라산이다. 이 안교(鞍橋)의 문양은 구갑문(龜甲文) 내에 코끼리(象), 봉황(鳳凰), 용(龍) 등의 문양을 배치하고 있으며, 행엽(杏葉)에는 연주문(連珠文) 내에 쌍조(雙鳥)를 배치하고 있다. 이러한 문양은 식리총 출토 식리(飾履)의 문양과 유사하며 그 기원은 페르시아로 볼 수 있다.

6세기 후반 후지노키고분의 마구는 후쿠오카현(福岡縣) 오키노시마(沖ノ島)와 군마현(群馬縣) 와타누키칸논야마(綿貫觀音山)고분 출토품과 함께 이 시기 신라와 왜의 교섭을 비롯한 당시의 복잡한 국제 정세를 보여준다. 출토품은 국가중요문화재로 지정되었으며 나라현립 가시하라고고학연구소 부속박물관에 전시 수장되어 있다.

참고문헌

奈良縣立橿原考古學硏究所, 1995, 『斑鳩藤ノ木古墳第二·三次發掘調査報告書』, 奈良, 斑鳩町·斑鳩町 敎育委員會.

박천수, 2011, 『일본속의 고대 한국문화』, 진인진.

박천수, 2012, 『일본속 고대 한국문화-近畿地方-』, 동북아역사재단.

그림 Ⅲ-68. 일본(日本)Japan 후지노키고분(藤ノ木古墳)Hujinoki tomb
1. 후지노키고분(藤ノ木古墳)
2~4. 후지노키고분(藤ノ木古墳) 석실(石室)과 유물(遺物) 출토상태(出土狀態)

Ⅲ. 유라시아歐亞 사막로沙漠路의 유적遺蹟과 유물遺物

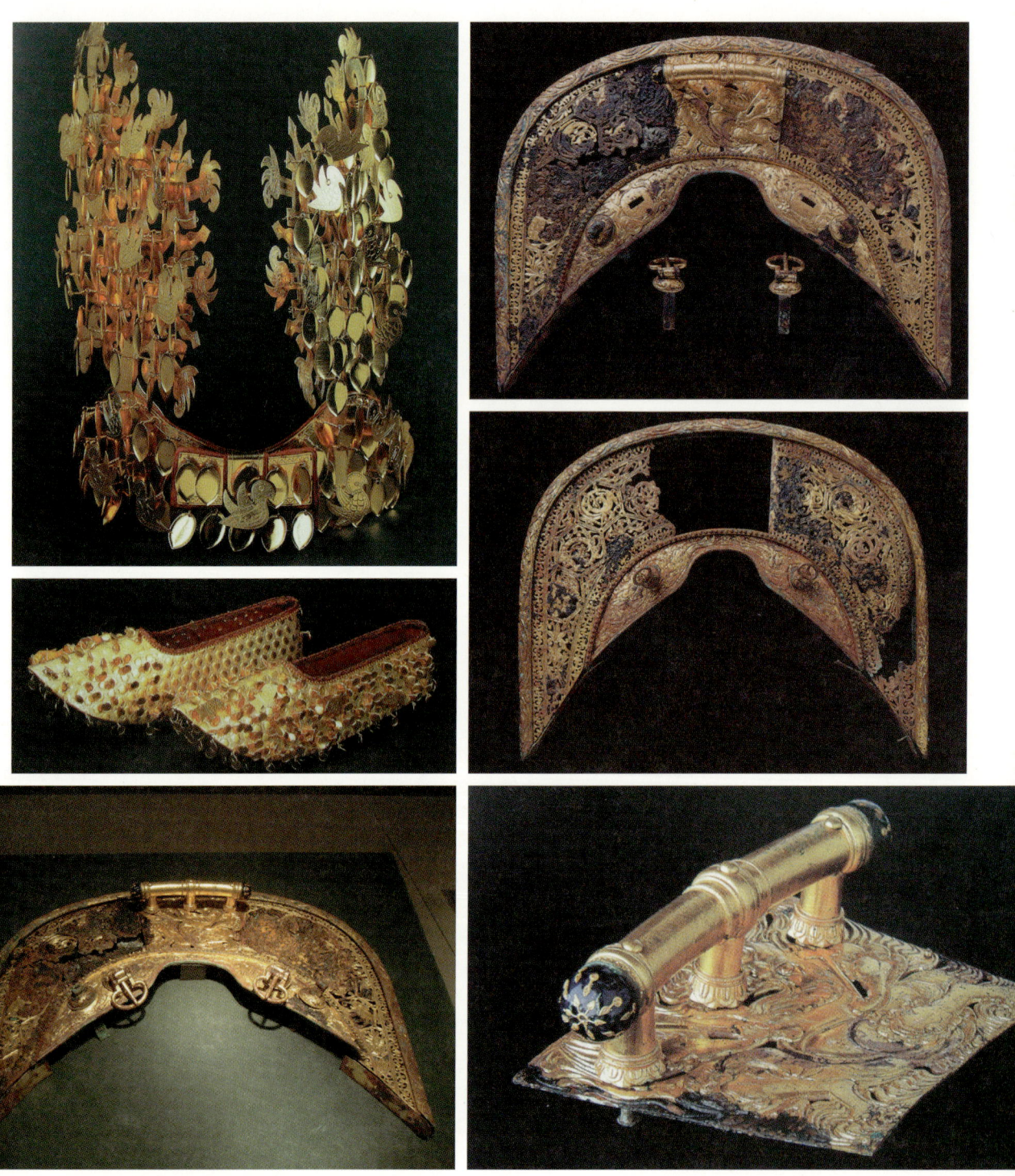

5. 후지노키고분(藤ノ木古墳) 금동제 관(冠)과 식리(飾履) 복원(復元)
6~7. 금동제 안교(鞍橋)
8. 안교(鞍橋) 파수(把手)

4) 호류사 法隆寺, Houryu temple

호류사는 나라현 이카루카정(斑鳩町)의 산록 미고지에 입지하고 있는 고대 사원이다. 최초의 발굴 조사는 19세기에 사원 밖으로 유출되었던 창건기 와카쿠사(若草)가람의 탑 심초석이 1939년에 호류사로 반환되면서 실시되었다. 그 결과 금당과 탑 흔적이 발견되었고, 와카쿠사 가람이 덴지(天智)조에 화재를 당했던 가람으로 확인되었다.

1968년과 1969년에 행한 탑과 금당의 재조사에서는 금당의 조영이 탑보다 선행하는 것을 층위상에서 확인하였다. 1978-1985년 방재공사에 더불어 실시된 조사에서는 가람 중추부를 구획하는 굴립주 담장과 대구(大溝) 등이 확인되었다. 특히 와카쿠사 가람의 서쪽으로 이어지는 대구(大溝)를 묻고 서원가람을 조영하였던 것이 밝혀져 양 가람의 선후관계가 증명되었다.

현재 서원 가람의 남쪽에 위치하였던 와카쿠사 가람의 창건은 아스카사(飛鳥寺)와 시텐노사(四天王寺) 수막새와의 동범관계 등에서 7세기 초로 추정된다. 1탑 1금당이 남북으로 배치된 시텐노사식 가람배치이며, 서원 가람은 탑과 금당이 동서로 배치된 구조이다.

호류사는 가람 배치와 와당, 백제 관음상 등에서 백제와의 관계가 주목되어 왔으나, 인접한 곳에 신라 문물을 부장한 후지노키고분이 6세기 후엽에 조영되고, 신라산 녹유연(硯)이 확인되었다. 더욱이 주지하는바와 같이 호류사에는 신라인들이 마구에 사용한 옥충으로 장식한 옥충주자가 전래되고 있어 흥미롭다.

호류사 전세품 가운데 연주수렵문 직물은 사산조페르시아 계통이나 한자가 보이는 것에서 당에서 제작된 것이다. 대모화각장식 경대(經臺)는 소방, 대모를 사용한 것이며, 화각이 보여 주목된다. 화각은 현재까지도 전해지는 한(韓)민족의 전통 공예기술이다. 연주사자문 장식 상자는 연주, 사자, 동자 등을 자단, 상아, 녹각 등의 소재로 장식한 것으로 당에서 제작된 것이다. 전단향과 백단향 등의 향목에는 사산조 페르시어와 소그드문자가 보인다. 이러한 문물은 당에서 전래된 것도 있으나 쇼소인(正倉院)문물과 같이 상당수가 신라를 경유한 것으로 보인다.

참고문헌

東京國立博物館, 1996, 『法隆寺獻納寶物』, 東京國立博物.
박천수, 2012, 『일본속 고대 한국문화-近畿地方-』, 동북아역사재단.

그림 Ⅲ-69. 일본(日本)^{Japan} 호류사(法隆寺)^{Houryuji temple}

1. 호류사(法隆寺)
2. 호류사(法隆寺) 와카쿠사가람(若草伽藍)
3. 옥충주자(玉蟲廚子)
4. 옥충주자(玉蟲廚子)의 옥충(玉蟲)
5. 연주수렵문(連珠狩獵文) 직물(織物)
6. 대모화각장식(玳瑁畫角裝飾) 경대(經臺)
7. 연주사자문장식(連珠獅子文裝飾) 상자(箱子)
8. 전단향(旃檀香)과 백단향(白檀香)

5) 에이후쿠사叡福寺, Eihuku temple

　　에이후쿠사는 오사카부(大阪府) 미나미가와치군(南河內郡) 타이시정(太子町)에 위치하는 쇼토쿠태자(聖德太子)(574-622) 묘원(廟院)내에 위치하는 사찰이다.

　　쇼토쿠태자묘(聖德太子墓)는 왕릉의 계곡으로 불리는 시나가다니(磯長谷)고분군에 조영된 원분이다. 구릉의 남사면에 입지하고 지름 54m, 높이 7.2m 전후이다. 태자와 그의 모, 비의 3인이 합장된 것으로 전해진다.

　　매장시설은 1879년 보수 당시 기록 등으로 볼 때 중앙연도식 횡혈식석실에 관 3기가 안치된 것으로 추정된다. 석실은 절석으로 쌓았으며 연도는 길이 7.2m, 폭 1.8m, 높이 2m이고, 현실은 길이 5.4m, 폭 3m, 높이 3m이다. 나라의 이와야야마(岩屋山)식의 석실로 밝혀졌다.

　　현실 중앙 후벽쪽에 구유식 석관 1기를 안치하고 전방 양쪽에 절석으로 만든 관대 2기를 두었다. 관대 위에는 협저관(夾紵棺)이 안치되었던 것으로 추정된다.

　　쇼토쿠태자묘는 백제 사비기 능산리식 석실의 영향에 의해 성립된 절석조의 석실인 점이 주목되며, 쇼토쿠태자의 모계가 이주민인 소가(蘇我)씨 인 점에서 백제계 장제가 도입된 것으로 볼 수 있다. 또한 622년에 몰한 것으로 전해지는 쇼토쿠태자묘인 점에서 역연대를 알 수 있는 중요한 자료이다. 에이후쿠사(叡福寺)는 경내 바로 북쪽에 쇼토쿠태자묘가 위치하고 있어 이를 능사로 볼 수 있다.

　　에이후쿠사(叡福寺)에는 '신라국헌상지번(新羅國獻上之幡)'과 신라에서 보냈다는 묵서가 함께 소장되어 있다. 이 번(幡)은 당간지주에 거는 깃발이며 연주문(連珠文)내에 수면(獸面)을 수놓았다.

　　경주 사자공작문석의 연주환문과 같이 이중 띠 사이에 구슬을 배치했으나 차이는 이 경우는 구슬을 사등분하여 사각형 보석장식을 네 모서리에 삽입한 점이다. 이 에이후쿠사 신라번의 수면은 안압지 출토 용마루용 수면(獸面) 와당과 매우 유사하여 그 제작시기를 670년대, 늦어도 680년대로 추정해 볼 수 있다. 에이후쿠사 신라번의 연주문은 페르시아 기원의 연주환문과 한중 와당의 벽사용 수면문이 결합된 이례적인 문양이다. 이는 현존하지 않는 신라의 직물에 연주문이 직물문양으로도 사용된 것을 증명한다.

　　나라현 주구사(中宮寺)소장 '천수국만다라수장(天壽國曼茶羅繡帳)'은 622년 사망한 일본 쇼토쿠(聖德) 태자의 극락왕생을 염원하며 제작한 직물이다. 원래 이 수장에는 『상궁성덕법왕제설上宮聖德法王帝說』의 내용을 4자씩 담은 100개의 거북이 표현되어 있었으나 현재는 모두 6개의 거북만이 알려져 있다. 현재 남아 있는 잔편들에는 보살(菩薩), 비구(比丘), 속인(俗人) 등의 인물, 궁전(宮殿), 종루(鐘樓) 등의 건물, 그리고 월상(月象), 화조(花鳥), 초목(草木), 비운(飛雲), 연화(蓮花) 등이 백(白), 적(赤), 황(黃), 청(靑), 녹(綠), 자(紫) 등의 다양한 색채로 표현되어 있다. 수를 놓은 바탕은 명주실로 바탕을 좀 거칠게 짠 비단으로 자라(紫羅), 자릉(紫綾), 백평견(白平絹)의 세 종류이다. 자라를 바탕으로 수를 놓은 것은 아스카시대(飛鳥時代) 스이코조(推古朝)의 고수장(古繡帳)의 것이다. 고구려의 고분벽화에서 보듯이 상부에는 일월성신(日月星辰), 신수(神獸), 서조(瑞鳥), 영초(靈草), 비운(飛雲) 등 천상의 세계를 상징하는 것들이, 하부에는 궁전 및 사찰과 그 곳을 오가는 인물들이 표현되었던 것으로 보고 있다.

이 수장에 표현된 인물들은 고구려식 춤이 긴 저고리와 주름 잡힌 치마를 입은 여성과 바지저고리를 입은 남성들이 대종을 이루고 있어 고구려 문화의 직접적인 영향을 받은 것으로 보고 있다.

참고문헌

김홍남, 2017, 「국립박물관 소장 사자공작문석 연구」, 『新羅文化硏究』10, 國立慶州博物館.

심연옥·금다운, 2020, 『한국 자수 이천년』, 크리빗.

Ⅲ. 유라시아歐亞 사막로沙漠路의 유적遺蹟과 유물遺物

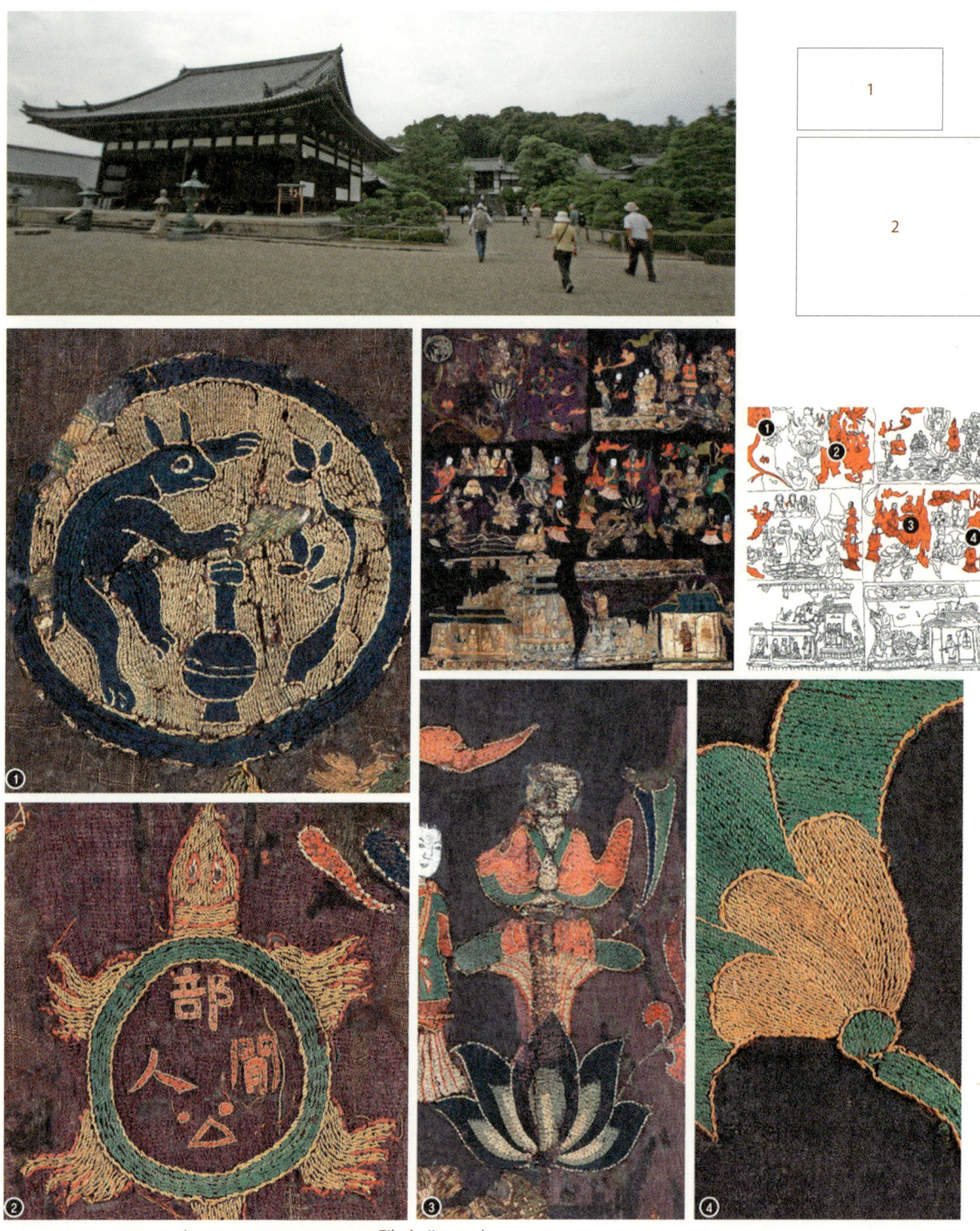

그림 Ⅲ-70. 일본(日本)Japan 에이후쿠사(叡福寺)Eihukuji temple
1. 에이후쿠사(叡福寺)
2. 에이후쿠사(叡福寺) 신라국헌상지번(新羅國獻上之幡)과 주구사(中宮寺) 천수국만다라수장(天壽國曼茶羅繡帳)